加快行政管理体制改革，建设服务型政府

U0929335

2011 中国社会福利发展报告

Annual Report on Social Welfare of China 2011

张秀兰　王振耀　主　编

北京师范大学出版集团
BEIJING NORMAL UNIVERSITY PUBLISHING GROUP
北京师范大学出版社

图书在版编目(CIP)数据

2011中国社会福利发展报告/张秀兰，王振耀主编．—北京：北京师范大学出版社，2012.5
ISBN 978-7-303-14207-1

Ⅰ．①中…　Ⅱ．①张…②王…　Ⅲ．①社会福利－研究报告－中国　Ⅳ．①D632.1

中国版本图书馆CIP数据核字(2012)第029489号

营销中心电话　010-58802181 58805532
北师大出版社高等教育分社网　http://gaojiao.bnup.com.cn
电子信箱　beishida168@126.com

2011ZHONGGUO SHEHUI FULI FAZHAN BAOGAO

出版发行：北京师范大学出版社 www.bnup.com.cn
北京新街口外大街19号
邮政编码：100875
印　　刷：北京京师印务有限公司
经　　销：全国新华书店
开　　本：184 mm × 260 mm
印　　张：22.75
字　　数：400千字
版　　次：2012年5月第1版
印　　次：2012年5月第1次印刷
定　　价：43.00元

策划编辑：郭兴举　　　责任编辑：齐　琳
美术编辑：毛　佳　　　装帧设计：毛　佳
责任校对：李　菡　　　责任印制：李　啸

版权所有　侵权必究

反盗版、侵权举报电话：010－58800697
北京读者服务部电话：010－58808104
外埠邮购电话：010－58808083
本书如有印装质量问题，请与印制管理部联系调换。
印制管理部电话：010－58800825

目 录

主报告

克服福利恐惧症

——构建与中等经济发展水平相适应的社会福利体系[①]

改革开放三十多年，中国在经济建设方面取得举世瞩目的巨大成就，社会主义市场经济体系基本建立，人民物质生活极大丰富。但是，社会变迁和社会发展不平衡所带来的社会结构的改变以及社会矛盾的日益加剧，一次又一次向我们释放出强烈的信号，那就是中国社会领域的变革已经到了刻不容缓的地步。近些年来，国内的一些重大矛盾冲突几乎无一例外的都是同社会问题相关。比如，社会贫富悬殊、百姓收入分配不均、群众医疗卫生和教育负担过重、城乡公共服务差异化、社会弱势群体社会保障功能缺失等。“经济腿长、社会腿短”已经成为阻碍中国经济社会协调可持续发展的重要因素，并直接导致广大人民群众无法更好地享受到改革发展所带来的成果，进而对国家的整体凝聚力和国民自豪感产生极为不利的影响。

在“十二五”开局之年我们依照当前中国社会经济发展的实际情况，在听取各方利益相关者的诉求基础上，参考一部分发展中国家以及发达国家在社会福利建设的历史过程和经验教训，遵循主次突出、推进有序、分步实施的原则，以促进并保障社会和谐稳定与可持续发展、加快经济发展方式转变、提高国民自身安全感受为基本目标，提出构建与中等经济发展水平相适应的社会福利体系。

我们认为在今后五年的发展中应该把提高城乡居民社会福利水平、藏富于民、缩小贫富差距、加强收入分配的干预力度和重点保障社会弱势群体、维护国家公平正义作为下一个五年计划的国家战略，并由此从根本上缓解当前社会矛盾激化、阶层之间贫富差距扩大等紧迫问题。通过社会建设化解政治矛盾，为建设富强、民主、文明的社会主义中国进一步创造有利条件。

---

① 作者简介：张秀兰，北京师范大学社会发展与公共政策学院教授；王振耀，北京师范大学社会发展与公共政策学院教授。

>>一、构建新型社会福利体系的基本构想<<

本报告的题目是“克服福利恐惧症——构建与中等经济发展水平相适应的社会福利体系”。所谓“恐惧症”，是指对某些事物或情境会产生莫名的恐惧，并采取回避方式力求克服这种恐惧。在大多数情况下，“恐惧症”一词被用在医疗卫生领域。而在本报告中，“恐惧症”一词主要指的是当前中国社会福利体系改革所面临的困境。一方面，社会福利体系改革需要国家投入很大的财力；另一方面，长期以来政府虽然财力充盈，但是却缺乏将必要的财力用在社会福利体系建设当中，某些既得利益者和集团刻意回避和抵触建立与经济发展水平相适应的社会福利体系。正如新加坡国立大学郑永年教授所指出的那样，一些集团和个人不想把钱用到有利于社会大多数，尤其是弱势群体的社会政策上去[①]。因此，经过集体研议，我们决定将第一部《中国社会福利发展报告》的主报告的主要内容定位为如何克服福利恐惧症，迎难而上构建与当前经济发展水平对应的社会福利体系。

一般来说，“福利”是指能够提高人民生活质量和幸福程度的各种条件，这其中包括提高人的身体素质的物质条件与影响人的智力和精神自由发展的各种因素。而社会福利的基本概念指的是国家依照各项法律法规为所有公民普遍提供旨在保证一定生活水平和尽可能提高生活质量的资金和服务的社会制度安排[②]。就社会福利的范围而言，社会福利有广义社会福利(大福利)与狭义社会福利(小福利)两种理解。就广义上讲，凡是政府和社会提供的、为提升国民的物质和精神水平而采取的措施都属于“社会福利”的范畴。在一些福利国家，社会福利通常涵盖了社会保障，包括了政府和社会为国民提供的各种服务设施和社会保障的各项内容。狭义的社会福利概念，是指由国家和社会团体举办的、社会保险和社会救助之外的各种福利事业和公共服务[③]。本书中所强调的社会福利全部沿用广义社会福利的概念。

有介于社会福利制度的普惠性、公平性和不可替代性这些国际准则正逐渐被从中央到地方的各级政府所接受，我们顺势提出在现有基础上建立新型社会福利体系，新体系应该是与当前经济发展水平相适应的一种有关社会政策和公共服务的系统性安排。而新的社会福利体系从社会群体的维度包括了儿童、老人以及残疾人，从公共服务的供给角度出发，涵盖了教育和医疗。

---

① 郑永年．中国的开放及其敌人[N/OL]．联合早报，http：//www.zaobao.com/special/forum/pages8/forum_zp100105.shtml，2010-01-05.

② 中国发展研究基金会组织．构建全民共享的发展型社会福利体系[M]．北京：中国发展出版社，2009.

③ 戴恒猛．从“补缺型”到适度“普惠型”社会转型与我国社会福利的目标定位．当代世界与社会主义，2009(2).

>>二、我们为什么需要建设新型社会福利体系<<

(一)建立新型社会福利体系符合当前中国发展的实际情况

纵观中国社会福利的发展历史，其道路相当曲折。早在20世纪50年代初至70年代末，我们重在建设一种覆盖全民的但却相对简陋、充满供给不足且具有时代特征的社会福利。无论是城市还是农村虽然福利的分配是看似公正的，但却远远不能满足社会应有的需求。改革开放后，传统的社会福利体制跟不上市场化的浪潮。直到21世纪初，这种情况导致在城乡二元化体系之下社会福利严重分化，一部分人享有高层次的社会保障，而生活在农村和城镇的占国家人口绝大多数的社会群体则陷入了缺少社会福利和有效救助的尴尬境地。新中国成立至今，我国的社会福利事业大致历经三个发展时期：1949－1978年计划经济时期的社会福利体制时期，1979－1999年转轨期及建立社会主义市场经济时期的社会福利体制时期，2000年至今适度普惠型福利的初步构建。其间历经半个多世纪，中国的社会福利发展正在经历从单一群体的“简单残补型社会福利”到覆盖全社会的“适度普遍惠及型社会福利”的全面性福利体系的转变。

1. 计划经济时期的社会福利体制（1949－1978年）

新中国成立初期的社会结构以及当时所处时代的政治和经济环境决定了中国城乡二元结构下的社会福利体制。拥有城镇户口者根据就业形式的不同，分别享受“职工福利”(企业)和“干部福利”(机关事业单位)，由于这两种福利的最终责任人都是国家，因此又统称为“国家—单位型福利”。“国家—单位型福利”涵盖到职工和干部工作与生活的各个方面，包括了劳保待遇、福利补贴、集体福利和文化福利。与此同时，该福利制度具有家庭保障色彩，职工的直系亲属也可部分享受某些福利待遇，并且国家与企业单方面承担福利提供义务，职工个人不承担缴费责任，干部的福利待遇要略高于职工且福利由各级财政负担。这一时期的农村与城镇不同，自1956年开始，几乎所有的农业人口都被纳入以高级农业生产合作社(1956－1958年)和人民公社(1958－1983年)为形式的集体经济中，并通过所属集体的累积与集体成员之间的互助获得相应的福利待遇。虽然农村社会福利体系也拥有类似于城镇的社会保障功能，覆盖广大农民群众，但是由于可及性差，往往只能满足一些特殊群体的基本福利需求。因为通过集体经济累积筹集福利资金，统筹层次低，保障水平差，同城镇居民相比，个人需承担缴费责任，并通过集体内部的互助摊薄费用，国家只承担有限的补助、扶植责任，并无切实的制度性财政安排。在这一时期，国家的救济福利制度也仅仅是希冀于受助群体的“自救自助”，通过大力组织各种形式的生产活动，解决赈灾、失业、城市贫困等问题。

2. 转轨期及建立社会主义市场经济时期的社会福利体制（1979－1999年）

“文化大革命”刚结束不久，人们的注意力逐渐从政治生活转移到经济生活上。1978年12月，在邓小平的主持下，中国共产党十一届三中全会决定“全党工作的着重点应该从一九七九年转移到社会主义现代化建设上来”，这意味着“政治生活”已经不再是中国人民的主要生活方式，中国的发展主轴自此开始全面转到经济建设上来。为了配合改革开放以及建设社会主义市场经济，国家有条件、分步骤地开始对传统的社会福利体制进行改革，并且逐渐将社会福利的责任从国家身上剥离。1985年4月，第六届全国人大第四次会议通过《国民经济和社会发展第七个五年计划》，首次提出“社会保障”的概念，确立了社会保险在中国整个社会福利体制中的主体地位，确立了国家政策引导、企业和个人分担缴费的筹资方式。国家用十余年的时间，经过一系列论证、试点、调试，建立起包括失业、工伤、养老、医疗、生育五大社会保险在内的工作福利(workfare)制度。在农村，由于人民公社组织体制与以队为基础的集体经济组织解体，使得许多地区的集体公共累积锐减，导致计划经济时代依托集体经济发展起来的农村福利制度遭受了巨大的冲击。虽然这一时期农民的生产生活状况得到很大改善，农民收入增加，一批又一批的农民开始离开土地前往城市去寻找机会，但是因为社会福利对农村的可及性仍然较低加之集体保障功能的极大萎缩，国家却又不承担更多的社会责任，农民承担了比以往更重的社会负担和压力，导致农民的社会福利处于较弱甚至缺失的尴尬境地。在社会救助领域，计划经济时期生产型救助制度仍然延续到这时期的开发式扶贫战略中，国家试图将社会力量引入救助制度当中，以减轻自己的压力。虽然国家出台了一系列法律法规来保障社会弱势群体和特殊群体的权益，但是由于缺乏可操作性，在具体落实中往往无法得到有效贯彻。

3. 适度普惠型福利体制的初步构建（2000年至今）

社会主义市场经济建设极大丰富了人民群众的物质生活，打破了城市与农村之间的藩篱，促进了社会的流动。然而破旧尚未立新，在国家全面退出社会福利领域和市场化的浪潮双重作用之下，社会矛盾逐步凸显。因此，一些决策者渐渐意识到追求单一的经济增长并不能自动消弭业已产生的社会矛盾，在发展中解决问题归根到底还是要诉诸和谐社会的建设，同时还需要追求科学发展与社会公平正义的构建。至此，开启了国家福利体制重大调整的大门，拉开了适度普惠型福利体制建设的帷幕，国家不再一味从社会福利领域退出，转而开始在医疗、住房以及教育领域承担更多的社会责任。自2001年起，中央政府大幅度增加对财政困难地区的最低生活保障补助，截至2009年低保覆盖人群已达到2200万人。

2005年国家建立了城市医疗救助制度，为城市居民最低生活保障对象中未参加城镇职工基本医疗保险人员、已参加城镇职工基本医疗保险但个人负担仍然较重的人员提供医疗费用补助。国务院于2007年开始推行城镇居民基本医疗保险试点，并由中央和地方财政对参保人员给予补助。在农村，国家着手改革了五保供养制度、合作医疗制度和农村社会养老保险制度，新设了农村最低生活保障制度、农村医疗救助制度，并计划进一步推行基本公共服务均等化，通过向农村地区财政倾斜的方式，推进农村社区服务体系建设。

通过对以上三个中国社会福利体制时期的简述不难看出，社会福利体系发展是与国家经济发展水平相契合的，并随着国家经济实力的提高而不断发展完善。2006年10月，中国共产党第十六届六中全会通过的《关于构建社会主义和谐社会若干重大问题的决定》提出要着力发展社会事业，完善社会管理，推动社会建设与经济建设、政治建设、文化建设协调发展。强调到2020年，城乡、区域发展差距扩大的趋势逐步扭转，合理有序的收入分配格局基本形成，覆盖城乡居民的社会保障体系基本建立，基本公共服务体系更加完备。仅仅一年之后，在2007年10月召开的中国共产党第十七次代表大会对科学发展观和和谐社会建设进行了全面的阐释。"十七大"报告指出，科学发展观，第一要义是发展，核心是"以人为本"，一定要加快推进以改善民生为重点的社会建设，力求让全体人民群众学有所教、劳有所得、病有所医、老有所养、住有所居。所以，在现有基础上建立新型社会福利体系正符合了这种发展潮流，顺应民意，符合历史规律。

(二)建立新型社会福利体系有利于防范经济高速发展所带来的负面效应,弥合阶层冲突，促进社会和谐稳定

《论语》有云，"不患寡而患不均，不患贫而患不安"，其目的并非致力于创造一个绝对平均主义的社会形态，究其本意则在于构建一个底线平均、层次合理、公平正义、安定有序的和谐社会。中国改革开放的总设计师邓小平高瞻远瞩地提出了"让一部分人先富起来"的口号，从此深刻地改变了中国的命运。如此观点在一个社会主义国家能够被提出需要领导者拥有非比寻常的政治勇气和历史高度，但是邓小平所提出的"一部分人先富起来"这句话同时也具有先决条件，正如郎咸平教授所指出的，"其口号背后的政治原则和社会底线是可以让一部分人先富起来，但是其他的人不能以此而变得更贫穷"。如我们对口号进一步解读，其更深一层的含义则是国家允许个人、群体或者单位通过自身的努力创造在市场经济条件下摆脱贫困先走向富裕，但是国家必须同时对所有社会族群及个人承担提供社会保障的义务与责任，防止他们因社会变革而陷入更深层次的贫困。倘若我们放

弃这样一个底线和原则，那么改革开放的前提则不复存在。几年来，中国社会的主要冲突体现在个人收入差距悬殊、城乡收入不均衡，人民群众看病难、上学难、住房难、生活难等，而这些社会问题的产生则又使得弱势群体的生活环境进一步恶化，出现老人、残疾人大病无钱医治，许多孤儿生活极为艰难，社会抗风险能力不断减弱。中国发展与改革委员会 2009 年统计数据表明①，1988 年至 2007 年，收入最高 10%人群和收入最低 10%人群的收入差距，从 7.3 倍上升到 23 倍，达到新中国成立以来有记录的历史最高水平。一方面，自改革开放后，由于社会主义市场经济体制下各项法律法规不健全，社会分配秩序不规范，社会初次分配中劳动收入的比例持续下降，劳动力所获得的收入过低，最终导致收入差距不断扩大。另一方面，城乡居民个人经济状况改善情况与国家宏观经济发展水平存在较大差距，国家宏观经济的发展成果并没有相对应体现在居民的微观经济利益感受上②，国家经济发展的收益向居民转移的机制存在问题。再者，社会再分配以及三次分配机制没有完全建立起来，财政税收、转移支付、社会福利、社会慈善的调整与发展存在滞后现象，其杠杆作用并未完全发挥。

事实证明，让少数人先富起来而使全社会承担改革的成本，这样的做法不仅得不到广大人民群众的支持和拥护，同时也必将损害到社会主义改革开放的根本基础。根据统计，自 1993 年至 2005 年中国社会群体性事件增加了近十倍③。2006 年全国发生各类群体性事件 6 万余起，2007 年则猛增至 8 万余起，2008 年与 2009 年的群体性事件统计虽然尚无公开发表之数据，但是从 2008 年的“贵州瓮安”“云南孟连”，2009 年的“湖北石首”“吉林通钢”等重大群体性事件可以看出中国现在正在处于各种社会矛盾的高发期。其中，“湖北石首”事件当中，有大约 7 万民众走上街头参与抗争，成为新中国成立以来最严重的街头骚乱。更加令人担忧的是，近些年来的群体性事件已经显现出“非阶层性的、无直接利益的群体性冲突”④的态势参加人群来自社会各个领域，他们本身与群体性事件并无直接的利益联系但是由于各种原因积累了长期的怨恨，当遇到“事件窗口”便基于同一种理念认同而聚集起来，这样带有集体泄愤性质的群体性事件近年来频繁发生，其中大多数的群体性事件的诉求以民生福利和经济利益为主，如劳动保障、福利

---

① 内地两极收入差距升至 23 倍　调节方案暂无时间表．[N/OL]．[2009-10-23]．http：//finance.ifeng.com/news/20091023/1376800.shtml.

② 汝信，陆学艺，李培林．2009 年中国社会形势分析与预测[M]．北京：社会科学文献出版社，2008.

③ 于建嵘．理智对待不同性质的群体性事件[N]．南方日报，2009-04-13(AB).

④ 汝信，陆学艺，李培林．2010 年中国社会形势分析与预测[M]．北京：社会科学文献出版社，2009.

待遇、补偿赔偿等。种种迹象表明，当前中国社会福利制度已经逐渐失去以往“减压阀”和“安全网”的社会保障功能，究其原因主要是当前的社会福利体系存在以下主要矛盾。

1. 盲目照搬西方社会福利国家的改革经验，导致政府职能缺失

改革开放之后这一时期，西方福利国家社会改革理论和实践对中国的社会福利体制产生了重大影响。由于当时的历史局限性，我们对西方社会福利改革存在认识误区，盲目将政府的职能转变简单地等同于政府退出。而根据普遍认知来看，市场经济条件下的中央政府应当承担两项基本职能，一是提供市场规则以保证市场能够正常运行；二是保证社会公平，特别是在实施有效的社会再分配政策上，应当力求维护基本的社会价值不受到市场经济变革的影响。可是，令人遗憾的是，当我们在实行体制改革时恰恰忽略了这两个市场经济条件下政府的核心职能，因此也忽略了政府职能由全能型向上述两个职能的转变，导致政府在经济和社会的很多领域以及政策实施过程中严重缺位，造成现在大量的经济社会问题，最终不仅制约了中国经济和社会的转型，反过来也使政府职能未能发生实质性转变①。正如王卓祺所指出的②，在制度安排方面，当前中国的政策是从国家部门退却，而加强社会及经济部门分配福利的责任。这种制度安排与西方讨论社会政策的概念转变背道而驰。在经济改革下的中国，民政部门的口号是“社会办福利”，这表示把国家部门与社会分开，并依赖经济部门的市场规律界定社会政策的对象及待遇。部门之间关系的再界定，自然影响社会弱势群体的分配结果。但是，中国目前的社会部门显然未有能力解决因“市场失效”或“国家失效”引起的社会问题。

真正意义上的以市场为导向的经济体制改革要求政府不是在各项社会服务领域进行“大溃退”式的退出，而是需要认真思考如何进行职能转变，这其中包括了由“全能型政府”向为市场经济提供市场规则和保证社会公平正义的“有限政府”的转化。而事实上，一方面，我们简单地将政府过去的大部分带有社会保障性质的职能转交给不应具备此项功能的市场或发育尚未成熟的社会组织来承担；另一方面，我们却又忽略了对政府以外的经济实体和制度体系进行建设和培育。

2. 过度崇拜市场，导致社会贫富分化和寡头集团进一步扩大

事实证明，在市场经济条件下资源将会达到最优化的配置，相对于政府机构来说，市场在产品生产的效率和服务质量上具有明显优势。但不可否认，市场并

① 张秀兰．改革开放30年：在应急中建立的中国社会保障制度[J]．北京师范大学学报，2009(2).

② 王卓祺，雅伦·获加．西方社会政策概念演变及对中国福利制度发展的启示[J]．社会学研究，1998(5).

不具备再分配的功能，因而并不是在任何领域或任何环境下都是高效的。事实上，正是因为市场的高效率是有条件和有局限性的，才有政府存在和干预的前提。可是，面对市场经济的改革大潮，使我们对市场高效率、高质量的认同几近于迷信的地步，不仅用市场机制来改革国有企业，还在政府和社会领域中广泛应用这一概念①。正因为如此，西方社会福利制度改革中的市场化概念在中国则被政府扭曲，成为政府推卸社会责任和削弱公共投入的借口。凡是政府没有能力解决的问题，都交给市场去自我调节，最终导致我们市场化的过程变相成为政府经济收入增长却逐步从公共服务领域撤手的过程。这几年的事实证明，改革以来，我们在社会服务领域中引入市场机制的结果不仅没有能够使社会所有群体受益，反而削弱甚至直接剥离了一些社会成员获得基本社会服务的权利，增加了社会的不公平。例如，在医疗和住房领域，由于未形成公平竞争的市场机制，各项法律法规也尚未健全，导致市场的供需水平处于长期的不平衡状态，而且政府又几乎垄断了整个服务领域，这些年实施“市场化”其结果只有进一步加剧寡头集团的垄断。

3. 不合理削减政府对社会福利的供给，导致贫困个体缺乏生产资料进行再生产

一方面，政府通过对社会福利制度的构建直接反映出政府在追求社会公平正义上的立场。另一方面，由于福利制度对劳动力和家庭是否能有足够的生产资料从事社会再生产起到了至关重要的作用同时也关系到社会再分配。所以，社会福利制度在一定程度上反映了政府的社会价值取向。改革开放三十多年以来，中国的城市面貌发生了巨大的变化，无论是从所有制还是从经济结构上来看，大部分的公共消费品和集体消费品都已经极大地被私有化，传统的阶级形态和阶级意识早已经被打破，“单位集体福利”模式逐渐被“社会化福利”模式所取代，在“社会福利社会化”的口号之下政府压缩了对福利的供给，其中一部分理应由政府来承担的责任也在无形中“被社会化”了。然而，与此同时政府仍在一定程度上保留了对生产和消费领域的直接干预，虽然阶级地位不再是获得消费机会的决定性因素，但是金钱和权力的结合正不断创造出新的社会阶层，而此时此刻资源的分配不仅以市场为基础，同时也会根据地方政府权力行使的政治逻辑来分配。显而易见的是当传统阶级不再具有影响力，无产阶级不再专政的时候，提供对传统劳动力再生产所需要的生产资料变得无利可图，而个别地方政府则倾向于站在经济和政治利益集团的一边，从而压缩对劳工阶级的资源供给②。由此引发出具有中国特色的“集体消费”危机：一些地方政府减少对社会底层阶级“集体消费”的供给、

① 张秀兰．社会政策的国际经验[R]．社会政策国际论坛，2005-09-07.

② 张可. Urban Social Movements and Collective Actions in China：From the Perspective of Social Policy [D]. UK：University of York，2009.

对劳工阶级权益受侵害的不作为或者"反作为"，变相剥夺了社会底层阶级从事再生产的生产资料。底层阶级可能因为身体、精神、物质等受侵害导致无法进行再生产，而一旦政府的福利供给无法满足底层阶级的需要，那么大规模的群体性事件往往就在所难免。因此，只有加紧建设与当前经济发展水平相适应的社会福利体系，重构具有社会"减压阀"和"安全网"功能的新型社会福利体系，才能够化解当前日益激化的社会矛盾，从根本上保持社会的和谐稳定，促进经济又好又快地向前发展。

（三）从国家的本质属性来看，建立新型社会福利体系符合社会主义国家的制度表征，与国家的根本社会政策、政治目标相一致

《中华人民共和国宪法》第 14 条明确提出，"国家合理安排积累和消费，兼顾国家、集体和个人的利益，在发展生产的基础上，逐步改善人民的物质生活和文化生活，并建立健全同经济发展水平相适应的社会保障制度"。与此同时，《宪法》第二章第 45 条也指出"公民在年老、疾病或者丧失劳动能力的情况下，有从国家和社会获得物质帮助的权利"。其中还包括，"国家发展为公民享受这些权利所需要的社会保险、社会救济和医疗卫生事业"。由此可见，对陷入困难和贫困者进行救助；使人民都能获得合乎人的尊严的最低生活保障水平；对因各种原因而失去生产生活能力者提供照护；拓展现有社会福利水平是社会主义国家的本质属性和根本任务。值得注意的是，在福利国家的一些基本特征当中，国家确保社会保障体系和社会服务体系覆盖全部人口并且保护社会全体成员能够得到国家保障的权利以免于在劳动关系中受到剥削，同时保持国家在社会领域较高的法定干预，这都与社会主义国家具有一定的共性。

然而，一些人认为，在社会主义市场经济的大环境之下，过度强调维护社会的公平性，把过多的人力和物力投入到提升社会福利的事业当中将会直接影响经济建设的效率，既不符合当前社会阶段的主要任务，也不符合建设社会主义小康社会的政治任务。回首三十多年的改革历程，纵观今日社会纷繁复杂的矛盾与冲突，我们有必要再一次对效率与公平两者之间的内在关系进行反思。毋庸置疑，追求社会分配相对公平不但是人类最基础的价值根源，也是全体人类应该享有的基本权利，同时还是构建社会公平正义的根本要素之一。按照马克思主义的观点来看，经济学意义上的公平是有关经济活动的规则、权利、机会和结果等方面的平等和合理，它是调节社会关系和财富分配关系的一种规范，它不只是一种主观观念，而是具有客观的内容。就公平社会而言它主要涉及的是分配公平，这其中就包含了权利公平、条件公平、机会公平、过程公平以及结果公平。而效率指的

是投入与产出或成本与收益的对比关系。公平与效率两者既非相互排斥的，也不是相互孤立的，它们实际上相互影响、相互促进。分配规则和分配过程的公平直接决定了效率的高低，没有分配规则和过程的公平，就不可能有高效率。相反，刻意降低效率去追求绝对主义上的公平，也同样不会对推动社会公平正义起到积极作用。

一些社会舆论认为，社会公平是经济发展到一定程度之后的产物。到那个时候，社会贫富差距所产生的各类社会矛盾会随着经济水平的提高而"自行消弭"，如果在经济发展的初级阶段就过多注重社会公平的建设，最后有可能导致经济发展的停滞甚至倒退。还有些人以西方欧美国家为例，认为西方资本主义国家的发展历史正是契合了这样一条先富裕、后发展的道路。实际上，这种看法将公平与效率两者割裂开，忽视了两者是矛盾的统一，没有看到两者既有相互矛盾、相互排斥的一面，又有相互统一、相互依存的一面。在经济增长的过程中，仅仅依靠市场法则片面强调资源配置和效率优先不会导致公平的实现，经济结构的快速变化并不同样会驱动社会结构的理性调整。以社会福利程度相对较高的挪威和瑞典两个国家为例，它们并不是等到经济发展后才开始注重社会公平的建设。虽然这两个国家都是在富裕之后才大规模进行社会福利体系的再提升，但在经济增长之前，特别是在经济水平大幅提高的同时，它们就始终强调社会公平，通过社会政策积极控制贫富差距的扩大，把实现社会公平正义作为国家最根本的目标之一，以社会促进经济的发展。与此同时，美国哈佛大学政府科学教授保罗·皮尔逊也指出①，一些西方国家曾经尝试对社会福利政策进行重要修改，结果必然引发了各种激烈的冲突，并最终导致广泛的社会不安定。例如，在过去几年中，法国、德国、意大利的福利制度削减计划一经公布，立即招致了过去 20 年来规模最大的示威活动。在美国，共和党试图触动国家社会福利政策核心，导致了国会和总统之间的激烈冲突，一些政府机构被迫临时关闭。在法国，保守党正试图说服选民认可其福利紧缩计划，其结果直接导致了保守党在大选中的失败。

由此我们发现，恰恰是国家机器直接介入到收入分配这样的事关社会民生的事物当中，才能有效化解社会矛盾，促进社会各个阶层劳动者的主动性和创造性，稳定社会，提升生产效率。正如库兹涅茨在分析何以收入分配会随着经济增长趋于公平的原因时曾经明确指出，随着国民经济的增长，政府和社会将会采取更多的干预措施，通过各种各样的行政立法和社会政策手段，消除急速工业化和城市化之下的负面影响，支持广大群众在国家日益增长的收入中占有更大份额的要求，从而对高收入者形成法律和政治的压力，这对于促进收入分配转向公平具有决定性的作用。所以，在市场经济体制下，公平分配从来都要靠政府的强力干

① 保罗·皮尔逊．福利制度的新政治学[M]．北京：商务印书馆，2005.

预，就是在实行自由市场经济的西方国家，收入分配差距也只有在政府干预下才能趋于缩小，所谓“自然而然”的转变从来没有发生过。如果没有国家的政策干预，按照自由市场的规则，只能是富者愈富，贫者愈贫[①]。早在1992年，面对贫富分化问题，邓小平就曾经具有前瞻性的提出：“到本世纪末就应该考虑这个问题了。”一年之后，他又指出：“分配的问题大得很。我们讲要防止两极分化，实际上两极分化自然出现。”“少部分人获得那么多财富，大多数人没有，这样发展下去总有一天会出问题。分配不公，会导致两极分化，到一定时候问题就会出来。这个问题要解决。过去我们讲先发展起来。现在看，发展起来以后的问题不比不发展时少。”所以，只有在社会公平的基础之上才能产生高效率，这既是现代资本主义国家和社会主义国家所必须遵循的共同原则，也是现代资本主义精神之体现，同样还是整个社会主义事业永续发展根本之保证，社会主义的公平与公正性不容任何人挑战。只有做到社会分配的相对公正才能保证整个国家的长治久安，人民生活和谐有序。反之则会导致社会矛盾激化，社会运动此起彼伏，效率荡然无存。欧洲近三百年的历史一次又一次证明了将效率凌驾于公平之上其必将带来社会的动荡与分崩离析，只有藏富于民才能人心思定，保证国家长治久安，这正是马克思对于阶级社会运动预言的最佳印证。

事实上，我们对公平和效率存在一个认识的过程。1993年，党的十四届三中全会通过的《中共中央关于建立社会主义市场经济体制若干问题的决定》中，第一次明确了社会主义初级阶段的分配制度，是“以按劳分配为主体，效率优先、兼顾公平的收入分配制度，鼓励一部分地区和一部分人先富起来，走共同富裕的道路”。四年之后的1997年，党的“十五大”提出“把按劳分配和按生产要素分配结合起来，坚持效率优先、兼顾公平，有利于优化资源配置，促进经济发展，保持社会稳定”，首次提出在效率优先的同时要注重保持社会的稳定。而在2002年，党的“十六大”报告再次着重强调了收入分配和社会公平问题并提出，“坚持效率优先、兼顾公平，既要提倡奉献精神，又要落实分配政策，既要反对平均主义，又要防止收入悬殊。初次分配注重效率，发挥市场的作用，鼓励一部分人通过诚实劳动、合法经营先富起来。再分配注重公平，加强政府对收入分配的调节职能，调节差距过大的收入”。2004年党的十六届四中全会时，“效率优先”不再被提及，取而代之的是要“正确处理按劳分配为主体和实行多种分配方式的关系，鼓励一部分地区、一部分人先富起来，注重社会公平，合理调整国民收入分配格局，切实采取有力措施解决地区之间和部分社会成员收入差距过大的问题，逐步实现全体人民共同富裕”。时隔三年，2007年中国共产党第十七次代表大会对社会公平问题又做出更加具体化的阐述，“社会建设与人民幸福安康息息相关，必须在经济发展的基础上，更加注重社会建

① 景天魁．寻求公平与效率的均衡[J]．求是，2005(23)．

设，着力保障与改善民生，推进社会体制改革，扩大公共服务，完善社会管理，促进社会公平，努力使人民学有所教、劳有所得、病有所医、老有所养、住有所居，推动建设和谐社会”。报告进一步明确要求，“初次分配和再分配都要处理好效率和公平的关系，再分配更加注重公平，逐步提高居民收入在国民收入分配中的比重，提高劳动报酬在初次分配中的比重”。通过这十五年来的报告内容变化可以看出我们对公平和效率的认知是一个动态的过程，从注重社会生产效率到重视社会公平正义，正好形成了一个价值体系的回归，正是这样的一个价值回归，使我们能够重新审视当今中国社会福利现状，明确中国社会政策的核心价值是以人为本，保障和改善民生，促进社会公平正义；社会政策的目标体系是构建社会主义和谐社会①。因此，构建新型社会福利体系，维护社会公平是建设社会主义市场经济的前提条件，它不但符合中国社会政策的基本方向，同时也对建设小康社会的政治目标具有重要的促进作用，新型社会福利体系能够将国家经济建设同集体社会风险的预防结合起来，克服传统意义上市场与国家相对立的模式，实现国家经济政策与社会政策良性互动。

(四)新型社会福利体系同中国经济的实际情况相适应，与国际上推行新型社会福利国家的同期经济水平相一致

经过三十多年励精图治，中国的经济和财政水平有了质的飞跃。在经济发展上，1952 年至 2008 年，中国国内生产总值(GDP)由 679 亿元增加到 30 多万亿元，实际增长 76.8 倍，年均增长 8.1%。特别是改革开放三十多年来，国内生产总值年均增长 9.8%，是同期世界经济年均增速的 3 倍多。尤其是进入 21 世纪以来，中国国内生产总值(GDP)以年均 10.2%的高速度递增，2008 年达到 300670 亿元人民币，约 43992 亿美元，人均国内生产总值(GDP)突破 3000 美元大关，达到 22698 元，约 3321 美元②，并已经在 2010 年突破 4000 美元。同时，以世界银行的标准③，中国的人均国民收入(GNI)已达到 3345 美元，而运用国际通用的衡量货币购买力和物价水平购买力平价(PPP)测算出的人均国民总收入则达 6020 美元，这些都表明中国已经由低收入国家提升至世界中等偏下收入国家行列。在国家财政方面，财政收入增长 985 倍，从国家财富增长来看，根据世界黄金协会

① 岳经纶．中国社会政策 60 年[J]. 湖湘论坛，2009(4).

② 根据 2008 年 12 月 31 日人民币对美元汇率计算。

③ 世界银行国家分类标准(2009 年 7 月 1 日)：Income group：Economies are divided according to 2008 GNI per capita，calculated using the World Bank Atlas method. The groups are：low income，$975 or less；lower middle income，$976－$3855；upper middle income，$3856 － $11905；and high income，$11906 or more.

公布的各国黄金储量，中国黄金储量为1054.0吨，排名世界第七[①]，总外汇储备为21316亿美元，外汇储备增加近14000倍[②]，中国由长期以来的外汇短缺国一跃成为世界第一外汇储备大国。在工农业产品生产上，粮食、棉花、肉类、禽蛋等主要农产品以及钢、煤、水泥、化肥等210种工业产品产量位居世界第一，并成为电脑、移动电话等新兴电子产品和彩电、冰箱、汽车等现代耐用消费品的生产大国。粮食总产量稳定在1万亿斤[③]的水平，人均粮食占有量达800斤左右，在人口比1949年增长1.5倍的基础上，实现了人均占有量的翻番。中国依靠自己的力量，用占世界不到10%的耕地，养活了世界20%的人口。2008年，工业增加值达到12.9万亿元，按可比价格计算，比1978年增长25.6倍，比新中国成立初期更是增长了上百倍。以信息、航空航天、生物医药、新材料为代表的高新技术产业规模已跃居世界第三位。服务业发展迅猛，规模扩大，2008年，国内第三产业增加值超过12万亿元，扣除价格因素是1952年的84倍。在对外贸易上，1950年，国家进出口总额仅为11.3亿美元，2008年达到25616.3亿美元，相较上一年增长17.8%，从2004年开始稳居世界第三位；出口总额14285.5亿美元，比上年增长17.2%，仅次于德国，为世界第二。1979年至2008年，全国实际使用外资额超过1万亿美元，从1993年起已连续17年成为吸收外商直接投资最多的发展中国家，全球500强已有480多家在华投资。境外投资合作跨越式发展，2000年至2008年，我国累计境外投资1310.4亿美元，年均增长64%；进口11330.9亿美元，增长15.8%，次于美国、德国，为世界第三；贸易顺差为2954.6亿美元，上升12.5%，净增加328.3亿美元[④]。以上数据都再一次证明了从经济和财政角度看，国家完全有能力建立新型社会福利体系。

另外，与国际上同期建立新型社会福利的一些国家相比，中国现阶段的经济发展水平与这些国家基本相一致，甚至还优于部分国家，但是社会福利的发展上却相差巨大。仅仅就社会福利的财政支出这一项而言，任何一个国家在经历了高速的经济增长期后，都会有意识地用经济反哺社会，一些西方发达国家在人均国内生产总值(GDP)1000美元时，就已经建立了比较完善的社会福利制度。如英国在1948年，人均国内生产总值(GDP)还不到1000美元时，就已经宣布建成了从摇篮到坟墓的福利国家；日本到1965年人均国内生产总值(GDP)才达到1071美元，但在此之前就通过了《儿童福利法》《社会福利事业法》等法律，并建立了老人年金、母子年金、全民医疗保险等福利制度。而我国目前社会福利水平与这些

① 数据来自世界黄金协会。

② 数据来自国际货币基金组织(IMF)。

③ 数据来自国家统计局《2009年国家统计年鉴》。

④ 贸易数据均来自于国家统计局《2009年国家统计年鉴》。

国家人均国内生产总值(GDP)1000 美元时相比，仍存在一定的差距。2008 年，我国社会福利总支出合计 20192.59 亿元[①]，只占当年国内生产总值(GDP)的 6.7%，支出比重仍落后于一些西方发达国家人均国内生产总值(GDP)1000 余美元时的支出水平。与其他一些发展中国家同期相比，土耳其、墨西哥、捷克在 2005 年时，社会福利支出就已经分别占到国家国内生产总值(GDP)的 13.7%、7.4%和 19.5%，而我国在 2005 年社会福利仅占国家国内生产总值(GDP)的 5.9%，明显与我国已进入中等经济发展水平国家行列的基本国情不匹配。另一方面，将中国与英国、美国、挪威、日本、巴西、印度等人均在国内生产总值(GDP)3000 美元时期所建立的社会福利体系相比较，中国远远落后于这些国家的同期水平。例如，在人均国内生产总值(GDP)3000 美元的时候，这些国家已经建立了相对完善的儿童福利法律法规，儿童照料的新型模式出现，儿童逐渐从机构养护向家庭寄养过渡，并建立了针对虐待的儿童保护制度。在残疾人领域，这一时期已经建立了相对完善的残疾人补助制度，对残疾人的资金补贴的金额标准、补给方法的设计也比较科学。医疗方面，同期一些国家已经建立了全民免费基本医疗制度，为全民提供了基本的医疗保障。教育上，学生在校开始有了适当的补贴，如午餐补贴、车费补贴等。这些事例都说明中国虽然国家经济实力较强，但是在社会福利的供给上却无法和处于相同经济水平的发展中国家相比，更不能和同期的发达国家相比较，“经济腿长，社会腿短”的问题较为突出。因此，迫切需要通过建立与经济发展水平相适应的新型社会福利体系提高国家社会福利的供给水平。

>>三、建立新型社会福利体系的理论基础<<

我们建立与中等经济发展水平相适应的社会福利体系不是凭空想象，平地起高楼，需要建立在对世界不同社会福利理论流派的清楚了解和今后中国社会福利制度发展趋势的合理判断之上的。因此，对社会福利理论和今后发展趋势的准确把握就显得尤为重要。社会福利制度发展至今，历经四个不同的历史阶段。从人类早期社会发展时期的“非正式福利阶段”到后来的“带有宗教性质的福利阶段”，人类的社会福利历经从无到有，虽然福利水平较低且缺乏系统性，但是却代表着人类社会文明的不断进步。而自 17 世纪以后随着社会生产力的不断提高与国家形态的不断成熟，“国家福利阶段”逐渐成为社会福利制度的主流，国家开始承担

---

① 社会福利总支出：应为财政社会福利支出 12009.26 亿元加上社会保险支出 9925 亿元，并扣除国家财政补贴社会保险 1741.67 亿元的部分；其中社会保险支出数据来自《2008 年度人力资源和社会保障事业发展统计公报》，国家财政补贴社会保险数额来自《2008 年全国财政支出决算表》。

社会福利与社会保障的主要责任。自 20 世纪 70 年代之后，社会福利制度又进入“福利多元主义”的新阶段，形成社会多方参与的社会福利制度。

从大历史角度看，社会福利理论的发展始终围绕着两个主题，一个是如何更好解决社会贫困问题，另一个则是政府在社会福利当中应该扮演什么样的角色。在政府所扮演的角色这一问题上，出现了两种截然不同的理论思想。国家干预主义，在福利经济学说以及凯恩斯主义等国家干预思想的影响下，伴随着 20 世纪 40 年代英国“贝弗里奇报告”划时代的问世，西方发达国家纷纷采取积极的干预措施来治理贫富悬殊的现象，国家在社会福利当中包揽了“从摇篮到坟墓”几乎所有的社会责任。70 年代以后，经济危机使西方发达国家纷纷陷入困境，国家干预理论受到了普遍的怀疑，保守主义和新自由主义思想一时甚嚣尘上。一些新自由主义代表，诸如哈耶克、弗里德曼等，反对政府对社会经济运行的干预，反对社会公平理论和分配正义，主张将社会福利放在自由市场当中来解决，认为国家应该从社会福利责任当中“全面性的有限退出”。面对两种不同思潮的碰撞，70 年代的石油危机和 90 年代的贫富分化日益严重所导致的社会动荡加剧，正式宣告了这两种理念的结束，取而代之的是福利多元主义、发展性福利主义以及第三条道路等新型社会福利学说。

福利多元主义(Welfare Pluralism)理论产生于 20 世纪 70 年代中后期。福利多元主义认为福利的来源应该是多元化的，福利责任不仅仅由国家或市场来承担，其他社会主体如个人、家庭和志愿组织、民间机构等也应是福利的提供者，并应承担相应的社会责任。按照其主张，一个社会的总福利应该是由社区、市场、国家和民间社会来共同提供的，将其具体化则是政府部门、社会公益团体、商业机构以及社区志愿部门应该共同提供社会福利，与此同时这四个部门可以独立运作于公共和私人领域。

发展性社会福利理论(Developmental Welfare)产生于 20 世纪 50 年代以后，最初的目的是为了“第三世界国家”消除贫困，提高社会成员的生活水平和福利待遇，正确处理经济与社会发展的关系，协调两者之间的矛盾，实现共同发展。发展性社会福利政策的核心观点是：社会政策对于发展有正面的贡献。它通过增进人的发展能力促进经济社会的发展。社会政策是社会支出，也是社会投资。因此发展性社会福利理论与传统的社会福利理论相比具有明显不同：①传统的社会政策是将资源用于减轻人们的不幸和困境；发展型社会政策则致力于消除或减少那些会使人们陷入不幸或困境的因素，而不是在风险成为事实后再向他们提供生活保障。②社会政策的对象不再只是现实的贫困者或不幸人士，而是一种增进全体社会成员经济和社会能力的社会资源再分配机制。因此，在发展型社会政策看来，社会政策不仅是社会发展的问题，它对经济发展也有积极的作用。

第三条道路(The Third Way)是英国学者吉登斯于 20 世纪 90 年代所提出的，

其核心是反对任何极端，既不主张纯粹的自由市场，也不主张纯粹的高福利社会。第三条道路主张抛开旧有思想范式的成见，引导福利国家进行消除危机的社会政策改革，建立积极的社会福利制度。第三条道路的主张概括归纳为五点：修复被破坏的社会团结；建设社会大众都能够接受的生活政治；寻求社会群体和社会成员个人来分担责任的能动性；通过对话民主来解决现有的社会矛盾；提倡积极的社会福利政策主动消除贫困。

在应用方面，以上三种社会福利思想又根据国家实际情况的不同发展形成了不同的实践模式。艾斯平·安德森以"服务的非商品化指数"(Decommodification score)为衡量社会福利水平的标准，区分了以美国、加拿大和澳大利亚等为代表的自由主义福利国家(Liberal welfare state)，以奥地利、法国、德国和意大利等国家为代表的合作主义福利国家(Corporatist welfare state)和以瑞典、丹麦等北欧国家所代表的社会民主主义福利国家(Social-democratic welfare state)。而林卡教授也在其研究中提出了亚洲社会福利实践模式暨生产主义福利模式，其中政府视社会保障项目为经济、政治和社会发展的整体工程的一部分，并倾向于使社会政策从属于经济政策，国家把注意力放在强化经济基础设施和提高人力资源的教育与健康条件，而把社会福利看做是市民社会的事务；国家倡导工作福利和人际互助而不是把社会公正与福利权利理念作为其福利意识形态的核心理念；对于福利需求群体的公共支持程度较低，社会福利支出和税费在国内生产总值(GDP)中所占的比重很小；国家在社会福利的提供上主要是规则的制定者，而不是福利供给者。

在对社会福利理论流派的归纳分析可以看出，虽然各理论的侧重点和倾向性各有不同，但是具有一定的共性，这些理论思想都认同社会福利对经济和社会发展的促进作用，认为社会的稳定与和谐对一个国家的经济发展起到至关重要的作用，并且更加关注与一些非收入因素对于贫困群体的影响。与此同时，将这些前沿理论和思想付诸实施都不约而同的需要建立在政府、家庭、社区和民间组织等多方治理之下，而且更加关注政府促进个人和群体的自身能力建设，而不仅是局限于普通的简单救助。由此可见，社会福利理论思想在不断变迁的同时也描绘了一幅社会福利事业发展的生动历史画卷。它不仅记录着世界社会福利史的发展，同时也与中国社会福利事业的发展相契合。

如果我们从短期的视角出发对当前的社会问题进行定义，我们更多看到的是社会稳定和社会政策的成本和负担等，因而更倾向于使用一些即期效果明显的政策工具，如社会救助等；但如果从长远的角度看问题，我们看到的是贫困带来的人力资本损失以及贫富差距对社会公平和社会凝聚力的危害等与国家竞争力相关的后果；同样，我们对社会政策的选择也就不会局限于追求立竿见影的效果，而会更重视其长期的回报。从长期的观点来看，中国的社会福利制度的构建与发展将会具有以下趋势。

(一)从以“经济人—社会身份本位”的社会福利制度逐渐转变为以“社会人—人的需要本位”的社会福利制度

21世纪以来，党中央、国务院提出了“以人为本”和“建立社会主义和谐社会”的方针，伴随着“科学发展观”的理论不断深化，中国的社会福利与社会保障事业的轮廓逐渐明朗，人类需要的满足和公共福祉的增进将逐渐成为中国社会福利制度发展方向，传统的“经济人—社会身份本位”(Homo Economicus-Social Status Based Social Welfare)的社会福利制度必然会随着公民社会的不断成长以及国家经济发展水平的不断提高而转变为以“社会人—人的需要本位”(Homo Sociologicus-Human Needs Based Social Welfare)的社会福利制度。正如彭华民教授(2008)所说的，凯恩斯、新右派学者对需要理论的解释不能被社会福利研究者接受，归根到底原因在于他们所提出的“经济人”(经济人是指有理性的、追求自身利益或效用最大化的人，相信市场比国家福利更具有道德正当性)的理论前提过分简单化了社会中生活的人的丰富含义，过分强调自利原则在人类需要满足中的作用。恰恰是在社会福利发展的过程中，特别是在反贫穷的社会政策制定、实施、评估中，自利观点和自助、互助的原则是冲突的。因此，以人的需要为出发点的新社会福利制度将会取代传统的以社会身份和市场为取向的社会福利制度。新的社会福利制度将会更加强调社会群体的自利性与互利性相结合，力求满足不同社会群体多层次的需求，更多地考虑在非经济因素条件下的社会福利体系。

(二)社会福利将从“补缺型”社会福利转变为“普惠型”社会福利

传统的“补缺型”社会福利仅仅重视家庭和市场的作用，过分强调依靠家庭和市场来提供个人所需的福利待遇，社会弱势群体时常必须通过家庭、社会企业和个人的临时性救助使自己的需要得到满足，而国家只有在家庭和市场都失去保护能力且难以继续提供个人所需的福利待遇时才会承担相应的责任。即使如此，国家的介入往往也很少。与此相对，制度化的社会福利则重视国家和政府的作用，认为国家对于个人的福利需求负有不可推卸的责任，主张依靠国家和政府通过一整套完善的法规制度体系，提供个人所需的社会福利[①]。在这样的福利思想之下，“普惠型”社会福利正是一种面向全民的社会政策，旨在提升全民的福利水平。因此，当我们回顾这三十多年来的改革历程，越来越感到先富的人并不都能

① 戴恒猛．从“补缺型”到适度“普惠型”社会转型与我国社会福利的目标定位[J]．当代世界与社会主义，2009(2)．

带动后来的人一起致富，而经济的发展也并非能够主动弥合社会贫富差距的裂痕，我们对效率的追求也不能以牺牲公平为代价，共同富裕才是社会主义的根本目标。

因此，党的“十七大”报告明确指出，中国经济和社会已经进入一个新的历史起点。这个新的历史起点，绝对不只是一个物质财富积累与发展的新起点，而是社会公平的、文明进步的发展新起点，是需要更多地突出公平、正义并促进国民共享发展成果的新起点。自2008年起，民政部提出从“补缺型”社会福利转型到适度“普惠型”社会福利，这正是中央政府顺应时代和民意诉求所进行的长期重大战略调整。只有这样认识并据此调整、确立我们的相关制度安排与政策措施，才能真正摆脱资本主义在工业化过程中的社会对抗、阶层矛盾激化等诸种严重危及经济社会健康、持续发展的痼疾，才能真正走上一条健康的、文明的、可持续的社会主义工业化、现代化强国之路①。现实中的“普惠型”社会福利的建设应当是由政府基于本国的经济社会发展水平，向社会全体国民提供满足其生活基本需求的一种社会福利制度。这种社会福利制度应当是面向全体国民带有普遍惠及性质的，它涵盖了居民生活的最主要的方面，如医疗、工作、住房、教育，力求满足人们的基本生活需要。

(三)社会福利服务的内涵与范围不断丰富，服务主体将会朝着多元化的方向发展

早在20世纪80年代，我们国家就已经提出“社会福利社会化”的方针，希望通过多种渠道参与的方式提高社会福利的服务水平，减轻政府的负担。但是由于当时的经济社会体制改革刚刚起步，各项配套措施尚不充分，加上中央和地方对于社会福利服务的理解存在一定的偏差，造成了误解，以为社会福利就是靠社会来办理，所以国家可以不承担主要责任，使各级政府分散注意力②，并最终导致了社会服务领域相对“真空”的局面出现。为了扭转这一局面，国家开始不断加快社会福利制度改革，并且着手建立社会福利服务主体的多元化。党的十六届六中全会提出，到2020年“基本建立覆盖城乡居民的社会保障体系”，这标志着中国社会福利事业进入了由城镇为主向城乡统筹、由职工向居民、由单一支柱向多层次体系转变的新阶段。党的“十七大”报告进一步明确，要以基本养老、基本医疗、最低生活保障制度为重点，加快建立覆盖城乡居民的社会保障体系。针对城乡分割问题，党的十七届三中全会强调，中国总体上已进入着力破除城乡二元结

① 郑功成．加快建设覆盖城乡居民的社会保障体系[R]．中国社会保障论坛，2007-09-22.

② 王振耀．建立与中等经济发展水平相适应的社会福利制度[J]．社会福利，2009(2).

构、形成城乡经济社会发展一体化新格局的重要时期，必须坚持工业反哺农业、城市支持农村和多予少取放活方针，加快形成城乡经济社会发展一体化新格局①。结合西方福利多元主义思想，在未来的一段时间内，随着中国社会经济水平的不断提高，社会民间组织逐步发育成熟，社会福利服务的主体也必将进一步走向多元化，形成在政府主导下的社区、市场以及民间社会机构多方共同参与的多元社会福利服务体系。

(四)中央政府将会在社会福利的供给中扮演更加重要的角色

从国际通则的角度出发，全世界的社会福利都是国家化的，国家在社会福利的供给上具有不可推卸的职责。按照西方世界的词汇"福利国家"(Welfare States)就是意指国家要承担起社会福利的基本责任。即使福利国家出现财政危机，西方国家的提法也是"混合福利经济"，"从福利国家到福利社会"，变福利国家为"社会投资国家"等②，没有将社会福利的供给主要职责推卸给地方政府和社会机构的。

从财政和经济角度来看，自从1993年年底国务院发布《关于实行分税制财政管理体制的决定》以来，中央财政收入明显增加，1993－2007年，国家财政收入年均增长19.3%，远高于同期国内生产总值(GDP)的增长速度，其中中央财政收入的年均增长率高达27.2%。相对的是，地方财政收入在总财政收入中的比重，1993年为78%，1994年实行分税制后，即迅速下降，仅为44.3%，此后的十年一直在这个水平徘徊。而地方财政支出的比重变化很小甚至增大，1990年为68%左右，2004年则微升至75%左右③。与此同时，在中央财权越来越集中的时候，政府的基本事权却在下移。一方面，中央集中了大量的财政收入，占财政总收入的50%～60%，但是中央和地方的支出划分几乎没有发生显著变化。例如，在市场经济条件下，社会养老、社会救助、义务教育、公共医疗卫生服务等是中央政府理应承担的最重要的职责，带有非常强的外溢性特征，这些涉及民生的社会公共服务需要中央政府提供。令人遗憾的是，在现实中涉及社会福利供给的一系列支出往往却由财力严重匮乏的基层政府来承担，因此导致近些年来这些基本公共服务的不足或严重不均等，并由此引发一系列社会矛盾和冲突，直接威胁到经济的持续发展与社会的和谐稳定。

为了缓解在社会福利供给中政府缺位的情况，依照"财权与事权相对应"的原

① 王思斌．我国适度普惠型社会福利制度的建构[J]．北京大学学报：哲学社会科学版，2009(5)．

② 王振耀．建立与中等经济发展水平相适应的社会福利制度[J]．社会福利，2009(2)．

③ 李炜光．分税制的完善在于财权与事权的统一[J]．税务研究，2008(04)．

则，中央政府加大了对地方转移支付的力度。仅 2009 年，中央政府将中央财政转移支付提高到 23955 亿元，较 2008 年增长了 28.4%。与此同时，财政部还发布了《关于推进省直接管理县财政改革的意见》(以下简称《意见》)，《意见》中明确指出要进一步理顺省以下政府间事权划分及财政分配关系，增强基层政府提供公共服务的能力，充分调动各方发展积极性，增强县域发展活力，提高中心城市发展能力，强化省级调控功能，推动市县共同发展。由此可见，未来中央政府将会进一步加强对社会福利供给的宏观调控作用，转变传统的经济政策与社会政策双轨制模式，实行转轨并重、以社会促经济的方针，重新认识社会再分配对于弥合社会阶层裂痕，缓解社会矛盾冲突的作用。与此同时，在社会福利供给方面推动有限的去商品化，中央政府还将会继续扮演更加重要的角色。

>>四、新型社会福利体系设计的基本原则与设计对象<<

(一)新型社会福利体系的基本原则

1. 与经济发展水平相适应的原则

事实上，导致“福利恐惧症”最直接的因素是一部分人担心一旦建立起“从摇篮到坟墓”的社会福利体系将会对国家财政产生极大的压力，影响中国的经济发展。正如温家宝总理所说：“一个很小的问题，乘以 13 亿，都会变成一个大问题；一个很大的总量，除以 13 亿，都会变成一个小数目。”如果我们不按照主次突出、推进有序、分步实施的原则来构建中国的社会福利体系，而是盲目的、缺乏针对性地进行简单仿效，推行与经济发展水平不相适应的社会福利体系，其必将会脱离社会实际，不仅不能为促进经济与社会的发展作出贡献，反而会给国家带来巨大的财政负担。所以我们认为，建设具有中国特色的新型社会福利体系，既不能畏畏缩缩，裹足不前；也不能过于乐观，急躁冒进，它应该是建立在对基本国情的准确定位基础之上；以及对同等发展水平社会成功经验的借鉴之上；同时也应当建立在对福利供需差距的精确测算之上，具有明确可循的标准，具备切实可行的设计，拥有与经济发展相同步的动态增长机制。可以说，这将是社会福利“中国模式”的优选路径之一。以经济发展水平为依据的社会福利项目设计，既保证了社会福利这一社会矛盾“稳定器”“减压阀”的正常工作，也能保证社会福利支出不会带来不可承受的财政负担，为社会与经济的和谐可持续发展奠定基础。

2. 城乡一体化原则

就目前而言，城乡二元化是阻碍中国新型社会福利体系建设的一个重要因素，而其中的户籍制度则是导致城乡二元化不可忽视的原因。相比之下，拥有城镇户口的人群享受到的社会福利比非城镇户口的人群享受的福利要更加全面，水平也较高。在中国，由于户籍制度附加了各种潜在的利益，在社会福利方面尤其明显。虽然近年来，随着国家改革进程的加快，中国部分城市的户籍制度开始逐渐松动调整。目前，除了生育保险与户籍挂钩外，其余的社会保险制度基本已与户籍分离，户籍上附加的社会福利利益已经开始逐渐剥离，但城乡社会福利制度之间的差距仍然较大。当前的"三农"问题仍然是中国社会最重要的议题，中国农村有 9 亿人口，如果对这一人群的福利状况不予以关注，将会带来严重的社会问题。据统计，2005 年发生的群体性事件在农村的占 40%，且这一比例仍在不断升高中。在集体上访事件中，也有相当比例涉及农村中土地征收、生活无着等问题。可见，在建设新型的社会福利体系中，打破城乡二元结构，让占全国人口大多数的农民也享受到经济发展成果不仅是非常必要的，同时也是理所应当的。我们认为，新型的社会福利体系，应当不再针对城市和农村设置区别性项目，而应以群体的属性和需求，以及自愿参与等条件为基础。这样的设计将进一步弱化户籍对社会福利的影响，将城镇与农村的社会福利推动到一个发展均衡的水平上。

3. 衔接性与持续性相补充，渐进式和增量式改革相结合原则

新型社会福利制度并非是推翻旧有制度的重新创造，而是在对现有事物进行充分把握和深刻认识的基础上进行的整合和创新。新型社会福利制度的设计既要考虑到与现有制度的衔接，又要考虑到日后的持续性发展。在设计过程中，必须要考虑到新型社会福利制度的衔接性与持续性，以经济发展水平为依托，以社会福利需求为导向，整合现有社会福利资源，设计与改革现有社会福利制度。另外，新型社会福利体系的构建并非一朝一夕能够完成，而是一个渐进的过程，在全面评估经济发展水平与福利需求的基础上，分层次推行社会福利项目，其中也包括对新增福利项目的财政支出采取分阶段投入的方式，其最主要的要求就是将社会福利制度的建设与经济发展的水平相结合，渐进式的推行方式与增量式的改革相结合。

(二)新型社会福利体系的设计对象

新型的社会福利体系在人群上，应从三类群体切入，主要考虑儿童福利、老年人福利与残疾人的福利需求，同时重点考虑医疗与教育两类基本福利制度，对这五个方面进行针对性的福利设计。之所以确定这三类人群与两大基本制度作为新型社会福利体系重点考虑的对象，主要基于以下几点原因。

1. 人类的普世价值要求充分考虑社会弱势群体的福利需求

从一般意义上说，儿童、残疾人、老年人属于人类社会的弱势群体，或者说，属于脆弱群体。尽管儿童也会长大成为成年人，残疾人和老年人中也有相当

富有者，但就总体而言，这部分人的困难，往往不是个人所能完全自主解决的，通常需要成年人与健全人的照料和关爱。尊老爱幼、助残的基本道德已经是人类社会的普世价值。儿童是社会的未来，也是社会发展最重要的人力资源储备。给儿童以最好的福利，以最为全面的照顾，是福利国家和许多中等发展水平国家所实行的基本政策；而老人为社会的建设作出了巨大的贡献，在其失去劳动能力之时，能够使其安享晚年，不仅是人类社会的基本道德，也是社会应尽的义务；而残疾人作为社会上最需要照料的弱势群体，对其给予必要的帮助，使其有基本的生活保障，则是人类社会的基本道德。

2. 中国社会家庭结构的变化要求社会更多承担起照料社会弱势群体的义务

早在工业化之前，尊老爱幼、助残的基本功能主要通过家庭和族人来承担。儿童完全由家庭养育，老年人由家庭赡养，残疾人也主要由家庭承担抚养的职责。中国古代突出强调“孝”，实际就是要强化家庭的赡养功能，这在社会流动缓慢的农业社会中是十分正常的，也是一种典型的农业社会秩序。但是，自工业化开始，社会流动性大大增加，传统的家庭秩序无法继续维持，农民离开土地进入城市，开始为工业化提供较为充裕的劳动力；城市之间的人口流动也非常频繁。据统计，中国有两亿以上的农民进城务工，其后果就是农村的“空心化”并产生了约 5800 万的留守儿童与 2000 余万留守老人群体，这正是中国家庭结构深刻变化的典型表现。大量的青壮年劳力进城务工导致的结果是农村大量的老年人不仅不能安度晚年，反而开始承担养育留守儿童即孙辈的责任。中国农村家庭传统的赡养功能，几乎成了负值。对这些老人、儿童的照料任务逐渐转移给了社会，一个传统的家庭问题随着经济结构、社会结构的转变也变成了一个亟须面对的社会问题。

3. 儿童、老年人与残疾人的社会福利更具有紧迫性

目前中国最迫切的现实问题就是儿童、残疾人和老年人的扶养困难比较突出，养育儿童、赡养老人与抚养残疾人的成本较高，使目前的家庭负担骤增。中国 1983 年开始推行计划生育政策，目前最早一批的独生子女已经组建家庭，并开始承担赡养老人与养育子女的责任。按这样计算，一个独生子女家庭需要赡养四位老人，养育一个子女，这将给家庭带来非常大的经济压力。倘若家中有残疾人，则抚养的压力更大。所以，如果以儿童、残疾人和老年人为基础的福利体系不确立，将会进一步加大家庭的经济压力，导致社会矛盾更加突出。中国当前的基本社会问题之一，就是还没有确立起以这三类人为基础的社会福利体系，这是整个社会木桶的短板部分，也是导致民众缺乏安全感，生活压力增大的重要原因。

4. 儿童、老年人与残疾人的社会福利更具有操作性与可行性

从各国经验看，针对儿童、残疾人和老年人的社会福利更容易操作，也没有大的社会争论和矛盾；而且其产生的福利往往惠及每个家庭和每个人。许多国家的福利制度建设都是先从儿童福利开始，然后很快向老年人发展。如瑞典1902年颁布了《儿童法》，1905年就成立了养老金问题委员会；日本1947年颁布《儿童福利法》，1949年颁布《残疾人福利法》，1950年即发布《社会保障制度纲要》。各国福利制度尽管有着多方面的区别，但就确定对象而言，一般都是划分为儿童、残疾人和老年人三个群体，围绕他们展开各类具体的项目建设。

另外，立足于三类人群来发展福利具有较实际的操作性，为这三类人设计福利不须计算家庭收入，比较直接，操作更为容易。福利制度则是普惠行为，只需要进行类别的确定，就可以纳入制度。如儿童福利，只需制定相应标准，并确定具体的人员范围，就可以对号入座，不须要特别复杂的行政技术。

5. 通过医疗、教育福利的设计，构建覆盖面较广的新型社会福利制度

除了为儿童、老年人和残疾人进行福利制度设计，我们还认为需要对医疗与教育福利进行设计。这两类福利项目一方面与儿童、老人和残疾人的联系非常密切，可以看做是对三类人群福利的补充；另一方面，这两类福利项目具有实施的可行性。住房、医疗和教育现在已经成为压在中国人肩头的新“三座大山”。在计划经济时代，这“三座大山”是不存在的，伴随着改革进程的不断深入，住房、医疗和教育先后进入市场，并逐渐成为中国人生活压力的主要来源。其中，医疗、教育与民众的生活最为密切，也是最亟须解决的问题。同时，这两类福利项目的实施也更具有操作性。

>>五、新型社会福利体系的基本框架<<

新型社会福利体系的基本框架可以简单的描述为“三柱两面”。将儿童福利、老年人福利与残疾人福利视做新体系的三大支柱，认为政府有责任、有义务全面承担起扶助、赡养、救护、服务社会弱势群体的职责，让他们共同分享经济社会发展成果。新型社会福利体系尤其注重对人力资本的投资，将旨在维护人力资本的医疗福利及旨在发展人力资本的教育福利视做新体系两个最根本的面向，认为政府有必要通过这两个领域的投入，全面提升整个国家的人力资源水平，进一步带动经济社会可持续发展。儿童福利、老年人福利、残疾人福利与医疗福利、教育福利共同构成了新型社会福利体系不可或缺的基本内容。

(一)儿童福利

当前中国儿童福利当中孤儿的社会福利问题较为突出，根据2005年的统计数据表明，全国18周岁以下父母双亡及事实上无人抚养的未成年人共计57.3万人，其中全国范围内需要救助的孤儿占孤儿总数的55%，至少超过半数的孤儿需要制度性救助。① 其中农村孤儿问题尤为明显，据统计，目前农村的孤儿率(孤儿数量与总人口比值)远远超过城市，如西藏、青海孤儿率高达13‰以上，全国范围内生活在农村的孤儿有49.5万人，占孤儿总数的86.3%。除了孤儿的问题，大病儿童和残疾儿童的社会福利也堪忧。虽然国家社会医疗保险近几年来取得长足进步，但是儿童却始终没有被包含在社会医疗保险的范围内，除了商业保险外，无法获得其他的医疗保险，儿童大病的保障功能和责任大部分都落在了家庭的头上，而农村的儿童在大病的保障上就显得尤其薄弱。针对残疾儿童的康复工作也处于分散救助、阶段性救助层面，绝大多数残疾儿童只能依靠家庭或临时性社会救助接受康复服务。残疾儿童康复工作还未被纳入我国社会福利体系的相关制度中，导致残疾儿童接受康复服务缺乏持续、稳定的支持。除此之外，单亲家庭儿童与失范少年儿童的社会系统性援助也同样处于空白阶段。据民政部门关于离婚率的统计显示，我国的离婚率已从1999年的0.96‰上升到2008年的1.71‰，离婚率在10年间上升了78.13%。在离婚率较高的北京、上海以及沿海等地，离婚比例甚至已经超过20‰。单亲家庭儿童也不可避免的随之增加，目前我国单亲家庭子女人数已达数百万。单亲儿童作为一个特殊群体，不仅要在生活上比正常家庭的孩子经受更多的苦难，同时受家庭破裂的影响，心理较容易出现偏差，不利于他们未来的成长与发展。在失范少年儿童方面，1994年全国未成年罪犯38388人，2004年已增加到70086人，10年间增长了83%。绝大部分儿童在实施犯罪之前往往就处于很艰难的生活状态，贫困且缺乏教育。这部分儿童在实施犯罪之后，尽管会受到法律制裁，但接受完法律制裁之后，仍然处于困境之中甚至较之前更差。流浪的儿童仍然流浪，贫穷的孩子更加贫穷，从而导致再犯罪的比例极大。

新型的儿童福利从最困难的儿童群体着手，依次推进，最终达致面向全体儿童的适度普惠的福利体系，这一体系分为三个层次：从援助困境儿童入手的体系设计、从关注儿童发展入手的体系设计和适度惠及全体儿童的体系设计。

从援助困境儿童入手的体系设计主要面向孤儿、大病儿童与残疾儿童三类最需要帮助的儿童群体。针对孤儿，主要通过建立孤儿养育津贴的动态增长机制、加大孤儿养育机构设施与服务标准化建设、积极推广典型家庭寄养模式三个方面推进；针对大病儿童，主要通过儿童大病医疗救助，通过政府主导，加大投入，慈善协作，社会参与的模式，对身患重病、大病的儿童实施救助，以帮助他们康复；针对残疾儿童，则主要通过推行残疾儿童康复津贴的方式实施帮助。0～14岁的残疾儿童正处于生长发育期，是残疾人最佳的康复期间。如果这一时段的残

① 周颖．民政部等我国孤儿的现状与面临的困境调查报告[N]．新京报，2005-10-19.

疾儿童未能得到持续有效的救助，其最终康复的可能性将大大降低，而阻碍残疾儿童进行康复锻炼的一大瓶颈就是康复费用较高，并非所有的家庭都能承受。设立由国家与地方财政共同负担的残疾儿童康复津贴，可以有效缓解残疾儿童的家庭压力，并给予更多残疾儿童以康复的机会。

从关注儿童发展入手的体系设计主要面向单亲家庭儿童、失范儿童等群体。针对单亲家庭儿童，可以通过设置单亲家庭儿童补贴的方式，改善单亲儿童的生活与成长环境，并通过建立关注单亲家庭儿童心理健康的福利服务项目，如成立社区儿童心理辅导站、促进青少年社工服务专业化建设等操作化举措，促进儿童的健康发展；针对误入歧途而导致犯罪的青少年，可以通过设立临时收容中心的方式，为有犯罪记录的青少年在重新融入健康生活之前提供基本的温饱和住宿条件，并根据儿童的具体需求提供心理辅导和教育等服务，直至失范儿童能够最终融入健康生活。

适度惠及全体儿童的体系设计，旨在全力援助困境儿童，并对问题儿童发展予以关注的基础上，从面向全体儿童的家庭补贴计划入手，建立适度普惠型儿童福利体系。这也是中国政府最终构建普惠型社会福利体系的路径选择之一。具体来说，可以首先从低水平的儿童家庭补贴开始做起，并在医疗体系中增设妇女免费生育和儿童免费体检服务，旨在对先天疾病等可能困扰儿童成长与发展的问题进行早期干预，以此为基础慢慢扩展，最终建立福利津贴与福利服务相配套的适度普惠型儿童福利体系。

(二)老年人福利

当前我国老年人福利体系面临的突出问题与矛盾总的来说可以归纳为两点。

首先，中国社会老龄化问题严重，农村老龄化趋势严重。据国家统计局公布，2008 年，全国 60 岁以上老年人为 1.59 亿，占全国总人口 12%，65 岁以上老年人 10956 万人，占全国总人口 8.3%。联合国的标准是 65 岁以上人口占总人口的 7%为“老龄化国家”，14%为“老龄国家”。显然，我国已经进入老龄化国家的行列。与此同时，全国 60 岁以上的人口 2008 年已经达到 1.69 亿，超过当地人口 14%的地方包括北京、天津、辽宁、上海、江苏、浙江、山东、重庆、四川；其中，上海老年人口达到 300 万，北京超过 218 万，分别占总人口的 21%和 17%以上，为全国老龄化程度最高地区。2008 年年底上海 65 岁以上的人口已经达到 15.4%，北京 2007 年年底则达到 13.1%[①]。在农村老年人方面，全国只有少量农村人口加入了养老保险，绝大部分老年人没有养老保险，还维持着相当传

① 刘关．居家养老催变老年住宅开发模式[N]．中国社会报，2009-06-29.

统的家庭赡养和自我赡养的格局。此外，由于养老保险的保障能力有限，相当部分的老年人基本生活还存在困难。加之，由于城乡二元化导致的大量农村年轻劳动力向城市转移，农村形成了空巢家庭，留守老年人无人照护问题严重。

其次，中国老年人福利体系建设严重滞后，2008 年，中国的人均国内生产总值(GDP)达到 22698 元，已经超过 3000 美元，按照国际标准，中国已经达到中等发展水平成为中等收入国家。但是，在老年人社会福利体系的建设上面甚至还不如一些人均国内生产总值(GDP)仅有 1000 美元的国家。我国到目前为止，大量老年人还停留在自我保障和自我养老的阶段，很大一部分老年人缺乏制度性的基本生活保障，主要依赖家庭伦理维系传统的儿女赡养关系。此外，居家养老服务和社会养老服务组织发育不足，无法满足庞大的老年人群体的养老需求。目前居家与社区养老服务尚无全国统一具体标准，即使各个直辖市，也没有对于社区日间照料中心及居家服务制定全市性的标准。个别城市中建立的老年服务站，也缺乏必要的专业护理人员和服务系统。各个地方出现星星点点的经验和典型，虽然都有重要的价值，但由于缺乏普及，还形不成系统的制度。由于整个老年服务业发展滞后，全国 95%以上生活在家中的老年人多数有钱得不到相应的服务，全国护理照料人员严重缺乏。目前，我国城市老年人失能和半失能的达到 14.6%，农村已经超过 20%。这部分失能和半失能的老人需要专业的护理和照顾。按照老年人与护理员的比例为3∶1来推算，全国需要约 1000 万名养老护理人员。但是，目前全国养老院的职工只有 22 万，取得养老护理职业资格的也仅有 2 万多人。目前我国各类老年福利机构 37623 个，养老床位 245 万张，远远不能满足社会的需要。我国每千名老人占有养老床位 15 张，不仅与发达国家平均每千名老人占有养老床位数约 70 张的水平相比，差距很大，也低于发展中国家例如罗马尼亚、巴西每千名老人占有养老床位 20～30 张的水平。

综合上述现有问题与矛盾，根据设计，新型的老年人福利体系应当包括四个部分，即基本生活保障、基本居家服务、基本护理照料、基本指导方式。其中，基本生活保障为基础，基本居家服务为重点，基本护理照料与基本指导方式为依托。

在基本生活保障方面，国家应该加快现有养老保险体系的改革，提高养老金缴费率和扩大覆盖面；提高退休年龄，削减支付标准；划拨部分国有资产；调整财政支出结构，加大财政支持力度，尝试设立老年护理保险制度。第一步，采取商业长期护理保险的模式；第二步，由国家、企业、个人共同参与的社会基本长期护理保险和商业长期护理保险相结合，商业长期护理保险作为补充保险的模式；第三步，实行政府强制的全民长期护理保险模式。与此同时，全面普及城乡统一的养老福利津贴制度和高龄津贴制度，分别为 60 岁以上和 70 岁以上没有养老金的全体老年人提供每月 50 元和 100 元的津贴，以缓解其日常生活困难，并在条件适合的时候，实行累进高龄津贴，对于80岁以上的人口采取逐步增加补贴制度，建立残疾老年人的津贴制度，给予重残老年人以适度补贴[①]。针对老年人的医疗需求，增加医疗救助基金总量，严格控制医疗保险基金和医疗救助基金的结余率，建立所有80岁以上老年人的基本免费医疗制度。陕西省神木县已开始实行，并测算出每人年均支出400元即可。全国范围内可以先从80岁起步，然后逐步扩大覆盖面。针对留在农村的老年人和外出进城工作的农民工的养老问题，简化新型农村合作医疗报销手续，采用国际通用办法，用医疗卡号联网，在定点医院中直接报销，减少繁杂报销手续，加快新型农村社会养老保险试点工作。在2009年内覆盖10%左右的县(市)的基础上，应该明确时间表，两年内应该在所有农村全面普及。改进五保老年人的保障金管理机制，由中央财政明确各省的转移支付数额；充分利用信息技术，建立全国养老金与医疗保险金的统筹体系，实现跨区域的转移，使临时工和外出务工人员能够稳定参与养老与医疗保险体系，真正普及社会保险的覆盖面，改变绝大多数农民工没有养老保险的局面。

(三)残疾人福利

新型的残疾人福利项目是通过对残疾人福利总体需求率、残疾人各福利项目的需求满足情况、残疾人类别的需求满足情况、残疾人不同残级，以及残疾人群的福利需求满意情况五个维度的比较分析，综合归纳后设计得出。主要包括以津贴为主的资金项目支出和福利服务的提供。

残疾人福利中的资金项目主要包括残疾人津贴、多重残疾津贴及非正规就业残疾人的生活津贴、智力及精神残疾关怀补助几个部分。残疾人津贴主要面向全国的残疾人，属于独立实施的、适度普惠型的残疾人福利项目，该福利项目与受助者收入高低和贫困与否无关，完全是以受助者的残疾程度为援助依据，以普遍惠及全体残疾人为目标。按照我国残疾人伤残等级的差异，可设置不同的津贴标准，如四级残疾人为每月50元的补贴标准，残疾等级每提高一个级别则增加津贴50元。多重残疾津贴主要考虑到身患多重残疾的人，其生存境况较一般残疾人更差，其福利需求也比一般性残疾的人更高。可以通过津贴的方式，给予这类残疾人以更多的帮助，可考虑按照每人每月100元的标准通过津贴形式进行发放。非正规就业残疾人生活津贴主要面向非正规就业残疾人且并未参加工伤保险的残疾人员，主要为因丧失工作能力而收入严重减少的非正规就业的残疾人群给予一定的生活津贴，让残疾人在丧失工作能力时，能够有合适的过渡期，防止突然贫困的产生，也避免相应的社会问题的发生。按照12～59岁残疾人的总数，

① 该项补助测算纳入到本书残疾人福利体系建设部分.

设定平均给付标准为每月 100 元的补贴[①]。智力与精神残疾关怀补贴则主要针对智力残疾与精神残疾的残疾人。这类残疾人因智力或精神受损，其生活自理能力较肢残人更低，同时，这类残疾人经过治疗，其康复的可能性更大于肢残人。我们认为应当对这种类型的残疾人给予更多的关注，向他们提供生活与康复关怀，按照每人每月补助 150 元的标准对残疾人父母进行补助。残疾人福利服务的提供则主要包括建设残疾人服务机构。建立每家容纳 6～10 人，其中 75%为残疾人，房内设施由相关的残疾人部门负责，并委派一名经过政府培训的专人管理，资金由政府负责提供的残疾人之家。除此之外，大力发展家庭照料服务。在残疾人家庭，家人对残疾人的康复照顾、生活的辅助的作用非常大，通过提供这种服务也可以在某种程度上缓解残疾人家庭的压力，为他们分担一定的照料任务，可考虑按照每月每位残疾人定量的标准，每月 6 个小时的家庭照料服务，残疾人可以每月领到家庭照料服务券，按照每次服务费 20 元来计算，每位残疾人每月需要服务的费用为 120 元。

(四)医疗福利

当前国家医疗福利体系存在的问题首先是政府卫生支出不足，个人卫生支出过高。个人卫生支出占卫生总费用的比例直线上升，即从 1798 年的 20%左右，一路飙升至 2001 年的 60%。而国家卫生支出占卫生总费用和财政总支出都偏低，这两项指标远不及英国、北欧等福利国家和同为社会主义国家的古巴，赶不上与我国处于同等发展水平的巴西，与周边经济发展水平低于我国的哈萨克斯坦、尼泊尔等国也有差距。其次，当前医疗福利体系的保障水平较低，个人自付比率较高，报销补偿率相对不足。以大病统筹为根本目的的三大公立医疗保险对住院费用的补偿率较低，个人自付水平高达 35%～65%，还有 5%～20%的参保人员无法报销住院费用；城镇居民基本医疗保险和新型农村合作医疗制度的参保者中高达 2/3 的人享受不到门急诊费用报销。再次，当前医疗福利体系的公平性较差。城乡之间、地区之间、社会阶层之间差距显著，城乡参保人员筹资水平差距高达 10 倍，不同地区的城市和农村医疗保险的筹资水平也相差较大。最后，医疗福利体系的可及性较差，贫困家庭看不起病、住不起院的情况还在很大程度上存在。据卫生部第四次国家卫生服务调查结果，2008 年，全国有 1.45 亿新发病人次因为经济困难或认为就诊太贵而未进行任何形式的治疗；有 1687.57 万人次因为经济困难在医生诊断需住院的情况下未住院；有 1811.17 万人次住院病人因经济困难或花费太多在未痊愈的情况下自己要求提前出院。除以上四点以外，当前医疗福利体系的可持续性差，存在巨

① 暂设为三个等级的支付平均资金约为 100 元/月。

大的债务风险，有可能在未来难以为继。据有关学者精算，随着人口老龄化的加剧及医疗费用的急剧上升，我国的医疗福利基金面临严重的收支失衡风险，将在未来产生庞大的赤字，使得现行的医疗福利体系不可持续。

我们认为，建立新型医疗福利体系并不是要完全推翻现行体系，而是要尽可能弥补、改革现行体系的弊端，尽可能解除全体国民患病就医的后顾之忧。从目标层面看，新型医疗福利体系至少应囊括五个方面的目标：增加政府卫生支出、提升当前医疗福利体系的保障水平、推动基本医疗福利均等化、大力加强医疗救助力度、加强医疗福利基金的累积。通过达致这五个方面的目标，构建具有持续性的、适度普惠的医疗福利制度。

具体来说，新型的医疗福利体系可以从以下几个方面着手。建立学生儿童门诊及大病医疗免费制度。目前，北京、上海、深圳等很多地方已经实行了学生儿童大病医疗保险制度，用不多的投入，基本解决了参保学生儿童的大病医疗问题，社会反响良好。实质上，此项制度还可更进一步，即为所有学生儿童提供完全免费的门诊及大病医疗服务。建立单独的老人门诊与大病医疗保险制度。在我国人口急剧老龄化的进程中，可参照日、美等国家的经验，将老人医疗福利制度从现有的医疗福利体系中分离出来，建立单独的老人医疗保险制度。在现阶段，可设定每位55周岁以上女性老人及60周岁以上男性老人按当地老人年均医疗费用的10%缴费参保①，参保者门诊及大病医疗按80%比例报销。建立全国统一的居民(工作年龄人口)医疗保险制度以及改革现有医疗救助制度。进一步整合现有的城镇医疗保险制度及新型农村合作医疗制度，废除个人账户，实行全面的社会统筹，同时提升统筹层次，建立起全国统一的居民(工作年龄人口)医疗保险制度。用人单位与职工共同缴费，财政对从事农业生产的农民及失业人员缴费适当补贴，缴费率与个人收入水平挂钩。另外，对最贫困的20%人口(老人和工作年龄居民)，实行门诊与住院自付费用免除。先从最紧迫处着手，对身体尚未完全发育及身体素质下降的两大群体的医疗福利进行规定，然后再推开至居民医疗保险，建设适度覆盖全体的医疗福利，同时对无法承担昂贵医疗费用的贫困人口进行救助，基本可以达到上文所述的五大目标。

(五)教育福利

新型教育福利体系构建的目的在于：一方面力求保证受教育权利的底线公平，另一方面则在更高层次上促进全体公民的教育福祉。这一体系中的具体福利项目设计将以中国教育体制的阶段性特征为导向，在优先保障社会弱势群体受教育权利的

① 全国平均缴费水平约为110元。

基础上，促进中国教育的均等化与适度福利化。其主要的福利项目主要包括：学前教育支持、义务教育帮扶、特殊教育津贴及推行高中免费教育四个方面。

学前教育支持主要通过两大途径推行。一方面是推行农村学前教育津贴，主要目的是解决中国城乡、地区以及县内乡镇之间学前教育的非均衡发展状况。建议首先在农村地区以每人每月 50 元的标准，通过设立学前教育津贴为农村 3～6 岁儿童提供一定程度的学前教育支持，并同步开始着手师资和设施等学前教育配套条件建设。另一方面，向下延伸义务教育，认清学前教育的重要性，将学前教育纳入到义务教育的范畴。

义务教育帮扶主要面对目前产生的大量流动儿童与留守儿童，主要通过推行留守贫困儿童教育补贴，以改善其生活处境，帮助他们完成法定义务教育。针对处于义务教育阶段的留守儿童设立教育补贴，其标准可设立为小学阶段每人每学期 150 元，初中阶段每人每学期 200 元。另外，推行流动儿童义务教育券，为不能在原籍接受义务教育的农民工随迁子女发放义务教育券，由迁入地学校依据教育券给予一定比例的费用免除，以求解决流动子女的义务教育问题。

针对特殊儿童方面，特殊教育津贴考虑到残疾儿童无法正常的接受义务教育，接受特殊教育花费又较高的问题，通过对适龄残疾儿童发放专门的特殊教育补贴，支持残疾儿童接受相应的义务教育，提高其自身的生存能力与自理能力。现阶段可考虑为义务教育阶段的残疾学生设定每人每学年 500 元的津贴标准，高中阶段为每人每学年 600 元，高等教育阶段为每人每学年 800 元，采取由残疾学生本人或其监护人自主申请的形式。

高中免费教育则是对义务教育体系的进一步补充，将高中教育纳入义务教育体系，以期全面提升中国未来人力资源的知识储备与自身素质。目前我国已有部分实行高中免费教育的地方经验，如陕西神木县、辽宁省鞍山市、广东中山古镇。我们可按每人每学年 1000 元的标准设定，用以免除普通高中与中职教育的学杂费用。

此外，国家还应该把教育和就业合并考虑，着手建立一个以援助就业为目标的教育培训配套政策体系。例如，针对登记失业人员发放教育培训券，失业者可以选择相应机构参与技能教育培训，达到免费培训或培训负担减轻的目的；失业者不论户籍，失业后只要到相应管理部门进行失业登记，便可获得教育培训券，以半年或一年的总额形式发放，只能用于就业培训，禁止任何形式的流转；政府同时可通过税收和资助等优惠政策，大力支持企业、社区以及非营利性机构进行教育培训等。

>>六、新型社会福利体系的效益分析<<

建立新型社会福利体系的现实目标有两点。第一，当前区域、国家之间的竞争不断加剧，向底部竞争已经不再具有优势可言，全球一体化导致资本流动性增大，国家经济的不稳定性随着世界经济的起伏而增加。因此，迫切需要国家转变经济发展模式，从单一外向型经济向内生双轨经济转变，通过建立新型社会福利体系以此对国家的人力资本进行投资，毫不动摇地加快经济发展方式转变，通过建立完善的社会保障体系将现有的居民保障性储蓄意愿转化为可持续性的消费需求。第二，通过构建以儿童、老年人、残疾人为目标人群，医疗、教育服务为主轴的与中等经济发展水平相适应的社会福利体系，消除社会贫困与不平等，维护社会公平正义。促使国家向强有力的决策水平和社会政策调控能力的国家进一步转型，防范因市场经济所带来的负面效应，提高人民生活水平，促进社会和谐稳定。根据以上两项目标为基础的新型社会福利体系我们认为它将具有四大效益。

(一)政治效益

《风赋》有云："风起于青萍之末而止于草莽之间。"面对今日诡谲多变的国际政治形势和纷繁复杂的国内社会矛盾，构建新型社会福利体系有助于国家通过社会建设的途径化解来自不同方面的矛盾，将政治问题社会化，同时加强党和国家的活力，进一步使得民众坚定改革开放的决心；提升党的执政水平；巩固党的执政地位；维护国家的合法性与权威性；为扩大社会主义民主；建设社会主义法治国家，发展社会主义政治文明作出贡献。与此同时，还能够通过建立新型社会福利体系的契机加快行政管理体制改革，建设服务型政府；推进社会体制改革；扩大公共服务；完善社会管理；贯彻以人为本，全面、协调、可持续的科学发展观，促进政府职能转型。

(二)经济效益

正如德国社会政策学家弗兰茨-萨韦尔·考夫曼①指出的，社会政策本身就具有经济价值，不过这种价值只有从国民经济学的角度，而不是从企业经济学的角度才能看清楚，因此，社会政策的前瞻性保障作用不应该被低估。第一，新型社会福利体系主要通过国家干预的方式惠及那些由于种种原因而无法或只能有限地进行社会再生产的社会群体，这些人包括老人、残疾人、儿童、孕妇和技能缺乏者等。通过一系列的社会政策培养(教育)或恢复(医疗)他们的能力，通过对社会"脆弱群体"进行政府干预下的社会投资，改善他们的人力资本状况，防止社会劳动力因为"社会浪潮"而过早劳损，促进他们重返工作岗位提高劳动生产率，从而对经济发展起到正面作用。第二，新型社会福利体系除了对国民经济具有长期正

① 弗兰茨-萨韦尔·考夫曼．社会福利国家面临的挑战[M]．北京：商务印书馆，2004.

面效益之外，还能够通过健全医疗与教育保障稳定和提高内部消费需求获得经济效益。新型社会福利体系很大程度上缓解了人们对未来不确定性的担忧，在养老、医疗、教育、失业都可得到有效保障的前提下，安全需求自然满足，促使其减少储蓄，扩大消费，进而拉动国内需求。另外，在新型社会福利体系下，不仅弱势群体将享受到更多更全面的福利，其他社会成员的福利需求也将得到保障，他们对福利产品的消费能直接或间接地带动市场消费。

(三)社会效益

新型社会福利体系首要的社会效益在于弥合现有社会矛盾和冲突，增加国家的社会凝聚力。通过加强针对社会弱势群体的社会保障网络建设，优化收入分配机制，调节居民收入水平；缩小贫富差距，缓和了由于市场经济快速发展所带来的负面效应；安抚了一些人因为社会阶层差距所带来的怨恨，将利益对立转化为由对话和沟通所组成的更具有建设性的冲突化解形式。除此之外，构建新型社会福利体系有利于“公民社会权”的实现，新型社会福利体系的设计理念是强调优先安排弱势群体，突出“公平优先”原则，不仅帮助生活困难或已退出市场竞争领域的弱势群体，而且推动有劳动能力的人进入劳动力市场；不但关注老年人、残疾人等弱势群体，而且关注从事体力劳动者；不仅从实质上促进社会公平，更从制度上保障人人都有均等的发展机会。

(四)文化效益

通过自由市场经济和政府干预下的社会福利建立一个基于自由、平等、博爱的社会主义国家是大多数人的理想。而如果全社会各个阶层没有形成平等互助、团结友爱的“共同社会理念”，那么其理想也终究无法实现。因此，新型社会福利体系的推行有助于重塑社会公正意识，转变现阶段充斥中国社会的个人主义和社会达尔文主义思潮泛滥的现象，改变现有的“社会丛林法则”，平衡不同的价值取向。通过贯穿互助精神的针对社会不同弱势群体的制度性福利安排，反映出国家的社会价值回归，以非制度化的民间福利服务，增进不同阶层社会成员之间的凝聚力，增强人们的社会认同感。

背景分析篇

社会福利理论前沿[①]

社会福利事业贯穿人类社会的发展历程，近代社会福利体系的变迁历经工业化、市场化和全球化的发展与冲击，各种社会思潮在社会福利理论的大舞台上轮番登场、纵横捭阖。然而，经济增长、科学技术进步，终究是要造福社会的绝大多数而不是只为少数人增进福利。从某种意义上来说，如果福利的理论发展仅仅是为了惠及社会的小部分人或者是相对富裕的一批社会群体，抛弃或者忽视了大多数人所能够享有的福利，那样的"福利"其实另一面就是"失利"，就是贫困，就是灾祸，不是真正意义上的福利[②]。因此，适逢中国正在向构建与中等经济发展水平相适应的社会福利体系迈进的时候，厘清社会福利的发展历史以及各个流派间的基本关系，把握社会福利理论前沿将有助于我们加深对社会福利理论的认识、理解和评述，认清未来的发展趋势。

>>一、社会福利制度发展的历史沿革<<

福利一词起源于古代词汇"farewell"，英国权威的牛津词典将福利的含义等同好运、幸福、福祉和繁荣。在当代，welfare 的概念是 well 和 fare 两词意思的综合。well 的意思是好，fare 的意思是生活，两者综合起来就是幸福人生、美好生活或追求幸福生活。这意味着福利的基本内涵和本质特征是指一种美好生活状态，或是一种福祉、幸福快乐和满意的状态[③]。因此，从某种意义上来说，福利是带有主动性和向上提升性质的满足。美国学者梅志里(Midgley)认为，如果以

① 作者简介：张可，北京师范大学壹基金公益研究院。

② 景天魁．迈向普遍福利时代[R/OL]．[2009-08-10]．http://theory.people.com.cn/GB/148980/9523452.html.

③ 刘继同．社会福利与社会保障界定的"国际惯例"及其中国版涵义[J]．社会科学研究，2003(2).

历史的不同发展阶段为划分的依据，社会福利制度的发展可以分为四个阶段①。

(一)非正式福利阶段

早在人类社会发展的初期，人们尚未有正式的社会福利的概念，在这个阶段福利主要由家庭和社区提供一些简单的、临时性的照料服务，如照顾孤残老幼、邻里互助等。这一类福利模式基本上属于自我照顾和自我保障的范畴②。而国家和社会仅提供辅助的福利服务，如赈灾接济、减免钱粮等。

(二)带有宗教性质的正式福利阶段

随着生产工具的逐步改进，社会生产力逐渐提高，但人们抵抗社会风险的能力仍然十分脆弱，极易遭受来自战争、疾病和灾害带来的饥饿、贫困和死亡。正因为如此，导致民间信仰宗教的人数不断增加，宗教的力量不断壮大。逐渐的，由一些宗教团体建立的带有宗教博爱性质的社会福利机构开始形成并面向无依靠的老人、残疾人以及孤儿等社会弱势群体提供援助，以期达到缓解社会贫困的目的。

(三)国家福利阶段

17世纪以后，人类活动范围不断扩大，社会联系与交往日趋复杂，随着工业革命的发生，人们的居住方式和谋生方式都发生了根本性的改变。社会风险越来越大，传统的自给自足式和社会机构式的福利已经无法为社会群体提供有效的保障。在此种情况下，国家开始承担社会福利与社会保障的主要责任，向全体国民提供教育、医疗、住房等一系列社会服务，这一阶段直到20世纪70年代。

(四)福利多元主义阶段

自20世纪70年代开始，国家福利制度受到冲击，人们开始探索由多方参与

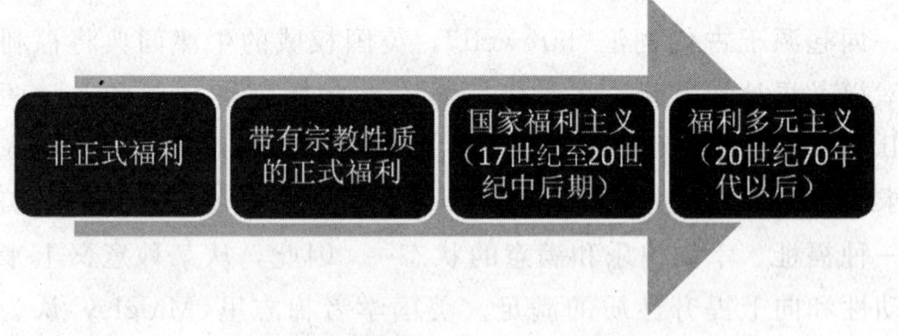

图 2-1　社会福利制度的历史发展阶段

① J. Midgley. Growth，Redistribution and welfare：toward social investment[J]. Social Service Review，1999：3～21.

② 钱宁．现代社会福利思想[M]. 北京：高等教育出版社，2006.

下的社会福利制度，并相继提出了代表中间道路的一些主张，其中以 20 世纪后期和 21 世纪初所提出的“第三条道路”“多元化福利”以及“发展性福利主义”为代表的理论成为走中间道路的西方社会福利理论流派的最新代表。

>>二、社会福利主要流派与理论前沿<<

总的来说，社会福利制度的变迁来源于对市场机制缺陷的认识，最初的目的是以解决社会贫困问题。例如，国家干预主义主张削弱私人经济活动的范围，由国家干预和参与社会经济活动，并在一定程度上承担了多种生产、交换、分配、消费等经济职能，并强调自由市场机制的缺陷必须通过国家干预来弥补，在社会政策方面国家必须负起“文明和福利”的职责，肯定政府在社会财富再分配中占有的重要地位。这一理论对西方国家战后恢复重建起到强大推动作用。在福利经济学说以及凯恩斯主义等国家干预思想的影响下，伴随着 20 世纪 40 年代英国“贝弗里奇报告”问世，西方发达国家纷纷采取积极的干预措施来治理贫富悬殊的现象，满足社会成员的需要，特别是在社会服务的范围上几乎覆盖了所有个人和家庭在生活中所面临的困难，福利国家纷纷建立。

到了 20 世纪 70 年代以后，西方发达国家陷入“滞胀”，国家干预理论受到了普遍的怀疑，保守主义和新自由主义在社会福利制度的论战中取得主导地位，福利国家理论和实践成为西方经济衰退的“替罪羊”。新自由主义的支持者主要有哈耶克、弗里德曼等，他们反对政府对社会经济运行的干预，反对社会公平理论和分配正义，主张将社会福利放在自由市场当中来解决。他们认为市场机制所带来的资源分配和财富分配才是积极有效的，只有通过市场才能调动整个社会发展的积极性，从而达到在动态中获得平衡。他们主张实行激活性劳动就业政策，该政策的核心思路是：通过改革社会保障制度，严格失业保障资格申请，缩短失业保障期限，降低失业保障水平，并将保护性劳动就业政策与积极就业政策相结合，从而“激活”失业者，促使他们积极地重返劳动力市场，以工作代替福利①(见表 2-1)。

表 2-1　社会福利理论学说主要流派及细分

典型意识形态	主要分支流派	代表人物
国家干预主义	社会民主主义	布拉德肖(Bernard Show) 蒂特姆斯(Titmuss)
	凯恩斯主义	凯恩斯(Keynes)
	福利经济学	庇古(Pigou)
	新马克思主义	高夫(Gough)

① 徐丙奎．西方社会三大理论流派评述[J]．华东理工大学学报，2006(3).

续表

典型意识形态	主要分支流派	代表人物
经济自由主义	古典自由主义	亚当·斯密(Adam Smith)
	新自由主义	哈耶克(Hayek) 弗里德曼(Friedman)
中间道路学派	福利多元主义	罗斯(Ross) 伊瓦斯(Evers)
	第三条道路	吉登斯(Giddens)
	发展型福利主义	梅志里(Midgley)

值得注意的是，在20世纪中期以后，对国家干预主义和自由主义这两种思潮的追捧都曾经达到过巅峰，却又都在短短的几十年中相继陷入低谷，原因是面对20世纪70年代的石油危机和90年代的贫富分化日益严重所导致的社会动荡加剧，二者都显得无能为力。于是，面对这两种意识形态严重对立的社会福利理论，各路学者都进行了反思，并相继提出了代表中间道路的一些主张。

(一)福利多元主义

福利多元主义(Welfare Pluralism)理论产生于20世纪70年代中后期。1978年英国的《沃尔芬德报告》(《*Report of the Wolfenden Committee*》)首先提出福利多元主义这一新概念，主张把志愿组织也纳入社会福利的提供者行列，将福利多元主义运用于英国社会政策的实践①。进入80年代以后，另一些学者如Rose② 和Evers③ 则提出了更加详细的福利多元主义，如Evers主张真正的多元福利社会，其社会的总福利应该是由社区(C)、市场(M)、国家(S)和民间社会(CS)来共同提供的，其公式可以表达为：TWS (Total Welfare State)＝C(Community)＋ M(Market)＋ S (State)＋ CS (Civil Society)。通过对此公式的解读可以发现，福利多元主义可以看做是由政府部门、社会公益团体、商业机构以及社区志愿部门共同提供社会福利，与此同时这四个部门可以独立运作于公共和私人

① Wolfenden. The Future of Voluntary Organizations: Report of the Wolfenden Committee[M]. London: Croom-Helm, 1978.

② Rose, R. Common Goals but Different Roles: The State's Contribution to the Welfare Mix. In Rose, R. & Shiratori, R. (eds). The Welfare State: East and West[M]. Oxford: Oxford University Press, 1986.

③ Evers, A. & Olk. t. Wohlfahrts Pluralismus: Vom Wohlfahrts Staat Zur Wohlfahrts Gesellschaft [M]. Opladen, 1996.

领域。归根到底，福利多元主义脱胎于福利国家危机，即福利多元主义认为福利的来源应该是多元化的，福利责任不仅仅由国家或市场来承担，其他社会主体如个人、家庭和志愿组织、民间机构等也应是福利的提供者，并应承担相应的社会责任[①]，它企图冲破国家和市场的绝对主义藩篱，寻求福利国家未来发展的最佳路径。

不过，福利多元主义同样存在一些潜在的问题，比如是否会导致政府摆脱自身应该担负的责任，将提供社会福利的功能转嫁给商业机构或者社会其他团体。再者，面对多元化的福利主义，如何施行相应的法律法规等配套措施，加强监管，防止社会福利服务出现倒退，保证服务的质量。另外，为了保证政策实施的稳妥和可靠，需要进行大量的实证性研究，如何处理好社会迫切的需求与长时间实地研究、求证的关系，这也是一个不容忽视的问题。

(二)第三条道路

第三条道路(The Third Way)是以英国社会学家吉登斯为代表于20世纪90年代面对经济全球化和资本主义国家经济衰退所提出一种中道理论(Centrism)，其核心是反对任何极端，既不主张纯粹的自由市场，亦不主张纯粹的高福利社会。第三条道路的社会政策意义在于：它试图超越原来的社会政策范式，引导福利国家进行消除危机的社会政策改革，建立积极的社会福利制度。传统的社会民主主义和马克思主义关注于资本主义运行中所出现的各种社会不平等，并固执地认为通过国家对市场的直接干预便能消弭上述问题，结果在经济全球化的浪潮下陷入困境，而自由资本主义也同样陷入偏信“市场万能”的作用，结果导致自由主义市场的高风险和不稳定性，忽视了市场本身的社会基础。2008年的美国“次级房贷危机”导致的全球经济大衰退就体现了新自由主义本身具有的制度缺陷。

在构建第三条道路的理论基础之后，吉登斯[②]在2003年提出了具体的行动措施。首先，修复被破坏的社会团结，主张有条件地保留并重塑社会传统，强调个人以及社会对他人的责任感。其次，脱离狭义的解放政治(emancipation politics)，建设社会大众都能够接受的生活政治(life politics)。提倡能动性政治(generative politics)，即在社会整体关怀和目标环境下寻求社会群体和社会成员个人来分担责任的能动性。通过对话民主(dialogic democracies)，使得国家在公共领域中通过对话而不是通过权力去解决或处理矛盾。提倡积极的社会福利政

① 彭华民．西方社会福利理论前沿：论国家、社会、体制与政策[M]．北京：中国社会出版社，2009．

② 安东尼·吉登斯．超越左与右：激进政治的未来[M]．李惠斌，杨雪东，译．北京：社会科学文献出版社，2003．

策，主张国家从过去的消极福利向主动消除贫困等方面积极行动。他认为[①]，传统社会的消极福利主要是根据外部风险组织起来，用来解决已经发生的事，具有被动性。而积极的社会福利强调自我实现和责任，其目标是推动人的发展，其社会政策的手段是增强人自身的生存能力，属于预防性的策略。

然而，作为一种新兴前沿理论，第三条道路还有一些亟待解决的问题。比如，吉登斯的理论强调将市场、家庭、非政府组织(NGO)以及福利制度有机地结合起来，以求发挥其最大的社会效益，但如何整合庞大的社会团体以及处理市场、社会机构与家庭之间的关系，该理论并未详细阐述。此外，过多的对话可能会使得社会政策的制定周期相应延长，从而影响社会问题的解决。

(三)发展性社会福利

发展性社会福利理论(Developmental Welfare)的诞生与第三世界国家的崛起和联合国的推动有着密不可分的关系。自 20 世纪 50 年代以后，众多第三世界国家相继摆脱殖民统治，走上了独立自主的发展道路，但是由于自身底子薄、社会政治经济发展不平衡，在社会保障及福利建设等方面严重滞后，社会成员的生活水平和福利待遇长期无法得到必要和有效的提高。在此背景之下，一些西方学者提出了发展性福利的思想，在联合国等国际组织的帮助下试图着手解决经济与社会发展的关系，协调彼此之间的矛盾，从而实现共同发展。

以美国学者梅志里[②]为代表的发展性社会福利政策其核心观点是：社会政策对于发展有正面的贡献。它通过增进人的发展能力促进经济社会的发展。社会政策是社会支出，也是社会投资。具体而言，发展型社会政策集中反映了经济政策和社会政策二者的整合状态，而将社会政策的目标从微观领域拓展到中观和宏观领域。第一，在微观领域，从社会政策的目标是对个人的福利服务，转为通过提升个人能力、减少不公平和歧视来推进机会的公平。同时，通过推进特殊群体的参与来促进个人的参与能力。第二，在中观领域，由于发展的内涵包括制度建设，所以社会政策在中观领域的目标就纳入了制度建设的内涵。这些制度建设的内容包括促进群体之间的公平。第三，在宏观领域，关注社会在水平层面的整合以及垂直层面的畅通。社会发展本身包含着社会公平和公正、社会成员的有效参与，以及公民的基本权利，特别是基本服务权利的保障和对文化惯例、法律、制度、政策的制度化。有效参与需要有参与机制和利益表达机制，这就要求整个社

---

① 安东尼·吉登斯．第三条道路：社会民主主义的复兴[M]．周戈，译．北京：北京大学出版社，2000.

② Midgley，J. & Tang，K. L. Social Policy，Economic Growth and Developmental Welfare [J]. International Journal of Social Welfare，2001，10 (4).

会在水平层面，也就是不同的部门和利益群体之间的整合与协调，以及垂直层面，也就是参与机制的畅通。这个理论的一个观点就是发展型社会政策是在全球化的挑战下发达国家在社会政策领域采取的一种应对策略。具体操作上与过去的不同是：第一，传统的社会政策是将资源用于减轻人们的不幸和困境；发展型社会政策则是致力于消除或减少那些会使人们陷入不幸或困境的因素，而不是在风险成为事实后再向他们提供生活保障。第二，社会政策的对象不再只是现实的贫困者或不幸人士，而是一种增进全体社会成员经济和社会能力的社会资源再分配机制。因此，在发展型社会政策看来，社会政策不仅是社会发展的问题，它对经济发展也有积极的作用。

该理论作为一种新兴的流派尤其对许多发展中国家有较强的借鉴意义，不过，社会发展与进步也是一项长期过程，需要长时间的努力和等待。一部分群体，如极端贫困者、需要医疗救助者，如果仅将希望寄托于需要长时间等待的社会进步才能获得的一揽子解决问题的方法，恐远水难解近渴。发展性社会福利政策需要合理操作化以尽快产生其福利效应。

>>三、不同思潮影响下的各国社会福利实践模式<<

上述社会福利的理论流派是对社会福利理想范式的划分，而世界各国在社会福利的实践过程中往往可能受到其中一种甚至多种思潮的影响，其中一些国家结合本国自身经济社会条件形成了不同的实践模式。

艾斯平·安德森[①]曾以“服务的非商品化指数”(Decommodification score)为衡量社会福利水平的标准，提出了发达国家社会福利基本模式划分的经典模型，即Esping-Andersen模型。“服务的非商品化指数”是指按照个人权利为基础(而不是按市场交换为基础)提供的一系列服务在总服务中所占的比例，或者说是个人维持生计与市场无关的程度。以这一标准，安德森把福利国家分为三种类型：一是自由主义福利国家(Liberal welfare state)，典型代表有美国、加拿大和澳大利亚等。在这些国家居支配地位的是经济调查式的社会救助、少量的普救式转移支付或作用有限的社会保险计划。国家运用消极的手段以保证最低限度的给付，而以积极的手段对私人部门福利计划予以补贴。这种体制的非商品化效应最低，能够有力地抑制社会权力的扩张，建立起社会分层化秩序。二是合作主义福利国家(Corporatist welfare state)，也称为欧洲大陆型福利国家。该制度类型的特点是以参与劳动市场的社会保险缴费记录为前提条件，带有保险的精算性质。这类制度最初发生在德国俾斯麦政府期间，之后扩展到整个欧洲大陆。人们的社会权

① 艾斯平·安德森．福利资本主义的三个世界[M]．北京：法律出版社，2003.

利取决于每个人的工作和参保年限、过去的表现与现在的给付之间的关联程度。但这些国家十分强调公民的社会权利，国家完全取代市场而成为福利的主要提供者，那些私人保险和职业性额外给付只能充当配角。其典型国家包括奥地利、法国、德国和意大利等国家。三是社会民主主义福利国家(Social-democratic welfare state)，把普救主义和非商品化的社会权利扩展到了新中产阶级。在这些国家主要特点表现为高度的非商品化原则与普救主义相混合的计划，所有的阶层都被纳入到一个普救式的保险体系中，所有的人都依赖于这一福利制度。这些国家的典型代表有瑞典、丹麦等北欧国家。

资产型社会福利是以资产建设为基础的福利实践模式，由美国迈克尔·史乐山教授首创，它是针对以收入维持为基础的社会政策提出，其重点不放在传统的收入再分配上，而是强调授权于个人，促进个人资产的长期积累，以推动个人、家庭和社区的发展，并以这种发展构成社会整体的长期发展①。传统收入维持社会政策，大多依靠社会保险实施，尽管它保障了人们的基本需求，供养了弱者，缓解了贫困，但未能使贫困家庭得以发展，并不能改善长期生活状况和使人获得更大的经济独立，而要实现这个目标，需要同时促进资产的长期积累。这一点，成为新的社会政策的基础②。资产社会政策的提出，在全球掀起了一场从理念到实践的社会政策革命。近年来世界各国的社会政策越来越多地注重通过投资策略来提高低收入家庭的长期福利，从只关注维持收入转而通过资产积累直接关注个体、家庭和社区的发展，刺激穷人乐意对未来资产进行积累。

在亚洲，包括我国在内的大多数东亚国家在发展过程中呈现出自己的特色，有学者将其概括为生产主义福利模式③。"生产型社会政策"模式的特征可以归纳如下：政府视社会保障项目为经济、政治和社会发展的整体工程的一部分，并倾向于使社会政策从属于经济政策。国家把注意力放在强化经济基础设施和提高人力资源的教育和健康条件，而把社会福利看做是市民社会的事务；国家倡导工作福利和人际互助而不是把社会公正与福利权利理念作为其福利意识形态的核心理念；对于福利需求群体的公共支持程度较低，社会福利支出和税费在国内生产总值(GDP)中所占的比重很小；国家在社会福利的提供上主要是规则的制定者，而不是福利供给者。在许多场合，东亚福利常被看成是发展生产主义的社会政策的典范。在日本，早在20世纪60年代，一些人就提出"福利应该优先于经济发

① 史乐山，邹莉．美国的资产建设：政策创新与科学研究[R]．"21世纪社会政策新理念"论坛，2005-01.

② 迈克尔·谢若登．资产与穷人——一项新的美国福利政策[M]．高鉴国，译．北京：商务印书馆，2005.

③ 林卡．东亚生产主义社会政策模式的产生和衰落[J]．江苏社会科学，2008(04).

展”，而另一些则坚持“没有经济发展就没有福利的发展”[①]。在新加坡，政治家李光耀也强调“发展必须优先于公平分配”[②]。中国政府在80年代的经济改革中也倡导“允许一部分人先富起来”的政策。这些政策都反映了政府把发展的中心目标放在经济增长而不是在收入再分配上。实际上，东亚国家生产主义模式的条件在90年代也开始发生变化。日本在90年代初经历了经济衰退，并由此陷入长时期的经济停滞。曾经经历过“经济奇迹”的亚洲“四小龙”都在1997年的亚洲金融危机中显示出其经济发展的脆弱性。与此形成鲜明对比，中国大陆的经济成就是令人振奋的，但失业问题仍给人们的生活蒙上了一层阴影。这些因素削弱了东亚社会中福利制度的基础。曾在这一地区中流行的生产型社会政策理念面临挑战，因为当那些有工作意愿和劳动能力的人并不能很容易地找到工作时，生产型社会政策所内含的观念以及理论假设(如迫使人们去依赖市场)将不再起作用。作为结果之一，社会再分配的观点逐渐扩大了其影响力。这一变化过程最明显地反映在中国社会政策近年来的发展中。这一福利扩张的趋势在东亚其他国家也普遍存在。这样，东亚许多国家开始出现从生产型模式向生产主义和再分配主义的混合模式的转化迹象[③]。

>>四、当前社会福利领域理论与实践探索的最新共识<<

虽然不同区域国家在社会福利制度的选择上各有不同，但是近年来，国际上对社会福利认识和实践的最新共识主要倾向于以下几个方面。

第一，重视社会福利对经济和社会发展的促进作用。在经济学理论中，对于社会福利的实施主要是围绕公平(equity)和效率(efficiency)的关系而展开的，并且大多数时候将这两者置于一种顾此失彼(trade-off)或矛盾关系中讨论[④]。弗里德曼认为[⑤]，如果没有政府干预，市场将体现出最有效率的资源配置功能，并会自动地发挥经济均衡和稳定作用。库茨涅茨[⑥]也表达了相同的观点，他认为经济

① Shiratori, Rei. The Experience of the Welfare State in Japan and Its Problem, in Eisenstadrt, S. N. and Ahimeir, Ora (eds): The Welfare State and Its Aftermath [M], London and Sydney: Croom Helm, 1985.

② Jeon, Jei Guk. Exploring the Three Varieties of East Asia′ s State－ Guided Development Model [J]. Studies in Comparative International Development, 1995, 30(3): 70～78.

③ 林卡．东亚生产主义社会政策模式的产生和衰落[J]. 江苏社会科学，2008(04).

④ Okun, A. Equality and efficiency, the big trade－off[M]. Washington, D. C.: The Bookings Institution, 1975..

⑤ Friedman, M. Capitalism and Freedom[M]. Chicago: University of Chicago Press, 1962.

⑥ Kuznets, S. “Economic Growth and Income Inequality” [J]. American Economic Review, 1955, 45: 1～28.

增长会自动惠及贫困者因而会缩小贫富差距。但是回顾西方福利国家的建立和发展过程，在过去大多数时候社会公平是支持和推动政府在收入领域实施再分配政策的一个核心甚至是唯一的依据。研究表明，在欧盟国家中，社会保障对降低贫困的发生率发挥了显著的作用，而北欧国家的效果尤其显著；同样，在经合组织国家中，以税收支持的转移支付项目对缩小贫富差距的作用也非常明显。据世界银行的研究显示，在印度和坦赞尼亚，贫困和富裕家庭的收入差别中25%是由于对经济活动的选择不同而造成，而在津巴布韦贫困家庭近40%的经济损失是由于回避风险而造成。对于贫困者来说，因为他们在选择经济活动时必须采取将风险降到最低限度的策略，他们因而不仅会失去增加经济收入的机会，更是难以摆脱贫困；而一旦风险成为事实时，贫困家庭所采取的应对措施往往是代价非常高昂的，如变卖生产资料、孩子退学参加劳动或家庭成员生病但放弃治疗等，这些措施则更会使他们陷入长期的贫困中①。由此可见，福利国家最重要的成就即是它为社会成员提供了一个有效的抵御市场风险的机制，因为家庭和个人的基本需求可以在市场以外得到满足。可以说，正是由于这样一种制度的存在，不仅促进了市场经济的持续发展，也避免了完全由市场决定人们命运的后果。世界银行北京经济部主任迪帕克曾做过一个研究，考察了社会稳定状态对经济的发展的作用和贡献。他所采取的研究是非洲50多个国家的国内生产总值的增长率，研究发现，社会稳定和社会和谐对经济增长的贡献率是5.7%，而其他社会经济要素的贡献率是4.0%。在2004年英国剑桥大学出版社的《*Growing Public*》一书中，美国的著名经济学家林德特②通过对实际发达国家和发展中国家过去几十年的公共支出与经济增长的关系的实证分析，证明政府公共支出对经济增长有着积极的推动作用，而不是像很多新保守主义经济学家所说的公共投入对经济有负面影响。而且他的研究不仅证明了公共支出的对经济激励的作用，也分析了对长期经济发展的正面效果。

因此，近年来很多学者和政府开始认识到，很多非经济因素，如社会稳定、社会凝聚力、和谐的社区生活以及功能完整的家庭等，对经济发展同样至关重要。社会福利的作用不再只是再分配，而是具有社会投资作用的一种资源配置手段；社会福利的作用不只是促进社会公平，对经济效率也有重要贡献。如果缺少社会福利不仅会带来社会高成本，更会对经济发展产生广泛和长远的负面影响。

世界各国半个多世纪的实践证明，福利国家不仅基本上消除了绝对贫困，人们的物质生活水平和生活质量随着经济的发展有了明显、稳定的提高，绝大多数普通人都过上了比较富裕的生活。这一成就被认为是20世纪人类社会最大的进

① 艾斯平·安德森．福利资本主义的三个世界[M]．北京：法律出版社，2003：29.

② Lindert，P. H. *Growing Public*：Social Spending and Economic Growth since the Eighteen Century [M]. Vol. Ⅰ，Ⅱ. Cambridge：Cambridge University Press，2004.

步之一，即在市场经济发展的同时，社会成员也普遍享受到了经济发展的成果①。显然，这一结果并不完全归功于市场经济的发展，而是同样来自于现代社会福利制度的贡献。

第二，更加关注非收入因素。在新的社会政策概念的引导下，社会福利制度强调导致贫困的不仅仅是收入，更重要的是机会和能力的缺失，即社会排斥。因此，从赋权、能力提升、社会融入等角度重新设计社会政策的应对策略，社会关系(地位及权利)等非经济资源的分配构成了研究的重点。近年来，大多数欧美国家对于失业者从提供“被动的”收入保障转向了帮助他们尽快地获得“像样的工作”(decent work)②。此外，为有工作者提供支持是近年来发达国家社会政策的一个最显著的变化。在很多欧洲国家，政府和企业积极合作，实施“家庭友好政策”，帮助职工实现工作和家庭责任的平衡③，如家庭休假制度、亲职假期和弹性工作时间等。这种以促进就业为核心的社会政策被称为“积极的社会政策”。

第三，以社会治理为手段。社会治理这一概念的提出和实践是福利国家对其私有化改革反思的结果。私有化改革的社会实践使社会福利的概念、目标和手段等得到了极大的丰富。首先，从社会政策的目标和思维来看，社会福利逐步实现从针对有需要群体的收入保障和社会服务，到使人们有效地参与经济和社会生活的所有环境因素的转变，而且力争从改善社会成员生活质量这样一个整体视角出发，发挥其有效的作用；其次，社会决策主体、提供服务主体也逐步扩大为政府、市场、家庭、社区和公民社会组织等④，而不是单纯依靠政府或市场或其他某一系统或部门来决定或提供，政府的作用是要形成一个使这些不同系统共同发挥作用的制度框架，从单一中心向多中心转变。总之，西方社会政策视角下的社会福利制度归根到底是一个治理的问题，是与新行政管理(NPM)及其理念带动下的政府改革融为一体的⑤。

第四，强调社会政策的成本效益分析。成本效益分析是资本主义社会的基本意识形态，但过去主要在市场经济组织中使用。这一概念及其技术进入社会政策领域是私有化改革的另一个结果⑥。由于政府更多的时候是作为投资主体来提供

① Arjona，R.，M. Ladaique and M. Pearson. Growth，inequality and social protection [P]. Paris：OECD Labor Market and Social Policy Occasional Papers No. 51. 2001.

② International Labor Office. World Labor Report：Income security and Social Protection in a Changing World (Geneva 2000)[R]. 2000.

③ Esping-Andersen et al. A New Welfare Architecture for Europe? [R]. Report Submitted to the Belgian Presidency of the European Union，2001.

④ OECD. Family，Market and Community：Equity and Efficiency in Social Policy [P]. 1997.

⑤ Butcher，T. Delivering Welfare：The Governance of the Social Services in the 1990s [M]. 1995.

⑥ 张秀兰 . 社会政策的国际经验[R]. 社会政策国际论坛，2005-09-07.

社会福利的，因此成本效益分析备受政策制定者的重视。不过，在实践中，社会政策的成本效益分析要复杂一些。社会政策的实施是一个使用资源来解决社会问题的过程，其成本或支出是一个显而易见的事实，但其投资效益或回报不仅在短期内看不到，即使有，也往往难以建立令人信服的因果关系。因此，在社会政策领域中，成本效益分析并不是基于投入—产出的分析，而是从预防社会风险的角度出发，即如果对某一问题不采取相应的政策(包括投入资金和规制)，它将会为社会带来什么样的代价?

第五，重视国家的能促型作用。吉尔伯特首先提出了能促型国家的概念①。社会政策的实践不断要求国家超越传统的角色，从收入再分配发展到增加民间社会服务提供者的能力②。具体的路径包括支持民间社会服务组织(尤其是非营利组织)网络的建设；通过税收优惠或者启动基金的提供来鼓励基金会的建立和成长；通过服务外包、政府购买等多种方式推动家庭、社区组织、专业性组织和其他慈善组织提供公共服务。按照吉尔伯特的观点，福利国家的这一变化意味着社会政策已经从传统的福利国家模式转向了“能促型政府”(Enabling State)的模式，即政府的角色从直接提供服务转向“民办公助”(public support for private responsibility)的方向，政府的作用就是形成一个使这些不同系统共同发挥作用的制度框架。政府制定政策和提供资金，而这些政策的实施者则变成各种形式的营利或非营利组织，即“第三方政府”。换言之，社会政策必须将社会看做一个整体，其作用是形成一个促进不同社会系统共同发挥作用的制度框架。其中，家庭作为对社会成员的工作和生活都有直接影响的社会单位，既是社会不同系统的政策最终产生作用的地方，也是经济政策和社会政策的结合点，因而也是社会政策促进社会整体功能有效发挥的焦点。这样，以增强家庭功能为目标的家庭政策所体现的则是政府对经济和社会发展的投资。换言之，家庭既是社会政策的起点，也是其终点。政府对家庭提供帮助，增强家庭功能，投资人力资本，一方面是对市场、社区及公民社会组织的投资，另一方面也是社会政策以人为本的体现，这是社会政策的最终目标。

① Gilbert. N. & Terrel. P. Dimensions of Social Welfare Policy (5th edition). Massachusetts: Allen & Bacon, 2002.

② Salamon, L. (ed.) The Tools of Government: A Guide to the New Governance [M]. NY: Oxford University Press, 2002.

重建"国家"：中国社会福利发展六十年的历史轨辙[①]

自新中国成立以来，我国的社会福利事业就处在一个不断发展、不断完善的阶段。需要注意的是，我国的社会福利体制发展是与我国的经济发展相互关联的，在不同的经济发展阶段，国家制定社会福利制度的主导思想与具体的政策均不尽相同，按照我国经济发展的历程可以将我国的社会福利发展分为三个阶段。第一，计划经济时期的社会福利体制，自 1949 年新中国成立伊始一直到 1978 年改革开放前夕；第二，经济发展转轨期及社会主义市场经济建设时期的社会福利体制，自 1979 年改革开放始至 1999 年；第三，适度普惠型福利体制的初步构建时期，自 2000 年至今。下面将对这三个阶段进行分别论述，并进行总结。

一、计划经济时期的社会福利体制（1949—1978 年）

中华人民共和国成立以后，对社会主义中国发展战略的设计问题现实而紧迫地摆在了党和国家领导人的面前。原本，党的主要领导人曾考虑先经过新民主主义的过渡阶段，尽可能地利用城乡私人资本的积极性，打好基础，逐步进入社会主义。然而，1950 年朝鲜战争的爆发以及由此带来的更加严峻的国际环境，使中国领导人对国家安全备感忧虑，很难按照之前的新民主主义经济发展思想和路径去实践；而苏联在 50 年代初在中国援建的 150 余个项目相继开工，提升了中国的要素禀赋结构，使中国经济发展有可能复制苏联模式。在这两大因素的直接促动下，优先发展重工业以实现社会主义工业化，被确立为当时的国家发展战略，并内生出计划经济体制[②]。由此决定的就业制度、户籍制度形塑了当时我国的福利体制。

重工业属于资本密集型产业，吸纳劳动力就业的能力较弱，为避免产生过高的失业率，影响社会稳定，妨碍国家工业化进程，政府必须对劳动力市场进行干预。当时的情形是，城市中的各种失业人员和剩余劳动力无法得到安置，农村中

---

① 作者简介：仲林，北京师范大学中国社会政策研究所。

② 张占斌．我国经济体制改革发展的历史进程[J]．理论视野，2007(8)．

的剩余劳动力盲目向城市流动，对城市就业造成了巨大压力。为缓解这一矛盾，国家于 1952 年 8 月、1956 年 7 月分别下发《关于劳动就业问题的决定》和《关于工资改革的决定》，通过控制收入分配等措施在城镇“消灭失业”；又于 1958 年 1 月起施行《户口登记条例》，阻隔农村人口向城市自由迁移。通过这一系列制度安排，城镇人口低工资、高就业，农村人口被束缚在合作社（人民公社）集体经济中的经济—身份差序格局得以形成，并由此确立了延续至今的城乡分割的二元福利体系。

（一）城镇国家—单位型福利制度

城镇人口根据就业形式的不同，分别享受“职工福利”（企业）和“干部福利”（机关事业单位），由于这两种福利的最终责任人都是国家，因此又统称为“国家—单位型福利”。

1951 年 3 月 1 日，政务院颁布的《中华人民共和国劳动保险条例》正式施行，这是新中国第一部有关社会保险的法律文件，标志着城镇职工福利制度基本确立。之后，有关部门又颁布了《职工生活困难补助办法》（1956）、《关于职工生活方面若干问题的指示》（1957）等一系列文件，进一步丰富和发展了城镇职工福利制度。

综合来看，职工福利制度具有以下三方面的特点。

第一，职工福利制度涵盖到职工工作与生活的各个方面。总体而言，职工福利制度包括四个方面：劳保待遇、福利补贴、集体福利、文化福利（见表 3-1），可以说已经在城镇职工家庭中基本建立起“从摇篮到坟墓”的福利制度。

第二，职工福利制度具有家庭保障色彩，职工的直系亲属也可部分享受某些福利待遇。《劳动保险条例》规定：工人与职员供养的直系亲属患病时，手术费及普通药费，由企业行政方面或资方负担 1/2；工人与职员因工死亡时，每月付给供养直系亲属抚恤费；工人与职员因病或非因工负伤死亡时，付给供养直系亲属救济费；工人与职员供养的直系亲属死亡时，付给供养直系亲属丧葬补助费等。这些制度安排，使得福利供给惠及非工作人口（老人、儿童、家庭妇女等），具有较明显的杠杆作用。

第三，国家与企业单方面承担福利提供义务，职工个人不承担缴费责任。《劳动保险条例》明确规定：“劳动保险的各项费用，全部由实行劳动保险的企业行政方面或资方负担”“不得在工人与职员工资内扣除，并不得向工人与职员另行征收”。由于当时国家对企业实行统收统支的财务管理制度，实际上国家成为参保企业职工生、老、病、死、伤、残的无限责任人；而城镇居民一旦具备职工身份，则可确保享受到福利待遇。

表 3-1　职工福利分类表

福利分类	福利项目
劳保待遇	职工因工负伤：负担全部诊疗费、药费、住院费、住院时的膳费与就医路费；医疗期间，工资照发
	职工因工致残：按月付给因工残废抚恤费或因工残废补助费
	职工因工死亡：发给丧葬费；每月付给供养直系亲属抚恤费
	职工因工完全丧失劳动力退职后死亡：发给丧葬费；每月付给供养直系亲属抚恤费
	职工疾病或非因工负伤：负担诊疗费、手术费、住院费及普通药费；提供经济困难医疗补助；发给病伤假期工资、疾病或非因工负伤救济费
	职工因病或非因工负伤致残：发给非因工残废救济费
	职工因病或非因工负伤死亡：付给丧葬补助费，付给供养直系亲属救济费
	非因工完全丧失劳动力退职后死亡：付给丧葬补助费，付给供养直系亲属救济费
	职工供养的直系亲属患病：负担手术费及普通药费的二分之一
	职工供养的直系亲属死亡：付给供养直系亲属丧葬补助费
	退职养老：按月付给退职养老补助费
	合于养老条件但继续工作者：每月付给在职养老补助费
	退职养老后死亡：付给丧葬补助费，付给供养直系亲属救济费
	女职工生育、小产：给予产假，期间工资照发
	女职工难产、双生：增给产假，期间工资照发
	女职工怀孕、分娩：负担检查费、接生费；负担诊疗费、手术费、住院费及普通药费
	女职工或男职工之妻生育：发给生育补助费
福利补贴	生活困难补助、多子女补助、职工上下班交通费补贴、冬季宿舍取暖补贴、带薪探亲假等
集体福利设施	职工宿舍、职工住宅、班车，职工食堂、职工浴室、理发室、休息室，哺乳室、托儿所、幼儿园，工人疗养院、休养所、养老院、孤儿保育院、残废院等
文化福利设施	文化宫、俱乐部、工人图书馆等

企业职工福利制度建立的同时，国家机关、事业单位干部福利制度也开始建立起来。随着《关于全国各级人民政府、党派、团体及所属事业单位的国家工作人员实行公费医疗预防的指示》(1952)、《国家工作人员公费医疗预防实施办法》(1952)、《各级人民政府工作人员在患病期间待遇暂行办法的规定》(1952)、《关于各级人民政府工作人员福利费掌管使用办法的通知》(1954)、《关于妇女工作人员生育假期的通知》(1955)，《国家机关工作人员退休处理暂行办法》(1955)、《国

家机关工作人员退职处理暂行办法》(1955)、《关于国家机关工作人员子女医疗问题的通知》(1955)等一系列规章制度的颁布实施，面向“干部”的全方位福利制度也基本得以建立。与职工福利相比，干部福利至少在两个方面有所区别：一是干部的福利待遇要略高于职工；二是干部福利由各级财政负担。

国家—单位型福利制度的建立，受到全国广大干部和职工的热烈欢迎，取得了较好的保障效果。仅以1953年为例，35个工业部门为职工直接支付的劳动保险费、医药费、文教费和福利费平均相当于工资总额的17%；当年享受劳动保险待遇的职工达480万余人，享受公费医疗待遇的国家机关工作人员和教育工作人员达529万余人，其他中小企业中的职工也多半同企业订有劳动保险合同；当年国家为职工建筑的宿舍达1200万平方米。

(二)农村集体累积—互助型福利制度

与城镇中的单位(企业或机关事业单位)就业体制不同，自1956年开始，几乎所有的农业人口都被纳入以高级农业生产合作社(1956—1958)和人民公社(1958—1983)为形式的集体经济中，并通过所属集体的累积与集体成员之间的互助获得相应的福利待遇。1956年6月颁布《高级农业生产合作社示范章程》对农村社员应享有的福利做了较为详细的规定(见表3-2)。

表3-2 《高级农业生产合作社示范章程》规定社员享有的福利待遇

福利项目	内 容
公益金	农业生产合作社从每年的收入当中留出一定数量的公益金(不超过2%)，用来发展合作社的文化、福利事业
因公伤亡	对于因公负伤或者因公致病的社员负责医治，并且酌量给以劳动日作为补助；对于因公死亡社员的家属给以抚恤
优抚	对于军人家属、烈士家属和残废军人社员，合作社按照国家规定的优待办法给以优待
五保	农业生产合作社对于缺乏劳动力或者完全丧失劳动力、生活没有依靠的老、弱、孤、寡、残疾的社员，在生产上和生活上给予适当的安排和照顾，保证他们的吃、穿和柴火的供应，保证年幼的受到教育和年老的死后安葬，使他们生养死葬都有依靠
妇女儿童	不使孕妇、老年和少年担负过重和过多的体力劳动，特别注意使女社员在产前、产后得到适当的休息。女社员生孩子的时候，酌量给予物质帮助。提倡家庭分工、邻里互助、成立托儿组织，来解决女社员参加劳动的困难，保护儿童的安全
临时救助	对于遭到不幸事故、生活发生严重困难的社员，合作社要酌量给予补助
医疗卫生	开发公共卫生工作和社员家庭卫生保健工作

续表

福利项目	内　容
住房	在可能的条件下，帮助社员改善居住条件；社员新修房屋需用的地基和无坟地的社员需用的坟地，由合作社统筹解决，在必要的时候，合作社可以申请乡人民委员会协助解决
教育	组织社员在业余时间学习文化和科学知识，在若干年内分批扫除文盲
文娱	利用业余时间和农闲季节，开展文化、娱乐和体育活动

可以看出，农村集体福利制度虽然不如城镇国家—单位型福利制度那样标准明确、面面俱到，但也初具雏形，对广大农业人口具有一定的保障作用，尤其是其中的农村五保供养制度和农村合作医疗制度，成为计划经济时代中国农村主要的福利项目。

农村五保供养制度建立于 1956 年，主要是指对于缺乏劳动力或者完全丧失劳动力、生活没有依靠的老、弱、孤、寡、残疾的农村居民，在生产上和生活上给予适当的安排和照顾，保证他们的吃、穿和柴火的供应，保证年幼的受到教育和年老的死后得到安葬，使他们生养死葬都有依靠。具体措施包括：第一，对有一定劳动能力的五保对象，安排照顾他们从事力所能及的生产劳动，并适当照顾工分，保障他们的生活相当于一般群众的水平；第二，对丧失劳动能力的五保对象，按全社平均劳动日数，补助给五保户，与其他社员一起参加分配；第三，按五保内容规定的吃、穿、烧、教等标准，计算出所需款物数，从公益金中直接分给五保户现款和实物；第四，对年老体弱病残、日常生活自理有一定困难的人员，安排专人照顾他们的日常生活；第五，兴建敬老院，对五保对象实行集中供养。这是新中国在农村建立的第一项社会福利制度，并延续至今，一定程度上解决了农村中最弱势群体的生存问题。据统计，截至 1958 年年底，全国农村享受五保待遇的有 413 万户，519 万人；兴办敬老院 15 万所，集中供养 300 余万老人①。

农村合作医疗制度即通过个人缴费、集体补助的方式，合作建立医疗站(卫生所)，培养乡村医生(赤脚医生)，为参合农民提供基本医疗服务，免除医疗费甚至药费的制度安排。1955 年，农业合作化进入高潮，山西高平、河南正阳、山东招远、湖北麻城等地农村开始出现具有保险性质的合作医疗保健制度；随后，全国各地相继出现了一些推行农村合作医疗制度的先进典型。1960 年 2 月，中共中央转发卫生部《关于人民公社卫生工作几个问题的意见》，充分肯定了山西

① 宋士云．新中国农村五保供养制度的变迁[J]．当代中国史研究，2007(1)．

省稷山县的合作医疗探索；1968年12月，《人民日报》在头版头条发表了毛泽东亲自批示的《深受贫下中农欢迎的合作医疗制度》，介绍并高度首肯了湖北省长阳县乐园公社实行合作医疗制度的做法和经验。在这些文件的推动下，全国农村迅速普及合作医疗，至1976年，全国实行合作医疗制度的行政村(生产大队)比重高达90%，覆盖八成的农村人口①。

与城镇福利制度相比，农村福利制度最突出的特点有四条。

第一，可及性差，仅能满足特定群体最基本的福利需求。与城镇“从摇篮到坟墓”的社会福利制度相比，农村的福利项目还非常有限，包括养老在内的一系列基本福利制度并未建立，已有制度仅能满足五保户、特困户、优抚对象等少数群体最基本的福利需求。对于绝大多数普通农业人口而言，当时农村集体福利制度的可及性很差。

第二，通过集体经济累积筹集福利资金，统筹层次低，保障水平差。农村可支配福利资金中的大部分是通过在村(大队)年度可分配收入中提取少量公益金(2%～3%)的方式来筹集，这种筹集方式统筹层次很低，某些自然禀赋较差的村落，或是遇上年度歉收的村落，公益金的来源就无法保证。而且，有限的公益金要应付众多的福利开支项目，五保供养、合作医疗、妇儿福利、临时救助等都需在公益金中列支，这就决定了农村福利的保障水平是很低的，只能量入为出。

第三，个人需承担缴费责任，并通过集体内部的互助摊薄费用。这主要体现在农村合作医疗中，如湖北省长阳县乐园公社实行的合作医疗制度规定，每个社员每年交1元钱的合作医疗费，生产队从公益金中再为每个参合社员交1角钱；除个别老痼疾病需要常年吃药的以外，社员每次看病只交5分钱的挂号费，诊治、吃药不用交钱。在这种制度安排下，社员个人自付了90%以上的医疗费用——虽然这些费用因为集体内部的互助得以摊薄。这与城镇福利个人完全不用承担缴费责任形成鲜明对比。

第四，国家只承担有限的补助、扶植责任。对于穷社队和遭受自然灾害的社队，负担五保供养确有困难的，国家给予必要的补助；对于经济困难的社队发展合作医疗，国家给予必要的扶植；对那些集体经济比较薄弱的、集体无力补助的贫困户，则由国家给予适当救济。但上述补助和扶植都是相当有限的，覆盖面小、投入相对较少，无以改变农村福利的整体格局。

(三)国家救济福利制度

国家救济福利制度是指运用国家行政——财政力量，对无依无靠、无生活来

① 曹普．新中国农村五保供养制度的变迁[J]．中共党史资料，2006(3)．

源的残、老、孤、幼、贫等人员进行经常性救济，对灾民、游民进行紧急救济的制度安排。

1950年4月，中国救济代表会议召开，时任政务院副总理董必武在会上做《新中国的救济福利事业》重要报告，强调“新中国的救济福利事业，应首先救济失业工人及灾区人民”。将救灾与失业救济提到特别突出的位置，是由当时的国内形势决定的。1949年新中国刚刚成立，长江、淮河、汉水、海河流域16省区就遭受了特大洪涝灾害，成灾人口高达4500多万人。针对这一严峻形势，负责救灾救济的内务部提出“生产自救，节约渡荒，群众互助，以工代赈”的救灾方针，政府直接拨给灾区可以用于救灾的粮食超过15亿斤，其中紧急救济粮约4亿斤，成功地遏制了灾荒的发展，克服了灾荒带来的困难。除了特大洪灾，当时城市失业问题也很突出，上海、南京、武汉、重庆、广州五市的失业现象尤其严重。针对此问题，政务院确定了“以工代赈为主，生产自救、转业训练、还乡生产、发给救济金为辅”的失业救济方针，拨出4亿斤粮食作为救济失业工人基金。据不完全统计，在新中国成立后一年多时间里，武汉、广州、长沙、西安、天津等14个城市紧急救济了100多万人。1952年，全国152个城市常年得到定期救济的人口达120多万，得到冬令救济的约达150多万。有的城市享受社会救济的人口达20%～40%①。

除了应急性的救济制度，经常性的救济制度也逐渐建立。第一，通过新建救济福利机构以及接收、调整、改造国民党政府、地方社区举办的救济院、慈善堂、寡妇堂、教养院和接受国外津贴的宗教或世俗救济福利机构，建立起一大批社会主义性质的救济福利事业单位。到1953年年底，全国共有城市社会救济福利事业单位920个，收容孤老、孤儿、精神病人及其他人员37.4万人。第二，建立生产教养院、贫民习艺所等早期社会福利生产性质的机构，组织贫民生产自救。1956年年底，内务部在北京召开城市残老教养、烈军属贫民生产工作座谈会，首次提出“社会福利生产”的概念，促进了福利生产活动的飞速发展。到1958年，全国已有社会福利生产单位6065个，临时性生产单位1395个，参加福利生产的人员约58万人②。

计划经济时代国家救济福利制度最显著的特征即重视受助群体的“自救自助”，即通过大力组织各种形式的生产活动，解决赈灾、失业、城市贫困等问题。董必武在中国救济代表会议上明确指出：新中国的救济福利事业“要以人民自救自助为基础”“只有组织起人民自己的力量，生产节约，劳动互助，才是最有保障最可信赖而又取之不竭的源泉”。在这一原则的主导下，以工代赈、福利生产等中国特色的救济手段在国家救济福利制度中占据了主导地位。

---

① 唐钧．社会救助的历史演进[J]．时事报告，2004(3).

② 王子今，刘悦斌，常宗虎．中国社会福利史[J]．北京：中国社会出版社，2002.

>>二、转轨期及建立社会主义市场经济时期的社会福利体制(1979—1999年)<<

1978年12月，在邓小平的主持下，中国共产党十一届三中全会决定“全党工作的着重点应该转移到社会主义现代化建设上来”，这意味着“政治生活”已经不再是中国人民的主要生存方式，中国的发展主轴自此开始全面转到经济建设上来。然而，在一个较长的历史时期内，改革开放的基调虽已确立，但中国的国家发展战略并未真正明确，围绕经济领域中出现的种种新现象，仍然有不少人以意识形态的标尺去丈量和批评；每当宏观经济出现波动的时候，便立即会有批评和斥责的思潮出现，姓“资”姓“社”之类的讨论仍屡见不鲜。但以1992年年初邓小平“南方谈话”和1992年10月中国共产党第十四次代表大会的召开为标志，“建立社会主义市场经济体制”的新型国家战略最终确立①。“以经济建设为中心”和“建立社会主义市场经济体制”的国家诉求，重构了我国的福利体系的格局。

(一)农村自我保障—社区分担型福利制度

中国的经济体制改革从农村开始。以1978年年底安徽省凤阳县小岗生产队农民分田到户搞包干为标志，中国农村经济体制改革拉开序幕。此后，以“家庭联产承包责任制”为主要内容的中国农村改革迅速席卷全国，促进了农村生产力的极大发展；新形势下，政社合一的人民公社制度已不适应经济发展的要求。1983年10月，中共中央、国务院发布《关于实行政社分开建立乡政府的通知》，至1984年年底，全国各地基本完成了政社分设，在中国实行了20余年的人民公社制度正式终结。由于人民公社组织体制与以队为基础的集体经济组织解体，使得许多地区的集体公共累积锐减，导致计划经济时代依托集体经济发展起来的农村福利制度遭受了巨大的冲击。

最明显的例子是农村合作医疗制度的迅速衰落。推行家庭联产承包责任制后，除少数地区有集体所有的乡镇企业外，大部分乡村的集体经济十分薄弱，甚至完全不存在。在这种情况下，用累积集体公益金的方式来扶持合作医疗，在大部分地方失去了可能性②。加之十一届三中全会以后党和国家将工作重心转移到经济建设上，之前很大程度上靠“运动”方式维系的合作医疗就变得相当脆弱。在

---

① 吴晓波．激荡三十年(中国企业1978－2008)：上[M]．北京：中信出版社，2007：269～271.

② 王绍光．学习机制与适应能力：中国农村合作医疗体制变迁的启示[J]．中国社会科学，2008(6).

上述两个因素的共同作用下，合作医疗削峰为谷，迅速萎缩(见图 3-1)。此后相当长一段时间内，中国农村的绝大多数地方实行的是农民自费医疗。

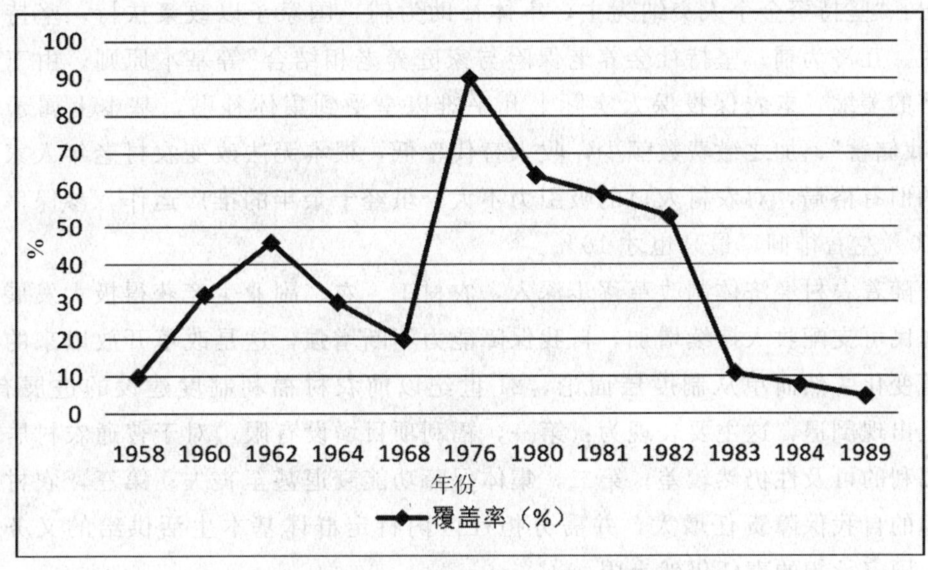

图 3-1　农村合作医疗覆盖面年度变化图

资料来源：曹普：《1949—1989：中国农村合作医疗制度的演变与评析》

政社分立后，五保供养制度的融资也遇到巨大困难，传统的集体公益金不足以支撑该项制度，导致五保户权益受到损害：一是供养落实不全面。一些地方保而不全，只有一保、两保，甚至只负责粮食的供给。有的地方把供给五保对象的粮、款摊到各户，由五保对象自己上门收取，甚至让五保对象到各户轮流吃饭。一些地方甚至将责任田分给五保对象，让他们自食其力。二是供养标准低，五保对象的生活得不到应有的保障。有的地区，五保对象的口粮每年只给 100 公斤左右，烧柴自己设法解决，生病无人照料，房屋破陋无人过问，生活相当艰难①。随着五保供养被纳入"村提留，乡统筹"的融资体系中，并通过《农村五保供养工作条例》(1994)以法规的形式固定下来，五保供养制度才得以延续下来，但其实质已发生了巨大的变化：从原先的集体累积型福利变为社区分担型福利——五保户所在乡村社区的民众共同承担了供养义务。

在旧有福利体制纷纷解体与转型的同时，一些新的农村福利项目经过试点后建立起来，其中最重要的当属农村社会养老保险制度(简称"老农保")。面对农村集体保障功能削弱的现实情形，民政部于 1986 年年初开始组织力量调查研究，开展理论探讨，探索在农村基层建立社会保障制度的途径，提出了"以'社区'为单位，以自我保障为主，充分重视家庭的保障作用"的构思。1992 年 10 月，在总

① 崔乃夫．当代中国的民政[M]．北京：当代中国出版社，1994：112～113．

结试点经验的基础上，民政部制定发布了《县级农村社会养老保险基本方案(试行)》，成为我国历史上第一个针对农村居民的正式的社会保险法规。《试行方案》提出："坚持资金个人交纳为主，集体补助为辅，国家予以政策扶持；坚持自助为主、互济为辅；坚持社会养老保险与家庭养老相结合"等基本原则。由于集体经济的萎缩，老农保投保人实际上几乎难以享受到集体补贴，基本上属于一种"自我储蓄"；加之缴费数额少，收入替代率低，根本无法改变农村老年人家庭赡养的旧有格局，对农村人口的吸引力不大，虽经十余年的推广运作，参保率始终在10%左右徘徊，最高也才16%。

随着农村经济体制改革逐步深入，农村工、农、副业生产获得极大发展，农村居民可支配收入持续增加，自我保障能力不断增强，这是改革开放以来的一个显著变化。然而单从制度层面论，21世纪以前农村福利制度建设的进展有限，甚至出现倒退，这主要表现为：第一，福利项目增设有限，对于普通农村居民而言福利的可及性仍然较差；第二，集体保障功能衰退甚至丧失；第三，农村居民承担的自我保障责任增大，并需分担社区内特定群体基本生活供给的义务；第四，国家承担的责任仍然有限。

(二)城镇社会化—市场化福利制度

1984年10月，中国共产党十二届三中全会通过《关于经济体制改革的决定》，提出"加快以城市为重点的整个经济体制改革的步伐"，并将"增强企业活力"确定为经济体制改革的中心环节。这标志着继农村家庭联产承包责任制改革之后，城镇经济体制改革也拉开了序幕。城镇经济体制改革进程要求重新界定政府与企业、企业与职工之间的关系，彻底改变企业经营好坏一个样，职工干多干少一个样的状况，做到企业不吃国家的"大锅饭"，职工不吃企业的"大锅饭"。在国家与企业关系方面，"以税代利""扩大企业经营自主权"成为改革重点；在企业与职工方面，劳动用工体制和工资体制改革是重点。这一系列改革触动了既有职工福利制度的经济基础，由国家和企业承担无限责任的劳动保险制度无以为继，而由企业和职工分担责任的社会保险制度浮出水面，高度社会化的福利制度经过十余年的探索渐次建立起来。

1985年4月，第六届全国人大第四次会议通过《国民经济和社会发展第七个五年计划》，首次提出"社会保障"的概念①。这是一份非常重要的文献，很大程

① "七五"计划中部分内容至今看来都是非常先进的，如提出"社会保障机构要把社会保险、社会福利、社会救济工作统一管起来，制定规划，综合协调"，"要积极增加儿童活动中心、养老院、休养所、疗养院等社会福利设施，以低费或免费向儿童、老人、伤残者提供更多的社会服务"等，如当时能真正落实，将在很大程度上避免当前社会政策领域内"九龙治水"和"福利恐惧症"的弊端。

度上决定了此后城镇社会福利制度改革的路径，其影响深远之处在于确立了社会保险在我国整个社会福利体制中的主体地位，确立了国家政策引导、企业和个人分担缴费的筹资方式①。从1986年起至20世纪末，我国用十余年的时间，经过一系列论证、试点、调试，建立起包括失业、工伤、养老、医疗、生育五大社会保险在内的工作福利(workfare)制度(见表3-3)。

表3-3　我国五大社会保险建立进程

养老保险	1984年，广东省江门市和东莞市、四川省自贡市、江苏省泰州市和辽宁省黑山县率先进行退休费用社会统筹试点 1991年6月，国务院发布《关于企业职工养老保险制度改革的决定》 1995年3月，国务院颁布《关于深化企业职工养老保险制度改革的通知》 1997年7月，国务院颁布《关于建立统一的企业职工基本养老保险制度的决定》 1998年8月，国务院发布《关于实行企业职工基本养老保险制度省级统筹和行业统筹移交地方管理有关问题的通知》 2005年12月，国务院颁布《关于完善企业职工基本养老保险制度的决定》
医疗保险	1994年4月，国家体改委、财政部、劳动部、卫生部联合下发《关于职工医疗制度改革的试点意见》，“两江试点”开始 1998年12月，国务院发布《关于建立城镇职工基本医疗保险制度的决定》
失业保险	1986年10月，国务院颁布的《国营企业职工待业保险暂行规定》正式施行 1993年5月，国务院颁布的《国有企业职工待业保险规定》正式施行 1999年1月，《失业保险条例》发布施行
工伤保险	1996年10月，劳动部制定的《企业职工工伤保险试行办法》试行 2004年1月，《工伤保险条例》正式施行
生育保险	1988年9月，国务院颁布的《女职工劳动保护规定》正式施行；同月，劳动部制定的《关于女职工生育待遇若干问题的通知》施行 1995年1月，劳动部颁布的《企业职工生育保险试行办法》正式施行

从本质上看，五大社会保险制度的建立是一种应急型社会政策，主要目的在于为国有企业改革提供配套②，其内在逻辑是通过剥离计划经济时代企业承担的过多福利职能，改变企业在职工生、老、病、伤、残方面承担无限保障责任的既有格局，减轻企业非生产性负担，提高企业效率，从而促进社会主义生产力和市场经济的发展。与计划经济时期的职工福利制度相比，社会保险制度具有几个明

① 《国民经济和社会发展第七个五年计划》第62条：“要逐步建立机关事业单位、全民企业、集体企业、中外合资企业与外资企业职工的各种保险制度，特别是职工待业保险制度。城乡个体劳动者的社会保险制度也要抓紧研究，进行试点，逐步实施。……社会保障资金应由国家、企业和个人合理负担，以企业和有收入的事业单位承担为主，改变过去全部由国家包下来的办法。”

② 张秀兰，徐月宾，方黎明．改革开放30年：在应急中建立的中国社会保障制度[J]．北京师范大学学报：社会科学版，2009(2)．

显的不同。第一，也是最重要的一点，即国家的全面淡出，在五大社会保险的筹资机制中，国家都不承担缴费和给付责任，彻底改变了“过去全部由国家包下来的办法”；第二，企业仅需按照法定的缴费比率，承担有限责任，再不需要对职工的生、老、病、伤、残一管到底，负担大大减轻；第三，个人开始分担相应的缴费责任，同时，在社会保险法定给付无法支撑实际需要的情况下，个人及其家庭需要为超出部分买单；第四，此阶段的社会保险仅仅面向参保职工个人，对其家庭则不承担保障义务；第五，由于计划经济时期城镇在低工资水平下实现充分就业，因此几乎所有城镇人口及其家庭都能享受到劳保福利；改革开放后，随着失业问题的产生以及就业形式的多样化，使得面向正规就业人员的社会保险制度覆盖率较低，扩面困难，造成了大量城镇人口无任何社会保障的不利局面。

建设社会主义市场经济时期城镇福利制度另一个显著的变化是教育、医疗、住房供给的全面市场化，以及随之而来的个人付费暴涨。教育方面，计划经济时期小学到高中实行低费教育，大学实行免费教育。大学阶段对于困难家庭学生还额外设立人民助学金制度，师范、教育、农林和民族院校的学生全部享受助学金，煤炭、矿业、地质、石油院校学生80%享受助学金，其他一般院校学生60%享受助学金。一些高校除了给学生伙食费和困难补助外，还普遍增加了学生集体福利的开支，如节假日加餐、毕业生会餐、电影费补助、运动会伙食补助费等[①]。因此，即便贫困家庭的学生考上大学，也不会给家庭增加多少额外负担。但从1985年起，部分高校开始尝试招收少量自费生；1989年国家教委出台《关于普通高等学校收取学杂费和住宿费的规定》，开始实行高等教育成本补偿政策；1997年全国范围内实行高等教育收费政策，宣告了高等教育免费历史真正终结。此后，高教收费水平逐年上涨，给城乡居民造成很大经济压力。医疗方面，随着《关于卫生工作改革若干政策问题的报告》(1985)、《关于深化卫生医疗体制改革的几点意见》(1992)等一系列文件的颁布，我国医疗卫生体制开始全面改革，医疗机构也随之转型，“以工助医”“以副补主”“建设靠国家，吃饭靠自己”成为公立医院发展的主流思路，在普遍性的供方诱导需求行为模式下，“看病贵”问题日益突出。住房方面，计划经济体制下，城镇职工的住房问题由国家和企业包办，从1949年新中国成立到1978年30年间，共建设住宅5.3亿平方米[②]，一定程度上解决了城镇职工家庭的住房问题。从1980年起，国家提出实行住房

① 木辛．谈谈高等学校人民助学金制度的改革[J]．中国财政，1985(8).

② 《关于第六个五年计划的报告》(1982)中称：“全国城镇全民所有制单位五年合计建成住宅三亿一千万平方米，平均每年六千二百万平方米，等于一九五三年到一九八〇年二十八年中平均每年建成住宅面积的二点六倍。”由此推断1953—1980年全国全民所有制单位共建成职工住宅面积6.7亿平方米。

商品化政策，各地开始试行以土建成本价向城镇居民出售政府统一建设的住房，拉开了城镇住房制度改革的序幕。1998 年，国务院发布《关于进一步深化城镇住房制度改革加快住房建设的通知》，明确城镇住房由福利分配转为货币分配，我国城镇住房体制自此发生根本性变革。由于保障性住房建设严重不足，商品房成为城镇居民改善居住条件的主要途径，导致全国大中城市房价狂飙突进，给城镇居民造成巨大负担。虽然教育、医疗、住房等刚性福利需求供给模式的转变有其历史必然性，在客观上也促进了教育、医疗、住房水平的改善与提高；但也挤压了福利体制的涵盖面，造成城镇居民对流动性的偏好及对其他消费的挤出，其对经济发展的负面影响仍需仔细测算①。

(三)国家—社会救助福利制度

1978 年以后，国家救助福利制度在延续中有所改革，在转变中有所发展，其主要特点在于将"社会"和"权益"两个维度引入国家救助福利制度当中。

首先，计划经济时期生产型救助制度强势延续到开发式扶贫战略中。1986 年，国务院贫困地区经济开发领导小组成立(后改称"国务院扶贫开发领导小组")，国家正式开始实施有组织、有计划、大规模的扶贫开发战略，并在 1994—2000 年的"八七扶贫攻坚"中达到高潮。事实上，国家采取的是以开发式扶贫政策取代农村社会保险、社会救助制度建设的战略，试图让农村人口通过各种形式的经济活动自我脱贫、自我保护②。这一点，从开发式扶贫的资金投入方向上就可很明显地体现出来。扶贫资金主要分为三块：第一，财政扶贫资金，主要用于建设基本农田、兴修小型水利工程、解决人畜饮水困难、修建乡村道路、科技培训和推广农业实用技术等；第二，信贷资金，主要用于增加贫困户当年收入的种养业项目；第三，以工代赈资金，主要用于鼓励、支持贫困农户投工投劳，开展农田、水利、公路等方面的基础设施建设，改善生产条件③。这意味着扶贫的生产性远远大于救助性，直接的、以解决农村贫困人口基本生活需求为目的的国家资助形式仍受贬抑。

其次，试图将社会力量引入到救助制度当中，以分担国家的压力。1984 年 11 月，民政部在福建漳州召开全国城市社会福利事业单位改革整顿经验交流会，会上提出社会福利事业要进一步向国家、集体、个人一起办的体制转变，进一步由救济型向福利型转变，由供养型向供养康复型转变，由封闭型向开放型转变的

---

① 曾广录．住房、教育和医疗消费价格虚高的负效应透析[J]．消费经济，2006(5)．

② 张秀兰，徐月宾，方黎明．改革开放 30 年：在应急中建立的中国社会保障制度[J]．北京师范大学学报：社会科学版，2009(2)．

③ 蔡昉．中国经济转型 30 年(1978—2008)[M]．北京：社会科学文献出版社，2008．

改革方向，此次会议被视为中国福利事业改革的起点。1986年民政部正式提出了"社会福利社会办"的概念；1991年"社会福利社会化"的概念被明确提出；2000年，国务院办公厅转发民政部等部委《关于加快实现社会福利社会化的意见》，更为清楚地提出推进社会福利社会化，探索出一条国家倡导资助、社会各方面力量积极兴办社会福利事业的新路子。国家救助福利制度在递送方式上的多元化改革是必须的，在这个意义上，"社会福利社会化"有其合理性；但在救助制度的筹资方面，国家无疑应承担主要责任。"社会福利社会化"在具体实施过程中曾出现片面强调社会投入、淡化国家责任的现象，将包袱甩向社会，一定程度上引发了社会的不满情绪。

最后，弱势群体权益保障的空心化。20世纪90年代，国家集中出台了一批权益保护类法律，如《中华人民共和国残疾人保障法》(1991)、《中华人民共和国妇女权益保障法》(1992)、《中华人民共和国未成年人保护法》(1992)、《中华人民共和国老年人权益保障法》(1996)等。这些法律对老年人、残疾人、妇女儿童等弱势群体所应享有的权利(包括福利权利)做了详尽的规定，但因缺乏可操作性而长期无法真正落实。而真正具有操作意义的《福利法》《救济法》等法律法规却迟迟未能出台，客观上阻滞了国家救助制度的改革和深入。

>>三、适度普惠型福利体制的初步构建(2000年至今)<<

随着改革开放的深入和社会主义市场经济建设的发展，我国的社会生活发生了广泛而深刻的变化，旧的平衡已经打破，新的平衡尚未建立，利益格局面临着深刻的调整，新问题、新矛盾不断涌现，并且日趋复杂化和多样化。2000年以来，国内频繁发生上访、集会、请愿、游行、示威、罢工等群体性事件，参与人员成分复杂，有国有企业的下岗失业职工、私营企业和外资企业权益受损的职工、失地农民、农民工、房屋被拆迁居民、库区移民、军转干部、出租车司机、环境污染受害者等。这些群体性事件数量渐多，规模渐大，对抗日趋激烈。面对这一新兴而又深刻的社会变化，最高决策层意识到单凭经济发展无法解决诸多社会矛盾，必须适时调整国家发展战略，将改革重心逐步转移到社会建设方面来，弥补经济腿长、社会腿短的不利局面。在此形势下，党中央提出了一系列纠偏经济中心主义的理念，如"三个代表"(2000年2月)、"科学发展"(2003年7月)、"构建社会主义和谐社会"(2004年9月)等。与此相适应，中央政府也提出了建设"服务型政府"(2004年3月)的职能转变方略。这一系列转变促成了福利体制的重大调整，拉开了适度普惠型福利体制建设的帷幕，其主要特征就是国家投入的加大和国家责任的回归。

（一）农村福利制度建设的全面补课

如前所述，计划经济时期，农村福利供给主要依靠集体累积和内部互助；而建设社会主义市场经济时期主要依靠自我保障和社区分担；国家则以开发式扶贫取代了救助制度建设，国家主导的农村福利制度长期处于稀缺状态。21 世纪以来，国家加大了农村福利方面的投入，改革了五保供养制度、合作医疗制度和农村社会养老保险制度，新设了农村最低生活保障制度、农村医疗救助制度，基本构建起适度普惠型的农村福利体制（见表 3-4）。

表 3-4　21 世纪农村福利体制建设概况

福利制度		国家责任
改革	五保供养制度（2006）	五保供养经费纳入国家财政支出，经费首先从“两附加（农业税附加和农业特产税附加）”中列支；在“两附加”不足时，由上级政府通过财政转移支付解决
	新型农村合作医疗制度（2003）	2003 年起，中央财政对中西部除市区以外参加新型农村合作医疗农民平均每年每人补助 10 元，中西部地区各级财政对参加新型农村合作医疗农民的资助总额不低于每年每人 10 元，东部地区各级财政对参加新型农村合作医疗农民的资助总额应争取达到 20 元 2006 年起，中央财政对中西部地区除市区以外的参加新型农村合作医疗的农民由每人每年补助 10 元提高到 20 元，地方财政也相应增加 10 元 从 2008 年开始，各级财政对参合农民的补助标准提高到每人每年 80 元。其中中央财政对中西部地区参合农民按 40 元给予补助，并对东部省份按照一定比例给予补助，计划单列市和农业人口低于 50%的市辖区也全部纳入中央财政补助范围；地方财政补助标准不低于 40 元
	新型农村社会养老保险（2009）	中央确定基础养老金，标准为每人每月 55 元；地方政府对参保人缴费给予补贴，补贴标准不低于每人每年 30 元
新增	农村最低生活保障制度（2007）	地方各级人民政府将农村最低生活保障资金列入财政预算，省级人民政府加大投入，中央财政对财政困难地区给予适当补助
	农村医疗救助制度（2003）	地方各级财政每年年初根据实际需要和财力情况安排医疗救助资金，列入当年财政预算；中央财政通过专项转移支付对中西部贫困地区农民贫困家庭医疗救助给予适当支持

（二）城镇福利制度的补充完善

如前所述，改革后城镇社会福利制度以五大社会保险为主，具有浓厚的工作福利色彩，且不具备家庭保障功能。为了将广大城镇非劳动年龄人口（主要是一老一小)以及城市贫困人口纳入保障范围，国家在城镇中推出了城市居民最低生活保障制度、城市医疗救助制度和城镇居民基本医疗保险制度。

1993 年上海市在全国率先建立城市居民最低生活保障制度；1997 年国务院发出《关于在全国建立城市居民最低生活保障制度的通知》，要求在全国范围内建立城市低保；1999 年国务院又发布实施《城市居民最低生活保障条例》，继续推进这一制度。然而，低保扩面工作进展始终不顺利，1999 年年底全国低保人口仅 265.9 万人，2000 年年底也才 402.6 万人。针对这一“瓶颈”，中央政府自 2001 年起开始大幅度增加对财政困难地区的最低生活保障补助，强势扩面。从 1999 年到 2002 年，中央财政各年低保资金投入分别为 4 亿元、8 亿元、23 亿元和 46 亿元，在城市低保资金构成中的比重从 1999 年的 20.3%迅速上升到 2002 年的 43.9%(其余为地方财政投入)。中央财政对落后地区补助的快速增长使全国低保人口数量在 4 年间完成了一个“爬坡”，超过 2000 万人，此后则在 2200 万人左右稳定下来。

为解决城市贫困人口的就医问题，民政部联合卫生部、劳动保障部、财政部于 2005 年建立了城市医疗救助制度，通过财政预算拨款、专项彩票公益金、社会捐助等渠道筹措资金，为城市居民最低生活保障对象中未参加城镇职工基本医疗保险人员、已参加城镇职工基本医疗保险但个人负担仍然较重的人员提供医疗费用补助。此外，为解决城镇非就业年龄人口和非从业人员的医疗保障问题，国务院于 2007 年开始推行城镇居民基本医疗保险试点，并由中央和地方财政对参保人员给予每人 40～60 元不等的补助①。

(三)教育、医疗与住房供给回归公益性

面对上学贵、看病贵、买房贵的严峻现实，国家制定了一系列政策，推行了一系列改革，着力纠正教育、医疗、住房三大领域的市场化倾向，适度满足城乡居民尤其是低收入家庭在就学、就医、买房方面的刚性需求(见表 3-5)。

---

① 《国务院关于开展城镇居民基本医疗保险试点的指导意见》：“对试点城市的参保居民，政府每年按不低于人均 40 元给予补助，其中，中央财政从 2007 年起每年通过专项转移支付，对中西部地区按人均 20 元给予补助。在此基础上，对属于低保对象的或重度残疾的学生和儿童参保所需的家庭缴费部分，政府原则上每年再按不低于人均 10 元给予补助，其中，中央财政对中西部地区按人均 5 元给予补助；对其他低保对象、丧失劳动能力的重度残疾人、低收入家庭 60 周岁以上的老年人等困难居民参保所需家庭缴费部分，政府每年再按不低于人均 60 元给予补助，其中，中央财政对中西部地区按人均 30 元给予补助。中央财政对东部地区参照新型农村合作医疗的补助办法给予适当补助。”

表 3-5　教育、医疗与住房体制公益性的回归

领域	措施与规划
教育领域	2006 年，西部地区农村义务教育阶段中小学生全部免除学杂费 2007 年，中部地区和东部地区农村义务教育阶段中小学生全部免除学杂费 2007 年，全国农村义务教育阶段家庭经济困难学生享受“两免一补”(免杂费、免书本费、补助寄宿生生活费) 2007 年，建立健全普通本科高校高等职业学校和中等职业学校家庭经济困难学生资助政策体系，包括完善国家奖学金、国家助学金制度，完善和落实国家助学贷款政策，对教育部直属师范大学新招收的师范生实行免费教育 2008 年，在全国范围内全部免除城市义务教育阶段学生学杂费
医疗领域	2009—2011 年各级政府将投入 8500 亿元(其中中央政府投入 3318 亿元)，保障医药卫生体制改革所需资金
住房领域	从 2009 年起到 2011 年，用三年时间基本解决 747 万户现有城市低收入住房困难家庭的住房问题 2009 年，解决 260 万户城市低收入住房困难家庭的住房问题。其中，新增廉租住房房源 177 万套，新增发放租赁补贴 83 万户 2010 年，解决 245 万户城市低收入住房困难家庭的住房问题。其中，新增廉租住房房源 180 万套，新增发放租赁补贴 65 万户 2011 年，解决 204 万户城市低收入住房困难家庭的住房问题。其中，新增廉租住房房源 161 万套，新增发放租赁补贴 43 万户 2009 年，廉租住房建设中央补助标准为：西部地区 400 元/平方米，中部地区 300 元/平方米，辽宁、山东、福建省的财政困难地区 200 元/平方米

(四)适度普惠型福利制度建设得以推进

实际上，新型农村合作医疗、新型农村养老保险、城镇居民基本医疗保险以及义务教育免费、师范教育免费等制度已经具备较为鲜明的适度普惠色彩，其特征就在于普通民众在同等条件下享有国家财政给予的同等水平的补贴或供给。2009 年度，中央和地方政府再接再厉，在推动适度普惠型福利体制建设方面又取得新的进展。中央层面，2009 年年底民政部颁布《关于进一步深化殡葬改革促进殡葬事业科学发展的指导意见》，提出“有条件的地区，可从重点救助对象起步，逐步扩展到向辖区所有居民提供免费基本殡葬服务，实行政府埋单”，意味着将来国家有可能为所有城乡居民提供免费的殡葬服务。地方层面，2009 年 3 月，陕西省神木县《全民免费医疗实施办法》试行，率先在全国建立起城乡一体的大病免费医疗制度，且运行一段时间以后证明当地财政可以支持，人民群众十分满意，树立起医药卫生改革的“神木模式”，值得进一步关注、研究和借鉴。同年 5 月，宁夏回族自治区在全国率先建立 80 岁以上低收入老年人基本生活津贴制度，按月由地方财政给自治区户口、且年龄在 80 周岁以上(含)的农村老年人和城市低收入家庭中无固定收入的老年人发放高龄津贴，100 岁以上的老年人每人

每月按300元、90～99岁老年人每人每月按当地低保标准的130%、80～89岁老年人按当地低保标准发放。宁夏作为经济欠发达的西部省份，在财力非常有限的情况下每年拿出3000多万元建立高龄老人津贴这一适度普惠型福利制度，对全国其他地区的相关制度建设具有很强的借鉴和示范意义。

>>四、简要的结论：福利体制构建中国家责任的重建与加强<<

回顾新中国成立六十年来社会福利制度发展的历史轨辙，并非单纯为了评判某一阶段福利体制或某一项福利制度的成败优劣，而是为了探寻福利制度建设在国家政治/经济生活中所处的地位、扮演的角色；勾勒福利制度发展中国家—社会—个人之间力量的消长、权责的分化及其引发的效用变化；并在此基础上明确未来福利制度发展的可能与最优的路径。

第一，由从属性走向独立性是福利体制建设与改革成就的基本保证。社会福利体制的格局总体上是由整个国家的发展战略决定的，不同阶段、不同诉求的国家发展战略形塑了不同取向的社会福利体制。计划经济时期，城镇国家—单位福利制度和农村集体累积—互助型福利制度是由优先发展重工业的国家战略决定的，其根本目的在于保证在城镇低工资、农村低福利的约束条件下资本这一最重要的生产资料向重工业集中。经济转轨及建设社会主义市场经济时期，城镇社会化—市场化福利制度和农村自我保障—社区分担型福利制度是由以经济发展为中心的国家战略决定的，其根本目的在于为企业改革配套，减轻企业负担，增强企业活力，促进城乡经济发展。21世纪以来，城乡适度普惠型福利制度是由构建科学发展的社会主义和谐社会这一国家战略决定的，其根本目的在于通过改善城乡居民的福利水平，缓解和消除社会矛盾，促进经济的进一步发展。从我国社会福利体制六十年发展脉络看，21世纪以前，社会福利体制建设基本居于从属地位，是整个国家生活的配角，是为其他战略目标服务的；21世纪以来，社会福利体制建设才开始具有独立地位，成为国家政治经济生活的主角之一，为全面建设小康社会、提升民生福祉的战略目标服务。当社会福利体制建设处于从属地位时，相关福利制度建设只是为了应对一时一地的问题，而非从长远的战略视角出发而制定的，这就使得当我们试图通过某一项福利制度解决一个问题时，往往会带来另外的新的"政策衍生问题"①。只有当社会福利体制建设本身成为目的时，才有可能从中长期战略的角度来解决当前的急迫问题并预防未来可能出现的问

① 张秀兰，徐月宾，方黎明．改革开放30年：在应急中建立的中国社会保障制度[J]．北京师范大学学报：社会科学版，2009(2)．

题，构建真正理想的社会福利体制。这一点，已被我国社会福利体制建设六十年的经验和教训充分证明。

第二，国家责任的回归与重建是福利体制发展与改革成就的根本基础。评判福利体制或某项福利制度好坏可以从两个角度入手，一是责任分担机制的设计是否合理，二是福利效果的好坏。据此，我们可以从国家、社会(单位或集体)、个人三方各自承担责任的大小、福利广度(表征福利制度的涵盖面和惠及人口)、福利深度(表征福利供给的水平)等方面对上文涉及的各项福利制度加以大致的评析(见表 3-6)。

表 3-6　六十年福利制度评价表

福利制度类型	责任分担机制			福利效益	
	个人责任	社会责任	国家责任	福利广度	福利深度
城镇国家—单位型	无	大	较大	广	较深
农村集体累积—互助型	较小	较大	小	窄	浅
城镇市场化—社会化型	较大	较小	小	较窄	较浅
农村自我储蓄—社区分担型	大	小	小	窄	浅
适度普惠型	较小	较大	较大	较广	较深

计划经济时期的城镇地区，在个人不承担责任、单位和国家几乎承担无限责任的分担机制下，建立了覆盖众多领域和几乎所有城镇人口的城镇国家—单位型福利制度，并且保障水平较高；而农村地区，主要依靠集体经济及集体内部互助建立了有限覆盖和有限保障水平的集体累积—互助型福利制度。转轨期及建设社会主义市场经济时期的城镇地区，通过强化个人责任，减轻企业责任，建立起具备一定覆盖面和保障水平的市场化—社会化福利制度；农村地区则由于集体经济的解体，个人自我保障色彩浓厚，覆盖面和保障水平下滑明显。21 世纪以来，国家财政加大了对城乡福利的投入，社会与个人之间也建立起更为合理的分担机制，福利覆盖面进一步拓展，福利待遇进一步提升，福利体制建设进展明显。以上比较充分说明，国家投入对社会福利体制建设的促进作用十分显著，政府职能的某些环节可以通过购买服务等政府管理工具由市场组织或一些独立部门完成，但资金保障的责任在任何时候都无法由社会或个人取代。

第三，进一步优化分担机制、强化国家责任，是我国未来福利体制发展与改革的必然趋势。目前，我国福利体制的改革仍在如火如荼地进行当中，这主要包括两个方面的努力，一是对已有制度的完善、调整或改革；二是从紧迫处入手增设新的福利项目，最终构建出一整套与我国中等经济发展水平相适应的新型福利体系。这是一个系统性的社会工程，需要在现有制度的基础上，结合目标群体的实际需要，结合我国的现实国情，结合国外的成功经验，精心设计，广泛试点，严格评估，积极调试，最终推广施行。在这一过程中，核心环节是建立国家、社会、个人之间的合理分担机制，并清晰界定国家的责任。我国六十年社会福利体制建设的经验和教训以及近年来适度普惠型社会福利制度的兴起表明，政府已经越来越意识到自身必须承担起提供福利资金和安排福利供给的主要职责，为社会大众提供充足和高质量的社会服务，并且已经开始加快践行这一理念。可以预期，我国未来的新型福利体制必将延续并扩大这一趋向，通过不断强化国家责任，带动社会、家庭与个人各自分担其应负的责任，最终建立起一整套维护社会成员尊严，满足社会成员需求，让社会成员满意的新型福利体制。

中国基本国情再定位①

改革开放 30 多年以来，我国的经济取得了飞速的发展，其发展速度已经远远超出了国家预定的节奏。1987 年 4 月 26 日，邓小平谈到国家发展战略时，进行了这样的阐述："总的来说，我们确定的目标不高。从 1981 年开始到本世纪末，花二十年的时间，翻两番，达到小康水平，就是年国民生产总值人均八百到一千美元。在这个基础上，再花五十年的时间，再翻两番，达到人均四千美元。那意味着什么？就是说，到下一个世纪中叶，我们可以达到中等发达国家的水平。……特别是中国人口多，如果那时十五亿人口，人均达到四千美元，年国民生产总值就达到六万亿美元，属于世界前列。"②也就是说，邓小平的规划是到 21 世纪 50 年代，可以达至人均国内生产总值(GDP)4000 美元的目标；2007 年召开的中共"十七大"在具体规划 2020 年的发展目标时明确提出，要在优化结构、提高效益、降低消耗、保护环境的基础上，实现人均国民生产总值 2020 年比 2000 年翻两番。如果以 2000 年的 1000 美元为基础，翻两番，就意味着应该达到 4000 美元。但是现实的情况是，自进入 21 世纪以来，我国的经济发展远远超出了原有的预期，其突出表现是国内生产总值与人均国内生产总值(GDP)都快速增幅，2008 年我国人均国内生产总值(GDP)已突破 3000 美元大关，并在 2010 年突破了 4000 美元。这比邓小平的设想提前了近 40 年，比"十七大"的目标提前了整整 8 年，快速发展的经济势必对社会的发展提出更高的要求。

但我国的社会建设尤其是社会福利体系建设却仍被传统的"人口多，底子薄"观念所左右，发展水平远远落后于经济发展的步伐。"经济腿长、社会腿短"的现象十分严重。在新的社会经济形势下，我们亟须对当前国家发展水平进行再评价、再定位，找准制约经济社会进一步科学发展的根本性问题，提出与当前经济发展水平相适应的新型社会福利体系，加速确立有中国特色的新型发展模式。

>>一、中国经济发展水平再定位<<

自改革开放以来，我国的经济建设有了长足的进步，主要表现在综合经济水

① 作者简介：薛炜，北京师范大学中国社会政策研究所。

② 《邓小平文选》第三卷．北京：人民出版社，1993：224～225.

平上，我国的国力明显增强，经济的各方面指标均排在世界前列，我国的国际地位显著提高；在经济结构上，我国的经济结构不断的得以优化组合，实现了从低到高，从不平衡到均衡的发展。

(一)综合国力明显增强，国际地位显著提高

六十年来，我国的国民经济综合实力实现由弱到强，由小到大的历史性巨变，综合国力明显增强，国际地位和影响力显著提高。主要表现在以下几方面。

1. 国家的经济增长迅速，跨入中等收入国家水平之列

1952年至2008年，我国国内生产总值(GDP)由679亿元增加到30多万亿元，实际增长76.8倍，年均增长8.1%。特别是改革开放30多年来，国内生产总值(GDP)年均增长9.8%，是同期世界经济年均增速的3倍多。尤其是进入21世纪以来，我国国内生产总值(GDP)以年均10.2%的高速度递增，2008年达到300670亿元，约43992亿美元，人均国内生产总值(GDP)一举突破3000美元大关，达到22698元，约3321美元①。无论从经济增长方面还是经济全面发展角度来评价，中国目前的经济水平已经步入中等经济发展水平阶段。按照世界银行的标准②，我国的人均国民收入(GNI)已达到3345美元，我国已经由低收入国家跃进中等收入水平国家行列；而运用国际通用的衡量货币购买力和物价水平购买力平价(PPP)测算出的人均国民总收入已达6020美元，早已跨越中等收入水平界限，并相当逼近其均值，这些都表明我国由低收入国家跃升至世界中等偏下收入国家行列。

2. 国家财政收入与财富积累增长迅猛

1950年国家财政收入只有62亿元，2008年突破了6万亿元大关，增长985倍。政府对经济和社会发展的调控能力日益增强。从国家财富增长来看，根据世界黄金协会公布的各国黄金储量，我国黄金储量为1054.0吨，排名世界第七③，总外汇储备为21316亿美元，外汇储备增加近14000倍④，我国由长期以来的外汇短缺国一跃而为世界第一外汇储备大国。

3. 商品和服务实现巨大转变，名列世界前茅

目前，我国粮食、棉花、肉类、禽蛋等主要农产品以及钢、煤、水泥、化肥等210种工业产品产量位居世界第一，并成为电脑、移动电话等新兴电子产品和

① 根据2008年12月31日人民币对美元汇率计算。

② 世界银行国家分类标准(2009年7月1日)：Income group：Economies are divided according to 2008 GNI per capita，calculated using the World Bank Atlas method. The groups are：low income，$975 or less；lower middle income，$976 — $3855；upper middle income，$3856 — $11905；and high income，$11906 or more.

③ 数据来自世界黄金协会。

④ 数据来自国际货币基金组织(IMF)。

彩电、冰箱、汽车等现代耐用消费品的生产大国。同时现代产业体系逐步完善，国际竞争力明显提升。农业综合生产能力和机械化水平显著提高。近年来，粮食总产量稳定在1万亿斤①的水平，人均粮食占有量达800斤左右，在人口比1949年增长1.5倍的基础上，实现了人均占有量的翻番。我们依靠自己的力量，用占世界不到10%的耕地，养活了世界20%的人口，创造了世界农业发展史上的奇迹，也为世界粮食安全作出了重大贡献。农产品供给不仅解决了占世界1/5人口的吃饭问题，还为加快工业化进程提供了重要支持。工业的快速发展不仅解决了基本生活必需品的短缺问题，而且还使我国逐渐成为一个世界制造业大国。工业生产快速增长，现代化水平不断提高。2008年，工业增加值达到12.9万亿元，按可比价格计算，比1978年增长25.6倍，比新中国成立初期更是增长了上百倍。以信息、航空航天、生物医药、新材料为代表的高新技术产业规模已跃居世界第三位。服务业发展迅猛，规模扩大，2008年，我国第三产业增加值超过12万亿元，扣除价格因素，是1952年的84倍。第三产业的发展不仅基本满足了人们不断增长的对服务业的需求，还在与第一、第二产业的良性互动中催生了大量新兴产业。工农业产品产量位次大幅前移，一些产品在国际市场上已经成为举足轻重的力量。

4. 对外经济规模均跃居世界前列

我国的对外贸易规模不断扩大，目前总量跃居世界第三位。利用外资规模不断扩大，连续多年位居发展中国家首位。对外经济合作从无到有，“走出去”战略顺利实施。全方位对外开放格局基本形成，开放型经济水平显著提高。对外贸易快速发展，贸易结构不断优化，1950年，我国进出口总额仅为11.3亿美元，2008年达到25616.3亿美元，比上年增长17.8%，从2004年开始稳居世界第三位；出口总额14285.5亿美元，比上年增长17.2%，仅次于德国，为世界第二，工业制成品特别是机电产品和高新技术产品成为出口商品的主导力量。利用外资规模与质量不断提高，1979年至2008年，全国实际使用外资额超过1万亿美元，从1993年起已连续17年成为吸收外商直接投资最多的发展中国家，全球500强已有480多家在华投资。境外投资合作跨越式发展，2000年至2008年，我国累计境外投资1310.4亿美元，年均增长64%；进口11330.9亿美元，增长15.8%，次于美国、德国，为世界第三；贸易顺差为2954.6亿美元，上升12.5%，净增加328.3亿美元②。

5. 资本市场与信贷市场发展迅速

从资本市场来看，富时指数(FTSE)按照经济规模、财富量、市场质量、市场深度与宽度对国家的分类，我国资本市场位居三类中的第二类新兴国家行列。

---

① 数据来自国家统计局《2009年国家统计年鉴》。

② 贸易数据均来自于国家统计局《2009国家统计年鉴》。

从国家贸易和信贷的市场风险来看，按照经济合作与发展组织(OECD)对国家风险的等级划分，我国的风险等级为7级中的第2级，处于中等收入国家中的较好水平[①]。

6. 基础设施和基础产业的支撑能力显著增强

我国大力兴建农田水利基础设施，农业生产条件不断改善。能源生产能力由弱变强，终结了“贫油”“缺电”历史。以铁路为骨干，公路、水运、民用航空和管道组成的综合运输网基本形成。覆盖全国、通达世界、技术先进、业务全面的国家信息通信基础网络初步建成。铁路、公路、机场、港口等基础设施和能源、原材料等基础产业的发展日新月异。截至2008年年底，全国铁路营业里程达到8.01万千米，比1949年增长2.67倍，铁路时速也实现了从43千米到350千米的跨越；高速公路从无到有，总长度已超过6万千米，仅次于美国，位居世界第二；一次能源生产总量达到26亿吨标准煤，比1949年增长108.5倍，成为世界第一大能源生产国。

(二)经济实现由低到高，由不均衡到相对均衡的发展

从经济的全面发展角度来看，在过去的几十年中，中国的经济实现了很大的转变，逐步朝向比较均衡的方向发展。

1. 经济结构有了巨大调整，发展的协调性明显增强

经过60年的大规模建设和调整，我国产业层次不断升级，结构不断优化，关系趋向合理。1952年，我国三次产业比重分别为51%、20.8%、28.2%，而到2008年我国产业结构的现代化特征越来越明显。为了促进区域协调发展，中央提出了符合国情的区域发展总体战略，西部大开发迈出实质性步伐，东北振兴呈现良好态势，中部崛起战略付诸实施，东部率先积极推进，生产力布局趋向协调，地区之间经济增速差距趋向缩小，2008年我国第一、第二、第三产业分别占国内生产总值的比例调整为11.3%，48.6%，40.1%[②]，其中第三产业所占比例已与一些中等收入国家持平，产业结构转型呈现了良好的发展趋势。产业结构基本实现由农业为主，向一、二、三次产业协同发展的转变。工业结构实现了从门类简单到齐全，从以轻工业为主到轻、重工业共同发展，从以劳动密集型工业为主导，向劳动、资本和技术密集型共同发展的转变。所有制结构经历了由单一的公有制经济到多种所有制经济共同发展的历史性转变。分配结构实现从绝对平均主义到以按劳分配为主、资本和技术等收入为辅的多种分配方式并存的转变。

---

① 数据来源：世界经合组织，http：//www.oecd.org/trade/xcred/crc/.

② 数据来源于国家统计局统计年鉴。

城乡结构经历了以城乡分割到城乡统筹协调发展的转变。区域结构实现了由低水平不协调到各具优势、协调发展的转变。

2. 人民生活实现总体小康，正向全面小康目标迈进

我国的城乡居民收入增长速度逐步加快，财产性收入进入寻常百姓家。城乡居民消费水平不断提高，消费结构逐步改善。城镇社会保障制度逐步建立和完善，农村社会保障制度建设也在顺利地向前推进。扶贫取得的成就为世界所瞩目。1949 年，城镇居民人均现金收入不足 100 元，2008 年达到 15781 元，扣除价格因素，实际增长 18.5 倍；1949 年，农村居民人均收入不足 50 元，2008 年达到 4761 元。消费结构不断升级，城乡居民家庭的恩格尔系数分别由 1978 年的 57.5%和 67.7%下降到 2008 年的 37.9%和 43.7%，城镇居民消费结构已属于富裕型，农村居民也达到了小康水平。扶贫开发取得历史性成就，2007 年，我国农村绝对贫困人口已从 1978 年的 2.5 亿人下降到 1479 万人，占农村总人口的比重从 30.7%下降到 1.6%。按照联合国开发计划署公布的人类发展指数(HDI)[①]，通过加入两个与生活质量有关的指标——健康和教育，来综合衡量发展水平。中国为 0.762，位于所列 179 个国家中的第 94 名，处于中等偏好水平；按照联合国公布的各国基尼系数，2008 年我国为 46.9，基本上处于以国家为划分单位的基尼系数区段的中位，居民内部收入分配差异状况处于中等水平；根据联合国粮农组织提出的标准，2008 年中国城镇和农村的恩格尔系数分别处在较富裕和小康的中等水平，由此反应出国家的中等经济发展程度。

3. 科教文卫事业发生了根本性变化[②]，经济与社会发展的协调性不断增强

多层次、覆盖城乡的公共卫生体系初步建立，人民健康水平不断提高。公共文化服务体系初步形成，人民精神文化生活更加丰富。体育事业全面发展，竞技体育取得历史性跨越。科技教育快速发展，各项社会事业全面进步。科学技术突飞猛进，新中国成立之初，我国只有 30 多个专门科研机构，全国自然科学研究者不足 500 人，到 2008 年，科技人员已达 4200 万人，整体科技实力已居发展中国家前列，部分领域已接近或达到世界先进水平。教育事业长足发展，新中国成立前，全国文盲、半文盲人口占总人口的 80%，15 岁以上人口平均受教育年限仅为 1.6 年。2008 年，平均受教育年限已达到 8.7 年；全国中小学生全面享受免费义务教育；高中阶段教育毛入学率由 1949 年的 1.5%左右上升为 74%；高等教育毛入学率达 23.3%，超过国际公认的高等教育大众化标准 8.3 个百分点。医疗卫生事业长足进步，初步建成了覆盖城乡的医疗卫生服务体系，城乡医疗卫生条件明显改善。国民健康水平得到全面提高，主要健康指标已位居发展中国家前

① 数据来源于联合国开发计划署。

② 文化、卫生、体育等社会事业数据均来自国家统计局报告。

列，达到了中高收入国家的平均水平。与新中国成立初期相比，2008 年，我国孕产妇死亡率由 1500 人/10 万人下降到 34.2 人/10 万人；婴儿死亡率由 20.0‰下降到 14.9‰；人均期望寿命从 35 岁提高到 73 岁。文化、体育、广播影视等社会事业成就巨大。

4. 生态环境保护取得进展，污染物排放总量逐步得到控制

资源节约型、环境友好型社会建设扎实推进，节能减排成效明显。“十一五”前 3 年，全国单位国内生产总值(GDP)能耗累计下降 10.1%，节约能源约 2.9 亿吨标准煤。按照 2005 年的可比价计算，全国单位国内生产总值(GDP)能耗已由 1978 年的每万元 3.745 吨标准煤，减少到 2008 年的 1.102 吨标准煤，年均下降 4%。生态建设积极推进，森林覆盖率不断提高，沙化土地扩张趋势得到初步遏制。环境保护不断加强，主要污染物排放总量初步得到控制，“十一五”前 3 年，全国二氧化硫、化学需氧量排放总量分别累计下降 8.95%和 6.61%，应对气候变化工作积极扎实推进。

5. 社会主义市场经济体制初步建立，经济发展的活力充沛

公有制为主体、多种所有制经济共同发展的基本经济制度已经确立。国有经济布局和结构的战略性调整积极推进，控制力、影响力和带动力不断增强。非公有制经济快速发展，目前创造的国内生产总值已占 GDP 的 60%左右，吸纳的就业人数占全国城镇就业的 70%以上。市场机制的基础性作用显著增强。绝大多数商品和服务价格已由市场决定，目前在社会商品零售总额和生产资料销售总额中，市场调节价所占比重已分别达到 95.6%和 92.4%。宏观调控体系逐步健全，部门间协调机制逐步形成，计划规划、财政、金融、产业政策等方面的协同作用明显增强，调控方式实现了由直接调控向间接调控的转变，调控手段实现了由主要依靠行政手段向主要依靠经济和法律手段的转变。

由以上经济增长指标和衡量经济发展的综合指标显示，2008 年是我国经济社会发展的一个重要“分水岭”，在这一年中，中国经济实现了由较低水平向中等发展水平的重大转型，正式跻身于中等经济发展水平国家行列，国家实现了经济的伟大复兴。

>>二、中国社会现状再定位<<

中国近年来的经济发展毋庸置疑，经过三十余年的发展，中国已经成为世界第二大经济体，这一发展速度无疑是世界经济发展史上的一个奇迹。但是，在中国社会财富极大增加的同时，中国的社会却产生了较大的结构性失衡。中国改革开放的三十多年，不仅是经济结构转型的三十多年，也是社会转型的三十多年，从经济发展的角度来看，我们是成功的，但是中国社会的转型却远未达到理想的水平，其突出表现就是群体性事件的不断增多，成为危害社会稳定的一大重要问题。

21世纪之初，我国群体性事件开始呈现大幅度增长的态势。据不完全统计，我国的群体性事件从1994年的1万起增长到2003年的6万余起，年平均增长17%；参与人数由73万多人增加到307万多人；百人以上的由1400起增加到7000多起。2005年，群体性事件高达84000起，其中，发生在农村的群体性事件占40%①。同时，与群体性事件息息相关的集体信访、越级上访的数量也在逐年增多。据统计，全国集体上访量自1992年到2004年连续13年持续攀升。2000年，全国县以上党政机关受理信访量首次突破1000万件/人次大关，达到1024万件/人次。2001年、2002年、2004年全国信访总量同比上升8.7%、2.9%和13.4%。在上访的层级结构中呈“倒金字塔”结构。2003年，国家信访局受理上访量上升14%，省级只上升0.1%，地级上升0.3%，县级反而下降了2.4%；其中，进京集体上访上升势头迅猛，该年国家信访局受理集体上访的批次和人次同比分别上升41%和44.8%②。虽然根据相关学理论述，当一个国家的经济进入人均产值1000美元到3000美元之间时，贫富差距拉大将成为国家主要矛盾，容易引发一系列的社会问题，甚至产生社会动乱，但是我国的人均国内生产总值已达到3000美元，并即将达到4000美元，而这两年群体性事件的发生量与社会不满情绪并未有丝毫减弱，反而呈现出愈演愈烈的态势，无数的专家学者也都将目光聚焦到这一方面，认为目前亟须警惕群体性事件的产生。从这一点即可看出，群体性事件的产生并非与经济发展水平直接关联，而是诸多因素的综合，其中起到决定性的因素就是社会发展与社会建设的水平。

(一)旧的分配体制导致我国贫富差距拉大

自改革开放以来，我国一直强调“效率优先、兼顾公平”的理念，不可否认，这一理念在改革开放的初期，起到了刺激经济增长的重要作用，为我国经济的快速发展带来了重要的影响，但不可否认的是，这一理念也大大增加了中国人民收入的不平等现象，甚至已经成为一个突出的社会矛盾。根据世界银行公布的数据显示，中国居民收入的基尼系数已由改革开放前的0.16上升到目前的0.47，不仅超过了国际上0.4的警戒线，也超过了发达国家的水平。而且这一系数还在不断提高，已经十分逼近拉美国家0.522的平均基尼系数。

① 吴忠民．中国社会公正的现状与趋势[R]//汝信，等．2005年：中国社会形势分析与预测．北京：社会科学文献出版社，2005：235.

② 张修成．1978年以来中国信访工作研究[D]．北京：中共中央党校，2007．转引自应星．“气”与中国乡村集体行动的再生产[J]．开放时代，2007(6)：106.

目前我国贫富差距主要体现在两个方面：个人收入差距悬殊、城乡收入不均衡。据统计，目前我国0.4%的人掌握了70%的财富，财富的集中度甚至高于美国，在城乡收入不均衡方面，有众多研究表明，如果把城市的教育、医疗、社会保障等因素考虑在内，我国城乡之间的实际收入差距在6倍左右。贫富差距的增大带来了一系列的社会问题，导致富者愈富、贫者愈贫，很多社会问题，诸如看病难、上学难、住房难、生活难等问题均是由贫富差距过大而引起的，而这些社会问题的产生则又进一步恶化了弱势群体的生活环境，出现儿童大病无钱医治，许多孤儿生活极为艰难，出现了老年人宁可通过犯罪入住监狱以解决基本生活的极端现象。

我国贫富差距产生的主要原因在以下几个方面。第一，再次分配关注公平的理念并未得到真正的落实。按照通常的理解，收入分配分为初次分配和再分配。不管是初次分配还是再分配都应该处理好效率和公平的关系。一般来说，初次分配注重效率，以刺激人们劳动的积极性，而再分配要更加注重公平，以保证人类社会的健康发展。但是，我们在相当一段时期中对公平和效率的处理上存在误区，过分强调效率的作用，公平则处在一个从属的地位，并没有有效地将“公平”这一理念贯彻到分配当中去。作为再分配主要资金来源的税收也没有起到应有的作用，对高收入者的税收调节力度不够，对低收入者也没有应有的保护，从而进一步导致贫富之间的差距。第二，我国的户籍制度人为地将农村与城市隔离开来，户籍成为导致农村与城市人口之间差距巨大的壁垒。我国实行的大部分经济社会政策还是以城镇为主，并未顾及农村的利益。第三，我国的社会福利体系建设不完善，对贫者的保护力度非常弱。社会福利与社会保障是保护低收入群体正常生活与发展的重要措施，但是我国的社会保障体系不完善、保障措施不配套、保障水平偏低、覆盖面狭窄、特别是把广大农村居民排除在全国统一的社会保障体系之外。这样的政策设计天然的使这一制度很难承担保护社会弱势群体的责任，更加难以起到社会“减压阀”“安全网”的功能，也同样无法发挥其从保障低收入者基本生活需要方面来缩小收入差距的作用。

(二)生活成本不断增高，人民生活压力过重，抗风险能力弱化

由于过度强调市场机制的高效率，我国几乎所有的社会服务领域都被贴上了“市场化”“社会化”或“产业化”等标签。“买服务”成为所有人日常生活的一部分。实践证明，改革以来，我国在社会服务领域中不加区分地引入市场机制的结果不仅未能使多数民众获益，反而削弱乃至剥夺了社会成员获得基本公共服务的权利。市场的高效率被简单等同于“没有免费的午餐”，缴费成为了获得任何服务的先决条件，其结果就是少数强势群体和垄断行业占有了绝大多数服务资源，而这

些服务的真正需要者——多数普通民众和社会弱势群体则无法获得应有的服务，导致生活成本增高，生活压力加大，抗风险能力削弱。在当今中国，教育、住房和医疗被称做“新三座大山”，就是这一现象的真实写照。

(三)公民的权利意识、法律意识不断提高，要求社会公平的呼声不断提高

改革开放的三十多年，不仅是经济高速发展的三十多年，也是我国公民意识得以培育的三十多年，随着大量诸如“送法下乡”、普法运动的不断推行，我国民众的权利意识、法律意识不断提高。民众开始审视自身的权利，并已经有了保护自身权利的意识，要求社会公平的呼声不断提高。这就要求政府应当积极应对民众的诉求，进一步保证民生，更好地维护广大民众的权利和利益。

从以上的分析可以看出，目前我国的经济有着广阔的发展空间，并得到了飞速的发展。但是我国社会发展的空间却被经济极大的压缩了，使得社会发展远远落后于经济发展的步伐，很多弱势群体的基本生活也很难得到保障。从而导致了人民生活压力的剧增，社会矛盾、社会冲突的加剧，其表现则是不断地产生突发性、群体性事件。而作为一项国家用经济手段解决特定社会问题的调控措施，社会福利制度具有“稳定器”“调节阀”的特殊作用。倘若我国仍不对现有社会福利制度加以改革，势必将加剧“经济腿长，社会腿短”的现象，将进一步增加社会不稳定因素，并将最终阻滞经济的进一步发展。反之，如能从根本上克服“福利恐惧症”，有理有据地对当前的社会福利制度进行创新性地改革和完善，则将有效地调节社会心理，缓和社会矛盾，释放社会压力，使中国走上经济与社会协调发展的轨道，迎接下一个“黄金发展期”。

>>三、中国政治发展再定位<<

进入 21 世纪之后，我国的政治发展也有了长足的进步，“服务型政府”“善治”等理念不断提出。在具体的行政过程中，我国政府也逐渐开始强调公共利益及社会利益，要求公共服务的均等化，在保障民生等方面也有很多的举措。但是目前我国政府的执政理念仍然存在一定的问题，对我国的经济和社会状况并没有全面的认识，主要表现在以下四方面。

第一，我国目前对经济发展的势头尚没有充分的认识，仍停留在“人口多、底子薄”的传统思维当中。目前我国的经济已经有了长足的进步，但是我国对社会与政治建设仍被传统“人口多、底子薄”的理念所左右。一提到社会福利建设，

所想到的往往是将会带给经济和财政以较大的压力，会阻碍经济的发展，并未看到社会福利建设对人力资源的维护与发展所起到的促进作用，也没有认识到社会福利对经济建设的支持作用。普遍的存在一种“福利恐惧症”的心态，惧怕承担提供福利的责任，进而采取回避的态度和行动，导致责任缺失，社会福利建设远远落后于经济建设的步伐。

第二，我国目前对社会福利产生的效果仍未有正确的认识。首先，有一种理论认为，在我国当前的国民素质条件下，一旦提高社会福利水平，将会滋生“福利依赖”情绪，增加社会闲散人员的数量，不利于社会的稳定。其次，对社会福利本身存在偏见，仍认为社会福利只有投入没有产出，属于一种“纯消费”性质的制度，从而忽视了其对人力资源的维护和发展作用。最后，政府财政福利支出的可持续性受到质疑，社会普遍认为如果提高福利水平，将会使财政不堪重负。以“神木医改”为例，在陕西省神木县出台近乎“免费医疗”的福利政策后，社会舆论的质疑声压倒性地超过了赞许声，反对的焦点集中于认为目前的国民素质还无法适应这种“普惠型”的福利制度，政府财政支出难以为继等。对社会福利的积极作用没有得到应有的重视。

第三，对社会建设已经开始重视，但投入的力度仍然不足。近年来，我国政治体制改革处于一个蓬勃发展的时期，尤其是“十七大”提出了政治体制民主改革的新要求后，政治改革发展的成果有目共睹，政治环境得到了极大改善，这一开明的政治环境为建立新型的社会福利体系提供了良好的保障。同时，“关注民生”已经成为我国政治治理当中的一个关键词，近年来，我国政府将保障民生作为政府的一项重点工作来实施，2009 年，温家宝总理在十一届人大二次会议上所做的政府工作报告中，用了大量的篇幅阐述了保障民生的重要性。可以说，我国政府现在对社会建设已经有了一定的重视，但是在投入的力度方面，还存在一定的不足之处。各地方政府将财政资金大量的投入在基础设施的建设当中，对福利领域的建设仍然关注不足。应当借着经济迅速发展的良好势头，进一步满足人民日益增长的福利需求，促进社会的进一步发展。

第四，服务型的政府职能转型不够，对所有的事务都大包大揽，未充分重视社会化的重要作用。2008 年 3 月 5 日，国务院总理温家宝在第十一届全国人民代表大会第一次会议上所做的《政府工作报告》中指出，新的一年要继续深化行政体制改革，加快政府职能转变，努力建设服务型政府，更加注重社会管理和公共服务，促进基本公共服务均等化。建设服务型政府已成为我国政府建设的基本目标和价值取向，成为政府追加合法性资源的重要途径。种种现象表明，民间组织所赖以取得公众信任和支持的客观公正价值在我国缺乏必要的制度保障。实际的行政过程中，我国政府仍然受到一定的传统集权理念的影响，对大部分社会事务大包大揽，并未真正的“放权”给社会，我国民间组织的发展仍然受到一定的限制，社会福利的社会服务机构仍然存在“生存难”的困境。政府在社会福利建设中的定位不明，使社会福利的建设与发展受到限制。在社会福利的具体实施当中，政府应当更加强化服务职能，要求服务到位、责任到位、依法行政。敦促政府转变职能，立足于高效低耗服务，充分利用社会自主网络，把服务落实到位，实现责任具体化，行政法治化。

社会福利国际经验——基于同等发展水平的国别比较[①]

我国的社会福利制度自 2001 年起逐步向普惠性阶段迈进，政府开始调整社会发展战略，加强社会建设和对民生问题的解决。这一趋势从 2008 年起变得愈发明显，教育、医疗和养老等领域都有新的举措实施。可以说，我国的社会福利制度建设已经初现端倪，但是，现行的社会福利体系与经济发展水平仍存在不匹配的现象。首先，社会福利理念依然陈旧；其次，20 世纪 80 年代开始的经济体制改革带来了社会结构的巨大变化，传统福利制度日益暴露出一系列不适应新社会环境的弊端。

在现阶段，我国社会福利制度的发展和创新有很大空间，在设计与我国经济发展水平以及社会发展水平相适应的社会福利政策的同时，需要寻找先进的经验和模式，为我国成功地推行新型的社会福利体系提供科学的实证和理论依据，同样需要发现国际社会上社会福利制度的弊端和问题，为我国今后社会福利制度的改革增添成功的砝码。但是，由于我国与国外很多国家的经济发展规律、社会结构以及社会文化背景不同，所以在对国际社会福利制度进行比较和学习的过程中还是要结合我国的实情，通过科学的论证和评估制定出合理、可行、有效的社会福利政策。

>>一、各国社会福利模式简述<<

本文将采用“类似发展阶段”比较的方法对国外典型的社会福利制度进行国别研究，通过文献整理法，对有关国家和地区社会福利制度的信息进行系统的搜集和整理。

中国目前所处的发展阶段为人均国内生产总值在 3000 美元左右，正是很多国家社会福利制度和立法迅速发展的时期。这项研究主要对各个国家在人均国内生产总值在 3000 美元左右时期，社会福利制度和立法状况进行研究和比较。

选取国家和地区的基础主要是根据福利制度的划分，并考虑与中国经济发展水平和文化的相似性，挑选其中最具代表性的国家和地区，我们共计选取了 10

---

① 作者简介：郭素，北京师范大学中国社会政策研究所。

个国家和地区(见表 5-1)。

表 5-1　不同社会福利模式的代表国家与地区

社会福利模式	典型国家与地区
自由主义福利模式	英国、美国、澳大利亚
斯堪的纳维亚模式	挪威、瑞典
东亚模式	日本、中国香港、中国台湾
发展中国家特色模式	巴西、印度

本研究按照自由主义福利模式、斯堪的纳维亚模式、东亚模式、发展中国家特色模式的分类方式，依次梳理了这几种模式的整体特点以及其典型国家与地区的特点。

(一)自由主义福利模式：英国、美国、澳大利亚

在自由主义福利体制中居支配地位的是资产调查式的救助、有限的普遍性转移或有限的社会保险规划。这种源于《济贫法》传统的制度其给付主要是满足那些收入较低、依靠国家救助的工人阶层的需要。在这种模式中，社会改革的进步严格地受限于传统、自由的工作伦理规范，它将福利限制到十分边缘的地步，避免选择福利来代替工作。福利领取资格的规定是严格的，而且时常伴随着社会烙印后果，福利给付经常也是有限的。国家积极地推动补贴私人福利方案，以此来鼓励市场机制。因此，在这种模式下的去商品化效应是最低的，它有效控制了社会权的范围。这一模式的典型代表是英国、美国、加拿大、澳大利亚等，即主要是盎格鲁-萨克逊国家。

1. 英国社会福利制度

英国的社会福利制度，是从其社会救助制度开始的。它是最早建立社会救助制度的欧洲国家，社会救助型社会保障阶段是社会福利发展过程中的初级阶段。英国在 20 世纪 70 年代人均国内生产总值就已经达到 3000 余美元，但是因为 20 世纪六七十年代，英国的福利国家制度陷入深刻的经济和社会危机之中，对英国的经济增长和社会发展造成了巨大的负面影响，新自由主义理论的代表提出通过为贫困者提供比较稳定的工作机会和国家举办保险的途径来改变国家的困境。80 年代，以撒切尔夫人为首的保守党政府对福利国家制度进行了较大的调整。90 年代后期，主张“第三条道路”的工党政府上台执政，把英国的福利国家改革推到了一个新的阶段。总的来看，和多数西欧国家相比，目前英国的福利国家制度已经发生了比较大的变化。在英国庞大的社会福利制度体系中，强制性的社会保险制度处于核心位置，包括了退休年金、失业津贴、疾病津贴、产妇津贴、寡妇津

贴、工伤与伤残津贴、战争抚恤金等项目。与社会保险制度相并行的是一整套无须缴纳社会保险税就可享受的社会福利制度，主要包括向全民提供基本免费的国民医疗保健制度、满足人们特殊需要的社会补助制度、向贫困者及其家庭提供援助的社会救济制度，以及用社会力量向居民提供帮助的社会服务制度。

2. 美国社会福利制度

美国的工业化进程起步比西欧国家晚，社会福利制度的建设开始得也比较晚，直到20世纪30年代大萧条时期才确立起基本框架，直到现在，美国社会保障的覆盖面不仅低于西欧，和同在北美的加拿大比起来也有不小的差距。80年代西欧福利国家陷入困境之后，很多人开始认为美国的社会模式更有利于经济发展。60年代民主党政府的“伟大社会”计划则标志着美国的社会福利制度走向了完善。七八十年代的历届美国政府对其社会保障制度和社会福利制度进行了一定范围内的调整，但是60年代确立的基本制度框架并没有受到触动。美国社会福利制度的结构与西欧国家不同。首先，美国的社会保险项目与社会福利项目界限比较分明。美国最主要的两类社会保险项目，包括退休、养老、伤残和遗属等各种的“社会保障”项目和“失业保险”项目，采用基金化的运作方式，政府不再直接投入资金。美国的社会福利项目完全由公共开支负担，与社会保险没有直接的关系。其次，在社会福利方面，美国没有面向全体公民的社会补助制度，美国的“社会福利”实际上相当于西欧的“社会救济”。西欧以“居住权”或“公民权”为条件的“社会福利”在美国是没有的。从总体上看，美国社会保障制度的主要特点是转移支付部分比多数西欧国家小、社会再分配程度比较低，美国的社会福利项目更加强调“针对性”。

3. 澳大利亚社会福利制度

澳大利亚的社会福利事业开始于1910年设计的养老金伤残抚恤金以及1912年实行的产妇补贴。当时，这样的社会福利被认为是激进的做法，但正是这一激进、超前的做法，为澳大利亚赢得了社会福利事业先驱的美誉。凡是由于年老、丧失工作能力、失业等原因没有足够收入的人和家庭都可以从澳大利亚的社会福利制度中获得经济支持，同时，澳大利亚的社会福利系统也为有能力参加工作的人提供寻找职业的渠道。澳大利亚联邦政府的家庭与社区服务部是负责公众福利事业的重要政府部门，该部以制定增进社会福祉的社会政策为主，旨在把澳大利亚建设成为一个充满民族凝聚力的公正的国度，其职责包括收入与住房政策的制定、社区服务、残疾人服务、儿童福利以及家庭支持计划等。

(二)斯堪的纳维亚模式：挪威、瑞典

这种模式源于贝弗里奇的普遍公民权原则，资格的确认几乎与个人需要程度

或工作表现无关，主要取决于公民资格或长期居住资格。基本地、平等地给付所有的人，而不论其之前的薪资、保费缴纳或是成就表现。这种模式主要发生在斯堪的纳维亚国家。这种模式似乎是最具去商品化效果的，事实上它可能确实是一个社会凝聚力较强的体系。

1. 瑞典的社会福利制度

瑞典社会福利保障建设在国际社会起步较早，瑞典 1891 年建立医疗保险制度为社会福利保障的起点，经历了一个多世纪的不断补充、规范、修改，确立了以国家社会保险、家庭福利、社会服务和医疗保健四大块福利保障为基础的相对比较完备的社会福利保障制度。这套被称为福利国家的社会福利保障制度，主要有如下四个特点。第一，全民性。每一位具有瑞典国籍的居民，都在社会福利保障的范围之内，不分男女老幼、城市乡村、有无工作无论是否对瑞典有所贡献，均享受基本统一的社会福利和服务保障。第二，高福利。瑞典建立了一整套的全民社会福利制度，社会福利深入到每个人的日常生活的各个方面。第三，平均性。福利国家的基本目标在于实现不同人群间最大限度的平等。瑞典通过一系列给予年轻家庭、低收入家庭、疾病者、领取养老金者、丧失劳动力者以及其他弱势人群以相应的补贴，以及面向全体社区居民尽量平等提供的低费用的儿童看护服务、各层次教育、社会支持和医疗保健服务，尽可能达到全体公民平均的享受各种社会福利的社会服务。第四，政府负担。社会福利和社会服务是瑞典各级政府特别是地方政府的主要职能。社会福利保障资金和各类社会服务费用，除养老保险、失业保险中存在个人缴纳一定比例费用外，均由政府承担。

2. 挪威社会福利制度

挪威是一个典型的“福利国家”，它具有相当完善的社会保障制度，挪威社会保障制度的基本原则是它的普遍性和法律性。它属于盎格鲁-斯堪的纳维亚传统，它强调保障社会各阶层的最低生活需要。同时，社会保障制度又是以国家立法为基础，因此，各种社会福利都是根据各种立法的规定和标准而进行的。第二次世界大战后，挪威社会保障制度的宗旨有三个。第一，确保疾病患者的医疗护理，确保老、弱、病、残者的生活。第二，使收入不足以维持最低生活水平的人获得必要的保障。第三，向社会贫困者提供帮助。目前实行的社会保障制度是 1967 年正式建立的国民保险计划。国民保险计划向人们在疾病、残废、年老、怀孕与分娩、失业、失去供养者以及死亡的情况下提供帮助。国民保险计划也向单亲家庭提供帮助。

(三)东亚模式：日本、中国香港、中国台湾

东亚社会保障模式一般泛指东亚的日本、新加坡、韩国，及中国台湾、香港地

区。自20世纪70年代以来，逐渐形成的吸收欧美社会保障某些制度成分，而又在很大程度上区别于欧美国家的、独具特色的社会保障模式。主要表现在三个方面。

首先，传统社会救助制度长期发挥着非常重要的社会保障功能。区别于大多数欧美国家的社会保障发展进程，东亚社会保障模式在很长时间内，并不是以社会保险制度为核心，而是强调传统社会救济方式，为遭遇孤、老、残、贫困的社会群体提供最基本的经济保障。

其次，家庭保障仍然是十分重要的社会保障形式。受儒家传统文化的影响，东亚社会保障模式有浓厚的家庭保障的烙印。如果说，欧美现行社会保障模式是在既定社会结构条件和既有历史轨迹中的制度安排，也同其家庭结构脆弱的历史传统密切而不可分割，那么，东亚社会保障的形成与发展，一方面受到工业化、现代化进程的冲撞和影响，部分吸收了欧美的经验，而另一方面也同其家庭结构紧密的历史传统密不可分。

最后，东亚社会保障模式呈现多元化特征。20世纪80年代后期以来，日本和韩国加大了社会保障改革力度，在构建多层次社会保障制度方面获得进一步发展。中国的台湾、香港地区也有新的改革举措。东亚的社会保障改革模式在运行机制方面，吸收了欧美社会保障制度的某些成分，呈现出较大的趋同性。但在深层次的制度结构方面，东亚模式则在给付结构、缴费档次与等级、权利与义务的关系等方面，都与欧美模式存在不少差异，必然在长期的发展中更多呈现出东亚社会保障自身的特点。

1. 日本的社会福利制度

日本的社会保障起步于20世纪20年代，已形成比较完善的社会保障制度和管理体系。日本和德国都采用企业和个人缴费的方式筹集社会保障资金。日本的社会保险包括年金制、医疗保险和雇用保险。年金制分为两大类：一类是20岁至65岁的自由职业者、农民、无工薪收入的家庭妇女必须参加的国民年金保险；一类是20岁至60岁的工薪收入者必须参加的养老保险。医疗保险分为国民健康保险和工薪收入者健康保险。雇佣保险是除国家和地方公务员外，5人以上企业及其雇员都必须参加的保险。日本的年金保险中，国民年金保险由参加者每人每月定额交纳，定额每年修订一次；厚生年金的保险费率由政府每年修订一次。医疗保险中国内健康保险由管理此项的市、府、村视情况自定费率，由参加者每月定额交纳。政府管理的健康保险，交费率为81.4%，个人看病时还要承担20%～30%的医疗费。在日本，政府对年金保险的管理集中在厚生省和大藏省。厚生省主要是拟定社会养老保险规划、政策法规和管理政府规定的养老保险费的征收、支付；大藏省负责管理年金保险费的会计监督和养老金积余资金的综合运用。社会保险厅及其全国各地社会保险事务所作为年金保险、健康福利保险业务的经办机构，在厚生省的领导下和地方民生福利部的指导下开展保险业务。

2. 中国香港的社会福利制度

香港是一个典型的实行资本主义自由市场的地区。在长期的社会经济发展过程中，特别是在第二次世界大战之后的经济腾飞时期，港英当局为了为维护社会安定，逐步实行了一整套符合香港自由市场经济制度的社会保障制度。香港的社会保障制度可分为社会保障援助和社会福利服务两大类。社会保障援助是香港社会保障制度中的主体，它由港英当局的社会福利署统一管理，包括公共援助、特殊需要津贴、交通意外伤亡赔偿、暴力及执法死亡赔偿、紧急援助、长期服务金、失业津贴等具体项目。其中公共援助中的老年补贴与特别需要津贴中的高龄津贴构成了对伤残老年人的保障，公共援助的伤残补贴与特殊需要津贴中的伤残津贴构成了对伤残人士的保障。香港社会福利事业的建立和发展始于 20 世纪 60 年代，在社会福利立法方面，港英当局先后颁布了有关儿童福利、妇女福利、贫困与残疾对策、对不良行为的预防与监护等方面的法规，此外，还制定儿童养护设施标准、保育所标准、家庭服务机构标准等。从香港现行的社会福利情况来看，主要以免费或廉价的社会服务为主，辅之以少量现金补助，其实施者包括公办、民办、公助民办三种。香港社会福利项目主要有儿童福利、青少年福利、老人福利、残疾人福利、公务员福利、家庭福利服务、康复服务、感化服务、社区服务。

3. 中国台湾地区社会福利制度

中国台湾在 20 世纪下半叶经济发展迅猛，与中国香港、新加坡、韩国并称为亚洲的“四小龙”。随着经济的迅猛发展，台湾在 20 世纪 80 年代确立了社会保障体系的雏形。但是进入 21 世纪，台湾的社会保障制度面临新的经济和社会环境。首先，加入 WTO 组织以后，世界经济形势对台湾这一著名的工业生产基地的影响更加显著。为增强竞争力降低成本而需要减少福利支出和为保证社会稳定而需要增加失业保障支出的矛盾日益凸显。台湾地区社会保障制度在建设过程中大量借鉴了日本和其他欧美发达资本主义国家的成功经验，但也充分注意到了福利国家社会保障制度中存在的财政负担过重和效率低下等问题，再加上台湾地区一直将社会保障支出的目的定位为减少贫穷、协助合法居民获得基本需求，进而达到重新分配所得的功能。因此，多年来台湾地区保持了适度的社会保障水平。

(四)发展中国家模式：巴西、印度

通过 2007 年综合国际经济权威机构的统计，目前发展中国家、尤其是新兴经济体外汇储备迅速增加，到 2007 年已占世界外汇储备的 3/4，“金砖四国”的中、俄、印三国都是“大户”。新兴国家经济占全球经济比重已由 1990 年的 39.7%上升到 2006 年的 48%。按购买力平价计算，“金砖四国”对世界经济增长的贡献率已达50%。作为金砖四国中的两个重要国家，巴西、印度的福利制度存在着相似的经济背景，具有发展中国家的代表性。

1. 巴西的社会福利制度

早在1923年，随着巴西工业的发展，特别是纺织工业和食品工业的发展，劳资双方在社会保险方面的矛盾日益尖锐。为了缓解双方矛盾，同时受欧洲社会保障制度建立的影响，政府采用渐进的方式，按行业逐步建立社会保障制度。20世纪30年代后建立的实施民族、民众主义政策的瓦加斯政府逐步完善和扩大社会保险的范围。经过几十年的演变，巴西已经建立起制度较为完善、包含范围广、受益者包括全体公民的社会保险和社会救济制度。巴西的社会救济和社会福利包括未成年人救济和福利、巴西的老年人救济和福利、巴西的残疾人救济和福利、社会救济特别计划、医疗制度。但由于经济发展较为缓慢，失业率较高(2000年失业率为7.4%)，贫困人口数量众多，收入分配严重不公，巴西的社会保险和社会救济的任务仍然十分艰巨，短期内难以有较大的变化。

2. 印度的社会福利制度

在印度政府看来，社会保障是全方位的措施，它确保每个人及其家属有最低收入，使他们不受任何风险的威胁而导致生活困难。这些社会保障确保满足人们广泛的需要并且在失业、疾病、残疾、死亡、年老的时候给他们提供支持。在印度，随着城市化的发展和工作地点的迁移，社会保障的公共支持体系已经超过了传统的家庭支持取得了重要地位。对社会保障的依赖程度根据人们的需要和收入情况的不同而不同。印度的社会福利体系分为三大板块。第一，养老保障体系。自印度独立以来，印度的社会经济系统包括养老金体系在很大程度上受福利国家理念的影响，而没有考虑印度实际的经济、管理情况。印度的养老保障主要分为正式部门和非正式部门的养老保障两大部分。第二，无组织系统的劳动力的社会保障。印度无组织系统的劳动力约占全部劳动力人口的93%，主要分布在农业、建筑业、制造业、买卖、服务行业等部门。他们大多在家工作，所从事的工作具有季节性，没有正式的雇主—雇员关系，缺乏社会保障的保护。只有早些年颁布的工人补偿法、妇女补偿法、最低工资法和生育保险金法等法律、法规直接或间接地对这些无组织系统的工人起某些保护作用。除此之外，中央政府也向一些无组织系统的劳动者如卷烟工、矿工等提供五福利基金(Five Welfare Funds)。第三，医疗保障体系。自印度独立以来，在政府的大力推动下，国家的医疗卫生事业成就显著。印度医疗保障体系主要由公共医疗体系、私人医疗体系以及农村三级医疗网这几部分组成。

>>二、各国家与地区社会福利制度比较及主要发现<<

该部分从四个维度对各个国家和地区在人均国内生产总值3000美元时，社会福利制度开始时间、福利法规与制度、福利项目、主管机构进行了搜集与整理。按照人群与项目划分为儿童、老年人、残疾人、医疗、就业、综合等几个方面，进行国家和地区的对比。

(一)各国与地区福利制度与项目比较

具体比较见表5-2。

(二)简单的小结

通过表5-2对各国与各地区在人均国内生产总值3000美元时的制度与项目进行比较，主要分各类人群和施行的项目总结出了几点该国(或该地区)该时期福利制度与项目的特色。这些主要发现在我国构建新型的社会福利体系的过程中可供借鉴与参考。

1. 儿童社会福利的主要发现

①在人均国内生产总值为3000美元阶段，主要国家和地区的儿童福利制度和立法开始趋于完善，出现相对独立的儿童福利法律法规。

②政府承担起儿童福利的主要责任，尤其体现在资金支出的扩大，但是又充分推动家庭对于儿童的保护和支持。

③儿童福利服务覆盖群体扩大，政策导向由补缺型向制度型转变，由弱势儿童扩大到普通儿童。

④这一时期，儿童照料的新型模式出现，儿童逐渐从机构养护向家庭寄养过渡。

⑤这一时期发现了“儿童虐待”问题，建立了针对虐待的儿童保护制度。

2. 残疾人社会福利的主要发现

①人均国内生产总值为3000美元阶段，这些国家和地区基本上都建立了相应的救助制度，而且为残疾人的社会保障支出和社会福利支出都为国家的公共支出，残疾人个人承担的很少。

②各个国家和地区开始重视残疾人的教育和就业，通过“授之以渔”的方式持续性地促进残疾人事业的发展。

③由于历史背景的原因，多数国家和地区的残疾人社会福利都是从伤残军人及家属开始实施的。

④许多国家和地区为残疾人提供残疾恤金，一般针对非职业工伤或非职业病造成的永久性或长期的几乎完全的残疾。因工伤或职业病造成的残疾，一般由单

行项目补偿，而不按一般残疾规定补偿。

⑤大多数国家和地区对非因公造成的永久残疾恤金的规定，同养老金的规定很相似。

⑥一些国家和地区已经开始实施就业关联制度，残疾人的长期支付福利项目和其他定期补助的数额通常与残疾发生而中断收入之前的收入水平有关。

⑦某些国家和地区在这个时间已经建立了相对完善的残疾人补助制度，对残疾人的资金补贴的金额标准、补给方法的设计也比较科学。

⑧残疾人护理服务开始有了发展的好势头，瑞典和挪威这样的斯堪的纳维亚福利模式的国家都已经制定了相应的残疾人福利服务制度。

3. 老年社会福利的主要发现

①在人均国内生产总值3000美元阶段，各国和地区的社会福利制度中最早，而且相对完善的就是老年人的社会福利制度。

②几乎每个国家(地区)都是从老年、残疾、死亡项目开始。在这些项目下的福利待遇通常采取终身支付养老金(恤金)的形式或至少支付相当多年的长期风险待遇。

③多数国家和地区的老年人福利都是以保险制度实行的，个人或集体以一定的比例和方式缴纳一定的份额。

④多数国家和地区呈现了一个规律：在一些建立较早的制度中，历来首先是为政府雇员和军队成员提供保障，然后扩大到工业或商业中的员工。大多数保障制度下，其覆盖范围最终将通过统一的制度扩大到所有的工薪收入者。

⑤在许多国家和地区对公共雇员，包括军队和公务员、教师和公用事业、股份公司或垄断公司的雇员，仍然由分别的单行制度覆盖。

⑥某些职业群体如家庭工人、家务佣工、按日计酬的工人，以及那些在社会保障制度中难以实施者如农业工人和自我雇用者，他们往往最初就未在覆盖范围内，但是最近几年的趋势是为这些群体建立单行基金或将他们置于一般的保障制度中。

⑦一些国家和地区的老年人福利以开始从“补救模式”向“机制模式”转变，瑞典在这方面的变化就特别明显。

⑧老年人社会福利的覆盖面也在逐渐扩大，从退休人员到普遍的年龄标准，从行业、部门的特殊社会福利逐渐到更大覆盖面的老年人群体。

⑨给老年人发津贴补助也成为一些国家老年人社会福利的重要补充。

4. 医疗福利的主要发现

①在人均国内生产总值3000美元阶段，各国和地区均建立了全民性的医疗保障制度，各国和地区关于医疗救助、医疗保障的制度和法律也在有力的推行。

②一些国家和地区已经建立了全民免费基本医疗制度，为该国或地区的人民提供了基本的医疗保障。

③疾病和生育基本上成为了各国和地区社会福利体系中除了老年、残疾与死亡项目这一大类之外的第二大板块。多数国家和地区的医疗补助或医疗服务，都用以补

偿短期疾病或非职业伤害而造成的工资损失或用以补偿生育假期间的工资损失。

④大多数国家和地区，将疾病和生育的医疗保健服务，作为健康保险制度的一部分，而且置于社会保障的同一分支下管理，并直接为这些服务提供现金补助。有的地方还出现了医疗保健服务由公共卫生项目提供，独立于社会保险制度的现象。

⑤大多数国家和地区对医疗福利受益人群的要求是疾病现金补助的申请人必须符合缴纳保险费达到最低合格期限和发病前有一定的工龄。

⑥一些国家和地区的医疗保障制度都与医疗保险挂钩，部分特殊群体全民免费医疗，其他人群的医疗保险与相应补贴的方式给予医疗福利。

⑦医疗补助津贴的发放开始推行，主要针对儿童、产妇和老人。

5. 教育福利的主要发现

①在人均国内生产总值3000美元阶段，各个国家和地区已经基本上推行了学生基础教育阶段的免费义务教育制度，而且正在推进教育的发展和改革。

②学生在校开始有了适当的补贴，如午餐补贴、车费补贴等。高等教育阶段更是推行了学生贷款补贴和奖学金制度。

③各国和地区的教育制度呈现了多元化发展的趋势，不仅重视基础教育，而且重视高等人才的培养，同时已经开始提倡职业教育的发展。

④特殊人群的教育问题在一些国家和地区已经有了初步的探索，并建立起了相应的制度。

6. 失业与就业福利的主要发现

①在人均国内生产总值3000美元阶段，各个国家和地区已经开始推行积极的就业促进政策来促进就业，减少国家的财政支出。

②失业救济金制度、失业津贴的方法已经在各个国家和地区普遍推行，并起到了一定的缓解作用。

③各国和地区对失业人员的保障大概分为两种：一种是失业项目独立于其他社会保障措施，往往与就业服务紧密结合；另一种就是失业项目包含在覆盖其他险别的社会保障措施内。

④失业救济制度主要存在于工业化国家，很多国家和地区是强制性的而且范围相当广泛。

⑤大多数国家和地区对连续领取失业补助金的时间有一定的限度。一般此限度为8～36周或者更长的时间。

⑥再就业教育在各国和各地区有了初步的进展，某些国家针对就业困难群体的再就业扶持也比较可行。

⑦这些国家和地区大多数是在20世纪70年代达到人均国内生产总值3000美元，这时正值70年代的石油危机，所以各国的失业问题比较严重，未建立起涵盖职业训练、就业服务与失业保险的“就业安全体系”。

表 5-2 各国与地区福利制度与项目比较

一、儿童社会福利							
国别	年代	国内生产总值/人	福利制度的主要特点	福利制度建设	典型立法	管理机构	备注
美国	1963 年	国内生产总值总量:6171 亿美元 人均国内生产总值:3000 美元	1. 典型的津贴加服务的福利模式。 2. 儿童津贴从孤儿开始拓展到单亲、低收入家庭儿童、残疾儿童。 3. 健全的儿童立法。	·1935 年孤儿津贴制度，提供现金给儿童和低收入家庭儿童。随后，津贴对象不断扩展。 ·1975 年《残疾儿童教育法案》实施，对残疾儿童的津贴支持和服务保障进入新阶段。	1935 年,《社会安全法案》,10 项社会安全计划中,儿童福利占 4 项。 1961 年,《特别未成年儿童援助法案》,将津贴对象由孤儿扩展到双亲都在但父母一方失业的家庭。 1962 年,《公共福利修正案》。 1964 年,《儿童营养补助法》。	1909 年，第一次美国白宫会议决定在联邦政府设立美国儿童局。	以 1935 年通过并实施至今的《社会安全法》为标志，20 世纪 30 年代到 60 年代，政府对儿童的津贴和服务保障进入高速发展阶段。
英国	20 世纪 70 年代初	国内生产总值总量:1600 亿美元 人均国内生产总值:3000 美元	1. 儿童津贴以及相关福利制度起步较早。 2. 对残疾儿童、特殊需要儿童的行政体制、康复服务机构、特殊教育机构健全，社区康复服务独具特色。 3. 完善的立法。	·1918 年，国会通过《妇女及儿童福利法案》，规定由卫生及社会安全部核发津贴。 ·1948 年，具有深远意义的《儿童法案》出台，规定由政府设立儿童司，主管全国的儿童福利行政并督导公私立儿童福利机构，建立儿童指导中心。	1946 年,《儿童补助法》,为多子女家庭提供津贴。 1948 年,《国民健康服务法》和《儿童法案》。 1975 年,《儿童法案》。 1989 年,《儿童法案》。	国家医疗保健服务系统、国家社会服务系统、国家教育服务系统。	1975 年，社会保障开支总计 89.18 亿英镑，占国内生产总值的 9.6%，单亲母亲和监护人补贴达 3.89 亿英镑，占社保总支出的 4.4%。

续表

国别	年代	国内生产总值/人	福利制度的主要特点	福利制度建设	典型立法	管理机构	备注
澳大利亚	1970年	人均国内生产总值:2860美元 与我国当前发展水平接近	1. 完善的儿童津贴。儿童津贴始于孤儿,逐步延伸到单亲、残疾儿童。对双孤儿童的津贴从16岁扩展到25岁。 2. 令世界瞩目的儿童保护立法体系。 3. 国家儿童福利行政机构和专家机构。	·孤儿津贴。1973年9月实施,覆盖16岁以下儿童,或年龄16岁至21岁之间的单亲学生和孤儿。1976年,孤儿津贴覆盖儿童年龄从16岁到25岁。 ·1974年建立残疾儿童津贴制度,并不断提高津贴标准。监护人补贴制度。	1975年,《家庭法案》《儿童和青少年法案》对儿童提供较完善的福利保障同时,建立了儿童立法保护框架。 1989年,《儿童抚养法》。 1991年,《社会保障法》。 1995年,《家庭改革法》。	儿童援助机构隶属家庭和社区服务部门。儿童养护咨询委员会、儿童照料资格认定委员会。	澳大利亚儿童福利立法对儿童福利、权益保护、家庭功能支持等规定十分具体详细。如《子女身份法》规定了相关人员的出生登记义务、申请津贴的程序、监护人确定程度等。 儿童福利从业人员专业程度高。
挪威	1970年	人均国内生产总值:3236美元	1. 儿童津贴起步早,1946年开始发放。 2. 普惠制儿童福利。 3. 立法完善。	·1946年,建立家庭津贴制度,单身父母的补贴会更高。1964年,提供给单身父母"过渡补贴"。婴幼儿家庭现金支持计划。以上津贴都无须经过家庭收入调查和核算。	1981年,《儿童法》和《儿童监察使法》。 1992年,《儿童福利法》。 1998年,《现金补贴法》,此外还有《儿童与父母法》《儿童津贴法》等。	儿童与平等事务部	1981年,挪威建立了世界上第一个儿童事务监察使。 1980年,家庭现金补贴支出占国内生产总值的1.24%,1993年达到2.0%。
瑞典	1970年	人均国内生产总值:3000美元	1. 儿童福利国家承担主要责任,是儿童福利的提供主体。 2. 托幼服务措施堪称国际楷模,典型的津贴加服务福利模式。 3. 免费教育成为儿童福利重要组成部分。	·1947年建立儿童津贴制度,分学龄、多子女等四类不同标准发放。 ·单亲儿童津贴制度和残疾儿童津贴。 ·带薪亲职假和父母保险制度,包括父母亲产假、保险、生育津贴。	1947年,公立托育政策。 1947年,儿童津贴和带薪亲职假。 1960年,《儿童及少年福利法》。 1961年,《儿童照顾法》。 1974年,《家庭津贴法》。 1982年,《社会服务法》。	中央社会事业部	瑞典和挪威都是在1970年左右人均国内生产总值达到3000美元,但是分别在1946年和1947年就已经建立儿童津贴制度。

续表

国别	年代	国内生产总值/人	福利制度的主要特点	福利制度建设	典型立法	管理机构	备注
日本	1971年	人均国内生产总值:2000美元(1973年达到2964美元)	1. 巩固家庭养育的基础性地位,这点与我国儿童福利类似。 2. 完善的儿童福利行政指导体制。 3. 由补缺向普惠型转变进程中。	·日本政府把1973年作为日本的福利元年。之后颁布一些法案推进儿童福利。 ·儿童福利津贴制度。 ·1974年,“残疾儿童特别儿童抚养津贴”“智障儿童保育措施”。 ·“儿童养育支持基金”。	1947年,《儿童福利法》。 1951年,《儿童宪章》。 1961年,《儿童抚养津贴法》。 1964年,《母子福利法》。 1971年,《儿童津贴法》。 1997年,《儿童福利法》修订。	儿童和家庭局,隶属健康和福利部门。中央儿童福利理事会。	1998年6月,日本中央社会福利审议会向厚生省社会福利局和公众提出了《社会福利基础结构变革的报告》提出对全体儿童提供发展环境,发展“普惠型”儿童福利成为改革重点。
巴西	1990年	人均国内生产总值:3092美元	1. 家庭津贴计划对儿童的保障有着重要意义。 2. 高效透明的津贴发放机制,得到包括世界银行在内的金融机构的认可。 3. 社保覆盖率达到60%。	·“津贴补助金计划”是具有巴西特色的著名扶贫措施,影响着许多发展中国家。申请补助金的前提是必须保证子女入学。 ·“儿童教育计划”,除了基础教育学生免费午餐外,还对贫困家庭儿童实行奖学金制度。“关注0～6岁儿童计划”“关注7～14岁儿童计划”“关注青年计划”等。	1990年,《儿童和青少年规章》。 关于家庭教育的法律。	由社会保险和社会救济部负责,下设社会救济委员会。各个市设有儿童权利委员会和监督委员会。	社会救济国务秘书处是与社会保险和救济部相关联的联邦政府机构,制定和落实儿童教育计划、关注0～6岁儿童计划、关注7～14岁儿童计划、关注青年计划等。构成了巴西儿童福利的主体。

续表

国别	年代	国内生产总值/人	福利制度的主要特点	福利制度建设	典型立法	管理机构	备注
印度	2008年	人均国内生产总值:1000余美元	1. 国家实施整体儿童发展服务计划,提供营养、医保等一揽子服务。 2. 非政府组织承担重要角色,广泛的国际合作。	·"整体性儿童发展服务计划"简称"ICDS",自1975年,一直被作为印度中央政府推动儿童生存发展的主要计划,是改善妇女儿童福利的重要制度,得到了世界粮食计划署、世界银行等组织的大量援助。	1986年,《儿童劳动法》。 2000年,《青少年司法法案》。	妇女与儿童发展司,隶属人力资源开发部,成立于1985年。	根据妇女儿童发展司提供的数据,儿童福利支出在总预算支出中的比例2000年至2001年为2.11%,2006年至2007年为4.86%。
中国香港	1961年	人均国内生产总值:3076.41美元	1."儿童为主、家庭为本、社区为基础"的儿童福利理念。 2. 政府责任,同时充分整合社会字眼。 3. 处理虐待儿童问题法律程序健全,值得内地借鉴。	·"儿童发展津贴"。 ·"九年免费强迫普及教育",政府设立特殊教育学校教育残疾儿童、智障儿童。 ·儿童福利事业重要内容之一"幼稚园减免学费计划"。 ·"青少年学校书本补贴"。	1951年,《保护儿童及少年条例》。 1969年,《香港保护儿童合法条例》。 1997年,《保护儿童及少年令》《香港弱能儿童护助会发团条例》。	卫生福利局下设社会福利署	社会福利主导角色是政府,中介角色由香港地区200多个民间福利机构担当,服务角色由3200多个福利单位承担。

续表

国别	年代	国内生产总值/人	福利制度的主要特点	福利制度建设	典型立法	管理机构	备注
中国台湾	20世纪70年代后期	人均国内生产总值:3000~4000美元	1. 当局设立儿童局。 2. 儿童福利覆盖全体儿童,尤其是对3~5岁儿童的照料。	·1961年起,“儿童家庭补助制度”,凡是低收入家庭的儿童,每月都可以申请领取儿童津贴。	1973年,《儿童及少年福利法》,分别在1993年、1999年多次修订。 1983年,《儿童寄养办法》。	1999年,成立“内政部儿童局”	“内政部”设社会司,社会司各科关于社会保险、社会救助、身心障碍福利的科室也与儿童福利有关联。
二、老年人福利							
国别	年代	国内生产总值/人	福利制度的主要特点	福利制度建设	典型立法	管理机构	备注
美国	1963年	国内生产总值总量:6171亿美元 人均国内生产总值:3000美元	1. 美国的老年人福利是从贫困人群开始的,重点是对老人的保障性的措施。 2. 由于美国的社会养老保险基金是一种现收现付制的,缴费者投入的社保税中大部分被发放给现在已经退休的工人,而剩下的部分则被用于购买特种国债,因此该基金是一种非累积型的。	·1960年,国会通过了对贫困老人提供医疗援助的法案。 ·1996年,实行“补充性保障收(SSI),美国政府向贫困的老年人发放生活补助。	1915年,《老年雇员退休金法》。 1992年,《老年美洲印第安人法》。	老龄总署(AOA)	美国的社会养老保险起始于20世纪30年代大萧条时期,1935年颁布了《社会保障法》。后来,经过数次补充和修改,扩展成了一个包括老年和残障者在内的综合性社会保障制度

续表

国别	年代	国内生产总值/人	福利制度的主要特点	福利制度建设	典型立法	管理机构	备注
英国	20世纪70年代	国内生产总值总量:1600亿美元 人均国内生产总值:3000美元	1. 作为老牌福利国家的英国,其养老及社会保障体系在保障的覆盖面上基本实现了全民保障,而保障范围也几乎无所不包。 2. 英国的养老金包括基本养老金和附加养老金。 3. 以福利水平为基本保障。	·无捐退休年金,对60岁之前到达英国,居英10年以上,年龄在80岁以上,没有领取养老金资格的人每周给予一定的津贴。 ·养老保障信用额度、储蓄信用额度。 ·在英国的养老保障体系中,有两层保障制度安排,第一层是由英国联邦政府提供的,通过国家保险和税收进行运作,以现收现支为基础;第二层,是以非积累的现收先付制作为缴纳基础进行运作的;第三层是私人养老保障计划,此项养老金计划不是通过英国政府直接进行融资的。 ·1958年,《养老金制度》主张建立和实施与收入相联系的养老金制度。 ·1975年,《社会保障法》,推出了国家收入关联养老金计划。 ·职业养老金制度是一种与特定职业相联系的养老金制度,分为国家职业养老金制度和私营职业养老金制度。	1908年,《养老金法》。 1925年,《寡妇、孤儿、老年人缴费养老金法》。 1937年,《寡妇、孤儿及老年人自愿缴费养老金法》。 1938年,《盲人养老金法令》。 1975年,《社会保障法》。 1995年,《养老保障法》。 1999年,《福利改革与养老金法案》。	社会保障部	

续表

国别	年代	国内生产总值/人	福利制度的主要特点	福利制度建设	典型立法	管理机构	备注
澳大利亚	1970 年	人均国内生产总值:2860 美元 与我国当前发展水平接近 1970 年被视为澳大利亚的社会福利改革年	1. 社会保障覆盖面广，项目较为齐全。从社会保障的主体来看，它覆盖了澳大利亚全体公民，尤其对老、幼、病、残等弱势群体规定了特殊形式的救济津贴。 2. 澳大利亚的养老保障体系包括最低养老金、强制性职业年金、自愿储蓄性养老金三部分。 3. 最低养老金制度是澳大利亚最早按社会救助方式建立的社会保障制度。	·1909 年，最低养老金制度的建立。	1908 年，联邦政府颁布了第一个法律文件——《残疾抚恤金和养老金条例》。 1987 年，《职业年金标准法》。 1992 年，《年金基金保障法》。 1993 年，《年金基金行业监督法》。 1997 年，《退休存款账户法》。	家庭和社区服务部 澳大利亚财政部	1983 年澳大利亚开始尝试建立由雇主和雇员分别缴费的养老保障体系。1992 年澳大利亚立法强制要求雇主为雇员缴纳年金基金。新制度不仅减轻了政府的财政负担，而且扩大了养老保障的覆盖范围和支付水平。
挪威	1970 年	人均国内生产总值:3236 美元	1. 老年人服务非常的全面，到位。老人居住福利院的比例高，提供的综合服务也好，因为社会服务支出占国内生产总值的比例高。老年之家、家庭帮助服务体系比较完善。 2. 普通居民领取养老金的条件比较宽松，而且保障项目比较全面。	·1967 年，老年人年金计划，从 1973 年 1 月 1 日起，领取老年人年金的年龄规定为 67 岁，但可以延长到 70 岁。任何人必须在挪威定居 3 年才能取得领取老年人年金的资格，但是年金的多少是根据保险期的长短而定。总的规定是，领取全额老年人年金的人须有 40 年的保险期，不满 40 年则按比例减少。	1967 年，《全民社会保障法》。	国民保险管理局	

续表

国别	年代	国内生产总值/人	福利制度的主要特点	福利制度建设	典型立法	管理机构	备注
瑞典	1970年	人均国内生产总值:3000美元	1. 斯堪的纳维亚式的社会福利是从“补救模式”到“机制模式”福利国家的发展。 2. 先通过发放普遍性的年金进行全社会的公共福利资助,在此基础上再附加一层社会保险。	·1948年,瑞典建立起了统一标准的强制养老保险。 ·1960年开始实施附加养老金,加入附加养老计划并持续缴纳保险金30年的人,有资格在退休后领到全额的附加养老金。 ·瑞典的老年人福利制度主要包括:老年公寓制度、老年护理制度、临终关怀制度。 ·目前,瑞典实行的社会保障制度,是普遍保障与社会保险相结合的双重制度,法定退休金有普遍(基本)养老金、雇员(补充)退休金和附加退休金三种形式。	1912年,《老年与残疾年金法案》。 1913年,《全国养老法案》。 1935年,《国民年金保险法》。 1946年,《全国退休金法》。 1956年,《社会福利立法》。	社会事务部	1913年,瑞典议会通过了世界上第一个全国性社会保障计划——“全国养老基金方案”。

续表

国别	年代	国内生产总值/人	福利制度的主要特点	福利制度建设	典型立法	管理机构	备注
日本	1971年	人均国内生产总值:2000美元,1973年,达 2964美元	1. 日本的养老金制度具有多层次、多部门、多基础的特点。日本的养老保险属于公共年金范畴,是一种通过国家立法强制实行的社会保险。 2. 年金保险是日本老年保障的实现形式,并且成为日本社会保障体系的一大特色。它是由国家强制实行的,以养老为中心的老年、残疾和死亡保险制度,加入者可终身受益,以安定生活。该制度由公共年金制度、企业补充年金制度和个人储蓄养老金制度三个支柱构成,体现了公助、互助和自助原则。国民年金被保险人的分类为三种:第1号被保险人为个体经营者及其妻子、学生等。第2号被保险人为工薪阶层、公务员。第3号被保险人为第2号被保险人的妻子。	·第一层面养老保障计划:KN统一收益计划。 第二层面与工薪收入水平相关的计划。 第三层面:企业计划。 ·老年津贴是对不具备领取养老保险津贴的老人及生活困难的老人提供的一项社会救济制度。 ·养老保险包括国民年金、厚生年金、各种共济年金等。 ·2000年,老人介护保险制度。	1890年,《养老保障计划》。 1954年,颁布《厚生年金保险法》。 1959年,《国民年金法》。 1961年,KN养老计划。 1963年,《老年人福利法》。 1986年,《老人保健法》。 《厚生养老保险法》。 《农业从业人员养老金基金法》《国会议员互助养老金法》。 1989年,《推进老年保健福利十年战略》。	厚生省年金局 老人保健福祉局	日本政府基于东亚文化传统,比较注重发展“单位”福利事业,但与欧美国家相比,其在养老保险方面仍然落后于欧美国家。

续表

国别	年代	国内生产总值/人	福利制度的主要特点	福利制度建设	典型立法	管理机构	备注
巴西	1990 年	人均国内生产总值:3092 美元	社会救助是巴西社会保障制度的重要支柱。社会救助主要有两个方面:一是有残疾人的贫困家庭由政府补助;二是对 62 岁以上老年人的救助。	·老人补助:凡是未参加任何社会保险、没有享受其他社会福利、家庭人均月收入低于政府颁布最低工资的 1/2 的 67 岁以上老人,可以每月从社会保险和救济局领取一个最低的工资补助。 ·巴西对农村老年人实行养老补贴金制度:凡年满 65 岁以上的老年人,不管是否缴费,都可获得一份相当于社会最低工资的养老金补助。	1923 年,建立退休基金,并为铁路工人开始提供养老金。 1931 年,建立公务员养老金。 1932 年,建立矿业工人退休金。 1933 年,建立海员和医生退休金。 1934 年,建立商业和银行职员退休金。 1936 年,建立制造业工人退休金。 1938 年,建立运输企业工人退休金。 1953 年,建立公共部门职员退休金。 1971 年,为农村工人提供退休金。 1973 年,为家庭佣工提供社保。	国家社会保险局 社会福利部	养老保险的实施范围主要包括工业、商业等正规就业群体、也包括家务用工和自我雇用者等灵活就业群体,个人缴费比例为工资的 11%,雇主按雇员工资的 20%缴纳,养老金的给付根据年龄、工龄和缴费情况而定。

续表

国别	年代	国内生产总值/人	福利制度的主要特点	福利制度建设	典型立法	管理机构	备注
印度	2008年	人均国内生产总值:1000余美元	1. 印度现有的养老保障体系所提供的相关收益只能覆盖总人口中的很小一部分,主要针对政府公务员和军队系统雇员的补贴。 2. 印度整个中央政府机构而言,养老计划基本相似,但是在部委内部存在差异。例如只有铁路部门设立了自己的养老基金及相关制度措施。	·公务员养老保障制度:退休金收益、退休养老金、丧失劳动力养老金、特殊退休养老金、强制退休养老金、家庭养老金、退职金。 ·家庭补贴针对军队系统雇员的补贴,同样适用一般政府雇员家庭补贴的基本规定。 ·雇员养老金计划(EPS)。计划于1995年正规实施,该计划属于待遇确定型养老保险制度。	1952年,储蓄保险基金法。 1957年,铁路部门的《养老保险制度》。 1971年,家庭年金基金。 1972年,退职基金。 1976年,修改储蓄基金法。	老龄社会保障与收入保障委员会(OASIS)	印度于1999年成立了专门委员会,探索改革措施;委员会于2000年1月提交了"老年人社会收入保障项目"(OASIS)报告,提出了一项新的养老保险计划,并对现行制度进行改革。

续表

国别	年代	国内生产总值/人	福利制度的主要特点	福利制度建设	典型立法	管理机构	备注
中国香港	1961年	人均国内生产总值:3076.41美元	香港地区老年人福利服务非常的完善,而且社会广泛参与的老人社会福利服务机构非常普遍,老年人可以在不同阶段享受到便利的服务。	·长者中心服务、长者地区中心、长者社区照顾服务、长者日间护理中心、长者日间暂托服务、长者咭计划、长者家居环境改善计划、长者紧急住宿服务。 ·2001年,合约院舍计划。社会福利署引入公开竞投的方式,选取合适的营办机构,为身体机能中度至严重受损的长者,提供安老院舍服务。本署并以服务合约去监管营办机构的服务表现。 ·1996年,推行特别照顾补助金制度,包括“疗养院照顾补助金”及“照顾痴呆症患者补助金”。 ·安老服务统一评估机制的建立。统一评估机制适用于申请安老院、护理安老院、护养院、长者日间护理中心、改善家居及社区照顾服务及综合家居照顾服务内的伤残及体弱个案。 ·1988年香港地区开始实施高龄津贴,规定单身老人月息低于1700元,资产少于10万元,或夫妇月息低于2800元,资产少于15万元,就可以申请高龄津贴。 ·公共援助计划则是对无收入和低收入的高龄老人提供的援助。它的金额一般为高龄津贴的1倍	1977年,《香港老人服务绿皮书》。	社会福利署	

续表

国别	年代	国内生产总值/人	福利制度的主要特点	福利制度建设	典型立法	管理机构	备注
中国台湾	20世纪70年代后期	人均国内生产总值:3000～4000美元	1. 以老年保障为主,兼顾身心障碍、死亡等保障在内的一种具有长期适应性的社会保障制度。 2. 以社会保险为主,社会福利为辅。台湾地区老年社会保障主要依靠社会保险保障。 3. 商业养老保险是重要的补充老年保障。	·"国民年金"保险的给付有三种方式,即老年年金给付、身心障碍年金给付、丧葬给付及遗嘱给付。 ·1993年,民进党提出放发敬老津贴并执行。 ·2000年,台湾地区"内政部"试办发放中低收入家庭"老人特别照顾津贴"。	1980年,《老人福利法》。 1997年,修订《老人福利法》。 1998年,《劳动基准法》。 1998年11月,台湾地区当局修正"老年农民福利津贴暂行条例"。 2002年,台湾当局通过了"国民年金法草案"。	劳工事务委员会劳动保险司 台湾劳工保险局	
三、残疾人福利							
国别	年代	国内生产总值/人	福利制度的主要特点	福利制度建设	典型立法	管理机构	备注
美国	1963年	国内生产总值总量:6171亿美元 人均国内生产总值:3000美元	美国的雇主和雇员也必须缴纳社会保险税才能享受到社会保险支付。而社会福利完全依靠公共开支,接受者无须为此纳税,但申请人必须通过政府的"生计审查"方可领取福利。	·1950年通过了一个对"永远而且完全"残疾人提供援助的法案。 ·1996年,美国政府向贫困的残疾人和盲人按月发放生活补助。	1984年,《发展障碍法》。 1986年,《残疾儿童保护法》。 1990年,《残疾人法》。	残障发展总署(ADD)	

续表

国别	年代	国内生产总值/人	福利制度的主要特点	福利制度建设	典型立法	管理机构	备注
英国	20世纪70年代	国内生产总值总量:1600亿美元 人均国内生产总值:3000美元	1. 重视残疾人的教育、培训与就业的基本思路。 2. 英国对残疾人的保障主要通过国民保险、国民医疗保健服务、社会救济、社会福利的相关条文来体现,尤其是社会福利的主要条款,针对残疾人的特别需求制定了详细的条款。 3. 英国残疾人社会保障制度遵循公民权利和普遍性原则。	·战争年金:付给伤残军人或致残的平民,由伤残等级确定年金数额,阵亡军人的寡妇也可得到津贴。 ·残障生活津贴:付给5～65岁的残疾人,根据残疾人需要照顾的情况每周发放。 ·残疾人工作津贴:每周工作16小时以上的病人或残疾人,个人储蓄不得超过16000英镑,为期6个月;津贴数量根据申请人情况决定。 ·残障看护津贴:付给16～65岁,每周从事全日制护理工作35小时以上的人。 ·严重伤残津贴:16～65岁,因病或残疾28周以上无法工作,同时达不到伤残保险要求的缴款条件,每周给予相应的津贴。 ·工伤致残收益:区分"致残"与"致病"两类,其中致残根据伤残等级给付。 ·收入减少津贴:按照残疾人等级每周发放。	1945年,《贝弗里奇报告》。 1995年,《残疾人法》。	1997年前,社会保障部 1997年后,教育与就业部	

续表

国别	年代	国内生产总值/人	福利制度的主要特点	福利制度建设	典型立法	管理机构	备注
澳大利亚	1970年	人均国内生产总值:2860美元 与我国当前发展水平接近	1. 从总体上看,澳大利亚的社会保障制度比较完善,在消除贫困、调节收入分配、维护社会稳定、促进经济发展等方面均发挥了比较明显的作用。 2. 针对残疾人的社会福利主要集中在抚恤金和津贴的发放方面。	·伤残保障。因残疾而就业困难的人士,通过财产和收入审查后,可以领取各项收入补助、交通费补助和护理费补助。与此同时,各级政府还通过实施"残疾人就业工程"帮助残疾人就业。 ·1910年,残疾人抚恤金开始发放。 ·1945年,特别救济金制度实行。 基本收入补贴制度。(未知年份)	1917年,《残疾儿童救济法》。	家庭和社区服务部	澳大利亚对残疾人服务实行两级政府制度:一是联邦政府;二是州政府。
挪威	1970年	人均国内生产总值:3236美元	1. 将残疾人社会福利的相关立法主流化。 2. 从保障残疾人的平等权利和反对残疾歧视方面出发制定残疾人救助和保障措施。	·任何挪威人,年龄在16～65岁,由于疾病、思想迟钝,或由于长期生理或心理缺陷致残,在其恢复就业治疗或培训结束后,十分明显地证明这些帮助已无济于事时,其永久丧失劳动能力至少50%(工伤为15%)者,可领取残废年金。年金的多少取决于残废程度。最低残废年金全额与最低全额老年人年金相同。 ·残疾恤金:两种年金,16～66岁,谋生能力永久降低50%以上。 ·普通残疾恤金:申请前已保险3年。 收入关联残疾恤金:须有3年收入高于基数,境外也可支付。	1966年,建立了普遍保障与社会保险双重制度及相关立法。	卫生与社会事务部 国民保险管理局	

续表

国别	年代	国内生产总值/人	福利制度的主要特点	福利制度建设	典型立法	管理机构	备注
瑞典	1970年	人均国内生产总值:3000美元	1. 瑞典残疾人社会福利制度较为完善,从残疾人的津贴到顾及到生活方方面面的残疾人服务也非常的细致。 2. 残疾人津贴发放标准与养老金类似。	·瑞典各市政当局为残疾人提供有组织的家庭帮助,包括清洁、烹饪、购物、洗衣、个人卫生和个人看护,以及行走帮助、参观文化场所、使用娱乐设施等。 ·残疾人恤金,其金额与养老金一致,而且受益者的工作能力至少永久性地减少了1/4,根据工作能力丧失程度的不同分别以不同形式的发放。 ·残疾补贴针对具有功能性障碍的人的一种补贴。 ·护理补贴付给抚养16岁以下患功能性障碍孩子的父母。 ·地方当局为残疾人委派生活服务员,或经济帮助,使他们能够雇用生活服务员。 ·残疾人津贴包括对本人发放的津贴和对伤残人家庭发放的津贴。	1976年,就制定了公共建筑和为公众提供服务的场所的无障碍法规,对公共交通也有相关的法规,还有一些指南或实施办法。 1982年,《社会服务法》。 《瑞典国家残疾人基本法》(LSS)。 《建设与规划法案》。 《工作环境法案》。 《专门服务法案》。 《瑞典社会救助补偿法案》(LASS) 1993年,制定了《功能受损人士支持和服务法》《帮助补贴法》。 1994年,制定了《残疾人巡视官法》。 1998年,制定了《残疾补贴和护理补贴法》。 1999年,制定了《禁止在工作中歧视残疾人法》《促进残疾人就业法》。	瑞典残疾人调查署	瑞典以崇尚平等的高福利国家著称于世,社会福利制度几乎无所不包。瑞典政府对处于弱势地位的残疾人照顾更是细致入微。

续表

国别	年代	国内生产总值/人	福利制度的主要特点	福利制度建设	典型立法	管理机构	备注
日本	1971 年	人均国内生产总值:2000 美元,1973 年,达 2964 美元	1. 日本残疾人福利实施机构和残疾人援助设施比较完备,制度的设定也非常的细致。 2. 法制健全,发展残疾人事业有法可依。日本政府内没有专门的残疾人工作组织或机构,但各项残疾人工作却是井井有条,残疾人充分享受社会经济发展所带来的成果。 3. 巨资投入,政府在发展残疾人事业中起主导作用。 4. 倡导自立与扶助,残疾人平等参与社会生活的权益得到保障。 5. 体现人性化原则,科技和文明全面融入残疾人工作领域。	·从 1960 年起,日本实行按比例就业制,任何机构的从业人员中,残疾人要占一定比例。 ·在就医、住房、出行、保障生活方面、税收、生活照顾、邮政和娱乐方面给予较大的补贴和扶持。 ·2003 年,实行了支援费制度,为残障人参与社会生活提供服务和特别扶助。对残障人发放年金,同时对重度智障者和重度残障人并存的家庭给予特别福利津贴。	1949 年,《残疾人福利法》。 1960 年,《弱智者福利法》。 1970 年,《身心残疾人对策基本法》(1993 年改为《残疾人基本法》)。 《促进残疾人雇佣法》。 《肢残人福利法》。 1995 年,《残疾人福利发展规划》。	福利事务所 残疾人更生咨询所 儿童咨询所 协作机构	

续表

国别	年代	国内生产总值/人	福利制度的主要特点	福利制度建设	典型立法	管理机构	备注
巴西	1990年	人均国内生产总值:3092美元	1. 巴西的残疾人社会福利多以社会福利服务为主,而服务的范围非常的广泛。 2. 残疾人在社会主办的残疾人之家之类的机构人员数量比例比较大。 3. 重视对残疾人融入社会能力的培养,和就业能力提高。 4. 巴西的残疾人法律政策体系比较完善,国家宪法明确规定了反对残疾歧视的条款,同时积极倡导制定了《美洲国家关于消除对残疾人一切形式歧视公约》。	·社区培训:在社区内进行必要的培训、承担社区内力所能及的工作。 上门服务:指派经过专门培训的人员到残疾人家庭照顾其日常生活,并指导对残疾人的训练。 ·建立日托中心:集救济、治疗、教育、劳工、文化、体育和娱乐为一体,纳入社区管理范围,夜晚回到自己的家庭。 建立残疾人之家:每家容纳6～10人,其中75%为残疾人,房内设施由相关的残疾人管理局负责,并派1名经过政府培训的专人管理,资金由政府负责提供。 ·建立集团保护屋:临时的保护,可以回家也可到残疾人之家。 ·家庭临时寄养:将被家庭抛弃、无住所、或与自己家庭无法共融的残疾人寄养在社区内自愿登记照顾残疾人的家庭中,政府给予适当的补贴。 ·融入劳动市场:对有一定劳动能力的残疾人进行技术培训,从资金、税收等方面照顾,使他们自力更生。	1960年,1971年和1975年针对农业、工人和雇主的残疾人福利立法。 1991年,根据新的宪法,城乡的残疾人福利法律覆盖面一致。	社会救济国务秘书处 关注残疾人管理局	巴西设立总统直接领导下的国家委员会,协调联邦政府残疾人事务,残疾人的工作分别纳入政府的教育、卫生、劳动等部门之中,其中卫生部门负责完全丧失劳动能力的残疾人,社会福利部门具体协调和负责其他残疾人的工作。

续表

国别	年代	国内生产总值/人	福利制度的主要特点	福利制度建设	典型立法	管理机构	备注
印度	2008 年	人均国内生产总值:1000 余美元	1. 印度的残疾人社会福利制度发展的比较慢,而且这些福利制度多因工作(职业、行业)的不同而产生大的区别。 2. 强调残疾人的康复和就业问题,并制定了相关的法律。	·残疾保障补贴为军队服务期间患病或者受伤的军队系统雇员。 ·战争伤害保障为因战争造成的受伤或致残的情况,印度国防部的保障计划中还将提供战争伤害保障。	《康复理事会印度法案》(未知年份)《残疾人(平等机会、权利保护和完全参与)法案》(未知年份)。		
中国香港	1961 年	人均国内生产总值:3076.41 美元	1. 香港地区重视社会在残疾人服务中发挥的重要作用,给予社会福利服务的提供者给予很大的支持。重点是采用了官办民主的模式,大力发展民间组织和机构。 2. 香港的残疾人社会福利制度比较完善,基本上能够满足残疾人的各项需求。	·庇护工场,为年龄 15 岁或以上、具基本自理及工作能力的残疾人士提供合适的职业训练,让他们可以尽量发展社交及经济潜能。 ·辅助就业,年龄 15 岁或以上、工作能力介乎庇护工场与公开就业之间的中度残疾人士。 ·综合职业康复服务中心、综合职业训练中心、残疾人士在职培训计划、"创业展才能"计划、"阳光路上"培训计划、康复服务市场顾问办事处、中央辅助医疗服务课、社区复康网络等提供就业和康复服务。 ·四肢瘫痪病人过渡期护理支援中心、住宿暂顾服务、严重残疾人士护理院、严重肢体伤残人士宿舍、专职家居训练及支援服务、日间社区康复中心、残疾人士家长、亲属资源中心、紧急安置服务、展能中心、严重弱智人士宿舍、中途宿舍等为残疾人提供良好的康复设施和环境。	1977,《群策群力协助弱能人士更新》白皮书。	社会福利署	
中国台湾	20 世纪 70 年代后期	人均国内生产总值:3000 ~ 4000 美元	台湾地区残疾人的社会福利制度比较多元化,既有从基本需求出发的社会福利制度的设计,也有从残疾人长远发展的角度考虑而设计的发展型的社会福利制度。	·20 世纪 70 年代,残疾人财产信托制度是残疾人福利保障制度的重要组成部分,残疾人财产信托制度是一种为残疾人管理财产的制度。	1980 年,《残障福利法》。 1980 年,《身心障碍者保护法》。 1996 年 1 月 26 日颁布实施台湾地区信托法。	劳工事务委员会劳动保险司 台湾劳工保险局	

续表

四、医疗							
国别	年代	国内生产总值/人	福利制度的主要特点	福利制度建设	典型立法	管理机构	备注
美国	1963 年	国内生产总值总量:6171 亿美元 人均国内生产总值:3000 美元	1. 社保项目与社会福利项目界限比较分明。 2. 美国的医疗制度,无论是财源确保方式还是医疗供给方法都是以私营为主。 3. 美国是所有工业化国家中唯一不给其全体国民直接提供基本医疗服务的国家,对一定贫困线以下的人口却有专门的免费公共医疗服务,但是如果一个家庭收入超过这一贫困线,就没有权利享受这种免费的医疗服务。	·1965 年,国会通过了面向 65 岁以上老人的“医疗保障计划”、面向低收入阶层的“医疗补助计划”。 ·1973 年美国开始建立“保健团体”(Health Maintenance Organization)。 ·1981 年,“医疗补助”制度修改为“按人付费”。 ·政府为年龄在 65 岁以上的老人和残疾人提供医疗保险项目,分为“住院保险”和“补充医疗保险”国家医疗照顾制度,是以 65 岁以上老人和残疾人为对象的单一保险种类。其资金来源很少一部分来自投保人的保险金,绝大部分由联邦政府负担。 ·公共医疗补助制度,是对贫困人的保险计划,覆盖 10% 的国民,由联邦政府与州政府按合同共同出资。实际上只有联邦政府规定的贫困者(老人、残疾人、孕妇、供养子女母亲中的穷人)中的 40% 的人享受到公共医疗补助。 ·退伍军人医疗计划,财源来自税收,由退伍军人局管理。	1935 年,《社会保障法》。 1945—1952 年,杜鲁门总统为让每个美国人都拥有保险,在全国极力推荐《国家医疗保险》方案。(方案最终被否决)。 1965 年,约翰逊总统提出了“向贫困开战”的宏伟计划,给老年人的医疗保险(Medicare)和对穷人的医疗援助(Midicaid)方案。 1996 年,国会于 1996 年通过立法,旨在使工作家庭及其子女更容易得到医疗保险。 2003 年 11 月 25 日,美国国会参议院通过了 3950 亿美元的医疗保障法案。	卫生部	美国每年消耗的医疗费在世界上排第一,其金额占世界医疗费的 40%,20 世纪 80 年代以来,每年都在以 10% 以上的速度增长。企业的医疗保险负担不断加重,目前甚至超过税后的企业利润。公费医疗费也大幅度超过限额。 医疗保健支出占国内生产总值 的比例,在 60 年代约为 5%, 70 年代约为 8%, 80 年代约为 10%, 95 年已超过 15%。

续表

国别	年代	国内生产总值/人	福利制度的主要特点	福利制度建设	典型立法	管理机构	备注
英国	20世纪70年代	国内生产总值总量:1600亿美元 人均国内生产总值:3000美元	1. 在社会保险制度中,有相当多的收益也是无须缴纳社会保险税就可以享受的,具有社会福利的性质。 2. 是一种普遍、全面、综合性的社会保障制度。 3. 英国的医疗保险制度是筹资和服务相统一的全民保健计划。	·第二次世界大战英国实行了面向全体居民的基本免费的国民医疗保健制度。 ·健康保险福利津贴包括医疗福利、疗养福利、疾病福利、伤残福利、产妇福利、儿童免疫措施等。	1885年,《医疗救济法》。 1911年,《健康保险法》。 1946年,《国民医疗保健法》。 1946年,《国民健康法》。	健康部	

续表

国别	年代	国内生产总值/人	福利制度的主要特点	福利制度建设	典型立法	管理机构	备注
澳大利亚	1970 年	人均国内生产总值:860 美元 与我国当前发展水平接近 1970 年被视为澳大利亚的社会福利改革年	1. 澳大利亚的医疗保障体系是在传统英联邦全民医疗保健体系的基础上逐步改进和完善而形成的。 2. 澳大利亚的医疗保障制度建立的比较早,而且通过其他方式转嫁病人的花费,包括补贴和“疾病银行”制度的推行。	·患者在公立医院就诊一切免费,在私立医院就诊个人只需要负担门诊费用的 15% 和住院费的 25%,而且个人实际负担的医疗费用超过一定的金额后还可豁免。同时,政府通过财政补贴的形式负担 80%的药品费,患者自己承担 20%。 ·1912 年,产妇津贴开始发放。 ·1975 年 7 月 1 日,澳大利亚开始实施一种叫做“疾病银行”的健康保险方案,它属于全民规划,由政府在财政收入中统一拨款,无须私人掏钱。 ·1976 年“疾病银行”经过实践后,对有关条款作了修改。新的条款规定每个公民应交纳 2.5% 的所得税,以充实“疾病银行”的经费,但对低收入者及领取年退休金的人员可免征 2.5%的所得税。 ·1981 年,该保险方案又作了修改,规定凡收入特别低下者、领取失业救济金等有关人员实施免费医疗服务。 ·1984 年 2 月,澳大利亚开始实行“国家医疗照顾制”全民医疗保险方案。根据该方案,所有在澳大利亚居住超过 6 个月的人(不包括外交官及其亲属)均可享受免费医疗服务。	1944 年,联邦政府公布《药物福利法》。 1947 年,《国家卫生部法案》。 1953 年,《国家卫生法》。 1957 年,《老人家庭护理法》。 1975 年 7 月,《健康保险法》。	卫生部 澳大利亚健康与老年人服务部	1998—1999 年财政年度,财政用于医疗保障支出达 504 亿澳元,占国内生产总值的 8.5%。

续表

国别	年代	国内生产总值/人	福利制度的主要特点	福利制度建设	典型立法	管理机构	备注
挪威	1970 年	人均国内生产总值:3236 美元	医疗保健是挪威福利国家的一个支柱。在医疗保健方面,挪威政府的努力目标是每个人都可以接受高质量的医疗服务。	·健康津贴:职业病工伤、怀孕与分娩的医疗费是全免的。严重的慢性病的医疗费也是全免的。但是患有其他疾病的病人必须负担一部分费用。牙病治疗与拔牙以及因职业关系牙齿受到损伤的医疗费也由健康保险支付,但牙病预防除外。 ·疾病津贴:领取疾病津贴的条件是必须已经受雇或至少已经工作了天/年收入不能少于国民保险基数的一半年月的基数为迄克朗,即至少要有。克朗。雇员患病不能工作,雇主有义务在两周内照发工资。从第十五天起,由国民保险机构支付。 ·产妇津贴:国民保险计划支付 30 天的产妇津贴,多子女的产妇可以略为延长。领取产妇津贴的条件是产妇必须是有工作收入的人。无论是受雇还是自雇,而且在产前 10 个月中有 6 个月是在工作。分娩后的头 6 周,母亲无条件享受产妇津贴,此后,她的权利取决于她是否照料孩子,是否没有去工作。 ·建立于 1990 年的“登记排队制度”(waiting list)是挪威最具特色的医疗服务特色。除了需要立即治疗的重症患者以外,所有到公共医院去就诊和体检的人都必须要事先进入“登记排队系统”。 ·2000 年 6 月 1 日开始,一个名为“全科医生计划”的改革开始了,旨在改善全科医生的服务质量,为每个愿意的人提供一个永久性的全科医生。这项改革的内容还包括改善医患之间的关系,更加合理有效地使用医疗资源。	《社会保健法案》(未知年份)。	卫生与社会事务部	

续表

国别	年代	国内生产总值/人	福利制度的主要特点	福利制度建设	典型立法	管理机构	备注
瑞典	1970 年	人均国内生产总值:3000 美元	瑞典医疗保险的覆盖面非常广泛,包括住院治疗和医药费、病休津贴、怀孕津贴、家长津贴、牙病治疗补贴、健康咨询以及与看病相关联的旅费补贴等多种补贴形式。	·1955 年,建立普遍强制性的健康保险。 ·1974 年,产妇津贴制度。 ·1981 年,政府实行了与收入相联系的大病住院收费制度。 ·1984 年,瑞典实施了新的私人健康保险制度,鼓励扩大私人医师服务的内容。 ·1992 年,瑞典政府通过了老年人和残疾人关怀法案。	1875 年,《公共健康法》。 1955 年,《国家健康保险法》。 《健康与医疗法案》。 1982 年,卫生立法。 1983 年,《保健法》。	卫生部	瑞典的社会保障计划相当庞大,费用支出惊人,纳税比例居世界前茅。
日本	1971 年	人均国内生产总值:2000 美元,1973 年,达 2964 美元	1. 第二次世界大战后日本逐步建立了比较完整和成熟的医疗保险体制。 2. 从世界范围来看,日本是一个医疗体制健全、医疗质量和服务水平高、国民的医疗保障做得很好的国家。	·1973 年,日本老年人的免费医疗,提高了医疗费公共承担的比例。 ·医疗保险包括:国民健康保险、老人健康保险、退休医疗保险。	1953 年,《日雇劳动者健康保险法》。 1958 年 9 月,新的《国民健康保险法》。 1961 年,《医疗保险法》 《老人保健法》《医疗法》《医师法》《药事法》《保健所法》《精神保健法》《卫生保护法》。 2004 年,医疗保险改革法案, 《健康保护法》(未知年代)。	卫生和福利省	1973 年,开始实行老人医疗免费化,还大幅度提高年金水平等,被称为“福利元年”。

续表

国别	年代	国内生产总值/人	福利制度的主要特点	福利制度建设	典型立法	管理机构	备注
巴西	1990 年	人均国内生产总值:3092 美元	巴西作为"金砖四国"之一的发展中国家,它的医疗体系率先完成了统一体系的改革。免费医疗的受益人群范围比较大。医疗保险的项目比较完善。	·1988 年,巴西颁布的新宪法中决定建立"统一医疗体系",以改变医疗卫生领域存在的不平等状况。巴西实行免费医疗制度,公立医疗机构对病人实行免费治疗,不收取病人任何费用,全民免费医疗制度覆盖到了 75%的居民。医疗保险覆盖 25%～30%的居民,包括医疗补助、生育保险等。 ·1990 年,统一医疗制度的建立,全民享受义务医疗,医疗救济的资金来自联邦政府、州政府和市政府的预算以及社会保险基金。	1994 年,《家庭健康计划》。	卫生部	

续表

国别	年代	国内生产总值/人	福利制度的主要特点	福利制度建设	典型立法	管理机构	备注
印度	2008年	人均国内生产总值:1000余美元	1. 印度针对穷人的免费医疗保证了制度公平性。 2. 印度在公立医疗机构确保穷人医疗的同时,发展私立医疗机构,后者在农村基层医疗服务中也起着重要作用。 3. 印度的医疗保障体系包括全覆盖、低水平的免费医疗和有限的医疗保险 。 4. 保障制度以现金补助和医疗补助为主。	·1949年,印度通过的第一部宪法中明确规定“所有国民都享受免费医疗”。只要不是大病,无论是谁都可以接受免费医疗。但如果病情比较严重,患者自己也需要负担一部分费用。对于急诊病人,他们采取的政策是先看病,后交钱。 ·2002年印度政府在卡纳塔克邦开始实行农民合作医疗保险,目标是覆盖卡纳塔克邦的250万农民。 ·2005年开始,印度着手进行了一项更大规模的“全国农村健康计划”,以加强印度农村地区,尤其是那些落后地区的医疗体系。在这些政府医院体系中,病人都可以免费得到医生的诊疗以及基本的常用药,即便遇到重大疾病需要输血或手术,患者也只需要负担其中的5%左右。如果病人生活在规定的贫困线以下地区,还可以动用“全国健康优惠基金”来得到全免费的治疗。	1948年,首次立法确定社会保障制度。 1961年立法规定,对在1948年的社会保险法中还没有包括在内的工厂和机构的雇员提供生育补助。	公共卫生部	印度近年来医疗支出占国内生产总值的比例逐年下降,从1998年的5.2%下降到2003年的4.8%,其中政府医疗支出占总医疗支出的比例也是呈下降趋势,从1998年的4.8%下降到2003年的3.9%。在医疗支出中,私人支出的比例是较高的,其中现金支付的比例非常高,1998年至2003年的数据显示,该部分的支出超过总医疗支出的70%。

续表

国别	年代	国内生产总值/人	福利制度的主要特点	福利制度建设	典型立法	管理机构	备注
中国香港	1961年	人均国内生产总值:3076.41美元	香港地区的医疗制度相当平等,从病人的角度看,全港市民不论贫富,都能获得必要的医疗服务。	·政府公务员享有长俸(或年积金)、恩俸等。一些私营公司和社会公用事业机构的雇员享有公积金或年积金。 ·在医疗保障方面,雇员主要享有疾病假期和医疗津贴。 ·医务卫生署在1977年开始实施医疗服务分区化。把全港分为5个区,并分设5所区域性中心医院作为该区医疗服务的总枢纽和联络中心,配以地区医院,普通诊所和专科诊所,组成综合的区域医疗服务网。香港市民只要持身份证,缴付低微的费用,便可获得政府医院和政府补助医院的医疗服务,一般收入低下的居民,及一些中等收入的市民大都在这两类福利性医院就诊。 ·20世纪80年代,香港现代医疗保障制度实施。	1985年,《医院提供的医疗服务》报告。	社会福利署 医务卫生署 香港卫生福利局 食物局 香港卫生署 香港医院管理局 香港中医药管理委员会	1. 政府的医疗支出在本地生产总值(国内生产总值)中占的份额由1989年的1.7%上升到1996年的2.5%。 2. 香港医院管理局于1990年根据《医院管理局条例》成立,属法定非政府部门的公营机构,通过卫生福利及食物局向政府负责,主要管理香港所有公立医院。

续表

国别	年代	国内生产总值/人	福利制度的主要特点	福利制度建设	典型立法	管理机构	备注
中国台湾	20世纪70年代后期	人均国内生产总值：3000～4000美元	1. 台湾地区的早期医疗保险(劳工保险中的医疗给付)有以下几个特点：①实施时期早，②政府责任明确，③没有固定雇主的“职业工人”也能参保，④支付水平高。 2. 台湾地区“全民健保”规划过程的最大特点是学者的积极参与和主导，这和台湾地区各种保险管理分散，没有单一主管部门相关。	·1950年，劳工健康保险。 ·1958年，公务员健康保险。 ·1970年，门诊治疗被正式列入劳工保险医疗给付。这一改革导致了劳工保险的“医疗保险化”。 ·1980年，私立学校教职员健康保险。 ·1985年，农民健康保险。 ·1990年，低收入者健康保险。 ·1995年，全民健保制度实施。	1958年，1988年修订了《疾病和生育现金补助》。 1994年8月9日，颁布了《全民健康保险法》。 1994年12月3日，颁布了《健康保险局组织条例》。	健康保险局 目前，台湾地区“全民健保”的主管部门是“行政院卫生署”，下设“全民健康保险监理委员会”“全民健康保险争议委员会”和“精算小组”。 “全民健保”的具体承办单位是“中央健康保险局”，下设台北、高屏、北区、东区、南区等六个分局以及四个门诊中心。	1995年1月1日，成立了健康保险局，为“全民健保”制度的实施做好了法律和组织上的准备工作。 1995年3月1日，正式实施“全民健保”制度。

续表

五、教育							
国别	年代	国内生产总值/人	福利制度的主要特点	福利制度建设	典型立法	管理机构	备注
美国	1963 年	国内生产总值总量:6171 亿美元 人均国内生产总值:3000 美元	美国联邦政府实行的教育保障制度主要包括两个方面的内容:一是政府对学校的保障,即以大量政府拨款支持学校的建设;二是政府对家境贫困但品学兼优的学生,以及社会中的各类弱势群体中的人员的教育所给予的财政援助。	·1965 年,国会通过了面向全国中小学的教育补贴计划、高等院校的贷款和奖学金计划。 ·1967 年,首次实行学校午餐计划。	1975 年,《全体残障儿童教育法案》。 1990 年,《残疾人教育法》。 《退伍军人重新适应法》。 《高等教育法》(年代未知)。 《初中等教育法》(年代未知)。 《经济机会法》(年代未知)。	美国教育部	
英国	20 世纪 70 年代	国内生产总值总量:1600 亿美元 人均国内生产总值:3000 美元	1. 英国重视教育。在英国不仅云集了世界上最著名、最古老的学校,而且不乏有全新式以及最富创新性院校。 2. 教育基本上实行的是免费和自费两种形式。	·英国的教育制度包括:强制性免费教育、教育管理改革和学校儿童的健康服务措施。 ·在英国学校体系实行双轨制:公立学校提供免费教育;私立学校一般由家长负担学费。 ·英国政府从 1995 年 7 月实施向所有儿童的家长提供 1000 英镑学费券计划,供家长在公立、私立或义务学校为他们的子女购买 3 个学期的学前教育。此计划于 1997 年在全国实施,使全国所有儿童都能接受 1 年学前免费教育。 ·1986 年,建立了国家职业资格制度。	1906 年,《教育法》。 1944 年,《巴特勒法案》。 1956 年,《技术教育白皮书》。 1988 年,《教育改革法》。	教育与技能部	

续表

国别	年代	国内生产总值/人	福利制度的主要特点	福利制度建设	典型立法	管理机构	备注
澳大利亚	1970年	人均国内生产总值:2860美元 与我国当前发展水平接近 1970年被视为澳大利亚的社会福利改革年	1. 政府在职业教育中的角色明确、适度。 2. 澳大利亚的职业教育与普通教育的衔接极为平滑。	・1963年,实施“联邦科学实验室计划”,对全国中小学包括私立中小学在内的学校拨款。 ・在职业教育领域,澳大利亚的职业教育以及TAFE体系以其基于行业能力和行业需求的培训特色而享有盛誉。TAFE全称Technical And Further Education,即职业技术教育学院,是澳大利亚全国通用的职业技术教育形式,它由澳大利亚政府开设的TAFE学院负责实施教育与培训。	1972年12月,“卡梅尔报告”(The Karmel Report)。 20世纪80年代中期,“澳大利亚的教育质量报告”(Quality of Education in Australia,1985)。 1988年,澳教育部长约翰・道金斯(John Dawkins)发表了“加强澳大利亚学校”的报告(Strengthening Australian Schools)。	教育和劳动部	
挪威	1970年	人均国内生产总值:3236美元	挪威的教育保障制度所属于学校学制安排,非常重视高等教育。	・1974年,“综合制”高中的建立。	1969年,《教育改革法案》。	——	

续表

国别	年代	国内生产总值/人	福利制度的主要特点	福利制度建设	典型立法	管理机构	备注
瑞典	1970 年	人均国内生产总值:3000 美元	1. 义务教育前的教育。即学前教育。采取 3 种主要的形式:全日制托儿所、半日制托儿所、家庭式托儿所。招收3～7 岁的儿童。 2. 义务教育。由 9 年一贯制的基础综合学校实施。招收 7～16 岁的学生。基础综合学校分为初级段(一至三年级)、中级段(四至六年级)和高级段(七至九年级)3 个阶段。每班学生最多不超过 30 人。瑞典还为身心有缺陷的学生设有 250 所特殊学校。 3. 义务教育后教育。实施义务教育后教育的有新体制的高中、高等教育和成人教育。	·8 岁以后继续求学者在 16 岁以前可获得免费义务教育。所有中小学生在公立学校就读,教育完全免费,并且他们还可以获得午餐、课本、文具、纸张等。大学预科、补习学校、假期学校的学生每月可以得到学习赠款、交通补贴以及住宿补助等。 ·1948 年批准的九年制统一学校,1950 年开始试行。至 1972 年,九年一贯制义务教育已在全国普遍实行。	——	教育部	

续表

国别	年代	国内生产总值/人	福利制度的主要特点	福利制度建设	典型立法	管理机构	备注
日本	1971年	人均国内生产总值:2000美元,1973年,达2964美元	1. 日本十分重视教育,日本教育制度在20世纪70年代就比较完善,九年免费义务教育实施的很早。 2. 日本的教育保障制度能够满足不同层次的需求。同时兼顾了基础教育和高等职业教育。	·20世纪50年代开始实行九年免费义务教育。 ·20世纪70年代,日本中央教育审议会提出了改善整个教育制度的构想,强调教育要适应人的能力的多样化和个性化,试办新学制、改革高教结构,加强国家对教育的控制。日本政府将其称之为“第三次教育改革”。	1947年,《教育基本法》和《学校教育法》。 1953年制定《文部省设置法施行规则》。	日本教育资源部	

续表

国别	年代	国内生产总值/人	福利制度的主要特点	福利制度建设	典型立法	管理机构	备注
巴西	1990年	人均国内生产总值:3092美元	1. 巴西教育制度中长期忽视学前教育,直至20世纪70年代中期起,为了适应初等教育发展的需要,才注意到学前教育这个基础准备阶段,这时学前教育的重要性才在巴西学制中凸显出来。 2. 20世纪90年代的教育制度已经相当完善,包括学前教育、义务教育、中等教育、高等教育。	·20世纪60年代,对7~14岁的儿童实施义务教育,各级公立学校提供免费教育。 ·1971年的"教育改革法"规定,7~14岁的孩子必须接受持续年的义务教育,从而将原来的4年义务教育延长到了8年。 ·1993年,巴西政府实施了"全民教育十年计划",进一步明确了巴西政府加强普及初等教育、消除教育机会不均等、满足儿童及成人的基本学习要求,试图在年达到普及初等教育的目的。 ·1985年,巴西政府提出了"全民教育计划"旨在增加初等教育入学机会、提高初等教育质量、培养对初等教育具有社会责任感、保证初等教育的普及。 ·2001年3月,经国会批准,建立了学习奖学金,替代1999年以前的最低收入保证计划。学习奖学金规定,当人均收人低于规定的最低限时,政府根据贫困程度给予不同程度的教育补贴。	1948年,《国家教育方针和基础法》。 20世纪六七十年代,颁布了一系列的教育法规。 1988年,《宪法》。	1962年,联邦教育委员会(CFE)	巴西是世界上唯一把教育经费问题写入宪法的国家。 根据1988年联邦宪法221条,州政府对教育拨款不得少于税收总数的25%。

续表

国别	年代	国内生产总值/人	福利制度的主要特点	福利制度建设	典型立法	管理机构	备注
印度	2008 年	人均国内生产总值:1000 余美元	1. 印度存在的教育问题正是出自于教育发展与经济发展之间的极不平衡。 2. 印度推行义务教育遵循的是甘地的基础教育思想。其主要观点是普及义务初等教育,以手工和农业劳动为中心,教育自助类似勤工俭学。	·20 世纪 60 年代,印度酝酿一场新的改革,终于在 1968 年议会通过了《国家教育政策》,要求各邦均统一执行颁布的十二三制。这个学制要求创办 10 年制普通学校,以便向所有儿童提供一色的普通那个教育。设 2 年的高中阶段是结业性的,以便大部分学生读完高中后可以进入社会,这样可减轻对高等教育的压力。 ·印度还制定了全国统一的课程。	1950 年 1 月通过宪法,规定向 14 岁以下儿童提供 8 年的义务教育。 1979 年,《国家新教育政策草案》。 1986 年,《国家教育政策》。	教育委员会	教育委员会。 1920 年建立中央教育咨询委员会。 1986 年之后,人力资源开发部(原教育部等几个部合组而成)。 17 世纪起逐渐沦为英国的殖民地,直至 1947 年 8 月 14 日才宣告独立。在殖民统治时期,形成了一套官办教育制度,学制是:小学 5 年,中间学校(相当初中)3 年,中学(相当高中)3 年,中间院校(相当大学预科)2 年,大学本科 2 年。

续表

国别	年代	国内生产总值/人	福利制度的主要特点	福利制度建设	典型立法	管理机构	备注
中国香港	1961 年	人均国内生产总值:3076.41 美元	1. 香港地区的教育体系很完善,通过历史上不同时期的演变,已经形成了学前教育、基础教育、初等教育、中等教育、高等教育、职业教育等非常成体系的模式。 2. 香港当地政府对教育的资助力度也比较大,通过设置不同的计划实现教育制度的改革。	·从 1971 年开始,香港当地政府实行小学全部免费教育,1978 年 9 月开始,又为所有小学毕业生提供初中学位,并在大部分官立及资助中学取消了初中各级的堂费及类似的费用,从而实现普及的初中教育。有的学校还提供学童交通车及免费午餐的服务。 ·1991 年,政府透过提供资助,鼓励那些已达到相当高教育水准的非官立中学加入直资计划,以提高私校教育的素质。此外,直资学校亦可自行厘定课程、收费及入学要求。 ·1982 年,职业训练局(职训局)根据法例成立,目的是提供一套全面和具成本效益的职业教育培训制度,以配合本港社会经济的需求。 ·1999 年,展翅计划是一项职前培训计划,对象是 15～19 岁的离校青年,内容包括单元培训课程、工作实习训练、择业辅导及支援服务,目的在提高青年人的就业竞争力,为将来投身社会工作做好准备。	2000 年 9 月教育统筹委员会发表的《香港教育制度改革建议》。 2004 年教育统筹局通过俗称为校本条例的《2002 年教育(修订)条例草案》。 2006 年 12 月教育统筹局正式宣布向立法会申请拨款 20 亿元,于 2007 年至 2008 学年起推行学券制。	教育统筹委员、行政局 职业训练局 教育局	1980 年 11 月 20 日,教育司署的中文名称改为教育署

续表

国别	年代	国内生产总值/人	福利制度的主要特点	福利制度建设	典型立法	管理机构	备注
中国台湾	20世纪70年代后期	人均国内生产总值：3000～4000美元	1. 台湾地区现行的教育制度分为正规教育和技术职业教育两大体系。其中正规教育分为“国民教育”、高级中等教育和高等教育三个阶段，技术职业教育包括中等技术职业教育和高等技术职业教育两个阶段。 2. 台湾地区除了正规教育和技职教育之外，还有多种形式的业余教育，如夜校、函授以及补习教育等。	·所谓的“国民教育”，就是由台湾当局财政拨款，对6～14岁儿童实施的九年国民义务教育。 ·20世纪60年代台湾地区建立了5年专科教育制度。60～80年代，由于加工出口工业的迅速发展，促进了各类高级职业学校和专科学校的发展，形成了由职业学校、专科学校、技术学院所组成的职业技术教育体系。 ·从2000年起，补助私立学校办学经费。 ·从2003年起，补助中小学购置电脑设备，实施“班班有电脑，人人可上网”计划。 ·2003年起，台湾地区计划将现行的国民义务教育正式延长至12年。 ·台湾“教育部”已于2002年1月10日公布了“高中高职社区化实施方案”草案，提出未来高中高职教育要朝着“学校社区化”的方向发展。	1998年，台湾地区推出《迈向学习社会》白皮书，并把此年定为终身学习年。	“教育部”	近年来，平均而言，“中央”一级教育经费占财政支出的15%，“省、直辖市”一级占25%，“县、市”一级占35%

续表

六、失业与就业							
国别	年代	国内生产总值/人	福利制度的主要特点	福利制度建设	典型立法	管理机构	备注
美国	1963 年	国内生产总值总量:6171 亿美元 人均国内生产总值:3000 美元	通过增加就业来减少社会福利的依赖性,确保良好的社会经济环境。	· 1967 年,"工作激励项目(WIN)"。 ·1988 年,"就业机会和基本技能计",帮助小孩在 3 岁以上的、享受"家庭补助"穷人接受职业教育或职业培训。 ·1981 年,"社区工作经验计划"。	1982 年,"职业培训伙伴法案"(JTPA)。 1994 年,"工作与责任心法案"。	劳工部 联邦人事局	
英国	20 世纪 70 年代	国内生产总值总量:1600 亿美元 人均国内生产总值:3000 美元	1. 社会保障项目的完整性。 2. 社会保障项目向家庭的渗透较深,在一定程度上取代了传统的家庭赡养职能,因此,国民保险在一定程度上为受保人承担了赡养家庭的责任。 3. 普遍性原则。是指战后英国社会保障制度建设的基本准则。最后,政府在社会保障制度中起主体作用。	·1929 年,英国政府向在失业津贴期满未找到工作的工人发放"过渡性津贴",建立了与失业保险制度相并行的失业救济制度。 ·失业救济补贴制度。 ·济贫法制度。 ·劳动救济制度。	1905 年,《个人失业法》。 1920 年,《失业保险法》。 1934 年,《失业法》。 《劳动保险征收法》。	失业保险法定委员会 失业救济管理局 就业部 工作与年金部	

续表

六、失业与就业							
国别	年代	国内生产总值/人	福利制度的主要特点	福利制度建设	典型立法	管理机构	备注
澳大利亚	1970 年	人均国内生产总值:2860 美元 与我国当前发展水平接近 1970 年被视为澳大利亚的社会福利改革年	凡通过收入和财产审查并积极求职的失业者,可以领取失业救济金。	·主要形式有求职补助、高龄失业者补助、青年就业补助。 ·1945 年,失业救济金制度实施。	1944 年,首次对失业相关问题立法。1947 年,制定了现行的失业救助相关法律。	社会保障部通过 20 个区域和 216 个地区的办事机构执行项目。就业、教育、培训部地方分支机构及其代理机构接受申请。	

续表

国别	年代	国内生产总值/人	福利制度的主要特点	福利制度建设	典型立法	管理机构	备注
挪威	1970年	人均国内生产总值:3236美元	挪威的社会保障制度是一种由国家出面组织并通过立法程序来进行,它是一种高度社会化的分配制度。	·恢复就业帮助:为恢复就业而进行培训与学习所必需的各种费用。这包括治疗和住在恢复就业中心或医院中所需的费用以及学费、书籍费等,如果必须离家接受培训,还要为他支付住房与伙食费用,甚至还要为投保的家庭提供生活津贴。对一些需要特别帮助的人,还要提供助听器、轮椅、眼镜、磁带以及聋哑人所需的翻译和为盲人引路的狗。 ·恢复工作津贴:指对那些至少丧失劳动能力的受雇人员在其疾病津贴期满以后发给的恢复工作津贴,如果工作能力的减退不是由于疾病,而是由于工伤,那么即使工作能力减退也可以领取恢复工作津贴。 ·失业津贴:国民保险计划对失业者在失业期间以每天星期六和星期日除外发给现金津贴的形式发给失业者,并提供了恢复就业有关的补助以及从一个地方迁往新地点的迁移费补贴。为了取得失业生活津贴,投保人必须是在挪威受雇。如果失业者有18岁以下的孩子需要抚养,则每一个孩子可以领一份补充津贴。	1964年,《社会照料法》。	劳工与市政事务部 部属劳工局执行全国年的失业保险项目,并通过地方保险机构支付待遇 地方职业介绍所管理当地的项目	

续表

国别	年代	国内生产总值/人	福利制度的主要特点	福利制度建设	典型立法	管理机构	备注
瑞典	1970年	人均国内生产总值:3000美元	由雇主大部分承担的自愿性失业保险和平均救助(KAS)计划来解决失业问题。	·每个有工作记录、而且工资达到了最低收入线的人,都有权利从国家保险计划中得到失业待遇,由各城市的国家劳务处发放,领取时间为78～156个星期。	1934年,《失业保险法》。 1974年,《就业保障法》。	社会保险署 国家社会保障委员会	
日本	1971年	人均国内生产总值:2000美元,1973年,达2964美元	1. 日本是一个失业问题比较突出的国家,相对来说失业保险、失业救济制度也比较完善。 2. 失业保险、失业救济金的相关立法比较完善。	·劳动保险制度是依据失业保险法、中小企业退职金共济法、劳动者灾害补偿保险法等各种劳动保险法建立的,以劳动者因丧失收入和支出增大而危及生存的事故为对象,以保险技术确保其生存的有关保险制度。 ·1975年就业保险制度,该制度目的在于:稳定失业者的生活基础,进一步减少失业,改善就业结构,提高劳动者的劳动技能。 ·失业救济金制度。	1947年4月颁布《劳动标准法》及《劳动灾害补偿标准法》。 《失业保险法》。 《劳动保险征收法》。 1974年,《雇用保险法》。 1987年,修订《雇佣对策法》。	劳动省	

续表

国别	年代	国内生产总值/人	福利制度的主要特点	福利制度建设	典型立法	管理机构	备注
巴西	1990 年	人均国内生产总值:3092 美元	——	·失业的社会保险制度。在失业、结婚、退休及其他情况下,雇员可使用雇主按收入的 8% 缴费形成的专用强制性储蓄账户。 ·失业待遇:最近 4 年中受保 36 个月,并非由于渎职而失业。受益人没有其收入来源以养活本人或家庭的其他收入来源。	1965 年,首次立法关于就业保证基金之中的强制性储蓄项目的设立。 1986 年,失业社会保险制度相关立法。 1990 年,关于失业人员现金待遇立法。	社会保障福利部	
印度	2008 年	人均国内生产总值:1000 余美元	印度的失业问题比较严重,面对失业问题,印度除了发放适量的津贴之外,重视职业培训的作用,通过开办培训班,实现再就业能力培养。	·实施成年妇女简明课程教育和职业训练课程。这是中央社会福利委员会实施的最重要的福利措施之一。1958 年开始实施这个项目,对 18～30 岁的妇女进行教育,目的是使她们达到中等教育水平,为可能的就业做好准备。	1948 年,《最低工资法》。 1965 年,《分红法》。 1972 年,《感谢费法》。 2005 年,《工资支付补偿法》。	劳工部	

续表

国别	年代	国内生产总值/人	福利制度的主要特点	福利制度建设	典型立法	管理机构	备注
中国香港	1961 年	人均国内生产总值:3076.41 美元	香港当地政府全面应对失业、就业问题,通过发放补助、津贴外,给就业人员,再就业人员提供免费、便利的就业培训和辅导从而实现充分就业,以减轻政府负担。	·在失业保障方面,雇员主要享有长期服务金或遣散费,破产欠薪保障,部分雇员享有公积金或年积金,被解雇时可领取;公务员被辞退时,亦可领年积金。 ·1993 年台湾“劳委会”公布《关厂歇业失业劳工就业促进措施》,承诺由政府对因企业倒闭而造成的失业劳工提供生活补助,但因申请资格限制过严而未能达到预期效果。直到 1998 年台湾“行政院”颁布《劳工保险失业认定暨失业给付审核准则》才真正开始了失业保障制度的建设。21 世纪初,台湾当局又颁布《就业保险法》,从而形成了较为现代化的失业保障制度。《就业保险法》中规定了失业给付、提早就业奖助津贴、职业训练生活津贴和失业之被保险人其全民健康保险保险费补助四种给付方式。 ·长期服务金或遣散费,分别针对连续性合约受雇不少于 5 年或 24 个月的员工。雇员被解雇时可领取。	《雇用条例》(未知年份)。	劳委会 行政院 劳工处	

续表

国别	年代	国内生产总值/人	福利制度的主要特点	福利制度建设	典型立法	管理机构	备注
中国台湾	20世纪70年代后期	人均国内生产总值：3000～4000美元	台湾地区并未建立起涵盖职业训练、就业服务与失业保险的“就业安全体系”。	·1999年推出劳工保险失业给付制度，一方面保障失业劳工在失业期间的基本生活，另一方面透过第二专长职业训练与就业服务结合机制，积极协助失业劳工能够迅速再就业。	1984年，《劳基法》。 2002年，《就业保险法》。	劳工保险局	
七、综合							
国别	年代	国内生产总值/人	福利制度的主要特点	福利制度建设	典型立法	管理机构	备注
美国	1963年	国内生产总值总量：6171亿美元 人均国内生产总值：3000美元	1. 典型的津贴、救助加服务的福利模式。 2. 没有面向全体公民的社会救助制度，社会福利项目更加强调“针对性”。 3. 社会保障有较高的总覆盖率水平。	·1949年，杜鲁门的“公平施政”纲领，包含保障民权、扩大公房建设规模，建立失业津贴制度和农业补贴制度等内容。 ·1961年，“食品券”(FS)，美国政府向低收入者发放购买食物的有价凭证。 ·1972年，补充性保障收入制度实施。 ·1974年，向私人房产主提供租金补贴，保证低收入家庭支付的固定租金比例为家庭收入的30%。 ·1996年，“对有需要家庭的临时援助”(TANT)，该项目由联邦政府与州政府共同出资向贫困家庭提供现金补助。	1933年，《联邦紧急救济法》。 1935年，《社会保障法》。	各州公共福利厅 社会保障总署(SSA) 健康与人类服务部 蓝十字——蓝盾组织等	蓝十字——蓝盾组织等为主要的全国性半自制或自治机构。

续表

国别	年代	国内生产总值/人	福利制度的主要特点	福利制度建设	典型立法	管理机构	备注
英国	20 世纪 70 年代	国内生产总值总量:1600 亿美元 人均国内生产总值:3000 美元	1. 社会救助体系覆盖遍及全体公民,达到“从摇篮到坟墓”的水平。 2. 作为典型的“福利国家”英国建立了由社会保险、国民保健、社会救助和社会救济制度组成的、严密的社会保障体系。 3. 英国的社会保障制度是当今世界历史最悠久、最发达和最完整的社会保障制度之一。	·收入援助:16 岁以上,因疾病、伤残等原因无法工作的人,个人储蓄不得超过 8000 英镑;储蓄超过 3000 英镑的人要酌量减少津贴;需要居住照顾的人储蓄最高不能超过 16000 英镑,10000 英镑以上酌减收益。 ·家庭信贷:提供给有小孩的低收入家庭,父母每周至少工作 16 小时以上。津贴数量根据家庭收入、孩子数量以及父母工作时数来确定。 ·减免地方社会服务税;合住在公屋中的贫困者只交一个人的地方税。 ·住房补贴:根据申请人的收入、储蓄、当地房租与住房状况计算,给予租金折扣和房租津贴。	1945 年,《家庭补贴法》。 1946 年,《社会保障法》。 1946 年,《国民保险法》。 1948 年,《国民救济法》。	国民保险部(社会保障部) 社会保险与相关服务委员会	

续表

国别	年代	国内生产总值/人	福利制度的主要特点	福利制度建设	典型立法	管理机构	备注
澳大利亚	1970 年	人均国内生产总值:2860 美元 与我国当前发展水平接近 1970 年被视为澳大利亚的社会福利改革年	澳大利亚的社会保障体系是一种以社会救助为核心，辅之以部分社会保险计划,主要是养老保障和全民医疗保健计划的独特系统。	·1942 年,寡妇抚恤金发放。 ·1943 年,丧葬补贴实行。 ·1976 年,开始实施家庭津贴。只要有抚养未成年子女义务的家庭，通过财产和收入审查后，即可按规定享受有关待遇。家庭津贴种类繁多,如困难家庭补助、儿童抚养津贴、生育津贴、家庭税收优惠政策等。	1941 年,关于家属津贴的法律首次立法。 1991 年,遗孤恤金的法律。 1991 年,独身父母补助。 1991 年,子女残疾津贴。 1992 年,家庭补助的法律。	社会保障部	

续表

国别	年代	国内生产总值/人	福利制度的主要特点	福利制度建设	典型立法	管理机构	备注
挪威	1970年	人均国内生产总值:3236美元	1. 广泛的健康服务和高度发达的社会安全网,所有的挪威居民在生病、年老或失业的情况下都有权利得到经济援助和其他形式的社区支持。 2. 挪威社会保障制度的基本原则是它的普遍性和法律性。	·国家保险计划(NIS),由中央政府负责,覆盖所有的居民,包括外籍居民,通过法定最低年金使许多没有缴过费得人得到收入保障,另外给某些如残疾人等特殊人群于附加的补贴。 ·遗属年金:鳏夫或寡妇与死者在婚姻关系至少已持续了年可以领取遗属年金。年金的多少由许多因素决定,最低全额遗属年金与最低全额老年人年金相同。遗属年金一直支付到未亡人再婚为止,或者到有资格领取老年人年金时转为老年人年金。 ·补充年金:是在基本年金之外再增发的年金。这种补充年金是与以前的劳动收入相联系的,并根据物价定期进行调整。领取补充年金的人必须是多年有较高收入并对国民保险计划有过较多缴纳的人。 ·丧葬津贴:投保人死亡可领取丧葬津贴,如其配偶或7岁以下的子女死亡,即使他们没有投保,也可以领取丧葬津贴。 ·家庭津贴:它的目的是鼓励生育,使多子女的家庭不致因子女过多而降低生活水平。所有定居在挪威的岁以下的儿童均可享受家庭补贴。	1967年,《全民社会保障法》。 《国家保险法案》。 《社会照顾法案》。	1. 中央国民保险机构 2. 地方国民保险机构	

续表

国别	年代	国内生产总值/人	福利制度的主要特点	福利制度建设	典型立法	管理机构	备注
瑞典	1970 年	人均国内生产总值:3000 美元	1. 普遍性的原则。每个年满 16 岁的瑞典居民都可以在社会保险登记机构登记,无论是否有职业、有收入、是否曾经缴费,都有资格获得社会计划的支付。 2. 国家覆盖了婴儿到老年的全部福利,建立了"从摇篮到坟墓"的全过程社会保障体系。	·社会计划:自愿性的失业保险,国家支付的普及型的社会保险和国家发放的津贴,其中包括由社会保险署联网管理的住房补贴。 ·地方性的社会救助 ·"人人平等"的标准保障线,无论收入的多寡、贡献大小,每人都可以领到一定数额的福利。 ·1954 年,建立了普遍强制性的工伤保险。 ·家庭补助津贴,对一个或一个以上子女的家庭提供的定期津贴补助,并对生活发生困难的家庭发放临时性的补贴和救助,包括儿童健康补贴和子女抚养津贴。	1912 年,《劳工福利法》。 1918 年,《工伤事故保险法》。 1926 年,《国民保险法》。 1929 年,《职业病法》。 1934 年,《个人建房补助法》。 1950 年,《改造社会 27 条》。 1962 年,《国家保险法》。 1982 年,《社会服务法案》。 1983 年,《保险法》。	国家健康与福利委员会 国家住房银行 社会住房委员会	

续表

国别	年代	国内生产总值/人	福利制度的主要特点	福利制度建设	典型立法	管理机构	备注
日本	1971年	人均国内生产总值:2000美元, 1973年, 达2964美元	1. 有一套比较完整的、与社会保障事业相配套的法规体系,从而为各项社会保障制度的实施和管理提供了严密的法律依据。 2. 社会保障覆盖面广,社会保险制度多元化。 3. 社会保险财政结构偏重于国家责任的混合型模式。	·1947年,日本的意外劳动灾害保险,分为业务灾害保险和通勤灾害保险,适用于民间企业就业人员。前者为工作时间内发生伤害、疾病、伤残和死亡等事故时的赔偿;后者为通勤途中发生伤害、疾病、伤残和死亡。 ·1979年提出的"在宅福利服务战略",主要精神是根据老人、妇女、儿童及残疾者的不同需求,重新调整再编各项服务项目和设施,建立一个新的综合福利服务的供给体制。	1941年,《劳动者年金保险法》。 1944年,《厚生年金保险法》。 1946年,颁布《生活保护法》。 1947年4月颁布《劳动标准法》及《劳动灾害补偿标准法》。 1950年3月颁布新的《生活保护法》,5月社会保障制度审议会发表《社会保障制度纲要》。 1950年,提交的《日本社会保障制度劝告书》。 1951年,颁布《社会福利事业法》。 1959年,《国民年金法案》。 1969年,《社会福利设施紧急完善的五年计划》。 1992年,修订的《社会福利事业法》和《社会福利设施职员退休法》。 1992年,制定了《福利人才确保法》《工伤事故补偿保险法》《国家公务员灾害补偿法》。	厚生省 社会保障制度审议会	社会保障制度审议会在日本社会保障发展进程中发挥了极其重要的作用,特别是该委员会在1950年提交的《日本社会保障制度劝告书》,对日本社会产生了意义深远的影响。

续表

国别	年代	国内生产总值/人	福利制度的主要特点	福利制度建设	典型立法	管理机构	备注
巴西	1990年	人均国内生产总值:3092美元	1. 以家庭为基础开展社会救助是巴西社会救助工作的一个重要特色。 2. 巴西的社会保障制度，主要包括养老、医疗、工伤保险以及社会救助等内容，其中，养老和医疗保险是巴西社会保障的主要项目，采取现收现付制度，所需资金由个人、雇主和政府三方负担。第一，灵活就业和自谋职业者等相当一部分劳动者被排除在公共社会保障之外。 第二，参加社会保障的不同群体，尤其是公共雇员与其他群体的养老保障待遇差距较大，成为国内不同群体收入差距持续扩大的重要根源。	·1977年，建立国家社会保障与福利体系(SNPAS)。向70岁以上失去劳动能力的老年人、残疾人和人均月收入不足30美元的贫困家庭支付最低生活保障金。 ·1993年，社会救济分散和参与制度。	1919年，《工伤补偿法》。 1960年，《社会保障法》。 1993年，《雷亚尔计划》。 1993年，《社会救济组织法》。	1974年，成立联邦政府社会保障部 1990年，成立国家社会保障经办机构(NSS)	

续表

国别	年代	国内生产总值/人	福利制度的主要特点	福利制度建设	典型立法	管理机构	备注
印度	2008年	人均国内生产总值:1000余美元	1. 印度的社会福利制度是专门为农村地区人民设置的。儿童和妇女是福利接受的重点人群。 2. 虽然印度的社会福利制度在随着经济发展而进步,但是覆盖面和社会福利的惠及程度不足。	·始于1953年的资助志愿工作者组织的普通补助金项目。这个项目是向志愿组织提供财政援助,用于儿童、妇女、残疾人、老年人等的福利活动。 ·始于1954年的福利扩展规划。其目的是向没有任何福利项目的农村地区妇女和儿童提供最基本的福利服务。 ·从1957年至1961年,在城镇社区实施了对妇女和儿童的综合福利服务方案。在全国共进行了321项公共发展福利项目。 ·城市福利扩展计划。1958年发起的这些项目,目的在于向生活在城市贫民区中的妇女和儿童提供综合福利服务。 ·1962年,比照对农村地区的福利扩展计划,开始对边境地区的妇女和儿童实施各种福利服务。	1952年,《社会保障最低标准公约》。	1953年成立了中央社会福利委员会 1954年,各邦的社会福利咨询委员会	

续表

国别	年代	国内生产总值/人	福利制度的主要特点	福利制度建设	典型立法	管理机构	备注
中国香港	1961 年	人均国内生产总值:3076.41 美元	1. 一方面，较早建立起了统一管理社会福利工作的政府职能机构，制定了统一的发展规划和政策，对社会福利机构实现了统一管理，对福利费用实现了统筹使用；另一方面，重视对社会福利事业的投入，港府社会福利服务经常开支逐年增加。 2. 其次，非政府民间机构担当重要角色。香港地区社会福利保障制度，一个最大的特点是官助民办，民间机构作用巨大。香港当地政府非常注意发挥民间机构在开展社会福利工作方面的特殊作用。 3. 再者，社会福利服务的专业化程度高。适应城市现代化的需要。 4. 总的来说，香港地区的社会福利制度也有其先天缺陷，政府缺乏对整体社会保障作全面的立法和长远的规划，比较注重于补救和预防性的保障项目，缺乏支援性和发展性保障项目	·在生育保障方面，女性雇员主要享有分娩假期和分娩期工资。 ·在工伤保障方面，雇员主要享有工伤死亡赔偿，伤残赔偿和职业病赔偿。 ·在收入保障方面，凡收入低于公共援助计划厘定标准的个人或家庭，可获得包括基本援助金，长期个案援助金，老人补助金，伤残补助金等公共援助的现金补贴。 ·20 世纪 70 年代，港府成立房屋委员会，统筹公屋规划、建设和管理，同时定下“十年建屋计划”(后改为四年建屋计划)，标志着有计划兴建新型公共屋村的新时期开始。到 80 年代，港府推进“居者有其屋”计划，采取以房委会建房为主，与私人机构参与居屋计划相结合的方式，加速了公屋建设。 ·工伤死亡赔偿、伤残赔偿、职业病赔偿。	1999 年，香港立法机关又通过了《强制性公积金条例》对公积金制度的实施提供了法律依据。	香港社会福利署	

续表

国别	年代	国内生产总值/人	福利制度的主要特点	福利制度建设	典型立法	管理机构	备注
中国台湾	20世纪70年代后期	人均国内生产总值：3000～4000美元	台湾地区的社会扶助包括四个方面的内容：生活扶助、医疗补助、急难救助和灾害救助。	·1950年首创的劳工保险。 ·1958年开办的公教人员保险。 ·1985年实施的农民保险。	1980年，台湾当局颁布了《社会扶助法》。2002年，颁布了《就业保险法》。	劳工事务委员会	1994年台湾地区社会保障支出占当局总预算的8.9%；1995年全民健康保障实施以后，社会保障支出迅速膨胀，当年这一比例就增加到13.5%；2001年则达到18.9%，已跃居政府最大的开支项目。

>>三、福利财政支出比较<<

在对各国和地区社会福利项目进行比较后，本报告还针对各国和地区的社会福利财政支出情况进行了比较，比较后可以简单的得出以下的结论。

(一)某些发达国家和地区福利财政支出比较

以四种社会福利模式的部分典型国家和地区为例，基本上按照部分发达国家和地区，同时又参照了部分发展中国家的福利支出水平，对这些国家进行了比较。以下内容主要是对部分发达国家和地区人均国内生产总值为1000美元时期的社会福利支出进行了比较。

我国福利支出总体水平仍然较低。国家财政对社会福利的投入较少，经济反哺社会力度不足。从国际经验来看，任何一个国家在经历了高速的经济增长期后，都会有意识地用经济反哺社会，一些西方发达国家在人均国内生产总值为1000美元时，就已经建立了比较完善的社会福利制度，如英国在1948年，人均国内生产总值还不到1000美元时，就已经宣布建成了从摇篮到坟墓的福利国家；日本到1965年人均国内生产总值才达到1071美元，但在此之前就通过了《儿童福利法》《社会福利事业法》等法律，并建立了老人年金、母子年金、全民医疗保险等福利制度。而我国目前社会福利水平与这些国家人均国内生产总值1000美元时相比，仍存在一定的差距。2008年，我国社会福利总支出合计25937亿元，只占当年国内生产总值的6.7%，支出比重仍落后于一些发达国家与地区人均国内生产总值1000余美元时的支出水平(见表5-3)。

表5-3　部分发达国家与地区人均国内生产总值1000余美元时社会福利支出水平

国家与地区	人均国内生产总值(美元)	社会福利支出占国内生产总值的比重(%)
英国	1363	13.9
瑞典	1641	12.8
法国	1297	13.4
德国	1345	21.7
美国①	2783	10.3

① 此处选取美国1960年与中国目前水平相近的人均国内生产总值2783美元做参考。

续表

国家与地区	人均国内生产总值(美元)	社会福利支出占国内生产总值的比重(%)
日本	1071	6.0①
中国香港	3020②	5.65

资料来源：世界银行；经合组织 OECD：SOCX；国际劳工组织 International Labour Organization：The Cost of Social Security.

(二)部分发展中国家福利财政支出比较

虽然我国经济总量和财政收入增长较快，但国家财政对社会福利的支出总量始终在较低水平徘徊。2008 年，全国财政对各类社会福利项目的总支出约为 17753 亿元③，仅占当年国内生产总值的 5.9%，占全国总财政支出的 28.36%。这一支出水平和其他与中国处在相近发展水平的国家相比，差距仍然明显(见表 5-4)，与我国已进入中等经济发展水平国家行列的基本国情尚不匹配。

表 5-4 部分发展中国家社会福利支出与经济发展水平比较

项目/国别	年份	社会福利支出占国内生产总值的比重(%)	社会福利支出占财政支出的比重(%)
捷克	2005	19.5	51.4
希腊	2005	20.5	47.6
波兰	2005	21	48.5
土耳其	2005	13.7	—
匈牙利	2005	22.5	45.1
墨西哥	2005	7.4	—
印度	2008	4	21
越南	2008	—	55.3④

资料来源：经合组织 OECD：SOCX；International Labour Office：The Cost of Social Security；印度财政部；越南财政部

---

① 根据日本国立社会保障人口问题研究所网站公布的数据列出，1995 年的“产业关联表”来看，医疗、保健卫生、社会保险事业、社会福利等社会保障部门加上医药、废弃物处理等相关部门，约占当年国内生产总值(58 万亿日元)的 6.2%。

② 根据香港 1996 年人均国内生产总值 3020 美元时，社会福利支出占国内生产总值的比重。资料来源：王雁异．香港劳工与社会保障[M]. 北京：中国经济出版社，1995：181.

③ 详见附录三：中国社会福利财政支出统计摘要信息库该支出不包括这些项目中的行政性支出。

④ 此数据来自越南财政部公布 2008 年财政预算，社会福利支出包括部分国防费用支出。

>>四、国际社会福利模式对我国的启示<<

当前，我国传统的社会福利制度面对改革开放时代潮流的冲击，已渐显力不从心之态，特别是随着经济体制和经济增长方式“两个根本性转变”的推进和深化，再加上世界上普遍的“人口老龄化”趋势的加剧，我国传统的社会福利制度已远不适应经济的迅猛发展，因此，改革传统的社会福利制度，建立健全新型的社会福利制度，更好地保障每一个公民的基本生存权利、提高人民的生活水平，更加关注民生已成为当代中国迫切需要解决的一大问题。正如国际劳工局局长米歇尔·汉森先生在总结世界经验的基础上曾指出的那样：“如果一个国家缺少完备的社会保障体系，特别是产业工人的社会保险出现纰漏，那么这个国家构建任何一种市场经济体制都是不可能的！”长期以来，我国的社会保障基本上是属于国家保障型，难以适应社会主义市场经济的要求，面对诸多的弊端以及挑战和冲击，需要我们尽快建立一套适合我国国情国力的社会福利模式。但是，毫无疑问，我国的社会福利模式不可能照抄照搬英、美、德、日等国家的筹资、供给模式，可这并不意味着我们不可以从中借鉴一些有益的经验。这些国家在社会保障方面所取得的成功经验以及教训，都可为我国社会福利制度改革提供许多宝贵的启示。

体系构建篇

新型儿童福利体系[①]

面向儿童的福利体系构建是构建与中等发展水平相适应的福利体系中的首要环节，本篇从我国儿童福利的现实格局入手，以需求次序为出发点，将儿童福利从结构上划分为儿童生存福利需求与儿童发展福利需求，以此作为研究不同群体儿童生存与发展问题的分析框架。最终从三个层次进行新型儿童福利体系设计：从援助困境儿童入手的体系设计、从关注儿童发展入手的体系设计和适度惠及全体儿童的体系设计。从困难儿童群体着手，依次推进，逐步建立面向全体儿童的适度普惠的福利体系。

>>一、我国儿童福利的现实基本格局<<

本节首先对国内外关于儿童福利的概念与范畴进行厘清，并界定本报告关于儿童福利的概念。在此基础上，对我国儿童福利事业的发展历程进行阶段性分析，并就当前儿童福利服务体系的基本内容、儿童福利相关的法制建设现状以及儿童福利服务管理机构的基本布局进行梳理分析。

(一)儿童福利的概念与范畴

儿童福利是国家社会福利体系的重要组成部分，关于如何定义儿童福利的概念国际上有不同的界定角度。联合国 1959 年的《儿童权利宣言》指出："凡是以促进儿童身心健全发展与正常生活为目的的各种努力、事业及制度等均称为儿童福利。"美国《社会工作年鉴》则定义"儿童福利旨在谋求儿童愉快生活、健全发展并发掘其潜能，它包括了对儿童提供直接福利服务以及促进儿童健全发展有关的家

① 作者简介：徐佳，北京师范大学中国社会政策研究所。

庭和社区的福利服务。"美国儿童福利联盟认为"儿童福利是社会福利中以儿童为特殊对象为其提供在家庭中或其他社会机构中所无法满足需求的一种服务"。

在我国儿童福利领域的研究中通常将儿童福利的概念界定为广义和狭义两种。广义儿童福利是由国家或社会为立法范围内的所有儿童普遍提供的旨在保证正常生活和尽可能全面健康发展的资金与服务的社会政策和社会事业，从内涵来讲它具有普遍性、发展性、社会性①。其福利服务对象是全体儿童，无论儿童的处境、民族和出身等有何不同都无差别的受益于一切福利项目。狭义儿童福利是指政府和社会为有特殊需要的儿童及其家庭提供的各种支持、保护和补偿性服务，狭义儿童福利的服务对象是特定而并非全体的儿童和家庭，尤其针对在家庭或其他社会福利机构中未能充分满足其需求的那部分儿童，如由于自身的发展、情感或行为需要超过了在家庭环境中能够满足的程度或不适宜继续在家庭中生活的儿童，由于各种原因失去家庭依托、无依无靠的孤儿、弃婴、残障儿童等。

关于儿童福利的概念及其内涵与外延的界定会因一个国家的经济、政治和社会等发展水平的不同而有所差异。在我国一般认为狭义儿童福利概念具有针对性和可操作性，特别是在我国处于发展中国家的基本国情下，更利于社会和政府有针对性地对迫切需要帮助的儿童提供支持，但也有学者认为它具有明显的残补性取向，是一种消极性的儿童福利，不具备进行早期预防和促进儿童发展的福利效果。而当前我国已进入中等经济发展水平，社会经济快速发展，人们已开始更多地认同广义儿童福利的概念，倡导在实施残补性儿童福利的基础上，国家应面向所有的家庭和儿童提供具有发展取向的儿童福利。

(二)我国儿童福利事业的发展历程

新中国成立以来我国儿童福利体系建设，伴随着经济社会的快速进步，经历了不同的发展阶段。在各不同阶段，我国儿童福利事业因其社会背景、主要议题、政府角色、儿童生存发展的福利需求状况，以及儿童福利事业的指导思想与政策方针等有所不同，而具有阶段性特征。目前在国内学术界关于儿童福利的研究中，学者对我国儿童福利事业发展阶段的划分较为认可是五阶段划分法②，即 1949—1957 年孕育萌芽期，1958—1966 年初步发展期，1967—1978 年中断停滞期，1979—1989 年恢复重建与稳步发展期，1990 年至今则为快速发展与制度化建设时期。

1. 孕育与萌芽期（1949—1957）

1949—1957 年是儿童福利事业发展的起始阶段，这一阶段主要关注的是儿童的生存与发展问题，儿童福利政策框架与儿童福利服务体系建设尚处于孕育和萌芽阶段。1949 年 10 月新中国成立后，我国面临的主要社会问题是如何巩固人

① 陆士祯．简论中国儿童福利[J]．华中师范大学学报：哲学社会科学版，1997(6).

② 刘继同．当代中国的儿童福利政策框架与儿童福利服务体系[J]．理论研究，2008(9).

民政权，重建社会秩序，开展社会主义经济建设活动，儿童群体面临的主要问题则是如何在社会主义建设中保障儿童在国家社会生活中的地位。1951 年 10 月，全国第一次妇女儿童福利工作会议举行；同年 11 月，中国人民保卫儿童全国委员会成立，宋庆龄任主席，康克清任秘书长，以保护儿童、促进我国的儿童福利事业为宗旨。这一阶段有关儿童福利的政策与服务开始孕育和萌芽，尚未形成明确的体系和框架。

2. 初步发展期（1958—1966）

我国儿童福利事业的初步发展阶段是在 1958—1966 年，这个时期最突出的特征是在城乡人民公社运动、妇女解放运动与妇女积极参加劳动生产，以及三年自然灾害的影响下，儿童福利政策与儿童福利服务体系建设取得初步发展，儿童生存发展成为相对独立的议题。这个时期儿童群体面临的主要问题是妇女解放运动和妇女参加生产劳动后儿童的日常生活照顾问题，建设托儿所、幼儿园，成为关系工农业生产，妇女解放和共产主义接班人健康成长的大事①。我国儿童福利事业在这一阶段得到初步发展，儿童生存发展与儿童福利状况在多个领域取得一定进展，形成了儿童福利政策框架与福利服务体系的初步轮廓。

3. 中断停滞期（1967—1978）

在 1967—1978 年，我国儿童福利事业的发展受阻，儿童福利政策框架与福利服务体系的建设中断停滞，这个时期最突出的特征是儿童福利事业像其他领域一样，深受“文化大革命”的影响，发展速度迟缓，甚至出现许多儿童福利机构因为政治运动而处于瘫痪或无法正常运转的情况。这也使得我国儿童福利事业自孕育萌芽期以来的政策与体系建设几乎回到原点，关于儿童福利行政管理组织体系也几近瓦解。

4. 重建与稳步发展期（1979—1989）

我国儿童福利事业的恢复重建与稳步发展阶段是在 1979—1989 年，这一时期包括了儿童福利政策与福利服务的恢复、重建与稳步发展。当时的儿童少年工作是在拨乱反正、恢复重建基础上，走上正常轨道并逐步取得稳步发展的。期间我国于 1979 年 3 月举行了中国人民保卫儿童全国委员会全体会议，决定加强保卫儿童工作，并积极支持联合国关于 1979 年为国际儿童年的决议。之后于 1981 年 5 月，在北京成立了全国儿童和少年工作协调委员会；1985 年 3 月，我国政府同联合国儿童基金会签署了《1985－1989 年合作方案行动计划》。同年 5 月联合国儿童基金会执行主任詹姆士·格兰特随即在北京举行记者招待会宣布从 1985 年开始的五年里，联合国儿童基金会每年将向中国提供 1000 万至 1200 万美元的援助，主要用于发展儿童教育和妇幼保健等事业。可见，我国儿童福利事业在经历了这一阶段的恢复与重建之后，已开始逐渐进入稳步发展时期。

---

① 天津市公共卫生局托儿所幼儿园保健员手册[M]. 天津：天津人民出版社，1958.

5. 快速发展与制度化建设期（1990 年至今）

自 1990 年以来是我国儿童福利事业发展较为快速的时期，关于促进儿童福利的政策建议与服务举措开始逐渐上升到制度化建设的层面。20 世纪 90 年代以来也是我国经济社会快速发展的时期，我国的国际地位得到明显提升，这也促进了我国儿童福利事业与国际的接轨。1990 年 12 月，我国正式签署了联合国《儿童权利公约》，翌年全国人大批准并于 1992 年 4 月 1 日正式对中国生效，该公约是国际社会为保护儿童权利制定的一项普遍适用标准，我国政府承担并认真履行公约规定的各项义务。1992 年 3 月，国务院妇女儿童工作协调委员会编制了《九十年代中国儿童发展规划纲要》，纲要规定了 90 年代我国儿童生存、保护和发展的主要目标、策略措施，成为面向 21 世纪的中国儿童人权状况保护和发展的纲领。1994 年 4 月，我国全面展开“中国大陆助孤救孤社会福利计划”，主要面向社会募集款物，对孤儿进行助养助学，改造福利院危旧房屋，添置医疗设备，致力提高孤儿素质，改善其状况。到 2006 年 3 月，民政部等部委联合下发《关于加强孤儿救助工作的意见》。总体来看，自该阶段以来，国家对儿童福利事业的重视程度不断加强，社会各界的参与程度有所提高，包括国际性的非政府组织和基金会，国内的政府机关、宗教团体和福利企业，以及公民个人等都在以不同方式参与到我国儿童福利事业的建设中（见表 6-1）。

表 6-1　我国儿童福利事业的发展历程

发展阶段（年份）	阶段特征	主要范围与内容
1949—1957	孕育萌芽期	少数儿童政策与福利服务分散在法律保护、基础教育、妇幼保健、婚姻家庭与孤残儿童领域
1958—1966	初步发展期	政治经济运动和妇女解放运动极大推动儿童福利政策与服务体系发展，儿童生存发展与儿童福利状况在多个领域取得明显进展，儿童身心健康成长状况好于前期
1967—1978	中断停滞期	儿童福利事业在“文化大革命”期间深受影响，发展速度缓慢，许多儿童福利机构因为政治运动而处于瘫痪或无法正常运转的状态
1979—1989	恢复重建与稳步发展期	儿童少年工作在政府机构、民政部和团中央、全国妇联等组织的拨乱反正、恢复重建基础上走上正常轨道且稳步发展
1990 年至今	快速发展与制度化建设时期	中国与国际儿童福利事业接轨，制度化建设显著；儿童福利服务范围显著扩大，对儿童的关注程度明显提高

资料来源：刘继同《当代中国的儿童福利政策框架与儿童福利服务体系》。

（三）我国儿童福利事业的现状分析

1. 现阶段我国儿童服务体系的基本内容

目前我国儿童服务体系的基本内容包含如下几部分。

①人口政策与计划生育服务，包括出生缺陷干预与卫生保健、母婴保健与妇幼保健、免疫接种与儿童健康、食品营养与体质发育服务等。

②托幼服务与义务教育、学校卫生与学校保护服务，这是儿童和少年福利服务的基础和核心部分。

③针对各种困境儿童群体包括孤儿、残疾儿童、流浪儿童、弃婴等甚至包括独生子女的福利服务与保护服务。这是中国传统狭义儿童福利与儿童保护服务的主要对象和服务范围，但其中许多困境儿童的福利服务与保护问题尚未纳入国家儿童福利政策议程和保护服务体系。

④儿童的家庭保护与家庭福利服务制度。

⑤社会保护与儿童慈善公益事业。

⑥就业培训、职业技术教育、就业支援服务与生活技能训练，这主要是针对少年和大龄儿童群体的服务。

⑦少年司法制度和儿童司法保护服务体系，这既是儿童福利与儿童保护服务体系最基础的部分，也是最重要和最后的社会安全保障机制，确保儿童在公平、平等的环境中成长。

2. 儿童福利相关的法制建设现状

从立法上看，目前我国儿童保护与福利体系的有效法律法规主要由五大部分组成。

一是联合国机构、国际组织和国际非政府组织的公约、宣言、法律条文、政策声明等，这是最高层次、最为宏观和国际视野的儿童福利政策。例如，1924 年《日内瓦儿童权利宣言》、1959 年 11 月 20 日联合国大会通过的《儿童权利宣言》等。

二是全国人民代表大会及其常委会通过的有关法律。例如，《宪法》《婚姻法》等重要法律中规定了儿童享有的基本权利，如生存权、被抚养权、继承权等；《义务教育法》以保障儿童的受教育权，同时还有一批如《幼儿园工作条例》《学校体育工作条例》等具体法规，规范了儿童教育。1991 年 9 月我国通过了《中华人民共和国未成年人保护法》。

三是国务院和国务院各职能部门制定、颁布、实施的各类行政法规、部门规章和政策规定。1992 年 3 月，国务院批准了《九十年代中国儿童发展规划纲要》，规定了儿童保健教育等方面的一系列目标，政府对此作出了承诺，是当代中国儿童福利服务的纲领性文件。2001 年 4 月最高人民法院颁布《关于办理未成年人刑事案件的若干规定》初步建立了中国特色的少年司法制度框架和服务体系。2002年最高人民检察院颁布《人民检察院办理未成年人刑事案件的规定》。2002年10月1日国务院令第364号公布的《禁止使用童工规定》禁止任何单位和个体工商户招用不满16周岁的未成年人。

四是地方人大与地方政府职能部门制定、颁布、实施的各类地方法规、部门规章和政策规定，如2004年河南省《关于规范和加强艾滋病致孤人员救助工作的通知》等。

五是国际非政府组织和国内非政府组织、企业、社区有关儿童福利服务的政策规定、政策声明和政策框架，如2004年《救助儿童会关于对儿童集中供养的立场》反映救助儿童会关于集中供养的看法。

3. 儿童福利服务管理机构

目前我国成立了大量负责儿童福利与服务的管理机构，它们是全国人大内务司法委员会妇女儿童室；国务院妇女儿童工作委员会；国务院各部委相应的儿童工作部门，如民政部儿童福利处、文化部少儿艺术司、卫生部妇幼保健司、全国青联和共青团组织少年部、妇联组织设有儿童部、全国及各省市的未成年人保护委员会等。

总的来看，我国儿童福利服务事业发展取得了巨大的成就。第一，以全体儿童为对象的普遍儿童福利日益受到重视不断扩展，包括促进对儿童的养育改善儿童生存环境；推动儿童教育事业；为儿童创造娱乐游戏的条件，如县级以上少年宫(少年之家)近千所；促进儿童卫生保健；保护儿童权益等。第二，特殊儿童的福利事业不断发展卓有成效。以残疾儿童为例，我国0岁至14岁的残疾儿童占有一定比例，民政部、卫生部等有关单位联合组织了针对残儿的医学治疗与康复训练，兴办了大量特殊教育学校；对贫困失依的儿童，国家制定《收养法》，使孤儿可以依法进入正常家庭；同时，还有近百所儿童福利院，收养了大量的孤儿和自费的家庭无力照看的残疾儿童，有专门的工作人员对孤儿实行养教合一，培养他们成为有用人才。第三，民间儿童救助方兴未艾。作为一个发展中国家，中国的人均收入较低，而且有三亿多儿童，其中80%生活在农村，因此我国的儿童福利服务必须充分调动社会资源。随着改革开放，一些面向儿童的社会性福利项目纷纷设立取得了十分显著的效果，如“希望工程”“春蕾计划”已使大量失学儿童重返课堂。

>>二、转型期我国儿童福利的突出问题与矛盾<<

以需求为导向，通过分析我国儿童福利需求来剖析其发展过程中的问题所在，是儿童福利体系建设的根本出发点，也是界定福利目标和实施服务递送的重要依据。美国心理学家马斯洛(A. H. Maslow)的需求层次论和伯列绍(J. F Bradshaw)归纳的需求类型，是在需求分析中两种最具典型意义并被广泛运用的分析框架。马斯洛的需求层次论将人的需要分为五个等级，即生理需要、安全需要、归属和爱的需要、自尊的需要和自我实现需要。马斯洛的需要层次理论核心是强调了需求由低级向高级发展，人们首先要满足低级的需要，如生理和安全的需要，然后才会追求较高一级的需要，而高级的需要比低级的需要更能持久地激励人。伯列绍在 1972 年所提出的需求类型是通过归纳的方式来建构概念的，将需求划分为四种。第一，规范性的需求(normative need)，这种需求是专业人员、行政人员或专家学者依据专业知识和现有的规定或规范，规定在特定的情况下所需的标准；第二，感觉性需要(felt need)，当个人被问及是否需要某一特定服务时，其反应就是感觉性需要；第三，表达性需要(expressed need)，当个人把自身的感觉性需要通过行动来展现，此时即成为表达性需求；第四，比较性的需要(comparative need)，需求的认定是针对某种特征所作的比较，如个人或社区具有同样接受服务的个人和社区的相同特征，但却没有接受同样的服务，而他们也是服务的需求者，这种与其他个人和社区比较而得出的结论，称为"比较性需要"。

台湾地区学者曾华源则从需求层次出发，在社会福利体制范围内，将青少年及儿童的需求归为八类。一是获得基本生活照顾，家庭和社会应提供青少年(儿童)成长过程中所需基本生活和养育需求；二是获得健康照顾，包括适当的身心医疗照顾和预防保健服务；三是获得良好的家庭生活，家庭是提供良好亲子关系和适当管教的环境；四是满足学习的需求，社会应提供青少年(儿童)充足的就业机会和良好的教育环境；五是满足休闲娱乐需求，家庭和社会应提供足够的休闲场所和设备，并教导其学习良好的娱乐态度及习惯；六是拥有社会生活能力的需求，家庭与社会应培养青少年(儿童)有关社会关系和人际交往的技巧、生活技能、适应能力和学习正确价值观等多种能力；七是获得良好心理发展的需求，家庭和社会应协助青少年(儿童)建立自我认同，增进自我成长的能力；八是免于被剥削伤害的需求，保障青少年(儿童)人身安全、个人权益及免于被伤害等权力。通过对上述需求分析框架的借鉴，本文以需求次序为出发点，将儿童福利需求从结构上划分为儿童生存福利需求与儿童发展福利需求，以此作为研究不同群体儿童生存与发展问题的分析框架。

(一)儿童生存福利问题

儿童生存福利在需求次序上优先于儿童发展福利，对应于我国狭义概念上的儿童福利，重点向处于困境的儿童提供的特定资助和服务，倾向于救援、矫治和扶助等恢复性功能。这一层次的福利需求以保证儿童生存为根本宗旨，在现阶段我国经济已处于中等发展水平的时期应得到优先并完全满足。从需求对象上来看，现阶段我国儿童的生存福利需求主要集中在孤儿、大病儿童和残疾儿童等困境儿童群体中。

1. 孤儿生存福利

由民政部牵头，北京师范大学社会发展与公共政策研究院和英国救助儿童会共同实施，于2005年对我国孤儿的整体生存情况进行了一项调查，调查在中国31个省(直辖市、自治区)进行，这是自新中国成立以来第一份由民政部牵头组织的对全国孤儿的摸底调查。调查结果表明：全国18周岁以下父母双亡及事实上无人抚养的未成年人共计57.3万人，占全国总人口的0.0443%。其中，河南省的孤儿数量最多，超过5万人，湖南、安徽、江西三省的孤儿均超过4万，仅这四省的孤儿就占全国总数的近三成，其中超过三成没有得到经常性的制度救助。而全国范围内需要救助的孤儿，占孤儿总数的55%，至少超过半数的孤儿需要制度性救助①。诸如此类的统计数据基本反映了我国孤儿的生存和救助状况，在经济水平快速发展的今天，孤儿问题应得到社会的强烈关注和解决。

要处理好我国孤儿的救助问题，如何满足农村孤儿的生存福利需求至关重要。据统计，目前我国农村的孤儿率②远远超过城市，如西藏、青海孤儿率高达13‰以上，全国范围内生活在农村的孤儿有49.5万人，占孤儿总数的86.3%，农村的孤儿救助落实情况不容乐观，无疑说明农村孤儿救助事关整个救助制度体系的成败。作为儿童救助的特殊群体，新中国成立以来缺乏专门针对农村孤儿的明确的制度设计与政策支持，只以农村“五保”制度的方式救助。“五保”制度旨在为农村孤儿维护基本生存权，但对孤儿的这种制度性救助水平较低，在实施过程中有时还不能完全保障落实，使孤儿的基本生存需求难以得到满足。

民政部、国家发改委、财政部等15个部委于2006年联合印发《关于加强孤儿救助工作的意见》③(以下简称《意见》)，将城市福利机构集中供养的孤儿、弃婴与农村散居孤儿统一纳入孤儿保障的制度之中，是对孤儿生活救助和服务保障的第一个综合性福利制度安排。该《意见》中的规定，从国家救助孤儿的制度安排而言，涉及民政、财政、发展改革、卫生、教育、劳动和社会保障、司法、建设等15个管理部门，但对一些部门尚且没有明确的要求，最为重要的是缺乏相应

---

① 周颖．民政部等我国孤儿的现状与面临的困境调查报告[M]. 新京报，2005-10-19.

② 孤儿率是指孤儿数量与总人口比值。

③ 《关于加强孤儿救助工作的意见》要求各相关部门应采取寄养、收养、集中安置等形式做好孤儿工作。财政部门应当将孤儿救助所需资金纳入城乡社会救助和社会福利事业发展资金需求；各级发展改革部门要做好孤儿救助规划，力争到2010年，基本达到每个地级市都拥有一所具有养护、医疗康复、教育能力的儿童福利机构；教育部门应当对处于义务教育阶段的孤儿免收学杂费，免费提供教科书并补助寄宿生生活费。资料来源：http：//www.China.com.cn/Chinese/PI－c/1183979.htm，2006-04-14.

的问责机制，如只规定财政、发改委、教育等部门应当考虑怎样参与救助孤儿，这种充满弹性的制度安排很有可能陷入“重建设、轻监管”的怪圈。另外，在儿童福利机构和救助中心方面，广大农村孤儿的救助机构也非常缺乏。农村孤儿的救助问题是我国孤儿救助制度有别于西方国家的地方。西方国家不存在农村孤儿救助这一部分，在我国这个命题却无可避免。这是因为，中国农村人口占主要比例的格局将会维持在一个较长的历史时期，城乡二元结构的制度矛盾也不会在短期内完全解决。在从农业社会向工业社会过渡的长周期中，一切促使城乡关系从二元向一元发展的力量也应该始终在我国各项社会政策的制定与实施中得到贯彻。只有以这种理念研究和设计我国孤儿的救助制度，才能从根本上解决农村孤儿的基本生存问题。

2. 大病儿童福利

我国基本医疗保障体系建设近年来突飞猛进，形成了以城镇职工基本医疗保险、城镇居民基本医疗保险和新型农村合作医疗保险三大保险为主，以特困医疗救助为辅，商业医疗保险为补充的基本框架。但是儿童没有包含在社会医疗保险的范围内，除了商业保险外，无法获得其他的医疗保险。儿童重大疾病保障依然缺位，目前困扰儿童的常见大病主要是白血病和艾滋病。以白血病为例，全国白血病患者中约50%是少年儿童，这些患儿中处境最困难的就是农村儿童以及来自中低收入家庭的儿童。

首先，他们无法参加医疗保险，可以享受到医疗保险的儿童仅是来自于国家机关、事业单位或是国有企业家庭的；其次，新型农村合作医疗虽然覆盖面广，提供了一个保护层，但这个保护层对于患有大病的儿童难以提供根本的帮助；再次，商业保险对于低收入和绝大多数农村家庭来说门槛太高，专门为少年儿童提供的医疗保险较少，针对2～7岁高发病率的儿童，商业保险没有提供这方面的服务；最后，是借助慈善机构的帮助，但是慈善机构的力量也很单薄。例如，在河北省，红十字会专门筹集了2000万元为农村大病患儿提供救助。但是，即使2000多万元全部用于白血病患儿的救助，也仅够救助50名患儿①。当一名患儿被查出得白血病后，面对数十万元的巨额医疗费用，许多贫困家庭往往只能选择放弃治疗，即使是中高收入家庭也常常因病致贫，难以给患儿提供持续治疗。同时，由于儿童大病无法保障而导致的因病致残、因病致孤问题也异常严重，使大病儿童的生存陷入恶性循环。怎样才能让大病儿童得到有效治疗，解决这部分困境儿童的生存问题，是一个健全的儿童福利体系中必不可少的内容。

---

① 耿兴敏．儿童大病保障：这个“点”不能再回避[N]．中国妇女报，2009-03-07.

3. 残疾儿童福利

根据2006年全国残疾人抽样调查的结果测算，目前我国0～14岁的残疾儿童有386.78万，占0～14岁儿童总数的4.66%。其中，0～6岁5类残疾现患率依次为智力残疾7.47‰，肢体残疾1.38‰，言语残疾1.80‰，视力残疾0.68‰，听力残疾0.39‰。在我国孤儿群体中，有很大比例的孤儿正是由于身患残疾，但未能得到有效康复和治疗保障而被亲人遗弃成为残疾孤儿，从而处境更为艰难，威胁到儿童自身的生存问题。我国也十分重视儿童特别是残疾儿童的生存、保护和发展问题，相继颁布实施了《残疾人保障法》《未成年人保护法》《母婴保健法》《收养法》等法律法规，对残疾儿童给予充分关注，要求加强残疾儿童的早期诊断、护理、康复和教育工作，改善他们的生存状况。

尽管我国残疾儿童康复工作取得了一定成绩，但仍然存在诸多问题。2001年的一项抽样调查结果表明，中国0～6岁残疾儿童中近35%没有接受过任何形式的康复服务，在各级各类康复机构中接受专业服务的仅占14%。目前我国残疾儿童的康复工作仍处于分散救助、阶段性救助层面，绝大多数残疾儿童只能依靠家庭或临时性社会救助接受康复服务。残疾儿童康复工作还未纳入我国社会福利体系的相关制度中，导致残疾儿童接受康复服务缺乏持续、稳定的支持。就残疾儿童的康复服务机构而言，我国现阶段除聋儿康复服务体系初具规模外，其他视力、智力、肢体、精神残疾儿童的专门康复机构极其匮乏，部分领域还处于空白状态。可以看出，我国在中等经济发展水平阶段，残疾儿童的基本生存问题应该得到有效保障，力求所有残疾儿童能够真正受益于新型社会福利体系，回归社会，与健全儿童共享国家的关怀与爱护。

(二)儿童发展福利问题

儿童发展福利需求则是以所有儿童的全面发展为界定标准，倾向于广义的儿童福利概念，使政府的儿童福利政策适度惠及全体儿童，采取避免儿童陷入困境的上游干预模式，保障所有儿童身心健康发展。从需求对象上来看，儿童发展福利需求则主要集中于单亲家庭儿童、失范儿童等问题儿童中，最终适度惠及全体儿童。

1. 单亲家庭儿童

随着现代生活与工作节奏的不断加快，价值观念的多样化等因素，人们的生存压力不断增大，中国人的离婚率正逐年攀升。据民政部门关于离婚率的统计显示，我国的离婚率已从1999年的0.96‰上升到2008年的1.71‰，离婚率在十年时间上升了78.13%。在离婚率较高的北京、上海以及沿海等地，离婚比例甚至已经超过20‰。单亲家庭儿童也不可避免的随之增加，目前我国单亲家庭子女人数已达数百万之多。单亲儿童作为一个特殊群体，不仅要在生活上比正常家庭的孩子经受更多的苦难，同时还要受家庭破裂的影响，心理较容易出现偏差，不利于他们未来的成长与发展。尤其在儿童被视作一种负担、一种累赘的破裂家庭，孩子被当做皮球踢来踢去，严重影响了孩子未来的发展，往往会对孩子自身乃至整个社会酿成恶劣后果。单亲儿童同样是祖国的未来，其成长和发展应该同样受到国家、社会和家庭的高度重视，国家、社会和家庭都有义务去关心并帮助他们，而目前我国尚未设立针对单亲家庭儿童群体的援助项目。政府应从社会福利角度出发，根据单亲儿童的自身处境，一方面，着力关注儿童物质层面的生活保障问题，如儿童虐待、儿童忽视等；另一方面，也是最重要的方面则是需要关注单亲儿童的心理发展问题。

2. 失范儿童

进入 20 世纪 90 年代以后，我国的未成年人犯罪情况曾出现了缓和下降的趋势，但是，自 1997 年起未成年罪犯的数量又出现明显反弹并逐年攀升，占全部刑事罪犯人数的比例越来越高。1994 年全国未成年罪犯 38388 人，2004 年已增加到 70086 人，十年之间增长了 83%；以 1997 年为拐点，未成年人犯罪率上升速度再次加快，平均每年增长幅度接近 10%。“十五”期间增长的势头更加明显，在 2000 年我国未成年犯占总体罪犯的 6.52%，到 2001 年的时候占到 6.68%，2002 年时则占到 7.13%，2003 年增长到 7.93%，2004 年的时候占了整个犯罪群体的 9.17%。[①] 再从未成年犯罪的年龄来看，我国当前的未成年犯罪呈明显的低龄化趋势。以北京为例，仅 1997—1998 年一年间公安机关共处理未成年违法犯罪人员 2977 人，其中 15～16 岁未成年有 1723 人，更值得关注的是，14 岁以下未成年犯罪人数达 265 人。从上述数据资料不难看出，犯罪问题已经在逐渐侵蚀儿童群体，失范儿童数量在不断增加。我们通过对失范儿童的案例进行分析发现，绝大部分儿童在实施犯罪之前往往就处于很艰难的生活状态，贫困且缺乏教育。这部分儿童在实施犯罪之后，尽管会受到法律制裁，但接受完法律制裁之后，仍然不可避免地处于艰难的生活状态之中，流浪的儿童还是去流浪，贫穷的孩子还是贫穷，甚至还会因为之前的犯罪行为使自己的处境更加恶劣，从而导致再犯的比例极大。由此可见，从儿童发展的角度，我国社会福利体系在当前的中等经济发展水平阶段，有必要也有责任肩负起对失范儿童的救助，为其提供制度化的收容场所、遣送和教育等援助手段，并且这些援助措施还需要纳入儿童福利体系的制度化措施，而并非偶然的、阶段性的援助。

① 资料来源：人民网，http://npc.people.com.cn/GB/6333399.html.

3. 全体儿童

构建面向全体儿童的福利体系，是建设与中等经济发展水平相适应的社会福利体系的最高目标之一。儿童是民族的希望，代表着民族未来，只有不断重视对未来的投入，才能真正保证社会与国家在将来的可持续发展，大力推进儿童福利事业由补缺型向普惠型转变是现阶段的重要任务。普惠型的儿童福利体系是带有明显的预防性和投资性的"上游干预"政策，避免儿童陷入困境，区别于对儿童陷入困境后的救助。在现阶段，我国要直接建立起普惠型儿童福利体系，无论在体制上还是在资金上可能还存在一定的障碍，难以一步到位。但是，就我国当前的中等经济发展水平而言，已经完全有条件建立起面向全体儿童的适度的普惠型儿童福利框架，逐步建立起迈向全面普惠型的政策体系、标准体系、服务体系和工作评价体系，为我国最终构建起普惠型社会福利体系夯实基础。

>>三、新型儿童福利体系的构建<<

目前世界各国的儿童福利模式可归为四类，分别为社会救助型儿童福利模式、教养取向发展型儿童福利模式、社会保护型儿童福利模式和社会参与式整合型儿童福利模式(见表 6-2)。社会参与式整合性儿童福利模式，正是全面普惠型的儿童福利体系的理论基础与发展方向。当下，我国儿童福利事业基本处于以社会救助型为主，教养取向发展型和狭义的社会保护为辅的阶段，对儿童的福利保障还处于较低水平。但从现阶段的经济发展水平来看，依据我国当前的国情，完全有能力开始逐步向社会参与式整合性的儿童福利模式迈进。

表 6-2　国际儿童福利发展模式比较

儿童福利模式	价值基础	基本假设	模式对象	服务内容与方式
社会救助型	个人责任、自助、自力更生、社会互助互济和国家的权威恩赐	一是家庭和父母是儿童最佳场所和照顾者；二是儿童照顾是家庭责任和父母义务	各种不幸儿童、困境儿童或边缘少年，如弃婴、孤儿、残疾儿童、贫困儿童	替代性福利服务，服务方式主要是院舍照顾和类家庭机构照顾
教养取向发展型	儿童社会化和儿童健康发展	一是没有家庭能够完全自给自足，都需要帮助和支持；二是每个儿童都具有巨大发展潜能，可塑性极强	不幸儿童、危机儿童、问题儿童、困境儿童和边缘少年，且包括一般的正常儿童及其家庭	维护家庭功能的支持性服务、补充性服务和替代性服务；服务方式如社区与社会教育、康复、院舍照顾和家庭服务

续表

儿童福利模式	价值基础	基本假设	模式对象	服务内容与方式
社会保护型	人道主义、人的价值与尊严	一是现代家庭与社会容易造成儿童虐待与疏忽；二是儿童是易受伤害弱势群体；三是管教、保护儿童既是父母也是国家的责任	遭受身体虐待、性虐待、情绪疏忽、剥削，以及处于不健康或不道德环境情境中的儿童	初级预防工作、家庭维持服务、重整服务和受虐儿童永久安置服务；服务方式是专业人员的专业性干预与服务介入
社会参与式整合型	现代儿童福利的未来发展方向与发展趋势，是儿童福利事业的理想模型	一是儿童是儿童福利事业的主体和中心，二是变儿童消极被动接受福利，为积极主动和广泛参与	全体儿童	儿童应获得平等权利，国家与社会有责任支持他们全面参与社区的政治、经济、社会和文化生活的发展

资料来源：刘继同《当代中国的儿童福利政策框架与儿童福利服务体系》

新型儿童福利体系目标应是：建立与中等经济发展水平相适应的儿童福利制度，从援助困境儿童着手，确保所有儿童都能平等享受到国家最基本的成长与发展保障；在条件成熟之后，还应该借鉴西方国家经验，考虑逐步建立普惠型的儿童津贴制度，面向所有家庭发放，以保证儿童福利和权利的更好实现。

本报告将以儿童福利次序为体系原则（如图 6-1），依次构建从面向孤儿、大病儿童、残疾儿童、单亲家庭儿童、失范儿童，到最终适度面向全体儿童的福利体系。具体分为：从援助困境儿童入手的体系设计、从关注儿童发展入手的体系设计和适度惠及全体儿童的体系设计，由三者共同构成本研究的新型儿童福利体系建设。

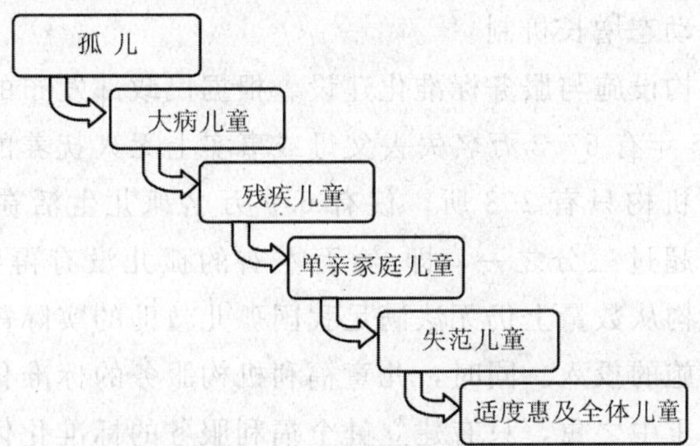

图 6-1　新型儿童福利体系构建次序

(一)从援助困境儿童入手的福利体系

从援助困境儿童入手的体系设计主要面向孤儿、大病儿童与残疾儿童三类最需要帮助的儿童群体，通过设计孤儿救助、儿童大病医疗救助和残疾儿童康复救助项目，进行福利体系构建。

1. 孤儿救助

第一，建立孤儿养育津贴的动态增长机制。针对孤儿群体的救助问题，民政部于 2009 年分别制定了社会散居孤儿和福利机构儿童的最低养育标准。2009 年 2 月 19 日，民政部办公厅下发了《关于制定孤儿最低养育标准的通知》(民办发〔2009〕4 号)，提出全国统一的社会散居孤儿最低养育标准为每人每月 600 元；同年 6 月，民政部发布了《关于制定福利机构儿童最低养育标准的指导意见》，建议福利机构儿童最低养育标准为每人每月 1000 元。自文件下发后，各地民政厅(局)予以高度重视，部分地区率先行动起来，对散居孤儿最低养育标准给予了落实，已开始建立起儿童福利津贴制度。该津贴的设立是对孤儿群体给予稳定的、制度性的资金保障，是构建新型儿童福利体系资金保障的重要举措。

孤儿最低养育标准的制定，作为全国性的儿童福利体系津贴制度之一，应逐步建立长效的动态增长机制，从而保证孤儿的制度性救助能够对经济社会的发展作出适时响应。首先，孤儿津贴可建立与国内生产总值增长率相挂钩的动态增长机制。国内生产总值是衡量一个国家综合实力的重要指标，近年来我国国内生产总值保持了稳定快速的年均增长速度，为各项社会福利事业的发展提供了坚实基础，这使得建立孤儿养育津贴与我国国内生产总值增长率相挂钩的动态增长机制成为可能，也是保证孤儿养育津贴发挥长效作用的必要条件。此外，根据各地区不同居民人均消费的自然增长水平，调整孤儿养育津贴的增长幅度；并制定例如阶段性物价上涨、金融危机等特殊时期的一次性补助制度，从各方面逐步建立健全孤儿养育标准的动态增长机制。

第二，加大机构设施与服务标准化建设。根据民政部发布的孤儿调查报告显示，我国截至 2005 年有 57.3 万名失去父母或事实上无人抚养的孤儿，但全国设立的专门儿童福利机构只有 208 所，仅有 6.9 万名孤儿生活在儿童福利机构当中，除此之外还有超过三分之一，即 20 万左右的孤儿没有得到经常性的救助。可见，儿童福利机构从数量上仍无法满足我国孤儿救助的实际需求，政府应不断加大对福利机构设施的投入。同时，儿童福利机构服务的标准化建设亦是当前加强孤儿机构救助的重中之重，只有建立健全福利服务的标准化体系，才能不断促进儿童福利服务的改进和完善，对孤儿机构集中养育的津贴标准进行效果评估才成为可能。

第三，积极推广典型家庭寄养模式。在机构集中养育之外，家庭寄养是我国孤儿救助工作的又一重要方式，也是我国儿童福利社会化的一种积极举措，目前已产生了上海城市家庭寄养模式、山西乳娘村寄养模式、湖北随州的工作人员家庭寄养模式等富有特色和生命力的不同模式。在英国孤儿机构养育与家庭寄养的人数之比为 4∶6，欧洲大陆各国机构教养与家庭寄养的比例为 5∶5，澳大利亚 10％的儿童接受机构照顾，90％接受家庭寄养①。有研究认为，家庭寄养给被寄养儿童带来了可喜的变化，如生理状况得到康复、心理健康水平得到提高、社会适应能力得到加强等②。因此，将典型家庭寄养模式的推广与孤儿养育津贴相结合，是现阶段孤儿救助的有效措施。

2. 儿童大病医疗救助

我国的儿童大病救助需采用政府主导，加大投入，慈善操作，社会参与的模式。我国在当前各方面的条件尚未成熟，还不能满足全体人民平等享有免费医疗保障之前，首先救助儿童大病将是新型社会福利体系中收效最好的政策选择。建立成熟有效的儿童大病救助计划，是对我国发展全民共享医疗保障体系的极大促进。2009 年，民政部在全国众多省份开展了全国救助大病儿童慈善关爱行动，各省慈善组织和政府部门将合作建立儿童大病救助基金。辽宁、河北、江西等省相继开展了“儿童大病救助慈善关爱行动”，并探索建立了以当地民政部门为主体，慈善系统为实施平台的运作模式。

同时，在我国上海、深圳和杭州等市也先后推动了关于儿童大病的救助模式，良好的地方经验可以为我国建立全国范围内的儿童大病救助机制提供实践指导。以上海为例，自 2009 年 9 月 1 日起，上海市试行新的少儿学生基本医疗社会保障办法，着重解决少儿学生在发生大病、重病时的家庭负担，对于符合规定的，由保障基金支付 50％住院医疗费用。该办法针对中小学生和婴幼儿住院、门诊大病基本医疗保障设立专项保障资金，由城镇职工基本医疗保险基金和财政资金共同承担。其中，城镇职工基本医疗保险基金承担 70％，市、区县财政以 1∶1 比例共同承担 30％。保障基金年度筹资标准根据社会经济发展和基金使用情况确定，并进行适时调整。此项关于儿童大病的救助办法覆盖上海全市近 200 万的儿童群体，实行城乡统筹。可见，地方政府的积极行动已为国家层面上儿童大病救助的设计与实施奠定了基础，我国政府有条件在借鉴地方经验的基础上，根据疾病发病率和治疗成本对儿童大病进行排序，然后根据国家财力逐步加入保障计划，最终建立健全我国儿童大病的救助机制。

---

① 成海军．社会转型时期的儿童福利问题及未来政策定位[J]．决策参考，2005(5)．

② 黎昌珍．从西方儿童福利范式的演变看我国农村孤儿救助制的转型[J]．学术论坛，2006(12)．

3. 残疾儿童康复津贴

残疾儿童(0～14 岁)正处于成长发育期，与成年残疾人相比，其康复能力相对较强。以聋哑、智力以及精神残疾的儿童为例，0～7 岁是其康复的最佳时机，如果在这一时期残疾儿童未能得到持续有效的康复治疗，其最终康复的可能性将会大大降低。从我国当前的情况来看，绝大多数残疾儿童的康复工作仍处于分散救助、阶段性救助层面，只能依靠家庭或临时性社会救助接受康复服务，难以得到制度性的持续救助。针对残疾儿童的康复现状，各级地方政府在一定程度上也采取了积极措施，如深圳市建立了残疾儿童康复补助，每人每年补贴 1 万元，但只覆盖到了部分户籍儿童(约 950 人)，而且除个别区每年固定补助外，大多都是一次性补助。再从国际经验来看，澳大利亚 1974 年建立了残疾儿童津贴制度，并不断提高津贴标准，日本 1974 年开始实行“残疾儿童特别儿童抚养津贴”制度和“智障儿童保育措施”。我国现已跻身于中等发展水平国家，完全有条件借鉴先进的国际经验和国内地方实践，设立由中央和地方财政共同负担的残疾儿童康复津贴。根据第二次全国残疾人抽样调查的结果推算，0～14 岁的各类残疾儿童有 386.78 万人，我国可设立由中央财政负担的每人每年 1500 元的残疾儿童康复津贴，该项目支出总计约为 580.17 亿；同时，由地方政府根据儿童残疾等级和当地经济发展水平同步予以补贴。在残疾儿童的康复服务方面，应建立专业性的机构康复与常规性的社区康复相配套的康复诊疗服务，确保残疾儿童能够得到集专业性、便利性和持续性于一体的康复服务。

(二)从关注儿童发展入手的福利体系

从关注儿童发展入手的体系设计主要面向单亲家庭儿童和失范儿童等群体。针对单亲家庭儿童，可以通过设计单亲家庭儿童补贴的方式，改善单亲儿童的生活与成长环境；针对误入歧途而导致犯罪的儿童少年，通过设立临时收容中心的方式为其提供援助。

1. 单亲家庭儿童补贴

对单亲家庭儿童的援助，许多国家已经建立了相应的制度性援助。英国在人均国内生产总值 1000 美元时已经建立了单亲收益与单亲儿童收益，对于单亲或单一监护人最大的孩子每周可以得到 17.1 磅的津贴；德国则设立了单亲抚养子女免税额，1974 年为 3000 马克，1985 年为 4536 马克；法国也同样设立了单亲家庭补贴，补贴数额视本人收入多少而异，补贴期限为最小子女达到 3 岁为止；北欧的瑞典国家建立了单亲儿童生活费帮助，由地方社会保险署付给监护方父母每月 1173 克朗的生活费补贴。根据我国当前的经济发展阶段，可借鉴良好的国际经验，考虑以每人100元/月的标准增设单亲家庭儿童补贴，由单亲家庭儿童的监护人申请，主要用于改善单亲家庭儿童的生活与成长环境，再婚后形成双亲家庭的则不再领取。按2009年民政统计年鉴的资料显示，仅2008年民政部与法院办理离婚就达226.9万对。针对单亲家庭儿童的援助，除了补贴性质的福利津贴，还应同时建立关注单亲家庭儿童心理健康的福利服务项目，例如成立社区儿童心理辅导站、促进青少年社工服务专业化建设等操作化举措。

2. 失范儿童临时收容中心

设立临时收容中心是对失范儿童进行援助的有效途径，在青少年儿童的收容援助方面，香港地区不是仅面向问题儿童，而是面向社会全体儿童提供了完备的社会福利服务，此外香港地区对释放后的犯罪人员也具备较好的援助机制。在当前的经济发展水平下，内地完全有条件通过借鉴香港地区这方面的经验，从犯罪量刑之后的儿童入手，设立临时收容中心为其提供制度性的临时援助，帮助他们重新投入健康的生活。

在临时收容方面，香港地区设立了儿童住宿照顾服务，为21岁以下因种种因素(如家庭、行为或情绪问题)，而暂时未能得到适当照顾的儿童及青少年提供住宿照顾。其中，包括院舍服务和非院舍服务，如儿童收容中心，用于照顾18岁或以下且家有紧急事故的儿童；男/女童院，照顾7～21岁以下，有轻微行为或情绪问题的青少年等。在失范儿童方面，香港地区实施了社区志愿服务计划，为接受警司警戒的儿童及青少年提供支援服务，协助他们重新投入学校或工作，及减低再触犯法律的机会。其服务范围包括个人及家庭辅导、治疗小组、技能训练/教育小组及康乐和社区服务。此外，香港地区于1996年根据《监管释囚计划》为成年释囚提供善后服务，通过监管和辅导，引导及协助他们重新融入社会，成为奉公守法的市民。

应通过借鉴香港地区在该方面的实务工作经验，先建立针对量刑释放后失范儿童的临时收容中心，在其重新融入健康生活之前，一方面提供基本的温饱和住宿条件，一方面根据儿童的具体需求提供心理辅导和教育等服务，直至失范儿童能够最终融入健康生活。在机构设置上，政府可考虑首先与少年司法部门结合，同时制定每个儿童的机构援助标准，政府据此标准向机构拨款；在对儿童心理和教育服务等方面，首先借助少年司法工作人员的力量，并同时加强青少年专业化社工人才的队伍建设。失范儿童临时收容中心的设立，能够一改过去对刑释失范儿童偶然的、阶段性的救助局面，能够尽可能使所有需要援助的失范儿童得到稳定的制度性政府救助，这也是我国构建新型儿童福利体系中必不可缺的一环。

(三)适度惠及全体儿童的福利体系

我国在全力援助困境儿童，并对问题儿童发展予以关注的基础上，从面向全体儿童的家庭补贴计划入手，建立适度普惠型儿童福利体系，是我国政府最终构建普惠型社会福利体系的路径选择之一。瑞典在人均国内生产总值 3000 美元时就设立针对所有儿童发放的儿童补贴，一是发给 16 岁以下儿童的每月 950 克朗的普通补贴，二是发放给 16 岁及以上的初中生每月 950 克朗的扩展儿童补贴，同时高中生也享受每年 9 个月的同水平补贴。挪威则于 1946 年开始，给所有拥有 16 岁以下孩子的父母发放家庭补贴，并根据家庭儿童的数量进行发放，目的是改善多子女家庭的生活条件。德国则以子女补贴的形式向儿童提供普惠型的社会福利，并以法律加以保障，儿童家庭可以在领取子女补贴和免税数额之间进行选择。当前，我国已进入中等经济发展水平，完全有条件借鉴国际经验，针对 0～14岁约 2.36 亿儿童首先从低水平的儿童家庭补贴计划开始，以每人每月 50 元为标准起步，项目总计支出 1416.48 亿，以此为起点逐步建立普惠型的儿童福利体系。同时，在医疗体系中增设妇女免费生育和儿童免费体检服务，旨在对先天疾病等可能困扰儿童成长与发展的问题进行上游干预，最终建立起福利津贴与福利服务相配套的适度普惠型儿童福利体系。

(四)新型儿童福利体系的配套政策建设

第一，推动儿童福利立法。许多西方国家在早期就已建立了针对儿童福利的立法，如英国 1946 年就通过《家庭补助法》为多子女家庭提供津贴，1948 年就出台了专门的《儿童法案》，并不断修订，法案规定由政府设立儿童司，主管全国的儿童福利行政并督导公私立儿童福利机构，建立儿童指导中心；日本 1947 年就通过了《儿童福利法》；瑞典 1960 年通过了《儿童及少年福利法》；挪威 1992 年通过了《儿童福利法》。我国香港地区则于 1951 年开始实行《保护儿童及少年条例》；我国台湾地区 1973 年即通过了专门的《儿童及少年福利法》。儿童福利与儿童保护法制化建设任重道远。我国应该借鉴西方国家经验，在以群体为导向完善各个特殊群体福利立法的同时，应尽快大力推我国《儿童福利法》的出台，以更好地保证我国儿童福利的实施有法可依，从源头上防止儿童因基本福利的缺失而陷入困境。

第二，建立专门的儿童福利管理机构。现阶段，我国儿童福利服务的管理机构分散于民政部、教育部、妇联以及司法部门等众多部门的下属分设部门，目前还尚未成立专门的全国统管儿童福利的机构。而美国早在 1909 年就在联邦政府设立了美国儿童局；挪威有专门的儿童与平等事务部；日本有儿童和家庭局、中央儿童福利理事会；印度人均国内生产总值在仅突破 1000 美元时，就于 1985 年就成立了妇女与儿童发展司；我国台湾地区在 1999 年也成立了“内政部”儿童局。可见，从现阶段的发展水平来看，我国缺乏统一儿童福利管理机构的局面有待改善，可以考虑设立专门的儿童福利局等性质的机构，对全国儿童福利事业进行统一管理，一方面避免多头管理的弊端，另一方面能够真正为儿童群体代为行使话语权。

第三，加强儿童福利服务机构的配套建设。首先是儿童福利服务机构的标准化建设，当前重中之重是加强孤儿机构救助。只有建立健全福利服务的标准化体系，才能不断促进儿童福利服务的改进和完善，对孤儿机构集中养育的津贴标准进行效果评估才成为可能。在残疾儿童的康复服务方面，建立专业性的机构康复与常规性的社区康复相配套的康复诊疗服务也成为体系建设的必要环节，确保残疾儿童能够得到集专业性、便利性和持续性于一体的康复服务。同时，针对单亲家庭儿童和失范儿童的援助，福利服务机构的建设仍然至关重要，除了补贴性质的福利津贴外，如建立社区关注儿童心理健康的心理辅导站，建立儿童临时收容中心等配套措施，都是我国构建新型儿童福利体系中必不可缺的一环。

总之，儿童不同于其他群体，他们需要被关注的是现在和将来，是成长与发展，因此必须遵循及早入手，以预防为主的上游干预原则。同时，任何儿童福利政策的制定都需要有放眼于中长期发展战略的视角，对需要解决的问题进行优先排序，首先有针对性的解决问题儿童的成长问题，最终建立起面向全体儿童的适度普惠型儿童福利体系。

新型老年社会福利体系[①]

狭义的老年社会福利体系是老年社会保障体系中的一部分，与老年社会保险、社会救助一同组成了老年社会保障体系。而广义的社会福利是将社会保障作为其重要组成部分的，与国际惯例相一致的，通常由老年社会保险、老年社会救助和老年社会服务三个部分组成。

老年社会保险主要包括养老保险和医疗保险。所谓养老保险(或养老保险制度)是国家和社会根据一定的法律和法规，为解决劳动者在达到国家规定的解除劳动义务的劳动年龄界限，或因年老丧失劳动能力退出劳动岗位后的基本生活而建立的一种社会保险制度。医疗保险指通过国家立法，按照强制性社会保险的原则和方法筹集、运用医疗资金，保障人民公平的获得适当的医疗服务的一种制度[②]。老年社会救助是社会救助体系中针对老年人口而开展的，常包括基本生活救助、医疗救助、住房救助、法律救助和心理救助等内容。老年保障性福利通常是满足老年人口基本生活的需要，而老年福利服务不仅可以满足老年人基本的生活需要还可以满足老年人更高层次的需要，通常可以包括老年人生活照顾服务、老年人健康照顾服务以及老年人发展服务。

中国自20世纪末进入老龄社会以来，人口老龄化形势日益严峻，在借鉴国际成熟经验的同时，建立起适合我国国情的老年福利体系，成为应对人口老龄化挑战的重要战略举措。我们欣喜地看到，伴随着中国社会的变革，老年福利体系逐渐由改革开放前以国家为单一支柱的狭义福利体系向21世纪以来广义的普惠型的社会福利体系建设过渡(本篇的福利体系都指广义的老年福利体系)。

本篇将在回顾我国老年福利体系历史变迁的基础上，简要介绍我国老年福利体系现状，并深入分析目前老年福利体系存在的主要困难和挑战，最后结合国内外经验提出老年福利体系改革方向，并对新型老年福利体系建设相关项目资金投入进行初步测算，为老年福利体系建设从理论向实践过渡提供支撑。

---

① 作者简介：章高荣，北京师范大学中国社会政策研究所。

② 孙光德，董克用．社会保险概论[M]．北京：中国人民大学出版社，2004：210。

>>一、我国老年福利体系的历史变迁<<

依据老年福利体系的责任主体和受益群体(特殊一普遍主义)两个维度，我们将我国老年福利体系的变化过程分为三个阶段①(见表 7-1)。在工业主义的理念下，中国老年福利体系的历史变迁是由经济体制所决定，虽然近年来开始逐步摆脱经济决定论的束缚，但目前仍然不能完全摆脱服务于经济发展这一固有理念。

表 7-1　我国老年社会福利体系发展的三个历史阶段

阶段	责任主体	受益群体
第一阶段	国家	工人和机关事业单位干部
第二阶段	企业	工人和机关事业单位干部
第三阶段	国家、企业和个人	所有就业人群和非就业人群

(一)特殊主义的国家责任模式阶段②(1949—1986)

1951 年我国第一部《劳动保险条例》颁布实施并在 1953 年修订，该条例详细规定了劳动保险的筹资方式、工人劳动保险待遇及劳动保险的执行机构。1955 年，国家颁布了《国家机关事业单位工作人员退休暂行规定》，对国家机关、事业单位工作人员的养老保险作了专门规定。1958 年，国务院颁布了《关于工人、职工退职处理的暂行规定》，把企业、事业单位职工和国家机关工作人员退休制度统一起来。在此基础上，我国建立了由劳动部门制定并监督养老保险政策、工会组织具体经办养老保险事务、企业缴费的养老保险机制。

在该阶段后期(1969—1986)，由于“文化大革命”的破坏，社会保险基金统一征集、管理、支付的机制难以继续执行。对此，财政部于 1969 年 2 月发出《关于国营企业财务工作中几项制度的改革意见(草案)》规定：“国营企业一律停止提取劳动保险金。”企业职工社会养老保险的统筹调剂职能不再具备，养老保险的社会化被微观至“企业保险”。在这种情况下，企业负担退休人员的养老和医疗保障。1984 年为缓解日益严重的给付危机，重新建立社会统筹机制，至 1986 年，全国实现县一级职工退休费用社会统筹。

虽然该阶段早期养老保险由国家和单位共同承担，后期主要由“企业”承担。

① 由于中国老年福利体系是建立在城乡二元分化的基础之前，同时机关事业单位的老年福利体系一直实施的是由国家承担责任的特殊主义模式，因此上述三阶段的划分也并不完全具有明确的边界。三阶段的划分只是表明一种相对的发展趋势。

② 很多学者也将这一阶段概括为国家一单位制保障模式。考虑到改革开放前的单位与改革开放后的单位(企业)完全不一致，前者在计划经济体系下，实行统收统支的策略。

但是考虑到计划经济体制下企业的软约束问题，我们认为实质上该阶段老年社会保险的责任主体依然是国家。另外，该阶段的另一主要特点是老年社会福利受益群体的特殊主义取向，即老年福利体系的主要服务群体是国家机关、事业单位工作人员和国有或集体所有制企业人员，广大的非正规就业人群和农民不在社会福利体系的范畴之内。

(二)国家单一责任主体向多责任主体过渡时期(1986—1999)

该阶段以1986年颁布的《国营企业实行劳动合同制暂行规定》为标志，个人缴费机制的引入改变了先前只有国家作为养老保险的唯一责任主体的历史现状。正式开始了我国老年社会福利体系的多层次和多责任主体的转变。

在1991年，国务院发布《关于企业职工养老保险改革的决定》(以下简称《决定》)，提出了养老保险改革的基本方向。在筹资方面，《决定》确定养老保险费用由国家、企业和职工三方共同筹集。在制度结构上，确定探索建立国家基本养老保险、企业补充养老保险和个人储蓄性养老保险相结合的多层次养老保险体系。其中，基本养老保险有着基础性的地位。

在1993年，党的十四届三中全会通过了《中共中央关于建立社会主义市场经济体制若干问题的决定》，正式决定城镇职工基本养老保险实施社会统筹和个人账户相结合的方式。

在1995年3月，国务院发布《关于深化企业职工养老保险制度改革的通知》，明确企业职工养老保险由企业和个人共同缴费的方式筹集，引入具有积累制特征的“个人账户”，并提供了两个“统账结合”的实施方案，即所谓的“大账户”和“小账户”方案供地方选择。

在1997年，国务院颁布了《关于建立统一的企业职工基本养老保险制度的决定》，对企业及个人缴费的比例作了具体规定，统一了全国城镇职工养老保险制度，同时确立了基本养老保险金省级调剂金制度。

该阶段主要实现了国家单一责任主体向多责任主体的转变，个人成为老龄福利体系中的重要责任主体，以养老保险为主，企业年金为补充的多层次养老保险体系开始建立。

(三)多责任主体的普遍主义模式建立阶段(1999年至今)

1999年《社会保险费征缴暂行条例》颁布，明确了基本养老保险费的征缴范围包括国有企业、城镇集体企业、外商投资企业、城镇私营企业和其他城镇企业及其职工，以及实行企业化管理的事业单位及其职工，标志着全国性的基于普遍主义理念的老年福利体系的建立①。该阶段的标志性事件还包括城市和农村最低生活保障制度建立，新型农村养老保险体系(2009)在全国范围内的确立和推广。

虽然在中国城乡二元分化的格局下，我国现行的老龄福利体系离真正意义上的多责任主体、普遍主义的老龄福利体系还有较大差距，老年福利服务体系建设基本处于起步阶段，但是上述制度的出台无疑标志着我国新型老年福利体系建设的真正开始。近年来，随着居家养老等老龄福利服务体系的实施和开展，我国老龄福利体系突破了传统的社会保险和社会救助的主体框架，已经体现出建立适应经济发展具有普惠型的老龄福利体系的发展趋势。

>>二、我国老年福利体系的现状<<

我国目前的老年福利体系主要由老年社会保险体系、老年社会救助体系和老年福利服务体系三大子系统构成。其中老年社会保险体系和老年社会救助体系的整体框架基本建立，处于亟待扩大覆盖面和消除城乡差距的过程中，而老年福利服务体系相对处于建设初期，居家养老等服务还处于各地区各自探索阶段，缺乏国家级的战略建设规划。

(一)老年社会保险

老年社会保险主要包括基本养老保险制度和医疗保险制度，目前我国没有专门针对老年人口的医疗保险制度，而只是将老年人口作为医疗保险覆盖人群的普通组成部分。

1. 基本养老保险制度

目前我国已建立针对城镇就业人口、机关事业单位工作人员和农村人口的三大基本养老保险制度，分别为城镇职工基本养老保险制度、机关事业单位基本养老保险制度和农村新型养老保险制度(2009)。因此，除城镇居民(未就业人群)外，其他人群在名义上都可被现有养老保障体系所覆盖。另外，作为补充性养老保险的企业年金制度从2004年开始在全国范围内实施，而城镇居民养老保险制度也在部分省市开始试点和推广。

2. 城镇职工基本养老保险制度

目前城镇职工基本养老金由基础养老金和个人账户养老金组成。基本养老保险费由企业和职工共同负担。其中，基础养老金由社会统筹基金支付实行现收现

---

① 1998年起在全国建立城镇职工基本医疗保险制度，因此城镇职工基本医疗保险制度先于养老保险制度进入普遍主义，但考虑到老年人口只是医疗保险体系中的普通组成部分，因此将养老保险费的普遍主义模式建立作为划分老年福利体系的标志。

付制，个人账户养老金根据个人储蓄余额的1/120按月支付或一次性支付，实施完全积累制[1]。企业和职工的缴费费率分别为企业缴纳职工工资总额的20%归入统筹基金账户，个人缴纳月工资的8%计入个人账户。城镇个体工商户和灵活就业人员参加基本养老保险的缴费基数为当地上年度在岗职工平均工资的20%，其中8%计入个人账户[2]。基础养老金部分由社会统筹基金支付，实行的是给付确定型的支付模式，而个人账户养老金实行的是缴费确定型的养老金支付模式[3]。

目前，我国已经完成城镇职工养老金的省级统筹。养老保险覆盖人数和覆盖率都呈逐年增加的趋势，但是总体来看截至2008年年底，我国城镇基本养老保险覆盖率最高为72.4%，尚有将近30%的城镇劳动者未被纳入到基本养老保障体系中(见表7-2)。

表7-2　2003—2008年内地城镇基本养老保险覆盖率

年份	参与基本养老保险人数(万人)	城镇就业人口总数(万人)	基本养老保险覆盖率(%)
2003	15506.7	25639	60.50
2004	16352.9	26706	61.23
2005	17444	27331	63.82
2006	18649	28310	65.87
2007	20137	29350	68.60
2008	21890	30210	72.40

资料来源：基本养老保险人数，城镇就业人口总数来自《中国统计年鉴2008》；2009年城镇就业人口数来自于《2008年国民经济和社会发展统计公报》

3. 机关事业单位养老保险制度

我国现行的机关事业单位养老保障制度整体上还是与新中国成立初期建立起来的机关事业单位离退休养老制度相一致的。国家机关和事业单位工作人员的养老金支付模式是给付确定型(待遇确定型)，即依据工作人员的工龄确定其养老金

① 《关于完善城镇社会保障体系的试点方案(2000)》规定。

② 《国务院关于完善企业职工基本养老保险制度的决定(2005)》规定。

③ 由于历史遗留问题，我国职工养老金模式还分为三大类，简称为“老人”老办法，“中人”中办法，“新人”新办法，上述实施办法只是针对“新人”的新办法。具体而言，对实施统一的企业职工养老保险制度之前已经退休的人员(“老人”)仍按国家原来的规定发放养老金。对实施统一的企业职工养老保险制度之间已经参加工作但尚未退休的人员(“中人”)，在发给基础养老金和个人账户养老金的基础上，还发给过渡养老金以补充其养老金差额。

发放比例，同时待遇调整与在职人员工资同步调整[①]。国家机关和事业单位工作人员退休金发放办法如表7-3所示：

表7-3　国家机关和事业单位工作人员退休金发放办法

机关工作人员			事业单位工作人员	
工龄（包括下限，不包括上限）	待遇		工龄（包括下限，不包括上限）	待遇
	基础工资与工龄工资发放比例（%）	职务工资与级别工资发放比例（%）		职务工资与津贴发放比例（%）
不满10年	100	40	不满10年	50
10～20年	100	60	10～20年	70
20～30年	100	75	20～30年	80
30～35年	100	82	30～35年	85
35年以上	100	88	35年以上	90

国家公务员退休后，其基础工资和工龄工资按本人原标准的全额计发，职务工资和级别工资两项之和按规定按40%～88%的比例计发。事业单位工作人员退休，其养老金以本人原工资为基数，按本人的工作年限长短确定，按50%～90%的标准计发。改制为企业的事业单位工作人员，若是在转制前已经退休的人员，其养老金按原办法发放；转制前参加工作、转制后退休的，基本养老金计发办法按照企业的办法执行，但保证不低于原事业单位退休金计发办法。转制后人员按照规定执行当地的企业职工基本养老保险制度。

虽然从1992[②]年开始我国部分地区进行了事业单位养老体制改革试点工作，但是事业单位与企业职工相并轨的养老保险制度未取得任何实质性进展，待遇与缴费不挂钩。因此机关事业单位的养老保险制度更确切的称呼应该是机关事业单位离退休制度，即由政府财政负担养老保险的制度，没有独立的养老基金，也没有基金积累，实行现收现付制。而政府对于该项改革的保守主义倾向和既得利益群体不愿改革使得该项养老保险制度在相当长的时间内还将维持其特殊主义倾向。

4. 新型农村养老保险制度[③]

2009年9月，国务院印发《关于开展新型农村社会养老保险试点的指导意

---

① 改制为企业的事业单位退休工资计发标准依据企业办法执行。

② 国家人事部于1992年1月下发了《关于机关事业单位养老保险制度改革有关问题的通知》。

③ 我国的旧农村养老保险制度于1991年开始曾经在一批地方开展试点，1992年，民政部制定并发布《县级农村社会养老保险基本方案（试行）》，并在山东、江苏试点开展了建立县级农村养老保险制度。农村养老保险的突出特点是政府不承诺账户收益，实行完全积累制，农民享有的养老金水平与交费多少直接挂钩。1993年，此项改革逐步在全国推行。1999年国务院转发《保险业整顿与改革方案的通知》，正式以文件形式要求对现有的农村养老保险试点进行清理整顿。

见》，探索建立个人缴费、集体补助、政府补贴相结合的新型农村社会养老保险制度，2009年年底前在全国10%的县(市、区、旗)开展新型农村社会养老保险试点，以后逐步扩大范围，2020年之前基本实现对农村适龄居民的全覆盖。新型农村养老保险制度首次明确规定养老金待遇由基础养老金和个人账户养老金组成，支付终身。中央规定基础养老金标准为每人每月55元，年满60周岁、未享受城镇职工基本养老保险待遇的农村有户籍的老年人，可以按月领取基础养老金和个人账户养老金。

我国新型农村养老保险制度在全国的建立，使得我国现有的养老保险体系真正成为全国性广覆盖的养老保险体系，至此全国范围内的养老保险体系框架初步搭建完成。

上述养老保险制度构成我国目前养老保险体系的主体框架，它们之间的差别如表7-4所示：

表7-4　不同养老保险制度比较

类别	责任主体	缴费模式	支付模式	覆盖率	保障水平
机关事业单位养老保险制度	国家	个人不缴费	单一的给付确定型	全覆盖	高
城镇职工基本养老保险制度	企业和个人	社会统筹加个人累积	统筹账户：给付确定型 个人账户：缴费确定型	72.4% (2008)	中
新型农村养老保险制度	国家、集体和个人	个人、集体和政府	基础养老金：给付确定型 个人账户：缴费确定型	10% (2009)	低

5. 企业年金(企业补充养老保险)

企业年金(又称为企业补充养老保险)是指以员工工资为基础，个人和企业分别按比例提取一定金额统放在个人账户下，由金融机构托管，并指定专业投资机构管理的补充养老保险制度。1991年国务院第33号文《国务院关于企业职工养老保险制度改革的决定》中，首次提出了“国家提倡，鼓励企业实行补充养老保险，并在政策上给予指导”。2000年国务院颁布了《关于完善城镇社会保障体系的试点方案》，首次提出了企业年金概念，并规定企业年金采用个人账户式管理，实行市场化运作。2004年劳动与社会保障部《企业年金试行办法》发布，标志我国多支柱的养老保险制度在政策上的初步建立。

但是目前我国企业年金制度处于停滞阶段，它作为社会保障体系的第二支柱功能有限。

(二)基本医疗保险制度

我国城镇退休老年医疗保障包含在职工医疗保障的范畴之内，农村老年医疗保险涵盖在农村新型合作医疗保险体系之中，并没有专门针对老年人口的医疗保险制度，因此本文只简单地进行介绍①。

1. 城镇医疗保险制度

我国1951年即确立起劳保医疗制度，覆盖绝大多数企业职工及其家属，主要是对本人实行免费医疗，直系亲属实行半费医疗。这项制度1993年以后开始改革，目标是要实行基本医疗保险费由用人单位和职工个人共同承担、社会统筹与个人账户相结合的制度。1998年《国务院关于建立城镇职工基本医疗保险制度的决定》标志着我国城镇职工医疗保险制度的建立。

2. 机关事业单位的公费医疗制度

这项制度即免费医疗，于1952年建立，主要适应于各级政府机关、党派、团体及文化、教育、科研、卫生和体育等事业单位的工作人员及离退休人员、二等乙级以上伤残军人、大专院校学生等。其经费来自各级政府财政拨款，一般按人头拨款，由卫生行政部门的公费医疗管理机构统一管理或直接拨到各单位包干使用。1993年以后也开始加入城镇医疗保险改革，但进展不大。

3. 农村新型合作医疗制度

这项制度2002年开始建立，其主要办法是通过农民每年上缴10元，各级政府补助20元的办法来建立农村合作医疗基金，在农民患病时可以报销一定的医疗费用。2009年中央决定，2010年各级财政对城镇居民基本医疗保险和新型农村合作医疗的补助标准提高到每人每年120元。

(三)老年社会救助制度

“社会救助是指国家与社会面向由贫困人口与不幸者组成的社会脆弱群体提供款物救济和扶助的一种社会保障政策，它通常被视为政府的当然责任和义务，采取的也是非借款制和无偿救助的方式，要帮助社会弱势群体摆脱生存危机，进而维护社会秩序的稳定。”②整体而言，目前我国没有专门针对老人的社会救助体系或者项目，老年人口只是作为社会救助体系整体中的一个普通组成部分。但是随着高龄津贴等项目的实施和在全国范围内的推广，针对老年人的社会救助项目将会逐步体系化。

---

① 具体各类别医疗保险的详细信息请参看本书新型医疗体系部分。

② 郑功成．社会保障概论[M]．上海：复旦大学出版社，2005：247.

目前涉及老年人的社会救助制度主要包括最低生活保障制度、医疗救助制度、其他(高龄津贴)最低生活保障与五保供养，每年支出共计180亿元左右，保障了2000万以上老年人的最低生活。

1. 城市最低生活保障制度

1997年8月，国务院颁布了《关于在各地建立城市居民最低生活保障制度的通知》，要求到1999年年底，全国所有城市和县政府所在的镇都要建立这项制度。国务院于1999年9月颁布《城市居民最低生活保障条例》规定："持有非农业户口的城市居民，凡共同生活的家庭成员，人均收入低于当地城市居民最低生活标准的，均有从当地人民政府获得基本生活物质帮助的权利。"对传统的"三无"人员按最低生活保障标准全额救助，对尚有一定收入的城市居民按家庭人均收入低于当地最低生活保障标准的差额补助。我国历年享受最低生活保障的老年人口数目见表7-5。

表7-5　2004—2008年城市老年人口享受低保标准的人数和保障水平

年份	经费总额（亿元）	保障人数（万人）	老年人	低保标准（元/人/月）	平均支出水平
2004	172.7	2205.0		152	65
2005	191.9	2234.2		156	72.3
2006	224.2	2240.1		169.6	83.6
2007	277.4	2272.1	298.4	182.4	102.7
2008	393.4	2334.7	316.7	205.3	143.7

资料来源：2004—2006年数据来自《中国财政年鉴2008》；最低生活保障经费总额、平均支出水平数据来自《中国民政统计年鉴2009》

2. 农村最低生活保障制度

2002年，党的"十六大"提出在"有条件的地区探索建立农村低保制度"。2007年，中共中央"1号文件"(《中共中央国务院关于积极发展现代农业扎实推进社会主义新农村建设的若干意见》)又明确提出，要在全国范围建立农村最低生活保障制度，鼓励已建立制度的地区完善制度，支持未建立制度的地区建立制度，中央财政对财政困难地区给予适当补助。7月，国务院发出《关于在全国建立农村最低生活保障制度的通知》，明确要求2007年在全国建立农村最低保生活保障制度，并指出现阶段以因病残、年老体弱、丧失劳动能力以及生存条件恶劣等原因造成生活常年困难的农村居民为保障重点。到2007年第三季度，民政部报告显示全国31个省(自治区、直辖市)均建立了这一制度。

我国历年享受农村最低生活保障的老年人口数目见表7-6。从表格来看，我国目前基本实现了农村贫困老年人口的应保尽保，但是无疑农村居民最低生活保障的标准是很低的。

表 7-6　2005—2008 年农村老年人口享受低保标准的人数和保障水平

年份	农村居民最低生活保障费（亿元）	保障人数（万人）	农村贫困人口数（万人）	百分比（%）	老年低保人数（万人）	农村居民最低生活保障平均标准（元/人/月）
2005		825	2365	34.88		76
2006	55.9	1593.1	2148	74.17	394.2	70.9
2007	146.4	3566.3	4320	82.55	1017.8	70
2008	270.7	4305.5	4007	107.45	1324.6	82.3

注：2006 年，2007 年农村居民最低生活保障经费指计划支出，非实际支出。

资料来源：数据来自《中国民政统计年鉴》2007，2008，2009。

3. 五保户制度

对农村“三无”人员实行五保供养制度，是我国农村长期实行的一项基本的社会政策。五保包括吃、穿、住、医、葬方面的保障。1956 年开始建立此项制度，但一直由集体组织负责供养经费；2006 年 1 月 11 日国务院第 121 次常务会议通过新《农村五保供养工作条例》，把农村五保供养支出纳入地方财政预算，对财政特别困难的县，中央提供财政转移支付进行补贴，这使农村五保供养资金得到大大的保证与落实，有利于提高农村五保户的生活水平，改善其生活质量。我国历年享受农村五保待遇的老年人口数目见表 7-7。2006 年政策明确农村五保资金来源后，农村五保人口基本实现妥善安置。

表 7-7　2005—2008 年我国享受五保待遇的老年人口总数　　单位：万人

年份	五保总人数	农村集中供养五保人数	老年人	标准	农村分散供养五保人数	标准
2005	349.7					
2006	503.3			1608.2		1224.5
2007	531.2	138		1953	393.3	1432
2008	276.8	155.6	119.2399	2176.1	393	1624.4

资料来源：《中国民政统计年鉴 2009》，部分数据未统计。

(四)医疗救助

医疗救助是为因疾病而陷入生活困境者以及因经济困难对必需的医疗服务缺乏支付能力者提供一定经济支持的一种医疗保障形式，是国家专门为贫困人群建立的一种医疗保障制度，是多层次医疗保障体系中的最后一道保护屏障，也是社会救助体系的重要组成部分。老年人口由于其自身生理特点，使得医疗救助成为老年福利体系建设的重要组成部分。

我国目前的医疗救助主要包括城市医疗救助和农村医疗救助。

城市医疗救助始于2003年，国务院办公厅转发国家经贸委等部门《关于解决国有困难企业和关闭破产企业职工基本生活问题若干意见的通知》要求，各地政府在扩大医疗保险覆盖面的同时，要尽快通过建立社会医疗救助制度，对暂时无力缴费、没有参加医疗保险的困难企业职工，提供必要的医疗救助。在2005年民政部等四部委联合出台的《关于建立城市医疗救助制度试点工作意见》中，对城市医疗救助制度的指导思想、总体目标、基本原则等方面提出了纲领性的指导意见和规定。

农村医疗救助早于城市医疗救助，新中国成立后到20世纪80年代中期医疗救助的重心都在农村地区，而农村地区真正形成制度是2002年，党中央、国务院下发的《关于进一步加强农村卫生工作的决定》提出，“对农村贫困家庭实行医疗救助，医疗救助对象是农村五保户和贫困农民家庭”“医疗救助的形式可以是对救助对象患大病给予一定的医疗费用补助，也可以是资助其参加当地合作医疗”“中央财政通过专项转移支付对贫困地区农民贫困家庭医疗救助给予适当支持”。十六届三中全会也明确提出要对贫困农民实行医疗救助。2003年9月，国务院新型农村合作医疗部际联席会议要求民政部会同财政部、卫生部抓紧确定农村贫困家庭医疗救助资金筹集办法，尽快出台相关文件。正是在这样的背景下，2003年11月，民政部、卫生部、财政部下发了《关于实施农村医疗救助制度的意见》。此后，各地根据当地实际情况出台了相关的政策意见，开始农村医疗救助制度的建立，如广西、辽宁、贵州、甘肃、黑龙江、江苏、山西、新疆等省(自治区)都下发了具体的实施意见和实施办法。

民政部门实施的医疗救助情况如表7-8所示(不包括其他组织医疗救助情况)。

表7-8　中国历年医疗救助统计(2004—2008年)单位：万人次、万人

年份	经费(亿元)	农村医疗救助	农村资助参加合作医疗	城市民政部门医疗救助	资助参加医疗保险人数
2004	3	121.1	552.6		
2005	6	199.6	654.9	114.9	
2006	14.3	201.3	1317.1	187.2	
2007	36.3	377.1	2517.3	442.0	
2008	54.5	759.5	3432.4	1086.2	642.6

资料来源：《中国民政统计年鉴》，2009，2004—2007。部分数据缺失。

虽然我国制度性的医疗救助主要由民政部门实施，其他政府部门、社会团体和慈善组织也参与到了医疗救助的过程中，但总体来看我国目前医疗救助资金严重不足、救助水平偏低，并未形成全国统一的医疗救助实施办法。

(五)老年社会福利服务

我国已逐步形成以家庭养老服务和保障为基础，以机构养老为补充，以居家养老为依托的具有中国特色的老年人社会福利服务体系的雏形。老龄福利项目主要有基本照料服务(机构养老)、居家养老服务(社区养老)和高龄津贴项目。同时老年社会福利服务还包括发展型服务的提供，包括老年大学等。

1. 高龄津贴

在老年人的高龄津贴及有关福利方面，全国相当多的地方已经建立了有关制度。这种高龄津贴，主要是面向没有养老保险的老年人。其中，北京规定60岁以上老人每月发200元；上海规定为65岁；天津和宁夏回族自治区对80岁以上老年人按月发放；云南、西藏按年向80岁以上老年人发放。其他地方多是向90岁以上或百岁老人发放。在社会影响力方面，北京、宁夏回族自治区两地最为典型，北京最为突出。2008年1月即出台《北京市城乡无社会保障老年人居民养老保障办法》，有55.9万人享受老年保障，其中农村老年人41.9万人，占75%；城镇老年人14万人，占25%。这项福利养老金一年发放13.4亿元。宁夏回族自治区高龄老人津贴的发放标准，实行分类分档发放，100岁以上的老年人每人每月按300元、90岁至99岁老年人每人每月按当地低保标准的130%、80岁至89岁老年人按当地低保标准享受高龄津贴，该区80岁以上贫困低收入的老年人34657人，占老年人总人口的77.9%，预计2009年将发放基本生活津贴资金3427.9万元。另外，一些地方开始对住进养老院的老年人实行一定的补贴，每个床位补助资金不等。上海、北京等地则是资助民营力量兴建养老院。

2. 居家养老服务

在基本居家服务方面，主要内容是要以老年人的生活需求为重点，提供助餐、助洁、助浴、助医、助行、助急等项服务，同时，兼顾老年人的多项需求，提供文化娱乐、学习教育、咨询等项服务。包括居家养老和社区服务两个方面。

为了开展居家服务，社区的功能也开始强化。有的地方开始建立日间照料中心，在社区指导下开展对社区内老年人的多项服务。这些服务只在部分地方普及，全国已经普及社区养老服务站或中心的只有湖北省、杭州市、长春市等。

2008年1月，全国老龄委办公室、发展与改革委员会、教育部、民政部、劳动保障部、财政部、建设部、卫生部、人口与计划生育委员会、税务总局联合下发了《关于全面推进居家养老服务工作的意见》，要求在“十一五”期间，全国城市社区基本建立起多种形式、广泛覆盖的居家养老服务网络；农村社区依托乡镇敬老院、村级组织活动场所等现有设施资源，力争80%左右的乡镇拥有一处集院舍住养和社区照料、居家养老等多种服务功能于一体的综合性老年福利服务中心，1/3 左右的村委会和自然村拥有一间老年人文化活动和服务的站点。这份文件实际上是全国居家养老服务的行政规划。

地方贯彻这一文件也开展了相应工作。2009 年 6 月，福建省政府发出了《关于推进居家养老服务工作的实施意见》，服务于该省的 439 万老年人口。该省 2009 年即开展 100 个城乡社区试点，探索不同的养老服务模式，主要以有偿、低偿、优惠服务为主，政府购买为辅；政府购买服务的对象主要是 70 周岁以上的城镇无劳动能力、无收入来源、无法定扶养人的人员和农村五保对象、重点优抚对象等城乡困难老年人。该省决定 2012 年基本建成城市社区网络和 80％的乡镇与 35％的村庄服务系统，到“十二五”末在全省普及。

整体上，全国基本居家养老还只有一些原则性规定，尚未制定统一系统的居家养老服务标准。

3. 基本护理照料服务

基本护理照料主要是指通过养老机构进行的各项照料服务。在城乡分治的格局中，城市建立的是社会福利院，农村建立的是敬老院，城市社会福利院的进一步发展出更为专业性的城镇老年福利机构即养老院。养老机构主要呈现出城乡分治的特征。2008 年，全国共有机构类和社区类收养单位 38243 个。其中机构类 37623 个，社区类 620 个。在机构类的收养单位中，城镇养老机构 5264 个，收养人员 29 万人；社会福利院 1522 个，收养人员 15.5 万人；其他收养性单位 469 个，收养 2.5 万人；社区类的机构只收养 9000 人。农村五保供养机构 30368 个，收养 155.6 万人，五保供养每人年平均支出水平为 2055.7 元，据此推算全国五保供养机构年度支出大体上为 32 亿元。机构类的职工为 22.8 万人，其中 13.3 万职工主要是农村敬老院工作人员。农村敬老院数量较多的主要原因是按照乡镇建设养老院是一项长期的政策，其结果自然使乡镇敬老院形成了比较普及的系统。而在城市，主要是兴建社会福利院，由于计划经济中城市福利体制较为健全，社会福利院的社会作用并不突出，因此数量有限，一县也不到一个。

公办养老机构由政府举办，由民政部门管理，属于事业单位，由财政保障基本经费，一般对象为城市困难人口，已经不能满足人口老龄化的需求。因此发展民营养老机构和扶持民办养老机构成为发展基本照料服务的重要环节。2005 年，民政部下发了《关于支持社会力量举办社会福利机构的意见》，要求有关部门在规划、建设、税费减免、医疗、用地、用水、用电等方面制定优惠政策，支持企事业单位、民间组织、个人等社会力量投资兴办养老机构。以北京为例，2009 年年初，在全市 339 个养老机构中，政府办 214 家，床位数 19835 张，收养人员 11699 名；社会办 125 家，床位数 22929 张，收养人员 11381 名，社会办养老机构已经与政府平分秋色。而在江苏的 583 所养老机构中，政府办 151 所，民办 432 所；在 5.9 万张床位中，政府办的为 2.46 万张，民办的 3.44 万张。在各类养老机构中，民办养老机构已经占据了较大优势。

养老机构的建设规划目标主要按照老年人未来的生活需求制定。当前，全国并没有统一标准。在地方，北京按照“9064”的布局推进机构建设，即设定老年人会有4％进入机构养老，90％为家庭养老，6％为社区养老。上海则设定“9073”的布局，将机构养老人员定为3％。一些城市主要按照类似格局推进政府特别是民间养老机构建设。

>>三、当前我国养老福利体系面临的突出问题与矛盾<<

在人口老龄化的严峻形势下，我国养老福利体系存在的主要问题可以概括为：养老保险人群覆盖率低，绝大部分人群尤其是农民没有养老保险；社会救助水平较低，仅能满足基本生存保障；老年福利服务体系处于相对起步阶段，体系建设任务繁重。

(一)突出问题

据国家统计局公布数据显示，2008年，全国60岁以上老年人为1.59亿，占全国总人口12％；65岁以上老年人10956万人，占全国总人口8.3％。联合国的标准是65岁以上人口占总人口的7％为“老龄化国家”，14％为“老龄国家”。毫无疑问，我国已经进入“老龄化国家”。

而据各个地方公布的老年人口数量简单累加，全国60岁以上的人口2008年已经达到1.69亿，超过当地人口14％的地方包括北京、天津、辽宁、上海、江苏、浙江、山东、重庆、四川；其中，上海老年人口达到300万，北京超过218万，分别占总人口的21％和17％以上，为全国老龄化程度最高地区。2008年年底上海65岁以上的人口已经达到15.4％，北京2007年年底则达到13.1％[①]。显然，中国老龄化的程度已经日趋严重。

中国老龄化问题的严重性还特别表现在如下几方面。

第一，中国是在没有建立起普惠型养老体系的条件下进入老龄化的。全国只有部分城市人口和和少量农村人口加入了养老保险，绝大部分老年人没有养老保险，还是维持着相当传统的家庭赡养和自我赡养的格局，有相当部分的老年人基本生活还存在着一定的困难。这与许多发展中国家建立的普惠型的养老保险制度存在着相当大的差距，更不要说与发达国家进行比较了。

第二，中国是在维持城乡户籍制度的宏观安排中进入老龄化国家的。农村人

① 刘关．居家养老催变老年住宅开发模式[N]．中国社会报，2009-06-29．

口与城市人口存在着身份差异及一系列政治和社会权利差距，这是全世界只有中国实行的制度。城乡身份差异的存在，导致诸多社会问题，城市中的绝大多数年轻的“农民工”没有办法融入城市，而农村则形成了空巢家庭，留守老年人与留守儿童一起出现。

第三，中国是在实行计划生育的政策环境中进入老龄化的。20 世纪五六十年代生育高峰时期的人们，正在逐步进入退休年龄。而这一代，恰恰是落实计划生育政策的最主要执行者。1978 年以来，中国人口的自然增长率最高为 1986 年达到 16.61‰，以后逐年下降，到了 2007 年仅为 5.17‰，这种趋势，导致中国逐步出现人口的倒金字塔结构，中老年人的比例过大，发展的速度也过快。

第四，中国正处于市场经济高度发达和全球化的进程中，人们工作节奏加快，流动性增强，传统依赖于家庭赡养的模式受到严重挑战。

第五，城市计划生育政策执行较为严格，城市的老龄化问题应该更为突出一些。但是，由户籍制度特别是农民工制度所决定，中国出现了城乡同步老龄化、农村的老龄化程度实际上要高于城市的现象。据有关数据，全国农村老年人口已超过 1 亿，老龄化率达到 15%，高于全国平均水平①。中国的老龄化具有错综复杂、快速发展、压力日益严重的特点。

(二)主要矛盾

尽管中国养老服务体系建设取得了相当大的进展，但就总体而言，服务体系的结构性矛盾还没有取得根本性化解。2008 年，中国的人均国内生产总值达到 22698 元，已经超过 3000 美元，按照国际标准，中国已经达到中等发展水平成为中等收入国家。但是，与发达国家特别是与许多低于 3000 美元发展水平的发展中国家比较，中国的养老体系存在着较大的差距。中国的主流意识认为目前是未富先老的格局，其实，中国的主要矛盾是养老服务体系严重滞后于经济发展水平，中国已经具备了建立与中等发展水平相适应的养老服务体系的基础，但多项政策还存在着较大的差距，因而使养老服务体系建设面临着一些突出的矛盾。这些矛盾集中表现如下方面。

1. 自我保障为主的养老服务体系与中等经济发展水平反差巨大

发达国家和发展中国家一般都是在人均国内生产总值 1000 美元以前建立起较为系统的基本养老服务体系，从而为国家的经济起飞奠定下较为坚实的社会基础。如英国 1955 年才达到人均国内生产总值 1000 美元，而他们在 1908 年就制定了《养老金法》，规定对 70 岁及以上的老年人即使没有缴过费也可以领取养老

① 张晓松，杜宇．让农民老有所养的重要举措[N]. 中国社会报，2009-06-26.

金；该国1948年就宣布建成了“福利国家”并对所有人实行免费医疗；其他许多发达国家大体都是如此。中国的计划经济实质也是社会养老体制。但是，在经济发展水平较大提高以后，中国养老服务依然实行自我保障，社会建设与经济建设开始出现巨大的失衡现象。特别突出的是，由市场经济所决定，中国家庭的赡养功能迅速弱化，许多儿女有心无力，没有办法直接履行赡养义务，由此出现了多种复杂的社会问题。

2. 制度性的基本生活保障覆盖率极低

主要依赖家庭伦理维系传统的儿女赡养关系，或者实行自我保障，由此导致老年人的基本生活困难，这是当前的一个突出矛盾。大量事实证明，在市场经济条件下，主要依靠孝的理念的强化来解决儿女赡养义务问题，并不太有效。而且，由于医疗、教育等项福利还存在着较大缺陷，绝大多数中年人也存在着较大的实际生活负担，包括医疗、教育以及房屋购买等，他们的赡养能力有限，这就必然导致相当多的老年人赡养费用短缺问题。而在老年人基本生活困难得不到制度性保障的条件下，养老服务体系很难得到全面进展。

目前全国已建立社会保险、最低生活保障、新型农村合作医疗、医疗救助、农村五保供养、高龄津贴等项养老保障制度，但是整体保障水平偏低，关键是在贫困救助全覆盖与社会保险单覆盖的体制下，制度性保障存在着较大的保障死角。目前约有8000万老年人口的养老保险还没有得到制度性安排。按照2007年人口抽样检查，全国70岁至79岁的人口占全国人口的比例为4.57%，推算为5000万以上；80岁以上1.43%，推算为1800万；即使在这些人口中减少2000万以上的离退休人员和低保人员，70岁以上的人口中也会有4000万左右还没有得到制度性的养老保险。尽管这些数据不一定绝对准确，但也可以看到我国老年人口的生活保障压力，这些人口完全依赖于家庭赡养和自我保障，会出现较大的社会矛盾。

3. 居家养老服务需求旺盛与社区服务组织严重发育不足

目前居家与社区养老服务尚无全国统一的具体标准，即使各个直辖市，也没有对于社区日间照料中心及居家服务制定全市性的标准。个别城市中建立的老年服务站，也缺乏必要的专业护理人员和服务系统。各个地方出现星星点点的经验和典型，虽然都有重要的借鉴价值，但由于缺乏普及，还形不成系统的制度。由于整个老年服务业发展滞后，全国95%以上生活在家中的老年人多数有钱得不到相应的服务，老年人要找到熟练的家庭护理员和购买老年康复器具十分困难，许多家政服务公司缺乏培训家庭护理服务的技术，养老康复器具行业水平发育还相当低。结果形成养老是家庭责任，护理更是家庭责任的局面，许多家庭负担沉重。

4. 护理照料人员严重缺乏，养老机构功能单一，无力开展不同等级的系统服务

目前，我国城市老年人失能和半失能的达到 14.6%，农村已经超过 20%。这部分失能和半失能的老人需要专业的护理和照顾。按照老年人与护理员的比例为 3∶1 来推算，全国需要约 1000 万名养老护理人员。但是，目前全国养老院的职工只有 22 万，取得养老护理职业资格的也仅有 2 万多人，供需矛盾突出，不仅与我国几千万失能老人的潜在需求相比差距巨大，而且无法满足现有 200 万进入养老机构的老年人的护理需求。

按照国际惯例，约有 5%的老年人需入住机构进行养老，照此推算，我国 1.59 亿老年人约需养老机构床位 800 万张。但是，目前我国各类老年福利机构 37623 个，养老床位 245 万张，远远不能满足社会的需要。我国每千名老人占有养老床位 15 张，不仅与发达国家平均每千名老人占有养老床位数约 70 张的水平相比差距很大，也低于有些发展中国家如罗马尼亚、巴西每千名老人占有养老床位 20～30 张的水平。许多养老机构标准偏低，缺乏为老年人提供照料和护理等服务的专门设施和人员。另外，城镇中只有 50 多万张养老床位，与 6 亿城镇人口比较，是一个相当突出的矛盾。

即使当前已经建立的各种养老机构，多是功能简单雷同，缺乏分级分类，更谈不上专业化。养老机构多以地区行政网络为联络纽带，很少以功能定位形成跨越地区的专业网络。有些地方建立养老机构，缺乏养老对象的需求论证和养老服务机构的标准管理，结果成为简单的房屋建设，缺乏使用的可能性，造成资源的浪费。中国还没有一家专业性的养老服务咨询公司，养老机构的建设多沿袭传统办法，缺乏现代性的论证，缺乏系统的标准。

5. 国家养老服务体系规划过度原则化，行政指导方式相对泛化

国家已经制定三个老龄事业发展的中长期规划，但每个规划中并没有规定资金投入机制，导致规划中的具体目标无法落实。“十一五”规划目标是新增农村五保供养床位 220 万张、城镇孤老集中供养床位 80 万张；2005 年，全国农村敬老院床位为 89.5 万张，城镇老年福利机构和社会福利院床位共计 58.2 万张；按照规划，2010 年，农村敬老院床位应该达到 309 万张，城镇则达到 138 万张；但是，到 2008 年年底，农村敬老院床位数为 193.1 万张，城镇老年福利机构和社会福利院床位共 62.9 万张。根据目前进度，“十一五”规划的目标不可能达到。

另外，“十一五”规划要求开展以生活不能自理和半自理老年人为对象的“爱心护理工程”试点和示范工作，在大中城市建设一批“爱心护理工程”，而到了 2008 年，这些试点和示范以及工程建设还没有系统启动。

行政指导机制中出现了一定的体制失衡状态，由此导致行政职责空泛化的现象，文件多、口号多，难落实。发达国家还没有的《老年人权益保障法》我国早已颁布，但各国几十年前颁布的老年福利法我们还没有设想。

养老服务体系的结构性矛盾基本属于宏观的体制性矛盾。在中国经济发展达到人均国内生产总值3000美元以后，如何建立与经济水平相适应的老年福利体系，包括老年生活保障、医疗保障、护理照料服务等，究竟达到什么水准，政府承担什么责任，管理体制如何调整，资金投入机制如何建立，客观上还没有一个总体性的规划。产生这种现象的基本原因，主要是由于中国在进入世贸组织以后，经济发展速度加快，经济规模发生根本变化，经济迅速全球化融入世界经济体系，但社会建设严重滞后于经济建设。如果说，经济建设与国际市场联系密切，"看不见的手"能够推动经济增长，但是社会建设不可能国际化，也不可能依赖于市场的力量来自行推动。因此，如何适应经济发展水平，全面规划老年福利体系建设，是中国在新的历史时期的一个重大挑战。

>>四、新型养老福利体系的规划和资金测算<<

全国养老福利体系的建设，应该包括三个基本领域，即基本生活保障、基本居家养老服务、基本护理照料，在发展福利服务的同时加强养老机构和养老专业人员队伍建设。总体上，全国养老服务体系的建设应该以基本生活保障为基础，以居家养老服务为重点，以养老服务体系建设为依托，形成养老服务的骨干体系。

基本生活保障是新型老年福利体系的基础，基本居家养老是新型老年福利体系的重点，而基本护理服务(包括福利津贴、护理保险和护理产业扶持)是新型老年福利体系的拓展方向。

按照以上设想，全国养老服务体系建设的基本政策应该包括以下主要内容。

(一)基本生活保障方面

基本生活保障方面应该以扩大养老保险覆盖率为重点，加快农村养老保险事业推进，同时在扩大医疗保险收益范围的情况下，可尝试建立老年护理保险制度。在解决目前养老金未覆盖人群的基本生活保障方面，除进一步提高低保标准外可重点建立老年津贴制度。同时老年津贴制度也是向普惠型社会福利体系过渡的重要切入点。

1. 加快现有养老保险体系的改革和建设

目前养老保险体系主要存在覆盖率低、覆盖面窄；参保人数逐年增多但成果有限；缴费率过高导致大量逃避缴费行为；收支缺口巨大；多层次养老体系未有效建立，赡养来源有限等诸多问题。因此应加快养老保险体系的改革，主要包括提高养老金缴费率和扩大覆盖面；提高退休年龄，削减支付标准；划拨部分国有资产；调整财政支出结构，扩大财政支持力度；加大农村养老保险的推进力度和财政转移支付投入。

2. 尝试设立老年护理保险制度

长期护理保险指的是为老年长期护理服务以及为此服务提供经济保障的老年健康保险产品。制定出符合中国国情的长期护理保险模式，具体来说应分三步走：第一步，采取商业长期护理保险的模式；第二步，采取国家、企业、个人共同参与的社会基本长期护理保险和商业长期护理保险相结合，商业长期护理保险作为补充保险的模式；第三步，实行政府强制的全民长期护理保险模式。

3. 加强老年津贴制度建设

老年津贴制度可以为养老保险体系未覆盖人群提供基本的生活保障，同时也是开展实施普惠型老年福利体系的重要切入点。

(1)全面普及城乡统一的养老福利津贴制度

这项制度应该适应于所有60岁以上没有养老金的人口。进入60岁以后，部分人口有养老金，大部分没有养老金，是一个相当突出的社会矛盾。应该给每个没有养老金的人口每月发放50元，以作为养老福利津贴，承担起所有人员退休年龄后的国家赡养责任。北京的办法是对60岁以上没有养老金的人口每月发放200元，效果极好；全国赶上北京水平还有困难，但人均50元的标准还是能够实现的。

(2)普及高龄津贴制度

进入70岁以后，老年人将会出现更多的生活困难，可以采取许多地方的做法，对没有养老金的人们发放每月100元的高龄津贴，以解决其日常生活困难。

(3)实行累进高龄津贴

对于80岁以上的人口采取逐步增加补贴制度。比如，80岁以上没有养老金的人口每月再增加100元津贴，90岁以上的人口增加得更多一些。这些办法，在一些地方已经实行，可以在全国推广。

4. 建立所有80岁以上老年人的基本免费医疗制度

英国1948年即实行全民医疗免费，美国于1965年即建立65岁以上老年人基本免费医疗制度，当前许多发展中国家均实行医疗免费制度。我国陕西省神木县也开始实行，并测算出每人年均支出400元即可。全国范围内可以先从80岁以上人口起步，然后逐步发展。

5. 加快新型农村社会养老保险试点

新型农村社会养老保险在2009年内覆盖10%左右的县(市)的基础上，应该明确时间表，两年内应该在所有农村全面普及。

(二)基本居家养老服务方面

基本居家养老服务是我国新型老年福利体系建设的主要内容，目前已在全国主要城市试点实施，但未形成全国性标准和体系。

未来建设的主要方向体现在三个方面：第一，拓展居家养老服务的覆盖面，从传统低保家庭向普通家庭扩张；第二，拓展服务内容和形式，从目前的津贴为主向服务为主转变；第三，加快扶持社会组织发展，培养和壮大养老服务实施主体队伍及专业能力建设。

在具体业务拓展方面，重点有步骤地实施如下项目建设。

1. 确立以居家养老服务为中心的政策

以人为本，以老年人的数量为本；先从满足90%以上老年人的生活的普遍服务开始。居家养老问题要提上日程，这样使社会普遍行动起来，建立居家养老的工作指导体系。居家养老开展起来了，才会有社区的建设。

2. 建立城市社区居家养老服务中心，提高资源利用率

居家养老是靠社区服务来完善的，而社区的资源是解决养老的重要保障。为开展好我国城市的居家养老社区服务工作，应拓展社区资金来源，加强基础设施建设的同时重点做好人员队伍建设和服务标准建设，拓展服务的形式，满足老年人群的多样化服务。

3. 建立日间照料中心

在有条件的大中型社区建立老人日间护理中心，提供社区日间托老服务，并在老人日间护理中心发展家庭护理型床位是实施“居家养老为主”的重要措施。香港地区1991年《跨越九十年代香港社会福利白皮书》中规定，每25000名老人左右即应该建设一间日间护理中心。由于内地城市人口密度相对香港地区而言较低，因此有条件地区每10000名老人建立一个日间照料中心是较为妥当的。政府可以对日间照料中心采取一次性的新建补贴、床位补贴和其他形式的税收减免政策予以支持。

4. 扩展乡镇敬老院的养老服务职能

农村应进一步扩展乡镇敬老院的养老服务职能，拓展养老服务水平和内容。同时应该向其他非院内老年人口提供服务。

5. 建立村庄养老服务站点

参照城市标准在农村建立养老服务站点，应包含社区服务中心和日间照料中心的职能。考虑到农村人口相对分散，因此在农村应尽量在目前老年服务中心等的基础上拓展养老服务功能。

(三)基本护理照料方面

在基本护理照料方面，积极开展护理保险的试点实施以及护理津贴发放，是完善和实施好老年基本护理照料服务的重要资金保障。在确立和完善资金保障的大前提下，新型护理照料服务发展应主要把握如下原则。

1. 确立养老机构建设的基本政策和整体发展规划

健全和完善老年护理组织机构是发展基本护理照料的核心因素，同时需要积极发展不同类型的老年护理机构。重点建设老人护理院，专业护理工作者提供24小时的护理服务；短期住所式护理员，采取日托或短期托老的方式为那些需要工作或出差，无法在家里照顾老人的人们提供服务；服务公寓，由多种标准的住房构成，工作人员只负责白天的护理工作。

2. 加强社会宣传培养专业护理人员

我国目前老年护理专业教育和普通护理人员教育相对缺乏。虽然现在许多高等医学院校都已适当调整了课程设置，增设了老年护理学以及相关的人文学科，但专科护士的培养仍是一项空白。另外，由于社会观念和待遇等问题也使得专业报考人数极少。同时，应加强普通老年护理人员专业化培训，将老年护理产业作为重要的再就业方向予以支持。

3. 加强老年护理设备开发

目前我国老年人生活、护理器材与设施相比国外而言比较落后。因此，应强化科研意识，使科研成果及时转化，开发成本低、效用高的老年护理设备器材，为社区护理和家庭护理提供良好的基础条件。

(四)老年福利主要项目的资金测算

本部分将主要以2009年的数据为依据，计算新型养老服务体系建设在初期的资金投入情况(2010－2012年)。初步估计按照理想化的建设方案，2010—2012年，每年需新增投入2000亿元用于老年福利体系建设。具体如表7-9所示。

表7-9　老年福利主要项目资金测算

序号	项目名称	人数/床位数(万人，万床)	标准(元)	小计(亿元)		
				2010年	2011年	2012年
1	养老福利津贴	7000	600	420	336	268
2	高龄津贴(累进)	3500	1440	504	530	560
3	高龄老人免费医疗	1100	1000	110	116	122
4	居家养老服务	10000	600	600	630	660
5	养老机构建设	50	10000	50	50	50
6	养老护理券	3000	500	150	160	170
7	老年社区服务中心建设			80	90	100
8	其他老年福利体系投入			150	160	170
总计				2064	2072	2100

注：该表数据主要依据下文的测算方法得出。为了简化数据测试，我们以2008年年底的老年人口数据作为制定2010年资金总量的计算标准。

各项目的资金测算依据如下。

1. 养老福利津贴

截至2008年年底，我国60岁以上老年人口如表7-10所示。

表7-10　我国60岁以上老年人口数

年龄段	60岁以上	65岁以上	80岁以上	100岁以上
人数(万人)	14537.7	10057.8	2107.3	4.928

资料来源：《中国民政统计年鉴2009》

如果将全国老年人口的1.45亿减去5293万[①]离退休人员和约2000万低保和五保人员(该数据依据2008年低保五保人数累加得出)，即有7000万老年人口的养老保险还没有得到制度性安排。考虑到我国农村新型养老保险的推广速度和老年津贴的增长幅度，养老福利津贴应该会逐步降低，假设降低比率为20%，则计算得2010年数据为420亿元。

2. 累进高龄津贴

对于70岁以上的老年人口实行高龄津贴，其中70岁以上每人每月100元计发，80岁以上150元，90岁以上200元，100岁以上250元。依据各年龄段人口比率加权初步估计，假设70岁以上老年人口扣除有养老金保障人口为3500万。每年的递增率为5%。

3. 高龄老人免费医疗(80岁以上)

神木县全面免费医疗人均400元左右，考虑到老年人口以慢性病为主，乘以系数2.5，则每人每年补助1000元。80岁以上无医疗保障的老年人口约1100万人。每年增长系数为5%。

4. 居家养老服务

建立普惠型的政府采购居家养老服务机制，65岁以上老人每人每年政府投入600元。增长系数为5%。

5. 养老机构建设

按照国际平均每千名老人占有养老床位50张测算，我国老年人共需养老床位800万张，而目前仅有250万张，床位缺口达到550万张。以每张床位政府每年补贴1万元为标准，每年新建50万张床位。

6. 老年护理券发放

根据中国老龄科研中心1992年调查，60岁以上老年人在余寿中有2/3的时间处于带病生存，健康状况较好的只占35%左右，健康状况一般的占40%左右，健康状况较差及有重病的占25%左右。假设重病中的20%需要发放老年护理券，

① 资料来源：《2008年国民经济和社会发展统计公报》。

护理标准为每年每人 500 元，则 60 岁以上需发放护理券的人数约为 3000 万。年增产率 8%。

7. 老年社区服务中心建设

参照 2001 年至 2005 年星光计划的建设标准，总投资 134 亿元，新建 3.2 万个社区服务中心。考虑到新建的社区服务中心在功能上的完善和标准上的提高，估计每年投入约为 80 亿元。

新型残疾人福利体系[①]

党的“十七大”报告中明确提出，“发扬人道主义精神，发展残疾人事业”。加快残疾人事业发展是构建社会主义和谐社会的本质要求。新中国成立特别是改革开放以来，我国残疾人事业，尤其是社会福利工作不断取得进展，残疾人状况明显改善，残疾人生活水平和质量不断提高，但是我国残疾人社会福利措施和力度仍然不够，残疾人社会福利的基础仍然比较薄弱，残疾人总体生活状况与社会平均水平存在较大差距。

>>一、我国残疾人福利的发展历程<<

我国的残疾人福利事业经过了近半个世纪的发展，现在已经取得了一定的成就，对我国残疾人福利事业发展的回顾将有助于更好地认识残疾人福利事业中存在的问题。

(一)我国残疾人群的总体特点

2006 年，我国组织开展了第二次全国残疾人抽样调查。与 1987 年第一次调查比较，2006 年我国残疾人的基本状况主要呈现四个方面的特点。

一是我国残疾人口总量增加，比例上升。两次抽样调查的数据显示，从 1987 年到 2006 年，全国残疾人数从 6000 万人增加到 8296 万人。占总人口的比例从 4.9%上升到 6.3%。从此次抽样调查全国的数据情况推测看，各类残疾人的人数及占残疾人总人数的比重分别是：视力残疾 1233 万人，占 14.86%；听力残疾 2004 万人，占 24.16%；言语残疾 127 万人，占 1.53%；肢体残疾 2412 万人，占 29.07%；智力残疾 554 万人，占 6.68%；精神残疾 614 万人，占 7.40%；多重残疾 1352 万人，占 16.30%。导致这一变化的原因，首先是我国人口总量增加，其次是经济高速发展导致的残疾风险加大，最后是第二次抽样调查在残疾人评定标准上做了适当调整，标准适当放宽，使我国残疾人口的总数有了正常的上升。

二是残疾人年龄构成明显变化。据 1987 年第一次抽样调查数据推算，0～19

---

① 作者简介：郭素，北京师范大学中国社会政策研究所。

岁的残疾人占21.44%，20～59岁的占38.84%，60岁以上的占39.72%。而据2006年第二次抽样调查，0～19岁的残疾人占6.9%，20～59岁的占40.1%，60岁以上的占53%。残疾婴幼儿和青少年的比重下降了14.54%，比例减少了2/3，青壮年、中成年的比重略有上升，老年人比例大幅上升，增加了13.28%，比重上升1/3强。这充分说明了我国经济发展、社会进步、医疗卫生水平提高，残疾人康复和残疾预防工作取得了显著成就。通过优生优育、计划免疫、补碘、新生儿出生缺陷干预，脊髓灰质炎等传统致残因素得到控制，有效地预防了部分残疾发生，因而青少年残疾人的比例减少。节制生育的基本国策和预期寿命延长导致我国社会人口老龄化，老年残疾人口的增加当然也无可避免。

三是残疾人受教育程度有较大提高，但是受教育水平依旧偏低。每10万残疾人中具有大学文化程度的由287人上升为1139人，具有高中程度的由1665人上升为4893人。15岁及以上残疾人文盲人口是3591万人，文盲率为43.29%，文盲率与1987年调查结果59%相比，下降了15.71%①。全国人口的文盲率为6.72%，由此推算残疾人文盲占全国文盲人口的40.8%。在全国残疾人口中，具有大学程度(指大专以上)的残疾人为94万人，占全部残疾人口的1.13%，而全国人口中具有大学程度的有6764万人，占全国人口的5.18%，有大学程度的残疾人只占全国有大学程度人口的1.39%。

四是残疾人家庭收入低，贫困问题仍然突出。全国有残疾人的家庭户2005年人均全部收入，城镇为4864元，农村为2260元，与1987年相比，残疾人家庭的人均收入增加了，但是从残疾人家庭人均收入与全国平均水平相比，残疾人家庭收入低，贫困问题突出，2005年全国人均收入水平城镇为11321元，农村为4631元，残疾人家庭人均收入不足全国人均水平的一半。

从我国残疾人状况特点来看，基本上是正面的，但是从受教育程度和贫困问题来看，残疾人在资源配置上不平等，残疾人状况与经济社会的发展状况存在差距，残疾人群体在社会中处于不利地位。

(二)我国残疾人的发展趋势

残疾人因为残疾和缺陷，参与社会的能力受到限制，在人类发展中是个耐受性差的群体，受社会发展环境变化的影响大。未来可能有四大发展趋势。

趋势一是我国残疾人口进入快速增长时期。造成这一趋势的原因有三个。一是我国人口总量大，增长的趋势明显，残疾人口的增长是必然的。二是社会环境因素的影响。随着我国工业化和城镇化进程的加快，人口流动频繁，人们工作节

① 根据国家统计局《2006年中国统计年鉴》。

奏加快，受生产安全事故、交通事故和环境污染等因素的影响，社会面临的伤残风险也随经济的增长而增加。三是与国际社会特别是发达国家相比较，我国的残疾标准仍较严格，残疾人比例也较低。目前，国际社会公认的全球残疾人比例约为全球总人口的10%。随着我国社会文明程度和社会保障水平的提高，残疾人口的比例还将增加。

趋势二是残疾人口老龄化趋势突出。纵向比较发现1987年时我国60岁及以上人口的比例是8.5%，到2005年已达到11%。老年人由于生理机能衰退，脑血管疾病、骨关节病、痴呆等发病率和致残几率增高。第二次抽样调查60岁及以上的残疾人约有4416万人，比1987年调查时该年龄段残疾人数增加了2365万，占全国残疾人新增总数的75.5%。横向比较发现，全国老龄人口不到总人口的1/5，残疾人老龄人口已超过残疾人口总数的1/2。在老年人口中，残疾人的比例达到近1/3。

趋势三是残疾人重残比例增加。与1987年调查数据相比，肢体残疾和多重残疾所占的比重是上升幅度最大的两项残疾人类别。肢体残疾从1987年占残疾人总数的7.16%，上升到2006年的29.07%，增加了近4倍。多重残疾从1987年的6.38%上升到2006年的16.30%，增加了近3倍。以当前的医疗卫生水平来看，这部分残疾人中重症的比例较高。而随着经济社会的发展和医疗卫生技能水平的提高，在现在残疾评定标准大致不变的情况下，残疾人的重症人数所占的比例将增加。

趋势四是残疾人生活质量与社会平均水平的差距将拉大。改革开放以来，伴随着社会财富的整体增长，社会收入差异也逐渐扩大，目前我国基尼系数已经超过0.4的国际警戒线，低、中、高三类社会收入人群体呈现“两头大，中间小”的“纺锤形”结构，低收入群体所占的比例大。与社会平均水平相比，残疾人群体的收入增长缓慢，加之社会的贫富差距扩大，残疾人与社会平均水平的差距也呈现拉大的趋势。据1987年残疾人抽样调查数据推算，城市已就业残疾人家庭人均收入水平，同全国平均水平相比，低20%～30%。而2006年的调查显示，残疾人家庭人均收入水平只有全国平均水平的43%～49%。也就是说，2006年比1987年，残疾人和健全人的收入差距又拉大了27～31个百分点。

综上所述，我国残疾人群体是个数量大、老龄人口多、自身素质低、生活贫困的群体，是政府和社会需要重点保障和扶助的人群。但是我国残疾人社会保障覆盖面窄，残疾人对社会保障的需求大，社会保障的能力却不尽如人意，残疾人社会保障水平的增长落后于经济增长的速度。社会保障的滞后导致残疾人群体生存状况的恶化，还将制约经济的健康发展，造成社会的不稳定不和谐，从而影响社会的发展进程。这是个恶性循环的过程。要改变这一状况，必须改善残疾人社会保障水平，促使社会公平公正，使残疾人能与经济社会和谐发展。

(三)我国残疾人福利事业的主要发展历程

半个多世纪以来，我国残疾人福利事业经历了以下发展阶段。

1. 起步与初期发展阶段

20世纪五六十年代(1966年以前)，残疾人工作起步并得到一定发展，残疾人的基本权利得到保障。残疾人的民主权利、人身权利同健全人一样，开始得到法律保障。1954年通过的《中华人民共和国宪法》规定："劳动者在年老、疾病或丧失劳动能力的时候，有获得物质帮助的权利。"一些政策也对保障残疾人权益作出了相应的政策。国家开展社会救济工作，建立了儿童福利院、社会福利院、敬老院、荣军院、精神病院等，无依无靠的重残人、残疾孤儿、残疾老人、伤残军人得到收养安置，生活困难的残疾人得到救济。农村残疾人分得了土地和生产工具。城市残疾人组织起来进行生产自救，以后逐步发展为各种福利工厂。1960年开始在农村建立"五保"制度。残疾人文化、教育、体育事业得到发展，制定了汉语盲文，拟定了聋人手语方案，创办了《盲人月刊》，开展残疾人扫除文盲和业余文化教育，到1959年全国特教学校达到297所。举办了全国盲人、聋人运动会，全国成立了40多个盲人聋哑人俱乐部。残疾预防工作起步，开展了计划免疫、盲聋防治、地甲病防治等工作，制定并实施了防盲治盲及防治地方性甲状腺肿规划。残疾人组织相继建立，1953年成立中国盲人福利会，1956年成立中国聋哑人福利会，1960年两会合并组成中国盲人聋哑人协会。这一时期残疾人的状况与新中国成立前相比，发生了质的变化。但由于历史条件的局限，残疾人福利工作主要侧重于对残疾人的扶助、收养和救济上，平等参与社会的问题尚未得到应有的重视。

2. 发展停滞阶段

"文化大革命"期间，经济建设和社会发展遭到严重破坏，残疾人福利工作也遭受严重挫折，中国盲人聋哑人协会被迫停止活动。

3. 逐渐恢复与快速发展阶段

改革开放以来，残疾人福利工作取得了历史性的进展和举世瞩目的成就。国家为发展残疾人福利事业、改善残疾人状况实施了一系列重大举措，残疾人状况明显改善。1500多万残疾人得到不同程度的康复；残疾儿童青少年义务教育入学率大幅度提高，越来越多的残疾学生走进大学接受高等教育；就业状况得到一定程度的改善，就业人数不断增加；1000多万农村贫困残疾人通过扶贫开发解决了温饱问题；残疾人社会福利进一步得到改善，636万残疾人享受最低生活保障，62万残疾人在福利院、敬老院享受集体供养、"五保"供养或通过院户挂钩方式在居民家中分散供养；残疾人文化体育生活日益丰富活跃；社会对残疾人的观念发生深刻变化，歧视和偏见现象大为减少；残疾人素质普遍提高，能力得到进一步发挥，社会生活参与面扩大，为经济建设和社会发展作出了积极贡献。残疾人福利事业走上了一条适合国情、具有特色、系统发展的道路，建立了党委领导，政府负责，社会各界广泛参与，协调运作的工作机制，提出了“平等·参与·共享”的崇高目标，纳入了法制轨道。残疾人福利事业已经由过去以救济为主的社会福利工作，逐步发展成为包括康复、教育、劳动就业、扶贫、社会保障、文化体育、无障碍环境建设、残疾预防工作等在内的领域广阔的综合性的社会福利事业，在经济和社会发展中发挥着越来越重要的作用。

(四)我国残疾人福利事业现状

从21世纪开始，我国的残疾人社会福利事业全面推进社会化。当前的残疾人社会福利政策大致分为大范围的福利政策和几项具体政策。一般政策包括采取辅助方法和扶持措施，对残疾人给予特别扶助，减轻或者消除残疾影响和外界障碍，保障残疾人权利的实现。对伤残军人、因公致残人员以及其他维护国家和人民利益致残的人员、接受义务教育的残疾学生提供优待、抚恤、帮扶。对残疾人福利企业、事业性组织和城乡残疾人个体劳动者实行税收减免政策。对生活上有困难的人员通过多种渠道给予救济、补助。对无劳动能力、无法定抚养人、无生活来源的残疾人，按照规定予以供养、救济。为残疾人搭乘公共交通工具给予方便和照顾。国家和社会逐步实行方便残疾人的城市道路和建筑物设计规范，采取无障碍措施。司法部门对生活困难的残疾人给予法律援助。政府资助设立“福利医院”和通过初级卫生保健网络、社区医疗等对残疾人及其他经济困难的病人，实行减免医疗费。具体的政策主要包括如下几项。第一，扶助和救助。国家和社会经常采取扶助、救济和其他社会福利措施，来保障和改善残疾人的生活。其中，我国政府实施的最低生活保障制度就是一种全新的社会救助制度。第二，参加社会保险。《残疾人保障法》规定，残疾人所在单位，城乡基层组织，残疾人家庭，应当鼓励帮助残疾人参加社会保险。第三，收养与安置。国家鼓励社会举办福利院和其他安置收养机构，安置收养残疾人，并逐步改善其生活。随着社会福利社会化的推进，社会力量举办的福利机构越来越多。第四，城镇的优惠照顾政策。各地公共服务机构为残疾人提供优先服务和辅助性服务，为残疾人免费提供交通工具和设施的便利。第五，农村的减免社会负担政策。各地的县、乡人民政府在努力减免农村残疾人的社会负担。许多县、市和乡镇人民政府都制定和实施了优惠减免政策。第六，伤残军人的优抚安置政策。新中国成立后，国家制定出了对于革命战争中负伤致残的军人实行优抚安置的政策，使他们无论在福利机构里疗养，还是返乡安置都得到了生活保障。第七，教育政策。残疾人教育分普通教育和特殊教育两种，一部分残疾人可以进入到普通学校接受教育，另外一部分，因为不适于和健全人同班学习，需要专门组织起来采用特殊教育方式实施教育。

而就从近几年，残疾人实际得到的实惠来看，国家现有实施的直接资助项目主要集中在三大板块：残疾人康复(肢体、智力、听力、视力、辅助器械)、残疾人教育、残疾人就业(见表8-1)。

表8-1　目前国家扶持残疾人项目表

项目	时间	具体内容	资金拨付
肢体	2007年1月	《肢体残疾康复"十一五"实施方案》实施，该《方案》是在总结"十五"肢体残疾康复工作的基础上，紧紧围绕实现残疾人"人人享有康复服务"的阶段目标，为满足广大肢体残疾人的基本康复需求，改善贫困肢体残疾儿童康复状况而确定的。通过重点工程任务的实施，推动肢体残疾康复工作的全面开展，使更多的残疾人受益。已在2010年6月之前达到以下任务目标：①实施贫困肢体残疾儿童矫治手术1万例，麻风畸残矫治手术3000例。②通过机构对2万名肢体残疾儿童进行康复训练。③对10万名肢体残疾人开展社区康复训练。	中央财政按照每人100元对肢体残疾人社区康复训练给予补贴。通过中国残联专项彩票公益金项目，按照每例6600元，对1万例贫困肢体残疾儿童矫治手术及术后康复训练给予补贴；按照每例2000元，对3000例麻风畸残矫治手术给予补贴。各地要根据当地实际情况，配套投入肢体残疾儿童机构康复训练经费(每名不低于2000元)及肢体残疾人社区康复系列经费(每名不低于100元)，同时投入相应的中国残联专项彩票公益金项目工作管理经费。
智力	2007年1月	《智力残疾康复"十一五"实施方案》是在总结"十五"智力残疾儿童康复工作以及成年智力残疾人康复训练服务试点工作的基础上，紧紧围绕实现残疾人"人人享有康复服务"的阶段目标，为满足广大智力残疾人的基本康复需求，改善贫困智力残疾儿童的康复状况而制定的。通过重点工程任务的实施，推动智力残疾康复工作的逐步开展，使更多的智力残疾人受益。本办法拟达成以下目标：①对10万名贫困智力残疾儿童开展康复训练；对5万名智力残疾儿童家长进行康复知识培训。②承担社区康复工作任务的县(市、区)普遍开展成年智力残疾康复训练服务。截至2008年年底，各地贫困智力残疾儿童康复训练和家长培训总任务完成过半；承担社区康复工作任务的县(市、区)基本完成成年智力残疾人的康复需求调查和建档立卡，并开展有针对性的康复训练服务。	中央财政按照每人100元对贫困智力残疾儿童康复训练给予补贴，按照每人50元对智力残疾儿童家长康复知识培训给予经费补贴；按照每个机构10万元对全国25个智力残疾康复养护试点机构给予经费补贴。各地要按照不低于中央财政补贴标准投入相应配套经费。

续表

项目	时间	具体内容	资金拨付
听力	2007年1月	全国残疾人康复工作办公室制定了《〈听力语言康复"十一五"实施方案〉实施办法》，已达到以下任务目标：①对8万名聋儿进行听力语言康复训练；②为1.2万名贫困聋儿免费配戴助听器并补贴康复训练经费；③对8万名聋儿家长进行培训；④实施人工耳蜗植入手术；⑤开展成年听力语言康复工作试点。	中央财政按每人150元为聋儿康复训练提供补贴，按每人50元为聋儿家长培训提供补贴，按照每个机构5万元为全国30个成年听力语言康复工作试点机构提供补贴。各地要按不低于中央财政补贴标准投入相应配套经费。 中国残联专项彩票公益金项目对1.2万名贫困聋儿按每人2000元免费配发助听器，按每人每年100元免费制作耳模，按每人每年200元免费提供电池，按每人每年2000元补贴康复训练经费。各地要根据当地实际情况，对贫困聋儿康复救助项目投入相应的工作管理经费。
视力	2007年1月	为了完成《中国残疾人事业"十一五"发展纲要》及《视力残疾康复"十一五"实施方案》提出的任务，特制定具体实施办法。任务目标：①为10万名低视力者配用助视器。②培训3万名低视力儿童家长。③在地市级以上的残疾人综合服务设施建立300个低视力康复部。	中央财政按每例220元为贫困白内障患者复明手术提供人工晶体、手术耗材采购与病源筛查等经费。各地要根据当地扶贫手术实际价格，相应给予配套投入，确保贫困患者能够免费复明。 中央财政按每名50元对低视力儿童家长培训给予补贴，对300个低视力康复部给予设备支持。各地要按不低于中央财政补贴标准投入相应配套经费。中国残联专项彩票公益金项目按每名200元对贫困低视力者配用助视器提供补贴。各地要根据当地实际情况，对贫困低视力者配用助视器项目投入相应的工作管理经费。 中央财政按每名250元对盲人定向行走训练给予补贴。各地要按不低于中央财政补贴标准投入相应配套经费。街道、乡镇训练指导师的工资补贴和培训经费由地方政府负担或从其他途径解决。

续表

项目	时间	具体内容	资金拨付
辅助器械	2007年1月	为确保《残疾人辅助器具供应服务“十一五”实施方案》各项任务的顺利完成，达到以下任务目标：①组织供应各类辅助器具300万件，其中为贫困残疾人免费发放30万件。②装配7万例普及型下肢假肢、1万例功能补偿型矫形器。③完善辅助器具服务网络。	中央财政按每例500元为贫困残疾人装配普及型小腿假肢提供补贴，按每例700元为贫困残疾人装配普及型大腿假肢提供补贴，按每例300元为贫困残疾人装配矫形器提供补贴，补贴以集中采购并下拨装配材料的方式下发各地。各地要按不低于中央财政补贴标准投入相应配套经费。中央财政按每名技师5000元对全国360名假肢矫形器装配技师培训给予补贴；为全国200个普及型假肢装配站每站补贴3万元，用于添置和更新设备；按5000元/套为全国1500个县(市、区)级机构提供辅助器具样品，按2000元/套为全国2000个社区、乡镇提供辅助器具样品。 中国残联专项彩票公益金项目按每件180元为贫困残疾人免费配发30万件辅助器具，辅助器具以实物形式下发各地。各地要根据当地实际情况，对贫困残疾人免费配发辅助器具项目投入相应的工作管理经费。
社区康复	2007年1月	为了完成《中国残疾人事业“十一五”发展纲要》及《社区康复“十一五”实施方案》提出的任务目标，在总结“十五”残疾人社区康复工作的基础上，从我国经济社会发展和残疾人康复需求的实际出发，适应社区建设、社区卫生快速发展的形势，特制定本办法。已达到以下任务目标①全国80%的市辖区和70%的县开展规范化的社区康复服务，使各类残疾人得到基本康复服务。②依托各级各类康复机构、社区和家庭，为2000万残疾人提供社区康复服务。	中央财政对社区康复工作给予补贴，其中，培训低视力儿童家长150万元、盲人定向行走750万元、培训聋儿家长400万元、肢体残疾社区康复训练1000万元、培训智力残疾儿童家长250万元、配发残疾人辅助器具样品1150万元。 地方财政按不低于中央财政补贴标准投入相应配套经费。

续表

项目	时间	具体内容	资金拨付
教育	2007年9月	教育部、国家发展改革委关于印发《"十一五"期间中西部地区特殊教育学校建设规划 2008－2010 年》的通知。	"十一五"期间中央专项投资约6亿元。其中建设工程项目投资约4.5亿元(其中新建校项目约65所，投资2亿元，改扩建校项目约125所，投资2.5亿元)，必备教学、康复训练设施配置投资约1.5亿元(其中新建校项目0.5亿元，改扩建校项目1亿元)。中央专项投资对县级新建学校建设项目重点给予倾斜，每校按300万元进行补助，原则上不要求地方配套。对地级新建学校建设项目投资包干使用，每校补助300万元，缺额部分由地方负责安排；对改扩建学校建设项目投资包干使用，每校补助200万元，缺额部分由地方负责安排；对项目学校必备教学、康复训练设施配置，每校补助80万元，不足部分由地方负责安排。对地理位置特殊、交通不便、施工条件艰苦、需统筹集中建设学校的个别西部省份可采取投资额度切块安排方式，以加大中央专项投资对项目学校的支持力度。
就业	1995年5月	《残疾人就业保障金管理暂行规定》实行。在贯彻实施《中华人民共和国残疾人保障法》的过程中，一些地方法规规定机关、团体、企业、事业单位和城乡集体经济组织安排残疾人就业达不到一定比例的，要交纳残疾人保障金。为了规范和加强"保障金"的管理，特制定本《规定》。	"保障金"专项用于下列开支： ①补贴残疾人职业培训费用； ②奖励超比例安置残疾人就业的单位及为安排残疾人就业做出显著成绩的单位； ③有偿扶持残疾人集体从业、个体经营； ④经同级财政部门批准，适当补助残疾人劳动服务机构经费开支； ⑤经同级财政部门批准，直接用于残疾人就业工作的其他开支。 "保障金"必须按照上述规定用途使用，任何部门不得平调或挪作他用。

资料来源：中国残疾人联合会。

>>二、当前我国残疾人福利的突出问题与矛盾<<

残疾人的社会福利在某种程度上属于准公共物品。在经济学中的供给问题上，私人物品的供给是指生产者在一定时期内在各种可能的价格下愿意而且能够提供出售的该种商品的数量。其影响因素有该商品的价格、生产的成本、生产技术水平、相关商品的价格和生产者对未来的预期。而公共物品，由于从理论上每个人消费相同的公共物品，价格机制不起配置作用。而对于某些准公共物品来说价格机制可以起到一定的配置作用，但不能完全决定其供给。作为公共物品考虑其供给可能要从大的范围上考虑。首先，从本质上讲公共物品供给要与一个国家或地区经济发展的总体水平相适应，会受经济发展水平的影响；其次，受一个国家或地区的政策特别是福利理念与政策的影响；最后，当然也会与一个国家或地区的政府的财政水平相关，税负高、财力充足的国家或地区提供公共产品的能力相对较高。而就残疾人福利的供给来讲，由于其带有私人物品和公共物品的双重特点，所以其供给会受双方面的影响。如果福利服务产品与辅助器具等由市场供给，则会受商品价格的影响；中国一直以政府为主导，保障整个残疾人福利的提供，所以不同地区的残疾人福利保障政策、各地的经济发展水平、政府财政收入都会影响到残疾人福利的供给。当然，其中残疾人福利服务与扶助作为商品，其供给必定会受产品的生产成本、生产技术的影响。

(一)残疾人福利供需差距

由对我国国情的再定位，可以看出中国的经济、社会的发展已经具备了为残疾人提升福利水平相对完善的宏观背景，国家也应该在经济发展良好，政府财力可支付的情况为残疾人群提供更好的社会福利，使残疾人社会福利的提供与该福利的需求相匹配，从而解决残疾人的实际困难，提高残疾人的生活质量。

那么在残疾人福利需求的分析方面，本部分将使用残疾人福利需求的满足率这一指标对残疾人福利所包含的12项内容进行需求的分析和供需的比较，主要包括医疗服务与救助、辅助器具、康复训练与服务、教育费用补助或减免(6岁以上)、职业教育与培训(12岁以上)、就业安置或扶持(16岁以上)、法律援助与服务、无障碍设施、信息无障碍、生活服务、文化服务及其他。主要通过人均需求比与人均接受量比两个指标进行比较(见表8-2)。其中人均需求比指残疾人需要某种福利的总量与残疾人总人数的比；人均接受比指残疾人曾接受某项服务的总量与残疾人总人数的比。将残疾人希望接受的福利服务扶助项目作为他们的需求，而他们实际接受的项目体现的是残疾人福利的供给状况，即他们需求的满足状况。将两者相比，即接受的量与需求的量相比得到他们的需求满足率。但这个需求满足率是一个整体概念的描述，不能够代表某一个人的情况。需求满足率是涉及需求与供给两方面内容的指标，它反映了残疾人福利服务与扶助需求得到满足的程度，对它进行现状分析可以对目前国内残疾人福利水平有一个较好的把握。可以发现在残疾人福利供给中存在的问题，包括数量上的和结构上的，为以后更好地提供残疾人福利提供依据。

1. 残疾人福利总体需求情况

不同地区残疾人福利服务的需求与接受状况从表 8-2 可以看出。全国残疾人人均对服务和扶助的需求基本上集中在 2～3 人次之间，平均为 2.46 人次；而实际接受服务和扶助则主要集中在 1～2 人次，平均为 1.33 人次。

表 8-2　部分地区残疾人福利需求、接受表

地区	人均需求(人次)	人均接受(人次)	需求满足率(%)
总计	2.46	1.33	53.9
北京市	2.27	1.5	66.2
天津市	2.67	2.04	76.3
河北省	2.36	1.39	58.7
山西省	2.42	1.16	48
上海市	2.16	1.45	67.3
浙江省	2.20	1.17	53.3
福建省	2.30	1.25	54.4
山东省	2.56	1.29	50.3

资料来源：2006 年第二次全国残疾人抽样调查

2. 残疾人各福利项目的需求满足情况

首先是接受残疾福利情况，从不分城乡整体看，残疾人对医疗服务的需求最多，将近总需求的 41.3%，其次是对辅助器具，康复服务和生活服务的需求量也较大，而对信息无障碍服务、文化服务和就业安置等服务的需求量不大。由于教育费用补助或减免只在教育年龄内的残疾人才需要，所以残疾人对此项内容的需求也不是很大。对于残疾人实际接受的服务和扶助，由图 8-1可知医疗服务在所有服务和扶助中所占的比例超过了 55%，其次是康复服务和辅助器具。从需求和服务提供上看，目前我国的残疾人福利主要集中于残疾人的医疗服务和相关康复和辅助器具上，可以说这些是残疾人为维持正常生活所必需的基本需要，而进一步的发展型福利服务与扶助较少(见图 8-1)。

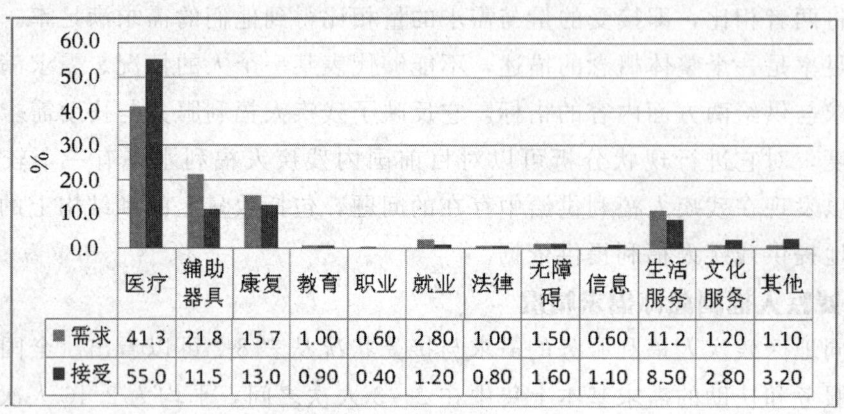

	医疗	辅助器具	康复	教育	职业	就业	法律	无障碍	信息	生活服务	文化服务	其他
需求	41.3	21.8	15.7	1.00	0.60	2.80	1.00	1.50	0.60	11.2	1.20	1.10
接受	55.0	11.5	13.0	0.90	0.40	1.20	0.80	1.60	1.10	8.50	2.80	3.20

图 8-1　残疾人各福利需求与供给占总量的比例

资料来源：2006 年第二次全国残疾人抽样调查

各福利项目的需求和供给比例对比情况，这里我们将用“供需差率”来衡量，供需差率设定为：(需求率－接受率)/需求率。医疗：－0.33；辅助器具：0.47；康复：0.17；教育：0.1；职业：0.33；就业：0.57；法律：0.2；无障碍：－0.06；信息：－0.83；生活服务：0.24；文化服务：－1.33；其他：－1.9。从供需差率的具体数据看出医疗、无障碍、信息、文化服务是目前我国残疾人福利提供相对较多的项目，而康复、教育、就业、职业、生活服务等仍是供给比较匮乏的方面，这为残疾人新型福利项目的设计提供了依据。

3. 分残疾人类别的需求满足情况

从总体需求满足情况看，几乎所有类型残疾人的福利需求都没有得到完全的满足，其中满足率最大的为肢体残疾，他们需求的 56.1％得到满足，而满足率最小的为听力残疾者，只有 51.3％，多重残疾者残疾福利服务需求的满足率也相对较低。而分城乡看，在农村肢体残疾依然是满足率最高的残疾类型，其次是智力残疾；与整体情况相同，听力残疾和多重残疾依然是满足率最低的两个残疾类型，而且这两个残疾类型的需求满足率都低于 50％。相比较于农村，城市残疾者的满足率要高出许多，肢体残疾满足率依然较高达到了 62.1％，但在城市，视力残疾的满足率也很高，与肢体残疾一样满足率达到了 62.1％。满足率较低的为听力残疾和智力残疾，多重残疾的满足率也小于 60％，城市满足率最低的听力残疾 58.7％，依然比农村满足率最高的肢体残疾 53.6％高出许多。说明分残疾类别看，城乡福利差异也相当明显。这些分析对新型残疾人福利的设计提供了重要的依据，在项目设计上应当有所偏重(见图 8-2)。

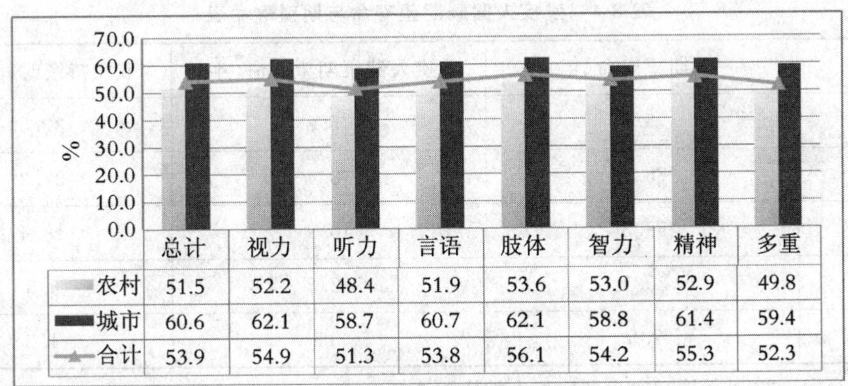

图 8-2　残疾人各类别的需求满足情况

资料来源：2006 年第二次全国残疾人抽样调查

4. 残疾人不同残级的福利需求满足情况

分残疾等级看，随着残疾等级加重，人均需求量递增，残疾等级越重的残疾人需要的福利服务扶助也越多。但需求的实际满足情况却并非如此，实际接受福利服务最多的是等级为二级的残疾人，人均为 1.391 人次，其次为一级、三级和四级。分残疾等级看目前我国残疾人福利需求满足率情况。每个等级残疾人的需求满足率基本相似，但满足率最高的为二级残疾人，其次为四级残疾人(见表 8-3)。

表 8-3　分残疾等级的残疾人需求满足率

残疾等级	一级	二级	三级	四级
人均需求(人次)	2.537	2.552	2.469	2.406
人均接受(人次)	1.363	1.391	1.315	1.307
需求满足率(%)	53.71	54.52	53.24	54.32

资料来源：2006 年第二次全国残疾人抽样调查

5. 不同年龄段残疾人福利需求分析

对残疾人健康期望寿命与总期望寿命进行比较分析①(见表 8-4)。可以看出，0 岁组残疾人健康期望寿命为 45.3 岁，其残疾持续时间近 30 年；60 岁组残疾持续时间约 8 年，也就是说，老年人平均有 8 年的时间是在不能自理的情况下度过的。残疾人健康期望寿命与总期望寿命的差距也正是其福利服务与扶助的需求时间，这个时间越短，需求持续时间也越短，需求越少。

---

① 由于没有分年龄的残疾人死亡数据，所以无法得到残疾人生命表，故用 2000 年一般生命表为参照数据。

表 8-4　残疾人健康期望寿命与期望寿命表

年龄	一般期望寿命(年)	残疾人健康期望寿命(年)	残疾持续时间(年)
0 岁	75.8	45.3	30.5
1 岁	75.7	48.4	27.3
18 岁	59.3	40.9	18.4
60 岁	20.7	12.2	8.5
80 岁	7.5	3.3	4.2

资料来源：2006 年第二次全国残疾人抽样调查

从以上的分析中可以看出，0 岁组残疾人和 60 岁以上的老年人因为期望健康寿命比较长，而且自身的健康期望寿命与总期望寿命的差距也非常大，所以新型的残疾人福利项目的设计中应该在这两个人群上面有所偏重。

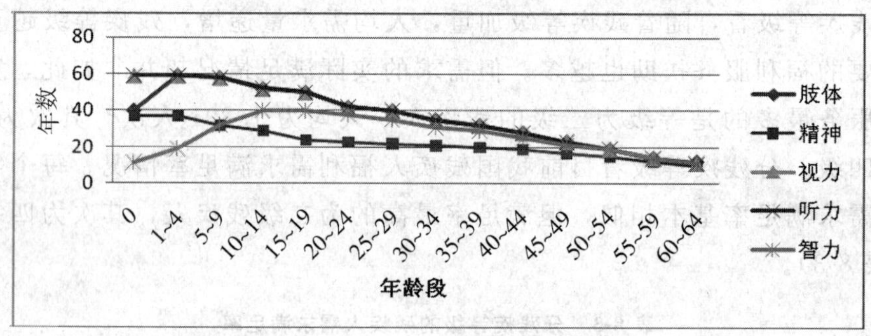

图 8-3　不同残疾类别的预期健康年龄对比表

资料来源：2006 年第二次全国残疾人抽样调查

图 8-3 显示的残疾人健康期望寿命表，表明不同年龄段残疾的发生率以及在特定年龄段的健康残疾人的健康期望寿命。根据残疾率表，可以对此进行分析预测，同时，根据不同年龄和类别的残疾发生率分别进行预防，并根据特定的残疾发生率为不同的残疾人提供不同的福利服务和扶助，使整个残疾人事业的运行效率得以提高。对于智力残疾来说，多由于先天因素致残，其整体的健康期望寿命较低，造成残疾持续时间长，也意味着它对福利服务与扶助的需求持续时间比较长。所以对智力残疾，应注重他的先天预防，以及福利服务与扶助的后续持续供给。相比，视力、听力和肢体残疾 5 岁以后健康寿命相近，而且也相对较高，残疾发生率较高的为出生时和年老时，残疾持续时间会相对较低。而精神残疾发生率处于中间，但是精神残疾的预期健康寿命在不同的年龄段都是比较低的，所以这类残疾人也是非常需要给予更多的救助和服务。

(二)残疾人社会福利体系中的其他突出问题

根据西方社会政策学者马克斯·韦伯对福利国家的分类，我国现行的社会福利政策应属于“机制+残补型”的模式，这种模式在新中国成立后相当长的时期内发挥了积极的作用，但是近年来我国的经济发展比较迅速，社会环境发生了质的变化，市场的转型进程也在加速，公民权利观念深入人心，经济全球化势不可挡，这种形势对我国社会福利制度建设提出了更高的要求，一些特殊群体的社会福利提供更是值得重视。残疾人在新时期缺乏参与分享国家发展成果的有效途径。

1. 分享国家发展成果的有效途径缺失

在计划经济时代，尽管经济发展较为落后，但国家保障与单位(集体)保障能够确保残疾人分享国家发展的成果。例如，城镇残疾人可以享受国家福利，包括国家举办的各种福利工厂、单位内部对残疾人的保障，农村则通过集体经济组织谋求残疾人福利，残疾人确实有着固定的分享发展成果的途径。改革开放以来，城镇中的公办残疾人福利事业并未随着国家经济的发展而发展，福利企业呈现萎缩状态，因为市场经济不照顾福利企业，各单位也不再对残疾人提供福利；在农村，集体分配机制的崩溃使残疾人丧失了原有的集体福利分配途径，土地承包后给予残疾人减免税费的福利性待遇也因国家全部免除农业税费等而不再成为残疾人的福利来源。

2. 财政投入结构存在问题

第一，目前财政在残疾人社会福利方面的投入主要集中于残疾人事业经费方面，但此项支出不能反映残疾人事业发展的整个内容体系。而现行“残疾人事业费”的内容过于单一和过于强调保障残疾人基本生存权利，忽略了他们的发展要求。随着我国经济社会的快速发展和全面建设小康社会进程的加快，残疾人作为社会中一个无法忽视的群体，残疾人事业也应该有更高水平的发展。第二，目前残疾福利财政投入城乡差距明显，相对于城市来说，农村残疾人福利投入相对要低，需求明显不能满足。第三，需求满足率在性别、年龄、残疾类型及地区等方面都存在差异，目前残疾人福利财政投入并没根据残疾人的需求来配置，由于结构存在问题，其效率低下。

3. 残疾人福利立法不够完善

随着残疾人事业的发展，关于残疾人福利的法律法规以及其他规范性文件也逐渐补充和完善，但是目前的法律多数是对残疾人政策的建议以及其他推广性和宣传性的文件，具体实施的办法并没有很成型。首先，一些维护残疾人合法权益的法律文件的约束力不足，以致残疾人对自身应该享有的优惠、优待政策不能得到落实。其次，国家对残疾人的专门立法以及其他基本法中对残疾人福利的立法并没有很好的协调性，各项法律之间的衔接程度不高。最后，残疾人福利相关立法中对国家专用于残疾人福利资金的筹集、管理、拨付的规定十分欠缺，除了对残疾人就业保障金、福利彩票的规定外，对其他项目的资金问题并没有专门的规定，以致残疾人接受国家直接资助的接受效率非常低，影响了残疾人享受社会福利的正当权利。

4. 中国残疾人联合会（残联）的机构运行、职能分工方面不够清晰

1995年，在国家党政机关机构改革工作中，中央明确了中国残联由国务院直接管理，不再由民政部代管。2006年，由中共中央组织部、人事部印发了《工会、共青团、妇联等人民团体和群众团体机关参照〈中华人民共和国公务员法〉管理的意见》，虽然国家对残联和民政部的职能作了比较细致的划分，但是从整个体制来看，还是有许多方面有相互交叉的地方，这也为两个部门职能交叉和服务真空的存在提供了可能，所以在这方面应该有所调整，比如国家可以考虑成立残疾人事业局之类的机构。

>>三、新型残疾人福利项目设计<<

新型残疾人福利项目的设计是根据对残疾人社会福利需求和供给的五个维度进行的分析，包括残疾人福利总体需求率、残疾人各福利项目的需求满足情况、分残疾人类别的需求满足情况、残疾人不同残级以及残疾人群的福利满意需求情况，通过比较分析，综合归纳后得出的总体残疾人社会福利需求和各不同维度残疾人社会福利需求状况，从这些需求出发，设计出比较合理的福利项目。福利项目包括以津贴为主的资金支出和福利服务的提供。

(一)资金项目设计

近年来，残疾人社会福利提供的方式趋向多元化，同时受益者接受福利产品及服务的效果也正在被验证。直接补给资金的形式在方式上更简便，在福利供给的过程中人力资本的消耗比较少，而且多数受益者可以得到真正的实惠。

1. 残疾人津贴

残疾人福利体系的建设，应当从设立普及全国的残疾人福利津贴入手。我国当前针对残疾人的以最低生活保障制度为代表的社会救助与残疾人福利津贴是两种不同的制度安排，社会救助覆盖面窄，属于收入审查基础上的补差性质，难以保障所有残疾人的生活。残疾人津贴制度应不受其影响单独立项实施。以英国为例，英国对残疾人的财政补贴中最主要的是生活津贴，这类津贴属于非调查型津贴，只要符合相应条件，收入和储蓄情况都不会影响申请资格。因此，残疾人津贴的设计与受助者收入高低和贫困与否无关，完全是以受助者的残疾程度为援助依据，以普遍惠及全体残疾人为目标。按照我国残疾人伤残等级的差异，可设置不同的津贴标准，如四级残疾人为每月 50 元的补贴标准，残疾等级每提高一个级别则增加津贴 50 元。残疾人津贴每年共需投入约 1020 亿元①(见表 8-5)。

表 8-5　残疾人津贴与重残津贴②

项目	受益对象	人数(万)	津贴标准(元/月)
残疾人津贴	一级	1425.75	200
	二级	1021.58	150
	三级	2230.27	100
	四级	3620.40	50

2. 多重残疾津贴

由以上内容对残疾人各等级和各类别的社会福利需求满足率的分析中，可以看出，重度残疾人和多重残疾人应该得到更多的帮助，国家在对残疾人的福利制度的设计上应该考虑以津贴形式给予帮助。在以上残疾人津贴的设计中，已经体现了对重度残疾人的政策倾斜，而根据对各类残疾人的福利需求满足率来看，多重残疾人的福利需求满足率最低，这说明了多重残疾人得到的福利服务与救助，与其根本的需求有较大的差距，不管是农村还是城市，他们的需求满足率只有 52.3%(总体数据)，多重残疾人的境遇比其他残疾人更差，所以应该足够重视这类群体的福利供给问题，给予他们更多的帮助。可考虑按照每人每月 100 元的标准通过津贴形式进行发放，按照 2006 年第二次全国残疾人抽样调查数据的多重残疾人数据，进行估算，这个项目每年国家的投入约为 170 亿元。

3. 非正规就业残疾人生活津贴

本项目设计主要是考虑非正规就业且并未参加工伤保险的残疾人员的生活资助问题，参考国家条例对正规就业人员工伤保险的设计依据，对该人群发放生活津贴。由以上对残疾人各类福利项目的供需情况的分析可以看出，就业一项的供需差率为 0.33，显示出这项福利在残疾人中的满足程度比较小，而且在当今福利企业不景气、人力市场竞争激烈的情况下，残疾人的工资收入比较少，一名有固定收入的人员，可能会因为身体残疾而造成失业或者就业困难，以至收入的严重

---

① 按照累进式的残级津贴总额加总为 1010.92 亿元，但考虑残疾人总人数的上升以及各残级人数的合理误差，最后估值为 1020 亿元。

② 残疾人津贴项目与重残津贴项目两者按照条件符合情况，可重复发放。

减少而造成生活的贫困。德国对残疾人因身体残疾而造成的收入减少问题非常重视，建立了残疾人收入减少津贴制度，按照残疾人残疾之前的最后一个月的工资的68%发放津贴，这种制度有一定的可借鉴性。我国的残疾人福利项目可考虑为因丧失工作能力而收入严重减少的非正规就业的残疾人群给予一定的生活津贴，让残疾人在丧失工作能力时，能够有合适的过渡期，防止突然贫困的产生，也避免相应的社会问题的发生。这类残疾人群已经评定伤残等级并经劳动能力鉴定委员会确认需要生活补助的，可考虑从残疾人就业保障金中予以支付。这种生活津贴可按照生活完全不能自理、生活大部分不能自理或者生活部分不能自理三个不同等级支付。粗略估计，按照12～59岁残疾人的总数，设定平均给付标准为每月100元的补贴①。暂认为这个年龄段的非就业人员未参加工伤保险②，因残疾而造成工作丧失或收入下降而使生活困难的残疾人为福利受益人员。那么每年国家将支出82亿元左右。③

4. 智力、精神残疾关怀补助

不同类型的残疾人具有不同残疾持续时间，这也将导致他们对残疾人福利服务与扶助需求持续时间也存在一定差异，也说明在残疾人福利服务和扶助的供给上应注意残疾类型的差异，对某些类型残疾人应有所倾斜。在《智力残疾人康复“十一五”实施方案》中，中央财政按照每人100元对贫困智力残疾儿童康复训练给予补贴，按照每人50元对智力残疾儿童家长康复知识培训给予经费补贴；按照每个机构10万元对全国25个智力残疾康复养护试点机构给予经费补贴，并要求各地要按照不低于中央财政补贴标准投入相应配套经费。本章对于智力残疾和精神残疾的社会福利津贴设计中可考虑为抚养19岁以下残疾人的父母(不论是否认定为贫困智力残疾人)提供关怀补贴。按照智力残疾和精神残疾所占残疾人总人数的比例分别为6.68%和7.4%，0至19岁残疾人比例为6.9%，来计算19岁以下残疾人的数量(因对19岁以下残疾人的智力残疾人和精神残疾残疾人的数据没有统计，采用2006年第二次全国残疾人抽样调查数据中残疾人分类的比例计算)，按照每人每月补助150元的标准对残疾人父母进行补助，那么每年国家大约需投入15亿元④。

---

① 暂设为三个等级的支付平均资金约为100元/月。

② 本章中认为非就业人员未参加工伤保险。

③ 按照2006年统计数据得到：100元×12月×8296万×40.1%×(100%－80%)＝79.84亿元，因考虑到残疾人总人数的增长率，以及非正规就业人群的比例的上升，所以最后估值大概在82亿。

④ 按照2006年统计数据得到：150元×12月×8296万×14.08%×6.9%＝14.5亿元，因考虑到残疾人总人数的增长率和0～19岁人群的智力残疾与精神残疾的比例合理误差，最后估值定为15亿。

(二)残疾人福利服务设计

残疾人社会福利的内容包括了残疾人家庭生活和社会生活的各个领域，其中主要表现在物质生活方面，有些在精神生活方面也有重要的表现。社会福利服务的内容则是一方面给予最低生活保障；另一方面在此基础上尽可能地改善生活条件，提高生活质量。我国社会福利服务体系的基本结构与西方社会有很大区别，这是由我国社会的传统文化、社会制度(经济制度、家庭制度、保障制度)、人口状况等诸多因素所决定的。目前我国的社会福利服务主要包括社会福利机构服务、社区福利服务、居家供养福利服务三种类型。目前的残疾人社会福利服务体系提高了残疾人的基本生活水平，但是福利服务实施的覆盖面、实施方式、实施效果应该要进一步的创新，需要努力探索创新型的独立服务模式。在巩固社会福利机构提供服务的基础上，努力发展社会福利服务，创新和加强居家供养的福利服务体系。根据以上内容对残疾人各福利项目需求满足率的对比，得出残疾人的康复、教育、就业、职业、生活服务等福利服务项目仍是供给比较匮乏的方面，所以这也为以下残疾人福利服务的设置提供了重要的参考。

1. 建立残疾人之家机构

建立每家容纳 6～10 人，其中 75%为残疾人，房内设施由相关的残疾人管理局负责，并派 1 名经过政府培训的专人管理，资金由政府负责提供的残疾人之家。巴西在 1990 年左右，在人均国内生产总值 3000 美元左右的时候，对残疾人就设置了这些服务，通过建立残疾人之家，成功安置了一大批的残疾人。每家的残疾人数量不多，同时为残疾人家庭配备一定比例的非残疾人人员为残疾人之家做服务。这种形式看似是机构式的残疾人福利服务模式，因为资金仍由政府负责筹集，而且可会为这里配备一名到两名的受过专业培训的人员来进行管理，保证了机构运作的正规性和高效性，但是同时因为这种模式与家庭的天然契合特点，使这种模式具有了创新性和可实施性。根据《社区康复“十一五”实施计划》，中央财政对社区康复工作给予补贴，其中，该方案将使 2000 万社区残疾人受益，其中用于培训低视力儿童家长 150 万元、盲人定向行走 750 万元、培训聋儿家长 400 万元、肢体残疾社区康复训练 1000 万元、培训智力残疾儿童家长 250 万元、精神病防治康复按覆盖人口补贴 150 万元、配发残疾人辅助器具样品 1150 万元，地方财政按不低于中央财政补贴标准投入相应配套经费。如果参照国家对社区残疾人康复实施的这个资金注入标准，根据 2006 年残疾人口普查的数字统计，残疾人之家机构所需要的资金资助应该为该总数量的 4～5 倍，所以粗略估计国家在此项的开支为 2 亿元。

2. 家庭照料服务

社会和社区目前对残疾人的帮助是十分有限的，近年来城市社区服务和部分地区社区康复的开展，一定程度上减少了残疾人对家庭的依赖，对他们回归社会很有益处。不过，大多数残疾人得到的社区服务还处于刚刚建立和逐步完善之中，所以残疾人家庭的照顾作用就非常的重要，而且调查显示残疾人家庭在残疾人社会支持网中相关密度最大(蔡禾《关注弱势一城市残疾人群体研究》，所以对残疾人家庭的扶持显得非常的重要。可考虑按照每月每位残疾人定量的标准，提供每月 6 个小时的家庭照料服务。在残疾人家庭，家人对残疾人的康复照顾、生活的辅助的作用非常大，通过提供这种服务也可以在某种程度上缓解残疾人家人的压力，为他们每月分担一定的照料任务。按照每次服务费 20 元来计算，每位残疾人每月需要服务的费用为 120 元，残疾人可以每月领到家庭照料服务券，国家每年在这项的开支预计为 355 亿元左右。

以上设计的相关残疾人社会福利项目的总支出如表 8-6 所示：①

表 8-6　新型残疾人福利体系设计总支出表

项目分类	项目	资金(亿元)
津贴类	残疾人津贴	1020
	多重残疾津贴	170
	非正规就业残疾人生活津贴	82
	智力、精神残疾关怀补助	15
服务类	残疾人之家机构建立	2
	家庭照料服务	355
共计		1644

(三)相关政策建议

1. 改变观念，对残疾人给予关注

要树立起对残疾人新的认识观念。残疾人是人类历史进程中不可避免要付出的一种社会代价，没有残疾人的存在，就没有预防和治疗残疾的医学知识的产生；残疾人有作为人的尊严和权利，有参与社会生活的愿望和能力，作为公民，有宪法赋予的合法权益；残疾人也是社会财富的创造者，残疾人参与就业后，为社会物质文明的发展贡献了力量，残疾人也是精神财富的创造者，他们热爱生活，乐观进取，有自尊、自强、自信、自立的精神，残疾人创造的文学、艺术等都是人类精神文明的宝贵财富。

---

① 此表的统计为以上所列项目可用现金估算的一年内资金量汇总。

2. 国家和社会的福利责任分担

调动国家和社会的力量，缓解残疾人社会保障的供需矛盾。从国家来看，社会保障是国家实现社会公平的有效路径。救助弱势群体、保障其基本生活是现代政府的基本责任，任何国家社会保障制度的建立与有效运行都离不开政府的主导作用，更离不开政府强大的财政支持。同时社会也应当在残疾人社会保障中发挥重要作用，为残疾人社会保障提供有力支撑。一方面，以地缘、业缘、血缘等关系为基础，通过发展残疾人慈善事业、拓展社区保障，构建社会对于残疾人的基本保障机制，以之作为国家保障制度的有力支持系统。另一方面，倡导反歧视、平等对待和残疾人优先、特别扶助等基本理念，在全社会营造良好的“扶残助残”氛围，逐步改善残疾人社会保障的社会环境。

3. 完善相关法律制度

通过制定残疾人社会福利法，避免对残疾人的歧视，并帮助残疾人适应社会。制定《残疾人保障法》《劳动法》等法律的实施细则，为残疾人建立专门的法律体系。不局限于条例、办法等形式，扩大法律内容关注范围，增加法律规定的受益人群的数量。另外，应该加快针对残疾人的专门法律的立法工作，如《残疾人教育法》等法律，以及涉及老年残疾人的法律。真正做到使所有残疾人都能享受到法律赋予的权利。

4. 完善相关筹资机制

残疾人福利资金应多元化。目前残疾人事业发展的主要症结在于经费问题，资金瓶颈制约着我国残疾人社会保障的发展，而财政拨款正是解决这一症结的关键所在。财政拨款既可以为残疾人社会救助提供资金保障，也可以为残疾人社会服务提供资金支持，是建设残疾人社会保障体系的先决性条件。同时逐步实现资金筹集多元化，推进残疾人的社会福利事业发展，资金投入是第一要素。传统的筹集渠道只靠政府拨款，实践证明是行不通的。必须建立新的投资体系，催生新的热点。首先，中央财政建立社会福利专项资金，加大中央对各地发展残疾人社会福利事业的财政支持和资金投入。其次，残疾人社会福利事业应继续放开，由社会、公共团体、企事业甚至个人来创办，但加快残疾人福利事业的社会化进程，拓宽资金来源渠道，使其多元化，原则应是非盈利或低盈利。国家在进一步重视民间的作用、动员社会力量的同时，应有计划地组织一支志愿(或低报酬)的义务人员队伍，参加残疾人社会福利工作。最后，残疾人社会福利应统筹城乡发展。应把农村残疾人的社会福利作为残疾人社会保障工作的重中之重。在中国，由于农民长期属于社会弱势群体，农村贫困残疾人更是生活在一种无助、无奈的环境中，农村残疾人家庭承受力极端脆弱，使他们处于社会的最底层，对最低生活保障的需求更为迫切。一是政府在社会福利政策上应给农村残疾人以适当的倾斜，在各地建立农村居民最低生活保障制度时应优先重点考虑贫困残疾人，因地制宜、分类推进，逐步建立农村残疾人社会救助体系，保障残疾人的基本生活。二是在最低生活保障的基础上，应当面向有需要的农村残疾人实施福利性的特殊教育与技能培训，确保我国的残疾人就业政策得到全面贯彻落实，促进农村残疾人就业，使其实现与健康劳动者一样的各项社会福利权益。在城市，除了完善现有的社会保障制度之外，还要进一步建立残疾人福利津贴制度，使现有残疾人的社会福利内容更加充实与完善。为了鼓励有劳动能力的残疾人参加社会保险，扩大其参加社会保险的范围，国家应提供适度的社会保险津贴。

新型医疗福利体系[①]

医疗福利是指国家、单位、集体等为解除其成员罹患疾病的后顾之忧，维护、改善其成员健康水平而采取的体系性、制度性安排，在整个社会福利体系中占有十分重要的地位。我国的医疗福利体系建立于20世纪50年代初，六十多年来几经改革、调整，初步形成了一整套具有中国特色的制度安排，向社会成员提供了不同程度的医疗经费和服务保障，提升了整个民族的健康水平。然而，我国的医疗福利体系建设仍未臻完善，“看病贵、看病难”仍是困扰大多数社会成员的瓶颈性问题，改革现行医疗福利体系，向全体社会成员提供新型的医疗福利不仅是构建与中等经济发展水平相适应的新型社会福利体系的重要环节，也是全面建设小康社会，加快发展社会事业，全面改善人民生活的必然要求。

>>一、我国医疗福利的历史发展与现实格局<<

在对新型的医疗福利体系进行设计之前，应当先对我国医疗福利的历史发展与现实状况进行相应描述，并对我国医疗福利现存的问题进行分析，在充分掌握现实情况与问题的基础上，有针对性地提出制度的设计与政策的建议。

(一)我国医疗福利的发展历程

新中国医疗福利制度的建立可以追溯到1951年3月《中华人民共和国劳动保险条例》颁布施行。《条例》规定了职工因工负伤、职工疾病或非因工负伤、职工供养的直系亲属患病、女职工怀孕分娩等情况下所能享受的劳保医疗待遇。通过此项制度安排，城镇职工的就医费用绝大部分由企业负担，很大程度上解除了职工乃至其直系亲属患病就医的后顾之忧。

1952年6月，政务院发布《关于全国各级人民政府、党派、团体及所属事业单位的国家工作人员实行公费医疗预防的指示》以及《国家工作人员公费医疗预防实施办法》，标志着针对国家机关、事业单位工作人员(俗称“干部”)的公费医疗

① 作者简介：仲林，北京师范大学中国社会政策研究所。

制度建立起来。之后，随着《关于公费医疗的几项规定》(1953)、《关于办理各国在华专家公费医疗预防几项规定》(1956)、《国家机关工作人员退休后仍应享有公费医疗待遇的通知》(1956)、《关于高等学校工作人员退休后应享有公费医疗待遇的通知》(1956)等一系列文件的出台，公费医疗保障对象范围进一步扩大。在筹资渠道方面，公费医疗费用由国家和地方财政承担，按人头拨付各级卫生行政部门统筹使用。此项制度不仅基本覆盖国家机关、事业单位工作人员所需的全部医疗费用，同时还对其供养的直系亲属的医疗费用进行补助，对"干部"及其直系亲属具有极强的保障功能。

与城镇居民主要由国家—单位为主提供医疗福利的制度安排不同，农村居民主要依靠集体累积与集体内部的互助来筹集医疗费用，并且创造出低水平、全覆盖的农村合作医疗制度。农村合作医疗制度是指在农业合作化体制下，通过个人缴费、集体补助的方式，合作建立医疗站(卫生所)，培养乡村医生(赤脚医生)，为参合农民提供基本医疗服务，免除医疗费甚至药费的制度安排。1955年，农业合作化进入高潮，山西高平、河南正阳、山东招远、湖北麻城等地农村开始出现具有保险性质的合作医疗保健制度；随后，全国各地相继出现了一些推行农村合作医疗制度的先进典型。1960年2月，中共中央转发卫生部《关于人民公社卫生工作几个问题的意见》，充分肯定了山西省稷山县的合作医疗探索；1968年12月，《人民日报》又在头版头条发表了毛泽东亲自批示的《深受贫下中农欢迎的合作医疗制度》，介绍并高度首肯了湖北省长阳县乐园公社实行合作医疗制度的做法和经验。在这些文件的推动下，全国农村迅速普及合作医疗，至1976年，全国实行合作医疗制度的行政村(生产大队)比例高达90%，覆盖八成的农村人口。农村合作医疗的普遍建立，有效地为广大农民提供了基本的医疗卫生保障，使中国人民的整体健康指标大幅改善。当时中国医疗卫生服务的公平性和可及性在国际上受到高度赞誉，成为世界卫生组织在全球范围内推广初级卫生服务运动的样板(World Health Organization，1978)。但随着1978年以后家庭联产承包责任制的实行，这一制度丧失了原有的政治和经济基础，很快就大范围解体。

1984年党的十二届三中全会以后，以"增强企业活力"为中心的城镇经济体制改革逐步迈向深入，政府与企业、企业与职工之间的关系被重新界定，原先依赖企业买单、政府托底的城镇职工劳保医疗福利难以为继，不得不加以改革。这一改革从时序上主要分为两步：第一步是通过引入个人适当承担部分医疗费用、医疗单位包干管理公费医疗经费等对供需双方的制约机制，进行参数性的改革；第二步是由劳保医疗福利向社会医疗保险转型[①]。1994年4月，国

① 郑功成．中国社会保障30年[M]．北京：人民出版社，2008：100～102.

家体改委、财政部、劳动部、卫生部联合下发《关于职工医疗制度改革的试点意见》，明确在江苏省镇江市和江西省九江市开展医疗保险社会统筹和个人账户相结合(简称“统账结合”)的改革试点。1996年4月，国务院又将统账结合的医疗保险制度改革试点推广到57个城市。1998年12月，国务院发布《关于建立城镇职工基本医疗保险制度的决定》，正式建立起全国统一的、面向城镇职工的医疗保险制度。此项制度的建立，旨在通过社会统筹，减轻企业(包括国家)给付职工医疗费用方面的沉重负担，保障职工个人在各种情况下都能获得应有的医疗福利待遇。与之前的劳保福利相比，这一制度安排有两个显著的不同：一是职工个人需承担缴费责任；二是职工抚养的直系亲属未被纳入保障范围。值得注意的是，从制度设计方面看，国家机关、事业单位工作人员也被纳入了城镇职工基本医疗保险体系。随着公费医疗制度改革的推进，全国陆续已有90%左右的省份完成了公费医疗制度与城镇职工医疗保险的接轨。这一阶段，由于劳保医疗的改革和农村合作医疗的解体，面向城镇居民与广大农村居民的医疗福利制度基本缺失，这部分人的医疗福利待遇较之改革开放以前下降较为明显。

21世纪以来，“代表中国最广大人民的根本利益”“构建社会主义和谐社会”等成为引领党建和国家发展的主导方略，推动了整个社会福利体系的初步转型和重构。相应地，医疗福利体系建设也得以较快推进，这主要体现为若干重要制度的设立，包括新型农村合作医疗制度(2003年)、农村医疗救助制度(2003年)、城市医疗救助制度(2005年)、城镇居民基本医疗保险制度(2007年)等。这一系列制度的建立，一方面解决了城乡经济体制改革以来原计划经济体制下医疗福利制度解体后农村居民及城镇非就业年龄人口、非从业人员等群体所面临的医疗保障缺失问题；另一方面缓解了城乡低收入居民面临的医疗费用支出压力，具有重大的政策意义。值得注意的是，国家财政投入在上述新型医疗福利制度设立过程中扮演了十分重要的角色，推动这些制度的覆盖面迅速扩大。其中，城乡医疗救助资金全部来自各级财政，新型农村合作医疗、城镇居民基本医疗保险的参保人员也受到中央和地方财政不同程度的补贴。国家责任，尤其是国家财政责任的回归，成为21世纪医疗福利体系建设的显著特点，也将是未来深化医疗福利体系建设的必然趋势。

(二)我国医疗福利体系的现实格局

经过三十多年的探索与改革，我国已经初步建成了一套具有中国特色的、较为符合中国国情的医疗福利体系。总体上看，这是一个“4＋2＋1”的体系，主要包括由城镇职工基本医疗保险、城镇居民基本医疗保险、新型农村合作医疗以及公费医疗四大制度构成的医疗保障体系；由农村医疗救助、城市医疗救助两大制度构成的医疗救助体系；以及以商业医疗保险为主的补充医疗保障体系。这七项制度共同型塑了我国医疗福利体系的现实格局。

1. 城镇职工基本医疗保险制度

该项制度建立于1998年，面向城镇所有用人单位①的职工，以地级以上行政区(包括地、市、州、盟)或县(市)为统筹单位，由用人单位和职工双方按工资的一定比例共同缴纳基本医疗保险费，建立基本医疗保险统筹基金和个人账户，划定各自的支付范围，分别核算。自2003年起，国家又出台了一系列文件，扩大这一制度的覆盖范围，努力将城镇灵活就业人员(2003年)、混合所有制企业和非公有制经济组织从业人员(2004年)、农民工(2006年)等群体纳入职工医保范围。截至2008年年底，全国参加城镇职工基本医疗保险人数19996万人，其中参保职工14988万人，参保退休人员5008万人②，城镇就业人员参保率为66.2%。

2. 城镇居民基本医疗保险制度

该项制度自2007年开始全国试点，面向全体城镇非从业居民③，实行属地管理，以家庭缴费为主，同时各级政府对参保居民给予40～60元的补助，居民医保基金重点用于参保居民的住院和门诊大病医疗支出，有条件的地区逐步试行门诊医疗费用统筹。截至2008年年底，全国参加城镇居民基本医疗保险人数为11826万人④，占城镇非从业人口数的38.8%。

截至2009年年底，全国参加城镇职工和居民两项基本医疗保险的人数总计40 061万人，比上年年底增加8239万人⑤。值得注意的是，国家财政在推动这两项制度扩面过程中起了较为关键的作用：2009年中央财政安排了429亿元专项补助资金，将各地关闭破产国有企业退休人员全部纳入职工医保。加上去年已经安排的80亿，一共安排了509亿资金解决历史遗留问题；从2010年起，财政又将城镇居民基本医疗保险补贴额度提高到每人120元。(见表9-1)

---

① 包括企业(国有企业、集体企业、外商投资企业、私营企业等)、机关、事业单位、社会团体、民办非企业单位。

② 两部门发布人力资源和社会保障事业发展统计公报[R/OL].[2009-05-19]http://news.xinhuanet.com/politics/2009-05/19/content_11400984_1.htm.

③ 主要是不属于城镇职工基本医疗保险制度覆盖范围的中小学阶段的学生(包括职业高中、中专、技校学生)、少年儿童和其他非从业城镇居民。

④ 两部门发布人力资源和社会保障事业发展统计公报[R/OL].[2009-05-19]http://news.xinhuanet.com/politics/2009-05/19/content_11400984_1.htm.

⑤ 人力资源和社会保障部2009年第四季度发布会[R/OL].[2010-01-22].http://www.scio.gov.cn/xwfbh/gbwxwfbh/fbh/201001/t529677.htm.

表 9-1 城镇职工和居民基本医疗保险情况

年份	参保人数(万人)					城镇基本医保收支(亿元)		
	合计	城镇居民基本医保	城镇职工基本医保	在职职工	退休人员	基金收入	基金支出	累计结存
2004			12404	9045	3359	5780.0	4627.0	4493.0
2005			13783	10022	3761	6969.0	5401.0	6066.0
2006			15732	11580	4152	1747.1	1276.7	1752.4
2007	22311	4291	18020	13420	4600	2214.2	1551.7	2440.8
2008	31822	11826	19996	14988	5008	3040.0	2084.0	3432.0
2009	40061							

资料来源:《2009 中国卫生统计年鉴》12-3;《人力资源和社会保障部 2009 年第四季度发布会》,2010 年 1 月 22 日

3. 公费医疗制度

针对全国各级人民政府、党派、工青妇等团体、各种工作队以及文化、教育、卫生、经济建设等事业单位的国家工作人员和革命残废军人的公费医疗制度于 1952 年 7 月正式建立,由各级财政支付上述群体门诊、住院所需的诊疗费、手术费、住院费、门诊或住院中经医师处方的药费。改革开放以后,劳保医疗制度受到较大冲击开始转型,但公费医疗制度仅进行了一些小修小补的改革,如在门诊和住院中增加一定比例的自付费用等。1998 年年底,国务院发布《关于建立城镇职工基本医疗保险制度的决定》,要求机关、事业单位、社会团体职工享受的公费医疗向职工基本医疗保险并轨,同时享受一定的医疗补助政策;离休人员、老红军、二等乙级以上革命伤残军人的医疗待遇不变。此后,全国大多数省、自治区、直辖市启动并完成了公费医疗制度改革工作,目前仅有北京、广东和中央直属机关还基本保留公费医疗待遇。2006 年全国行政事业单位医疗经费总计 374.6 亿元①,2008 年约为 532 亿元。

4. 新型农村合作医疗制度

该项制度于 2003 年起在全国试点,是由政府组织、引导、支持,农民自愿参加,个人、集体和政府多方筹资,以大病统筹为主的农民医疗互助共济制度,拟于 2010 年实现基本覆盖全国农村居民的目标。截至 2009 年 9 月底,全国参加新农合人口达到 8.33 亿,参合率为 94%;中央和地方各级财政共落实补助资金 627 亿元;4.9 亿人次获得补偿,1560 万人得到健康体检;全国 1/3 的地区开展门诊统筹试点;50%的地区提高住院费用补偿比例幅度达到 5 个百分点以上;陕西、安徽、云南等地开展支付方式改革试点;浙江、广西等地启动市级统筹试点②(见表 9-2)。

① 《2009 中国卫生统计年鉴》,4-1-2。

② 卫生部医改和甲型 H1N1 流感防控工作媒体通气会.[2010-01-04].http://www.scio.gov.cn/xwfbh/gbwxwfbh/xwfbh/wsb/201001/t510638.htm.

表 9-2 新型农村合作医疗情况

年份	开展新农合县（市、区）(个)	参加新农合人数（亿人）	参合率（%）	当年基金支出（亿元）	补偿支出受益人次（亿人次）
2004	333	0.80	75.20	26.37	0.76
2005	678	1.79	75.66	61.75	1.22
2006	1451	4.10	80.66	155.81	2.72
2007	2451	7.26	86.20	346.63	4.53
2008	2729	8.15	91.53	662.31	5.85
2009（截至 9 月）		8.33	94.00		4.90

资料来源：《2009 中国卫生统计年鉴》12-1；《卫生部医改和甲型 H1N1 流感防控工作媒体通气会》，2010 年 1 月 4 日

5. 农村医疗救助制度

该项制度于 2003 年年底建立，旨在通过政府拨款等筹资渠道，对患大病的农村五保户和贫困农民家庭实行医疗救助，救助方法主要是资助救助对象参加新农合，或因患大病经合作医疗补助后个人负担医疗费用仍过高，影响家庭基本生活的，再给予适当的补助。

6. 城市医疗救助制度

该项制度于 2005 年在全国启动试点，旨在通过财政预算拨款、专项彩票公益金、社会捐助等渠道建立基金，对城市居民最低生活保障对象中未参加城镇职工基本医疗保险人员、已参加城镇职工基本医疗保险但个人负担仍然较重的人员和其他特殊困难群众，在扣除各项医疗保险可支付部分、单位应报销部分及社会互助帮困等后，个人负担超过一定金额的医疗费用或特殊病种医疗费用给予一定比例或一定数量的补助(见表 9-3)。

表 9-3 民政部门实施医疗救助情况

年份	城市医疗救助(万人次)	农村医疗救助(万人次)			城市医疗救助支出（亿元）	农村医疗救助支出（亿元）
		小计	医疗救助	资助参加合作医疗		
2005	115.0	855.0			3.2	5.7
2006	187.2	1558.4	241.3	1317.1	8.1	11.4
2007	442.0	2894.4	377.1	2517.3	14.4	28.1
2008	443.6	4191.9	759.5	3432.4	29.7	38.3
2009	417.2	5426.0	688.4	4737.6	35.3	58.6

资料来源：《2009 中国卫生统计年鉴》12-5；《民政事业统计季报(2009 年四季度)》

7. 商业医疗保险制度

1949 年中国人民保险公司成立，我国的商业医疗保险业务也开始起步。但

随着1959年国内保险业务全面停办，商业医疗保险业务也不得不终止。直到1988年中国人寿保险公司恢复国内人身保险业务，商业医疗保险业务才得以恢复。经过二十余年的发展，我国的医疗保险市场有了较大发展，经营主体数量、产品种类、业务规模、服务领域、覆盖人群等方面都有较大提高①。2008年全年，我国健康险保费收入共计585.46亿元，赔付支出175.28亿元②；2009年全年，健康险保费收入共计573.98亿元，赔付支出273.03亿元③。

综上所述，我国已初步建成了覆盖全体国民的医疗福利供给体系。这一体系的主干是城镇职工基本医疗保险、城镇居民基本医疗保险以及新型农村合作医疗三大公立医疗保险制度。截至2009年年底，这三大公立医疗保险已覆盖12.34亿人口。再加上参加公费医疗和商业医疗保险的人口和受城乡医疗救助制度补助的人口，我国现行“4＋2＋1”的医疗福利体系基本覆盖到了全体国民。这标志着1978年改革开放以后面向城镇居民与广大农村居民的医疗福利制度极度缺失的状况基本得到弥补，21世纪以来医疗福利方面建章立制的工作基本完成。

>>二、当前我国医疗福利体系的突出问题<<

然而，建立起覆盖全民的医疗福利体系并不等于完全解决了人民群众患病就医过程中面临的所有问题。实际上，“看病贵”的瓶颈性问题至今仍未得到很好的解决，群众个人支付的医药费用负担仍然较重。同时，现行医疗福利体系自身也存在若干亟待解决的问题，如不加以改革，其弊端预计将在未来逐步显现。

(一)政府卫生支出不足，个人卫生支出过高

改革开放以后，计划经济体制时期的城镇与农村医疗福利面临调整与改革，其影响在卫生费用支出方面表现为两个特点。一是个人卫生支出占卫生总费用的比例直线上升，即从1798年的20%左右，一路飙升至2001年的60%；近两年随着医疗福利体系建设加速，又回落至45%左右，但所占比例仍然过高，个人卫生费用负担仍然较重。二是虽然政府卫生投入逐年增加，但与卫生总费用的增长幅度尚不匹配，政府卫生支出占卫生总费用的比重从1986年高点38.7%一路回落至2002年的低点15.7%，近两年虽有所提高，也仅在20%左右。同时，政府卫生支出占财政总支出的比重2007年也仅为4.6%(见图9-1)。

① 曹晓兰．医疗保险理论与实务[M]．北京：中国金融出版社，2009：8～11.

② 2008年保险业经营数据[R/OL]．[2009-01-22]．http：//www.circ.gov.cn/web/site0/tab454/i92076.htm.

③ 2009年1～12月保险业经营数据[R/OL]．[2010-01-25]．http：//www.circ.gov.cn/web/site0/tab61/i121285.htm.

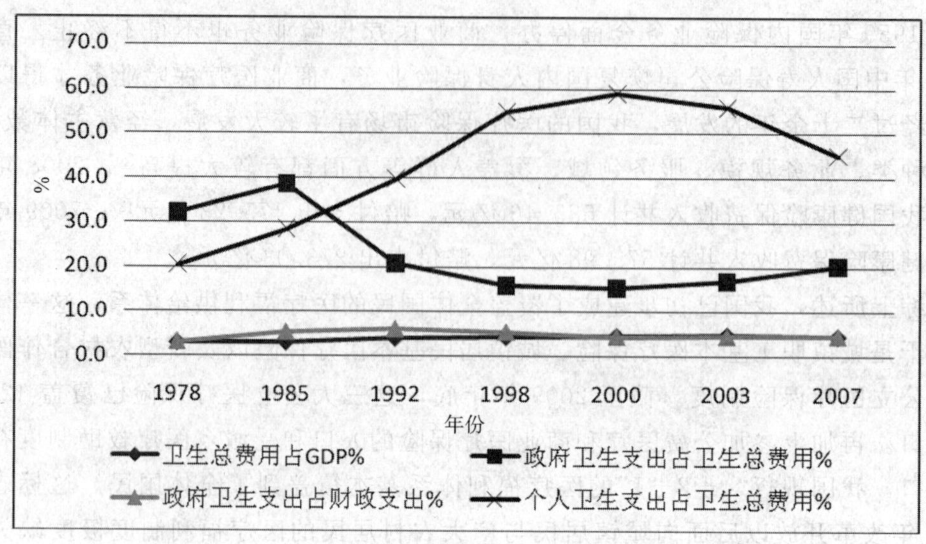

图 9-1　改革开放以来卫生费用变动趋势

资料来源：《2009 中国卫生统计年鉴》4-1；《2008 中国统计年鉴》7-1

从国际比较角度看，目前我国政府卫生支出表现为“两低”：一是占卫生总费用比例过低，二是占财政总支出比例过低。两项指标远不及英国、北欧等福利国家和同为社会主义国家的古巴，赶不上与我国处于同等发展水平的巴西；与周边经济发展水平低于我国的哈萨克斯坦、尼泊尔等国也有差距，甚至还比不上阿富汗、柬埔寨等长期处于战乱中的国家(见表 9-4)。这一现象值得引起我们充分重视！

表 9-4　各国政府卫生支出情况①(%)

	卫生总费用占国内生产总值比例		政府卫生支出占卫生总费用比例		政府卫生支出占财政支出比例	
	2000	2006	2000	2006	2000	2006
英国	7.1	8.2	80.9	87.3	14.7	16.3
瑞典	8.2	9.2	84.9	81.7	12.6	13.8
挪威	8.4	8.7	85.2	83.6	16.4	17.9
古巴	6.7	7.7	90.9	91.6	11.9	11.2
哈萨克斯坦	4.2	3.6	51	64.3	9.2	10.4
巴西	7.2	7.5	40	47.9	5.5	7.2
阿富汗	6.1	9.2	3.1	32.4	6.7	6.2
尼泊尔	5.1	5.1	24.9	30.5	7.7	9.2
柬埔寨	5.8	5.9	22.5	26	8.7	10.8

资料来源：World Health Statistics 2009：107～117

① 由于世卫组织将社会医疗保险支出也视作政府卫生支出，为保持口径一致，我们只择取不实行社会医疗保险的国家加以比较。

另外，政府卫生支出的构成也存在一定问题，主要表现为行政开支过高，资源过分向公务员群体集中等。以2008年为例，政府卫生支出共计2757亿元，占财政总支出的4.4%；其中行政事业单位医疗费用估计达532亿元，约占政府卫生支出的19%。相比之下，公共卫生支出(包括疾病预防控制、农村卫生等)共计才454.9亿元，占政府卫生支出的16.5%；城乡医疗救助支出共计才68亿元，仅占政府卫生支出的2.5%(见图9-2)。

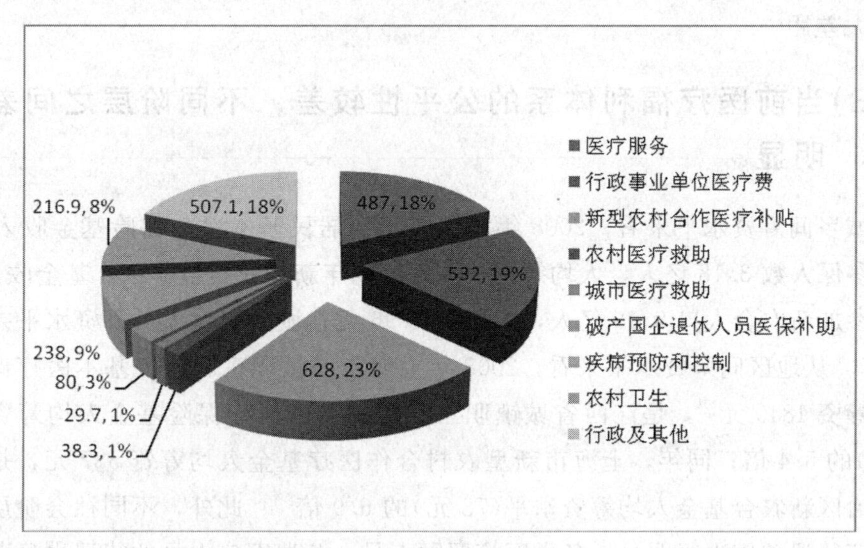

图 9-2　2008 年度政府卫生支出构成情况

资料来源：《2008年全国财政收支决算情况》《2008年民政事业发展统计报告》《中国发展报告2008/09：构建全民共享的发展型社会福利体系》《截至2008年参加新农合人口8.15亿参合率达91.5%》

(二)当前医疗福利体系的保障水平较低

根据卫生部2008年组织实施的第四次国家卫生服务调查结果可以看出我国医疗福利的整体水平。

首先，城镇职工基本医疗保险覆盖的居民中，有72.6%门急诊患者的医疗费用全部或部分得到了报销，或从医保卡中直接进行了支付；94.8%的住院患者的医疗费用得到了报销，报销费用占其住院费用的66.2%。

其次，享有城镇居民基本医疗保险制度的人群中，有1/3门急诊患者的医疗费用获得了报销；79.3%住院患者医疗费用得到报销，报销费用占其住院总费用的49.2%。

最后，新型农村合作医疗制度覆盖的居民中，有33.5%的门诊患者得到报销或从家庭账户中支付，65.6%的门诊患者需完全自付医药费用；有85.3%的住院患者的医疗费用得到报销，获报销费用占其住院总费用的34.6%[①]。

以上数据说明，第一，以大病统筹为根本目的的三大公立医疗保险对住院费用的补偿率较低，个人自付水平高达35%～65%，还有5%～20%的参保人员无法报销住院费用；第二，城镇居民基本医疗保险和新型农村合作医疗制度的参保者中高达2/3的人享受不到门急诊费用报销。一般而言，一个有效的医疗福利体系必须覆盖全体国民80%左右的门诊和住院费用，我国现行医疗福利体系较此还有较大差距。

(三)当前医疗福利体系的公平性较差，不同阶层之间差异明显

从城乡间筹资水平来看，2008年城镇职工和居民基本医疗保险基金收入3040亿元，参保人数3.18亿人，人均筹资956元；同年新型农村合作医疗基金收入785亿元，参加新农合人口8.15亿人，人均筹资96元；城乡参保人员筹资水平差距高达10倍。从地区间筹资水平来看，2008年上海市城镇职工和居民基本医疗保险基金人均筹资1849元[②]，是江西省城镇职工和居民基本医疗保险基金人均筹资水平(342元)的5.4倍；同年，上海市新型农村合作医疗基金人均筹资537元，是广西壮族自治区新农合基金人均筹资水平(78元)的6.9倍[③]。此外，不同社会阶层所享有的医疗待遇差别也很明显，各类医疗照顾人员、公费医疗人员的待遇也显著高于其他社会群体。

(四)当前医疗福利体系的可及性较差

主要体现为贫困家庭看不起病、住不起院的情况还在很大程度上存在。据卫生部第四次国家卫生服务调查结果推算：2008年，全国有1.45亿新发病人次因为经济困难或认为就诊太贵而未进行任何形式的治疗；2008年，全国有1687.57万人次因为经济困难在医生诊断需住院的情况下未住院；2008年，全国有1811.17万人次住院病人因经济困难或花费太多在未痊愈的情况下自己要求提前出院。小病拖成大病，大病拖成绝症，最终因病致贫，因病返贫，形成恶性循环，这一点值得引起我们充分的重视！

---

① 卫生部公布第四次国家卫生服务调查主要结果[R/OL].[2009-02-27]，http://www.moh.gov.cn/publicfiles/business/htmlfiles/mohbgt/s3582/200902/39201.htm.

② 2008年西藏自治区城镇职工和居民基本医疗保险基金人均筹资达2327元，由于该地区情况特殊，故不纳入比较范围。

③ 据《2009中国卫生统计年鉴》12-2，12-3测算。

(五)当前医疗福利体系的可持续性差

主要体现为存在巨大的债务风险，有可能在未来难以为继。据有关学者精算，随着人口老龄化的加剧及医疗费用的急剧上升，我国的医疗福利基金面临严重的收支失衡风险，将在未来产生庞大的赤字，使得现行的医疗福利体系不可持续。其主要原因在于参保人的缴费额不足以抵消其一生中获得的医疗费用补偿。在目前的现收现付模式下，医疗保险机构根据当年的医疗费用预测下年的医疗费用，并设定参保人的缴费水平，收入与支出基本达到动态平衡。而这种平衡仅仅是一个当年的平衡，并没有考虑到未来风险的变化。事实上，随着老龄化的加剧，医疗费用不断上涨，基金当年平衡所确定的缴费率有不断向上调高的压力。但调高总有一个上限，当达到某个临界点后，现行医疗福利体系就有崩盘的危险①。

综上所述，我国虽然已建立起覆盖全民的医疗福利体系，但这一体系本身仍不完善，对国民的保障作用也有待提高，因此亟待调整和改革，构建起一套与中等经济发展水平相适应的新型医疗福利体系。

>>三、新型医疗福利体系的构建<<

构建与中等经济发展水平相适应的新型医疗福利体系并不是要完全推翻现行体系从头再来，而是要尽可能弥补、改革现行体系的弊端，尽可能解除全体国民患病就医的后顾之忧。在具体的设计过程中，需要确定这一福利体系所要达致的总体目标，在此目标的指导下进行项目的设计，并对所需要的资金进行测算，同时对与之相配套的政策进行设计。

(一)新型医疗福利体系的总体目标

从目标的层面看，新型医疗福利体系至少应囊括五个方面的目标。

第一，增加政府卫生支出，卫生支出占财政总支出的比例总体应提高到6%～7%②。考虑到金融危机的影响，国家2009年至2012年财政支出以2008年为基数按年均10%速度递增，则2009年至2012年政府卫生支出应分别达到4819.6亿元、5301.6亿元、5831.8亿元、6414.9亿元(参见表9-5，表9-6)。

---

① 宋世斌．我国医疗保障体系的债务风险及可持续性研究[M]．北京：经济管理出版社，2009.

② 高中收入国家2006年政府卫生支出占财政支出比重为9.8%，扣除40.4%由社会医疗保险提供的支出，则高中收入国家政府卫生支出占财政支出比重平均为6%～7%。

表 9-5　分收入组国家卫生支出情况(%)

	卫生总费用占国内生产总值比例		政府卫生支出占卫生总费用比例		政府卫生支出占财政支出比例	
	2000	2006	2000	2006	2000	2006
低收入国家	4.2	4.3	33.3	36.2	5.4	5.9
低中收入国家	4.5	4.5	39.2	43.2	7.9	8.2
高中收入国家	6.1	6.3	52.9	55.1	9.1	9.8
高收入国家	10.0	11.2	59.8	60.7	16	17.1
全球	8.2	8.7	56.6	57.6	13.7	14.3

资料来源：World Health Statistics 2009：116～117

表 9-6　2010—2012 年政府卫生支出测算表

年份	2008	2009	2010	2011	2012
财政支出(亿元)	62592.7	68851.9	75737.1	83310.8	91641.9
政府卫生支出(亿元)	4381.5	4819.6	5301.6	5831.8	6414.9

第二，提升当前医疗福利体系的保障水平，建立起覆盖全体国民 70%～80%门诊及住院费用的综合医疗福利包。

第三，推动基本医疗福利均等化，在承认城乡间、地区间存在一定收入水平、医疗服务水平差距的基础上，努力消除医疗福利的城乡差别和地区差别，使全体国民享受到大致均等的医疗福利待遇。

第四，大力加强医疗救助力度，尤其要偏向老人、儿童、残疾人等特殊群体，根本改变国民因贫困看不起病，住不起院的情况。

第五，加强医疗福利基金的累积，积极应对未来可能出现的债务风险，确保现行医疗福利体系的可持续性。

(二)新型医疗福利体系设计方案

1. 学生儿童门诊及大病医疗免费制度

学生儿童是我国的未来，其生长发育水平和身心健康程度直接决定了我国未来人力资本的竞争力，具有十分重大的战略意义。目前，我国北京、上海、深圳等很多地方已经实行了学生儿童大病医疗保险制度，用不多的投入，基本解决了参保学生儿童的大病医疗问题，社会反响良好。实质上，此项制度还可更进一步，即为所有学生儿童提供完全免费的门诊及大病医疗服务。根据 2008 年全国门诊及住院平均费用、分年龄别人口两周就诊率及住院率测算，为全国所有 16 周岁以下学生儿童及所有在校高中、中职、本专科及硕博士研究生提供完全免费的门诊及大病医疗服务，共需资金 1300 亿元，在国家财政完全承受范围之内(见表 9-7)。

表 9-7　2008 年全国学生儿童门诊及住院总费用测算

	人口数(万人)	两周就诊率(‰)	年就诊人次(万人)	年门诊总费用(亿元)	住院率(‰)	年住院人数(万人)	年住院总费用(亿元)
0～4 岁	6706.5	248.1	43358.6	241.9	80.8	542.1	296.2
5～14 岁	17038.5	90.6	40236.8	224.5	21.1	359	196.1
15～16 岁	3965.5	46.6	4820.5	26.9	46.2	183.4	100.2
高中、本专科及研究生	6695.0	46.6	8138.5	45.4	46.2	309.6	169.2

资料来源：《2009 中国卫生统计年鉴》

2. 建立单独的老人门诊与大病医疗保险制度

老人医疗支出是医疗福利支出的重要组成部分，也是现行医疗福利体系存在隐性债务和出现债务风险的主要原因。在我国人口急剧老龄化的进程中，可参照日、美等国家的经验，将老人医疗福利制度从现有的医疗福利体系中分离出来，建立单独的老人医疗保险制度。在现阶段，可设定每位 55 周岁以上女性老人及 60 周岁以上男性老人按当地老人年均医疗费用的 10%缴费参保①，参保者门诊及大病医疗按 80%比例报销。据 2008 年全国门诊及住院平均费用、分年龄别人口两周就诊率及住院率测算，国家财政需为此投入 1517.4 亿元②(见表 9-8)。

表 9-8　2008 年全国老年人门诊及住院总费用测算

	人口数(万人)	两周就诊率(‰)	年就诊人次(万人)	医院年门诊总费用(亿元)	住院率(‰)	年住院人数(万人)	年住院总费用(亿元)
55～59 岁(女性)	4422.4	216.0	24899.1	138.9	93.0	411.4	224.8
60～64 岁	5033.0	216.0	28336.9	158.1	93.0	468.3	255.8
65 岁及以上	10956	302.9	86481.0	482.6	153.2	1678.1	916.9

资料来源：《2009 中国卫生统计年鉴》

3. 建立全国统一的居民(工作年龄人口)医疗保险制度

在以上两项制度的基础上，进一步整合现有的城镇医疗保险制度及新型农村合作医疗制度，废除个人账户，实行全面的社会统筹，同时提升统筹层次，建立

① 全国平均缴费水平约为 110 元。

② 2177.2 亿元(55 周岁以上女性老人及 60 周岁以上男性老人年医疗费用)－435.4 亿元(个人自付的 20%费用)－224.4 亿元(老人医保基金年筹资额)＝1517.4 亿元。

起全国统一的居民（工作年龄人口）医疗保险制度，用人单位与职工共同缴费，财政对从事农业生产的农民及失业人员缴费适当补贴，缴费率与个人收入水平挂钩。假设现有城镇医疗保险的支出水平保持2084亿元不变，所有参保者门诊及大病医疗按80%比例报销，则国家财政资金需补贴852.3亿元①（见表9-9）。

表9-9　2008年全国居民（工作年龄人口）门诊及住院总费用测算

	人口数（万人）	两周就诊率（‰）	年就诊人次（万人）	医院年门诊总费用（亿元）	住院率（‰）	年住院人数（万人）	年住院总费用（亿元）
17～24岁（工作人口）	9166.6	46.6	11143.0	62.2	46.2	423.9	231.6
25～34岁	18273.6	61.1	29072.6	162.2	69.1	1262.8	690.0
35～44岁	25843.3	113.6	76526.0	427.0	46.8	1210.7	661.5
45～54岁	18831.3	159.9	78460.5	437.8	61.6	1160.9	634.3
55～59岁（男性）	4422.4	216.0	24899.1	138.9	93.0	411.4	224.8

资料来源：《2009中国卫生统计年鉴》

4. 改革现有医疗救助制度，加强对贫困人口的救助力度

对最贫困的20%人口（老人和工作年龄居民），实行门诊与住院自付费用免除。为此国家仅需投入资金233.9亿元②。

（三）新型医疗福利体系财政投入测算

如以2008年数据为基准，调整、改进现行医疗福利体系，建立以上述四项制度为主干的新型福利体系，国家财政共需投入5239亿元，较当年实际投入新增2482亿元，在国家财力可承受范围内。如此目标一时难以达到，可先搭建起四项制度的框架，将学生儿童门诊及大病医疗免费改为报销80%，将老人及工作年龄居民门诊及大病医疗的报销标准适当调低至70%，将医疗救助人口比例调低为10%，如此（方案二），则国家财政共需投入4277.9亿元，新增1520.9亿元，在当年财政总支出7%范围内。之后，国家卫生投入可与国家财政支出同比增长，并在财政状况许可的条件下，进一步提高保障水平，逐渐向方案一靠拢（见表9-10）。

---

① 3670.4亿元（全国工作年龄居民人口门诊及住院总费用）－734.1亿元（个人自付的20%费用）－2084亿元（城镇医疗保险支出）＝852.3亿元。

② 435.4亿元（老人医疗保险制度个人自付费用）＋734.1亿元（居民〈工作年龄人口〉医疗保险制度个人自付费用）×20%＝233.9亿元。

表 9-10　新型医疗福利体系财政投入测算

项目	资金(亿元)	
	方案一	方案二
学生儿童门诊及大病医疗免费制度	1300	1040
老人门诊与大病医疗保险制度	1517.4	1299.6
居民(工作年龄人口)医疗保险制度	852.3	485.3
医疗救助制度	233.9	116.95
其他医疗卫生投入①	1336	1336
总计	5239	4277.9

(四)新型医疗福利体系的政策配套

新型医疗福利体系最终能否顺利推行，最根本地取决于能否通过一系列的配套措施在确保医疗质量的同时，尽可能地压低医疗费用。既要避免供方诱导需求，重复检查、开大处方等现象，又要避免需方过度消费医疗资源。关于这一点，很多学者已经结合国外先进经验给出了较为系统的建议，包括完善社区医疗服务网络，引入全科医生，建立社区首诊与转诊制度，在社区中完成小病及常见慢性病的治疗工作，分流综合性医院及专业医院的压力，降低医疗费用；改革付费机制，通过医保机构强大的购买力和谈判能力，向各类医疗机构购买质优价廉的医疗服务；实行医药分离，凭医生处方到指定医保药房买药，费用当场结算，尽量消除医生开大处方的动机；给每位患者建立集电子门诊卡、电子病历和参保记录于一体的健康档案，记录病史、病程，减少不必要的重复检查等，此不赘述。

① 2757 亿元(2008 年度政府卫生支出)－1421 亿元(2008 年度医疗保障支出)＝1336 亿元。

新型教育福利体系①

构建新型教育福利体系的目的在于，一方面力求保证受教育权利的底线公平，另一方面则在更高层次上促进全体公民的教育福祉。本报告首先对我国教育发展的现实格局进行梳理，在此基础上对教育事业发展的问题与矛盾进行逻辑分析，最终提出新型教育福利体系的设计方案。该体系中具体福利项目的设计将以我国教育体制的阶段性特征为导向，在优先保障社会弱势群体受教育权利的基础上，促进我国教育的公平化与福利化。

>>一、我国教育发展的现实格局<<

本部分主要通过对我国教育发展历程进行梳理，进而从教育政策制度和教育经费方面着手分析，综合呈现我国当前教育发展的现实格局。

(一)我国教育的发展历程

纵观我国教育事业的发展，经历了从现实困境到短暂摸索，最后力求走向健康发展的道路，其间发展历程大致可以划分为四个阶段：20 世纪 80 年代改革开放以前的逐步建立阶段；80 年代初期至 90 年代期间的改革发展阶段；90 年代初期至 2000 年期间的市场化发展阶段；2000 年年初至今的转型发展阶段。本报告主要从幼儿教育、基础教育、特殊教育、职业和高等教育等不同教育类型着手，梳理我国各阶段的教育发展历程。

1. 逐步建立阶段：20 世纪 80 年代以前

在 20 世纪 80 年代以前，我国幼儿教育是由国家通过采取福利化办园的模式来提供的，这一教育政策是计划经济时代的产物。一直持续到改革开放初期，福利办园的幼儿教育政策没有发生大的变化。这一阶段的基础教育尤其在农村地区，由于农村集体经济的削弱直接导致了县乡政府财政状况的滑坡，农村基础教育的发展受到一定冲击。我国特殊教育始于 20 世纪 50 年代，中央人民政府颁发了《关于改革学制的决定》，其中指出在发展各级各学校的同时，“各级人民政府

① 作者简介：徐佳，北京师范大学中国社会政策研究所。

设立聋哑、盲目特种学校，对生理上有缺陷的儿童、青年和成人施以教育"，我国开始逐步推行多样化的特殊教育方式。我国的职业教育在经历了"文化大革命"期间的体系破坏之后，这一时期的中等职业教育呈现结构单一化，直至 1978 年，邓小平在全国教育工作会议上指出，应该考虑扩大农业中学、各种中专、技校比例，调整中等教育结构、发展职业教育才被提到政策制定的日程上来。高等教育在这一时期最具影响力的发展历程是高考的恢复与高等教育的重建，建立起按照学生学习能力选拔学生、"分数面前人人平等"的标准，落实了公民平等的教育权利。

2. 改革发展阶段：20 世纪 80 年代初期至 90 年代

我国幼儿教育在这一时期开始进入向社会化办园转型的阶段，1985 年春召开的全国教育工作会议是中国开启教育改革的标志性事件，据此，1989 年国家教委发布了《幼儿园管理条例》，标志着通过社会化办园提供幼儿教育的合法性确立。在基础教育方面，为了从根本上改变当时较为落后的现状，1986 年 4 月六届人大四次会议通过了《中华人民共和国义务教育法》，在这一时期将义务教育"实行地方负责，分级管理"以法律形式确定下来。特殊教育在此阶段受到政府的密切关注，在 1989 年我国出台了《关于发展特殊教育的若干意见》，从方针与政策、目标与任务、领导与管理等方面，对特殊教育提出了 22 条意见，是我国第一个专门指导残疾人教育事业的纲领性文件，在特殊教育发展道路上具有里程碑意义。职业教育在这一阶段迅速发展，到 1985 年，高中阶段中等专业学校、技工学校和农业职业高中的在校生分别比 1980 年增长了 26.4%、9.1%和 4.8 倍，总人数达到 415.6 万人。在高等教育方面，我国 1985 年 5 月颁布的《中共中央关于教育体制改革的决定》，确定了高等学校以扩大办学自主权、实行校长负责制为主要内容的教育体制改革，这一阶段高等教育改革的另一个特点是校园骚乱和学潮不断发生。

3. 市场化发展阶段：20 世纪 90 年代初期至 2000 年

这一阶段是我国幼儿教育体制的重构时期，在重构幼儿教育体制的过程中，1997 年出台《全国幼儿教育事业"九五"发展目标实施意见》，该文件包含了构建新体制过程中的重要进展，其政策创新意义超过了这一阶段性发展目标本身。针对基础教育，国家在这一阶段于 1992 年正式颁布了《中华人民共和国义务教育法实施细则》，随后，中共中央、国务院于 1993 年 2 月印发了《中国教育改革和发展纲要》，诸如此类的各项政策举措要求各级政府、社会各方面和个人都要努力增加对基础教育的投入，确保该时期基础教育的优先发展。特殊教育在该阶段的发展以推行随班就读为主要特点，将随班就读作为发展和普及我国残疾儿童、少年义务教育的一个主要办学形式，在试点基础之上把一些具体的经验上升为教育部门规章。职业教育在前一阶段得到恢复和发展的基础上，于 1996 年正式实施

《中华人民共和国职业教育法》，这是该时期职业教育政策发展中的重大事件，标志着职业教育开始走上依法建设的轨道，总体来看，这一阶段是职业教育的上升发展时期。针对高等教育，20 世纪 90 年代以来，以规模、数量的急剧扩张为阶段性特征；这主要源于国家在向市场经济体制转型的社会变迁中，高等教育走上了被“教育产业化”的道路。

4. 转型发展阶段：2000 年初期至今

自 2000 年以来我国幼儿教育的政策框架开始逐渐明晰，2003 年的《关于幼儿教育改革与发展的指导意见》是我国重构幼儿教育体制的纲领性文件，提出了这一时期幼儿教育体制的完整框架。在基础教育方面，这一阶段以逐步回归公益事业为主要特征，我国于 2006 年 9 月，对《中华人民共和国义务教育法》进行了新的修订并开始实施，修订后的义务教育法回归了义务教育免费的本质。针对特殊教育，我国政府在修订后的《残疾人保障法》中，将原保障法中的“着重发展义务教育”调整为“保障义务教育”，足以看出，这一阶段国家和社会对于特殊教育的重视程度在不断提高，政策保障程度有所加强。就职业教育而言，随着从计划经济体制向市场驱动机制转轨的过程，职业教育在这时期经历了从滑坡到重振的发展阶段，并提出到 2010 年，中等职业教育招生规模达到 800 万人，与普通高中招生规模大体相当；高等职业教育招生规模占高等教育招生规模的一半以上的总体目标。在高等教育方面，前一阶段的“教育产业化”发展路线尽管在一定程度上的确促进了教育发展，但各种名目的“市场化”改革在很大程度上损害了教育的公共性和公平性，因此，教育部在这一阶段高调批评了“产业化”思路，确定了高等教育新的价值和目标就是促进教育公平和提高教育质量。

(二)我国教育发展的现状分析

我国教育事业发展至今，在政策制度方面已逐步形成由国家奖助学金、免费教育、教育补贴、教育工程和法律保障五大板块共同构成的教育体系，其具体的福利项目实施由表 10-1 所示。从当前现状来看，“促进教育公平”已成为我国教育发展的着力点，作为社会公平的基础逐渐与社会稳定密切相关。总结起来，我国教育现状主要呈现如下特点。第一，开始重视教育资源向农村倾斜，从基础教育起步，逐渐呈现出向农村地区倾斜的教育政策取向。第二，公众和媒体对教育政策的参与度有所增加，我国“两会”代表和委员的提案都在一定程度上起到了增加公众参与教育决策的作用，同时随着媒体影响力的不断增强，也加大了公众政策参与的渠道。第三，教育政策质量有所提高，表现为政策目标的瞄准度提高与操作性较以往有所增强。第四，教育政策对需求的有效响应不足，我国教育事业在稳步发展过程中，也会不断暴露和产生新的问题，教育体制对新问题，也即是对新的需求往往缺乏及时有效的响应机制，已成为阻碍我国教育福利化进程的重要因素。

表 10-1　教育现状分类表

现状分类	年份	项目梳理
奖助学金	2007	中央继续设立国家奖学金，用于奖励普通本科高校和高等职业学校全日制本专科在校生中特别优秀的学生，每年奖励 5 万名，奖励标准为每生每年 8000 元，所需资金由中央负担
	2007	国家助学金资助面平均约占全国普通本科高校和高等职业学校在校生总数的 20%，平均资助标准为每生每年 2000 元，具体标准由各地根据实际情况在每生每年 1000～3000 元范围内确定
	2007	国家助学金资助所有全日制中等职业学校在校农村学生和城市家庭经济困难的学生，资助标准为每生每年 1500 元，国家资助两年，第三年实行学生工学结合、顶岗实习
	2003 年起	教育部联合社会力量先后设立了邵方逸华助学金、曾宪梓教育基金、西部教育医疗计划、明天女大学生奖学金计划、新鸿基地产郭氏基金奖助学金、刘家昌(章家甄)助学金和华夏基金会等奖助学金计划
免费教育	2009	从 2009 年秋季学期起，对公办中等职业学校全日制正式学籍一、二、三年级在校生中农村家庭经济困难学生和涉农专业学生逐步免除学费(艺术类相关表演专业学生除外)
	2008	对义务教育阶段符合当地政府规定接收条件的进城务工人员随迁子女，要按照相对就近入学的原则统筹安排在公办学校就读，免除学杂费，不收借读费
	2008	从 2008 年秋季学期开始，全部免除城市义务教育阶段公办学校学生学杂费
	2008	对享受城市居民最低生活保障政策家庭的义务教育阶段学生，继续免费提供教科书，并对家庭经济困难的寄宿学生补助生活费
	2007	对教育部直属师范大学新招收的师范生，实行免费教育，免费教育师范生在校学习期间免除学费，免缴住宿费，并补助生活费
教育补贴	2007	助学贷款代偿，对普通本科高校和高等职业学校全日制本专科生，在校期间获得国家助学贷款、毕业后自愿到艰苦地区基层单位从事第一线工作且服务达到一定年限的，国家实行国家助学贷款代偿政策
	2007	普通本科高校、高等职业学校和中等职业学校家庭经济困难学生资助政策自 2007 年秋季开学起在全国实施
	2005	对农村义务教育阶段贫困家庭学生实行“两免一补”(免书本费、免杂费、补助寄宿生生活费)政策，并加快对国家扶贫开发工作重点县的实施步伐

续表

现状分类	年份	项目梳理
教育工程	2004年起	2004—2007年，国家实施西部地区“两基”攻坚计划：到2007年，在西部地区基本普及九年义务教育、基本扫除青壮年文盲
	2004年起	农村寄宿制学校建设工程：新建、改扩建一批以农村初中为主的寄宿制学校；在合理布局、科学规划的前提下，加快对现有条件较差的寄宿制学校和不具备寄宿条件而有必要实行寄宿制的学校进行改扩建的步伐，使确需寄宿的学生能进入具备基本条件的寄宿制学校学习
	1996年起	国家贫困地区义务教育工程：第一期“工程”共投入中央和地方资金125亿元，实施范围集中在22个省、自治区、市及新疆生产建设兵团的852个贫困县，覆盖人口约2.55亿；第二期“工程”自2001年起实施
法律保障	1998年立法	《中华人民共和国高等教育法》，1998年8月29日中华人民共和国主席令第7号公布，自1999年1月1日起施行
	1996年立法	《中华人民共和国职业教育法》，1996年5月15日中华人民共和国主席令第69号公布，自1996年9月1日起施行
	1995年立法	《中华人民共和国教育法》，1995年3月18日中华人民共和国主席令第45号公布，自1995年9月1日起施行
	1986年立法	《中华人民共和国义务教育法》，2006年6月29日第十届全国人民代表大会常务委员会第二十二次会议修订

资料来源：根据中华人民共和国教育部门户网站相关资料整理

就教育经费而言，我国2008年的全国性教育经费为14500.74亿元，比上年的12148.07亿元增长19.37个百分点。其中，国家财政性的教育经费①为10449.63亿元，比上年的8280.21亿元增长26.20%。就预算内教育经费状况而言(见表10-2)，各省市2008年的预算内教育经费较上年都有不同程度的增长，其中以陕西和甘肃的增长比例较高，分别达到46.54%和45.83%；从地区分布来看，西部地区2008年的预算内教育经费较中东部地区增长快，但就预算内教育经费的绝对数而言，西部地区仍然低于中部，东部地区最高达402.73亿元。综合各地区预算内教育经费的绝对数与增长比例，容易看出，我国预算内教育经费基数较低的地区，其经费增长比例较高，可见，现阶段我国教育经费的投入已开始注重于缩小教育事业发展中的地区间差距。

① 经费包括：国家财政预算内教育经费、各级政府征收用于教育的税费、企业办学中的企业拨款、校办产业和社会服务收入用于教育的经费。

表 10-2　2007—2008 年各地区预算内教育经费　　单位：亿元

地　区	2007 年	2008 年	增长比例%	地　区	2007 年	2008 年	增长比例%
总　计	8094.34	10212.97	26.17	山东省	458.21	555.84	21.31
中部地区	231.83	294.38	26.98	河南省	406.47	496.01	22.03
东部地区	331.81	402.73	21.38	湖北省	223.59	272.5	21.87
西部地区	152.26	205.43	34.92	湖南省	260.93	338.99	29.92
北京市	315.97	381.28	20.67	广东省	659.75	797.98	20.95
天津市	113.88	147.17	29.23	广　西	200.65	258.72	28.94
河北省	302.68	406.33	34.24	海南省	50.3	62.07	23.4
山西省	189.21	251.4	32.87	重庆市	146.72	180.07	22.73
内蒙古	159.59	215.81	35.23	四川省	340.83	476.45	39.79
辽宁省	295.04	360.68	22.25	贵州省	163.31	226.19	38.5
吉林省	154.68	208.23	34.62	云南省	217.5	279.7	28.6
黑龙江	196.48	255.4	29.99	西　藏	40.6	47.83	17.81
上海市	318.21	358.86	12.77	陕西省	180.55	264.58	46.54
江苏省	507.43	618.94	21.98	甘肃省	133.19	194.23	45.83
浙江省	411.73	471.55	14.53	青海省	40.13	54.48	35.76
安徽省	239.53	312.31	30.38	宁　夏	52.43	56.65	8.05
福建省	216.72	269.41	24.31	新　疆	151.57	210.44	38.84
江西省	183.76	220.23	19.85				

资料来源：根据 2008 年全国教育经费执行情况统计数据整理得出

从预算内教育经费占财政支出的比重来看(见表 10-3)，全国 2008 年的这一比例达到 16.32%，比 2007 年增长 0.06 个百分点。具体到各地区，有 15 个省、自治区、直辖市预算内教育经费占财政支出比例相比上年有不同程度的下降，其中宁夏、四川和海南等地下降比例较大，分别为 4.23%、3.21%和 3.17%。可以看出，现阶段国家政府财政仍然保持对教育经费较大的投入力度；就地方政府而言，对教育经费的支持力度在中西部地区略弱于东部地区省市。

表 10-3　2007—2008 年各地区预算内教育经费占财政支出比重　　单位:%

地　区	2007 年	2008 年	增减百分点	地　区	2007 年	2008 年	增减百分点
总　计	16.26	16.32	0.06	河南省	21.73	21.74	0.01
北京市	19.16	19.46	0.3	湖北省	17.5	16.51	−0.99
天津市	16.89	16.96	0.07	湖南省	19.23	19.2	−0.03
河北省	20.09	21.59	1.5	广东省	20.88	21.12	0.24
山西省	18.02	19.12	1.1	广　西	20.35	19.95	−0.4
内蒙古	14.75	14.84	0.09	海南省	20.51	17.34	−3.17

续表

地　区	2007 年	2008 年	增减百分点	地　区	2007 年	2008 年	增减百分点
辽宁省	16.72	16.75	0.03	重庆市	19.1	17.72	−1.38
吉林省	17.5	17.64	0.14	四川省	19.37	16.16	−3.21
黑龙江	16.55	16.56	0.01	贵州省	20.53	21.46	0.93
上海市	14.59	13.83	−0.76	云南省	19.16	19.02	−0.14
江苏省	19.87	19.06	−0.81	西　藏	14.74	12.57	−2.17
浙江省	22.79	21.35	−1.44	陕西省	17.13	18.52	1.39
安徽省	19.26	18.96	−0.3	甘肃省	19.72	20.06	0.34
福建省	23.8	23.68	−0.12	青海省	14.22	14.98	0.76
江西省	20.3	18.2	−2.1	宁　夏	21.68	17.45	−4.23
山东省	20.26	20.55	0.29	新　疆	19.06	19.86	0.8

资料来源：根据 2008 年全国教育经费执行情况统计数据整理得出

从不同教育阶段的经费分配来看，我国 2008 年生均预算内教育事业费支出在小学、初高中、中等职业学校和高等学校等不同阶段，均较 2007 年有不同程度增长。就绝对数量而言(见图 10-1)，全国普通高等学校的生均预算内事业费支出水平最高，达到 7577.71 元，比上年的 6546.04 元增长 15.76%；这一支出水平除普通小学在 2757.5 元以外，其余教育阶段的生均预算内事业费支出均为 3500 元左右。从 2008 年生均预算内事业费支出的增长比例来看，我国在普通初中生均预算内事业费支出的增长比例最高，比上年的 2679.42 元增长 32.24%，其中，农村普通初中生均预算内事业费支出增长较大，为 3303.16 元，比上年的 2433.28 元增长 35.75%。

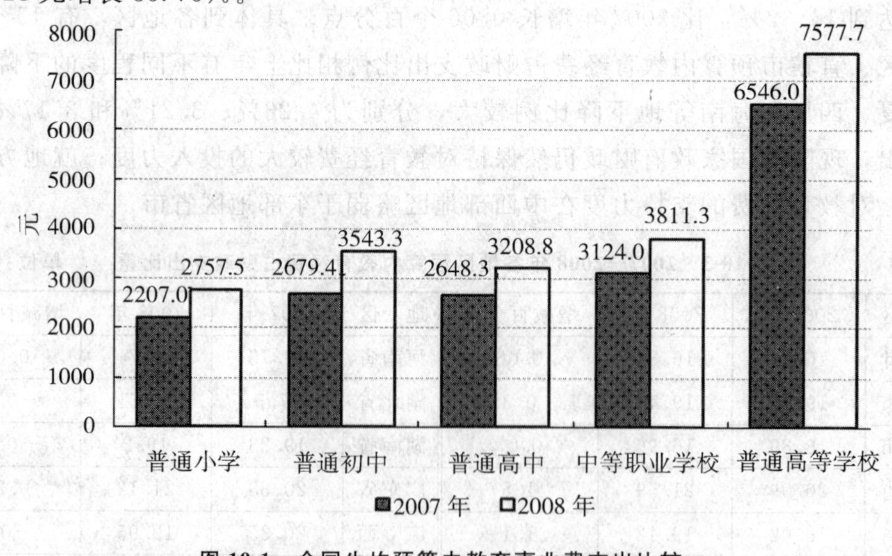

图 10-1　全国生均预算内教育事业费支出比较

>>二、我国教育发展的问题与矛盾分析<<

本报告将我国教育事业分为学前教育、基础教育、特殊教育、高中和高等教育五大教育类型，针对各教育阶段的具体问题与矛盾进行深入的分析论证，旨在为新型教育福利体系的构建夯实理论与实践基础。总体来看，我国现阶段的教育发展的主要问题与矛盾存在于以下方面。第一，包括留守儿童和流动儿童在内的部分农村儿童仍面临受教育困难问题；第二，政府在教育事业中的主体责任不足；第三，教育资源地区间的非均衡发展；第四，教育结构配置尚需合理化。

(一)学前教育

学前教育通常是指学龄前所接受的教育，有时也叫早期教育。这一概念所涵盖的年龄段，主要有两种不同的解释，一种是指 3～6 岁儿童所接受的教育，另一种是指 0～6 岁儿童的教育。我国 1996 年在国家教委发布的《幼儿园工作规程》中规定：幼儿园是对 3 周岁以上学龄前幼儿实施保育和教育的机构，是学校教育制度的基础阶段。幼儿园适龄幼儿为 3 周岁至 6 周岁(或 7 周岁)。所以，本报告所指的学前教育是指 3～6 岁儿童所接受的教育。

心理学和教育学等研究结果证明：婴幼儿时期是人一生中发育最快的时期，也是人的身心各方面素质发展的奠基阶段。也有不少地方的经验显示，学前教育发展得好，学生的学习习惯、学习兴趣、学习成绩以及学习的主动性都表现出较好的状态，义务教育的入学率、巩固率高，辍学率低。西方国家对开端计划(Head Start Program)、帕里学前儿童教育方案(Perry Preschool Project)等的大型跟踪研究已经证明：学前期是人一生的受教育过程的关键性阶段，学前教育能让儿童的小学教育有一个良好的开端，对儿童实施学前教育会大大提高他们在中、小学时的学习成绩和智力。联合国教科文组织在《教育——财富蕴藏其中》的报告中明确指出："受过幼儿教育的孩子与没有受过这一教育的孩子相比，往往更能顺利入学，过早辍学的可能性也少得多。较早入学有助于克服贫困或某种不利的社会环境或文化环境造成的最初困难，从而可为促进机会均等做出贡献。"①

不难看出，科学的早期教育不仅有利于开发婴幼儿的学习潜能，提高学习能力，促进幼儿较好地适应以后的学习生活，为其终身发展创造一个良好的开端，

① 由雅克·德洛尔任主席的国际 21 世纪教育委员会向联合国教科文组织提交的报告[R]//联合国教科文组织总部中文科．教育——财富蕴藏其中．北京：教育科学出版社，1996：112.

而且是在处境不利人群中消除贫困、缩小社会贫富差距、提高国民素质、提高国家经济实力的最具有前瞻性的战略决策，也是政府投资最少、回报率最高的教育事业[①]。这不仅说明学前教育对个人发展、家庭和社会都具有极为重要的意义，也说明了学前教育具有很强的社会公益性，是一项系之于民的社会福利性事业，政府有理由肩负起这一领域的公共服务职能。从我国现阶段的经济发展水平来看，政府已经有责任开始转换观念，逐步将学前教育纳入义务教育的范畴。普及学前教育已逐渐成为一种趋势，即使是在市场经济非常发达且成熟的国家，学前教育发展的基本趋势也是由个人担负逐渐转变为公共福利事业，许多国家都在拟定政策制度并通过多种实现方式承担起政府对学前教育的责任。

(二)基础教育

关于基础教育的界定，1977 年联合国教科文组织在肯尼亚首都内罗毕召开的高级教育计划官员讨论会上，对基础教育进行了广泛而深入的讨论，认为“基础教育是向每个人提供并为一切人所共有的最低限度的知识、观点、社会准则和经验的教育”。基础教育的目的是“使每一个人能够发挥自己的潜力、创造性和批判精神，以实现自己的抱负和获得幸福，并成为一个有益的公民和生产者，对所属的社会发展贡献力量”。目前中国事实上的基础教育，是指初中以前(含初中)的所有教育形式，狭义来讲是指九年义务教育，广义来讲还应该包括家庭教育和必要的社会生活知识教育等，本报告所指基础教育是狭义上的小学与普通中学教育。

随着经济和社会的变革，我国基础教育的投入和管理体制几经变化，最终形成了九年义务教育制度，也成为我国教育事业向公共福利转型的重要标志。义务教育体制发展至今取得了巨大成就，到 2005 年我国小学五年巩固率从 1995 年的 82.8%提高到 2003 年的 98.8%，初中入学率从 1995 年的 78.4%提高到 2005 年的 95%，初中毕业生升学率从 1995 年的 51.8%提高到 2005 年的 67.7%。到 2007 年年底，国家“两基”攻坚目标已如期实现，其中 410 个攻坚县中，368 个实现了“两基”目标，其余达到了“普六”标准。可见，政府在义务教育方面所做的政策努力，着实推动了我国基础教育事业的发展，这也使得基础教育发展至今仍然存在的问题显得越发突出。

首先，是农村留守儿童的基础教育问题。所谓留守儿童是指父母双方或一方外出务工而留守在家乡不能和父母双方共同生活在一起需要其他家人照顾的年龄

① 刘维涛.“把教育的视线延长到儿童出生的那一刻”——全国人大常委会副委员长许嘉璐谈学前教育立法[N]. 人民日报，2007-12-21。

在14岁以下的孩子。据2000年第五次全国人口普查数据估计，当年全国留守儿童规模接近2300万人，其中农村留守儿童多达2000万人，加之我国近年来的社会加速转型和城镇化进程，农村留守儿童的数量只能是有增无减。基于已有调查研究，从学校留守儿童各年级的分布情况来看，农村留守儿童小学阶段在校状况较好，入学率基本上都在90%以上；但初中阶段问题较明显，表现为在校生人数随年级的升高而逐渐减少，辍学现象较严重，在辍学学生中，有近70%是留守儿童，这些辍学的留守儿童大多是跟随父母外出务工。究其根源，仍是大部分农村儿童家庭经济条件较差，父母外出打工后其处境往往更为艰难，致使孩子无论从物质上还是从心理上都丧失了对上学的信心。同时，留守儿童的犯罪问题近年来不断引起社会关注，这同样与留守儿童的受教育问题密不可分。留守儿童是社会转型与发展不可避免的代价，但不应由农民工和留守儿童自身来承担，至少在公共服务体系的建设中，国家有责任和义务尽力弥补留守儿童在成长中的缺失环节。

其次，农民工随迁子女的基础教育问题也逐渐引起社会各界关注。根据教育部的统计资料，2007年，全国义务教育阶段农民工随迁子女约为800万，其中：省内流动学生占52%；跨省流动学生约占48%。这部分学生绝大部分集中在北京、上海、浙江、广东等经济发展达地区，而且占当地义务教育阶段学生的比例较高，如浙江为53.4%、广东为47.3%、上海为31%、北京为24%①。由此可见，能否解决好这部分农民工随迁子女的就学问题是我国义务教育在实行免费以后，仍然存在的工作难点和关键。

(三)特殊教育

根据全国残联公布的统计数据，截至2008年年底，全国为盲、聋、智残少年儿童兴办的特殊教育学校已发展到1672所，义务教育普通学校附设特教班有2844个，在校的盲、聋、智残学生约58万人。特殊教育普通高中开办了95所，在校生5464人；其中聋高中76所，在校生4458人；盲高中19所，在校生1006人。高等教育方面，全国有6273名残疾人被普通高等院校录取，1032名残疾人进入特殊教育学院学习。但截至2008年年底，全国仍未入学适龄残疾儿童少年总数达到22万余人，其中视力残疾3.1万人，听力残疾3.1万人，言语残疾2.1万人，智力残疾4.5万人，肢体残疾4.9万人，精神残疾1.4万人，多重残疾2.8万人，各部分残疾儿童所占比例如图10-2所示。

① 蒋平，王正惠．义务教育免费之后的考验：实践难题与现实出路[J]．河北师范大学学报，2009(8)．

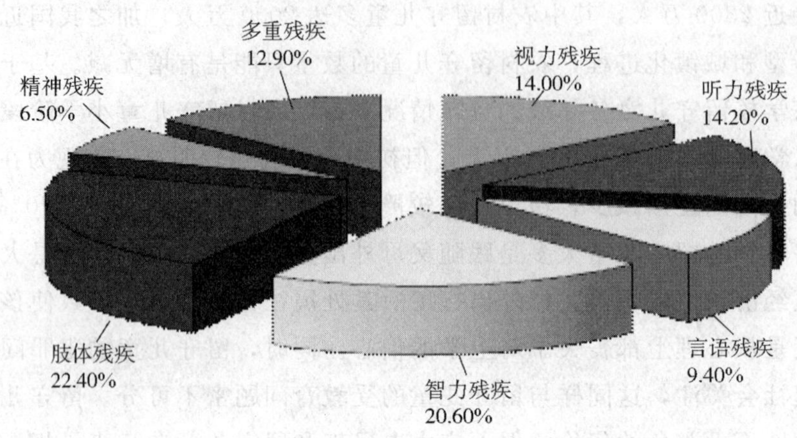

图 10-2 2008 年度全国未入学学龄残疾儿童少年情况

目前，我国特殊教育的发展格局是以特教班和随班就读为主体、以一定数量的特殊教育学校为骨干。在这种大格局下，近年来的特殊教育在发展中存在的问题主要表现为，特殊教育在城乡、各地区、校际之间的发展不平衡，基本建设存在缺口，从而导致未能入学的学龄残疾儿童少年数量仍然巨大。财政拨款虽然是我国特殊教育事业投入的主渠道，但除保证教师工资外，校舍维修、设施改造的经费仍然匮乏。部分学校虽能获得一定数量的资金用于改善办学条件，但其来源绝大部分仅限于部分的社会捐助，仅有少数是非经常性的政府投入。由于投入机制不健全，其他投入来源又缺乏稳定性，部分特殊教育学校的校舍面积不足、设施简陋和师资匮乏等问题长期得不到解决，尤其是在我国欠发达省市和农村等经济发展较为落后的地区，类似问题尤为凸现，难以保证学龄残疾儿童能够适时享受到应有的受教育权利。有效解决我国当前未入学学龄残疾儿童的特殊教育问题，是现阶段我国教育事业发展过程中的重要环节。

(四)高中教育

高中阶段教育主要包括普通高中教育和中等职业教育，它既是连接义务教育和高等教育的中间环节，也是直接为社会输送高素质劳动者的重要阶段。改革开放三十多年来，我国各级各类教育事业取得了跨越式发展，其中，高中阶段教育也迎来了一个迅速发展时期，普通高中和中等职业受教育人数呈波浪式发展。高中阶段毛入学率从改革开放初期的 12%，提高到 2006 年近 60%的历史最高水平，在“两会”上关于优先发展教育的讨论中指出，2009 年高中阶段教育毛入学率预期达到 77%。在现阶段中等经济发展水平下，我国对高素质劳动者的需求已数以亿计，以粤北某县调研情况为例，有港商到当地设厂招工2000人，要求是必须高中毕业，而全县能够找出的高中毕业生只有400人[①]。可见，如何普及高中阶段教育，已成为现阶段教育事业发展过程中不可回避的重要问题，也是当前我国教育改革的战略选择。

在普通高中教育方面，我国呈现地区性的供给不足。在部分经济欠发达地区，尤其是农村地区，由于高中资源供给和学生家庭经济情况等因素，当地有意愿就读高中的初中毕业生只有一部分能顺利升入。这使得其余未能接受普通高中教育的学生，在某种程度上已经失去了接受高等教育的机会，尤其是因为家庭贫困而未能接受普通高中教育的孩子，无疑是一种贫困代际传递的早期表现。此外，教育经费不足亦是欠发达地区普通高中教育普及率低的主要原因。由于教育经费不足，所导致的办学条件差、班额过大、应购置的仪器设备无法添置，大量实验课程不能开设，影响了教育质量的提高，使普通高中教育难以发展，普及更是无从谈起。

就中等职业教育而言，我国面向农村的中等职业教育在近年也取得了一定程度的发展。其招生规模不断扩大，2007年达到约640万人，农村中等职业学校与普通高中规模大体相当。2007年比2001年中等职业教育在农村的招生规模扩大了320万人，在校生规模扩大了660万人(按中等职业学校在校生中农村学生约占80%推算)[②]。但是，我国的职业教育在教育系统内部被边缘化的情况和社会认可程度不高的问题依然存在。2001年至2006年，我国的职业教育受到了前所未有的重视，理论上这个阶段应是职业教育发展的黄金时期，然而由数据显示，中等职业教育的财政拨款占全国教育预算内教育经费的比例仍然从8%下降到5.5%。中职教育培养成本在一定程度上高于普通高中教育，特别是职业教育中的实验和实践课程所需要的经费投入较大，因此，在国际惯例上，中职教育的经费投入是高于普通高中教育的，可以看出经费支持力度不足对中等职业教育发展的局限性。尤其是在欠发达地区和农村地区，除了办学经费不足以外，还存在大量难以接受到职业教育的贫困家庭学生，已严重影响职业教育的可持续发展。而恰恰越是在欠发达地区，其经济发展越离不开大批的技术人才，中等职业教育在服务地方经济建设中具有举足轻重的作用。可见，如何让中等职业教育的大门将向任何一个有意愿的初中毕业生敞开，如何将中职发展与地区经济相结合，是现阶段使职业教育发展步入良性轨道的根本前提。

---

① 谈佳隆."民工荒"凸显高中教育缺位——广东未来5年200亿普及高中教育[N].中国经济周刊，2007(11).

② 中国网，http://www.china.com.cn/news/2008-10/27/content_16672878.htm.

(五)高等教育阶段

在我国，高等教育是指在完成高级中等教育基础上所实施的教育[①]，属于一种专业教育。高等教育在我国学制体系中处于最高阶段，其教育层次包括专科、本科和研究生教育，办学形式包括普通高等教育和职业高等教育。我国高等教育的发展经历了从精英教育时期到马丁·特罗的"大众化教育"时期的转变。新中国成立后，由于国家政策的原因，我国高等教育的目标是为工农服务，因此20世纪50年代我国接受高等教育的对象主要是工人和农民，公民接受高等教育的机会相对均等；从1977年恢复高考到1998年，我国的高等教育实现了从免费到收费的阶段，特别是90年代以后，公民接受高等教育机会的均等性开始受到城乡、地区以及家庭经济等条件的限制。

从高等教育在城乡之间的非均等化配置来看，在2005年我国已经实现了高等教育的大众化阶段，全国高等教育入学率达到16.55%；与此同时，当时农村高等教育入学率只有3.35%，而城市同期的高等教育入学率达到32.76%，2005年城市高等教育入学率已经是农村高等教育入学率的9.77倍[②]。截至2008年，农村高等教育入学率相比往年有所上升，达到了4.30%，但与我国《面向21世纪教育振兴行动计划》提出的"到2010年，高等教育入学率接近15%"的目标相去甚远，而同期城市高等教育入学率已高达44.59%，可以说城市高等教育已经开始进入普及化阶段。当前，我国正处于中等经济发展水平，国家对城乡高等教育均等化发展的需求也越发强烈，高度关注农村高等教育的发展已势在必行。

此外，地方高等教育财政保障程度的差异性，在一定程度上限制了我国高等教育的均等化发展。1999年高校扩招以来，地方高等教育的发展速度远远超过了高等教育的投入力度，尤其在经济欠发达地区已经超过了公共财政的负担能力。为了筹集地方高等教育发展所必需的经费，地方政府往往通过加大非财政渠道的经费筹措力度，来缓解经费不足的矛盾。由此导致地方高等教育经费中的财政保障程度较低，稳定性不足，使地方高校经费来源过度依赖于非财政收入，特别是依赖学杂费收入。这样越是经济欠发达地区，教育经费就越难保证，形成了地方经济与高等教育发展之间的循环制约。总之，无论是何种因素导致的高等教育非均等化，其负面效应都累积体现在有接受高等教育愿望但未能满足的公民身上。而这些未能接受到高等教育的公民，往往又是欠发达地区最需要接受教育的群体，二者之间的矛盾是当前高等教育发展过程中的首要问题。

---

① 中华人民共和国高等教育法.

② 郭书君.我国农村高等教育发展状况的实证分析[J].辽宁教育研究，2005(10).

>>三、实证案例：安徽铜陵义务教育均衡发展现状调研<<

铜陵，一个研究中国教育体系发展重要的标本，近年来越来越受到人们的关注。2010年4月19日至21日，北京师范大学中国社会政策研究所、21世纪教育研究院及中国社会科学院组成的联合调研组前往安徽省铜陵市，就当地义务教育阶段均衡化发展的情况进行调研。调研以实地走访、相关利益者座谈以及个别访问的形式进行，并根据调研所获得资料完成此调查研究报告。调研的主要目的是通过实证研究，寻找铜陵市义务教育均衡发展政策产生的内外部因素；剖析政策创新机制；评估政策实施效果；判断政策趋势及未来风险。

(一)铜陵市义务教育均衡发展历程

铜陵市实施义务教育均衡发展的历史，可以上溯至20世纪80年代中后期，起初的目标仅仅是为了解决城区学校义务教育质量参差不齐所带来的择校风潮，缓解普通百姓对择校所导致的教育不公平现象的不满。通过二十多年来不断的探索和改进，如今已经成为中国施行义务教育均衡发展以及公共服务均等化的一个特色案例。总的来说，铜陵义务教育均衡发展可以分为三个阶段。

1986—1995年(政策初创时期)：由于当时的铜陵市义务教育择校风盛行，从而导致大部分普通家庭子女对于优质稀缺教育资源的可及性较差。部分经济条件较好拥有较多社会资源的家庭，通过各种方式安排自己的子女就读好学校，最终导致社会上出现大量的不满情绪。为了化解群众的不满，缓解择校现象，在这一期间铜陵市教委出台了一系列的相关政策，取消小升初考试，开始施行划片招生。同时，严格执行户口准入制度，查处各类挂户、换户、空户和假户等情况，规范招生过程，在一定程度上缓解了择校风气，无意间也播下了义务教育均衡发展的种子。

1995—2004年(制度构建时期)：这一时期，相关职能部门逐渐意识到，仅仅依靠行政命令和单方面对家庭户口的控制始终无法有效地解决教育资源分配不均以及日益凸显的社会需求这个主要矛盾。于是教育部门开始着手消除市区校际之间的差别，通过“名师迁移”以及将校长送往沿海城市挂职锻炼等措施，逐渐缩小差距。期间出台了在普通高中招生工作中试行省重点高中部分招生指标定向分配到各初中的招生改革方案，这一比例从最初的20%不断扩大到70%，对于实行教育均衡化起到了重要的作用。

2004年至今(全面均衡化时期)：随着铜陵市教育均衡化的不断深入，城乡二元化所导致的农村义务教育质量水平低下问题也日益突出。为了统筹城乡教育，铜陵开始将教育均衡化的重点从市区转向以农村和进城务工农民工为主体的弱势群体。一方面，铜陵市对进城务工子女实行无差别待遇，全部就近入学，免收各种学杂费；另一方面，对农村留守儿童提供帮助，关心他们的生活与学习。在制定中长期规划时，将农村薄弱学校和教师队伍的建设放在更加优先的位置，从提高物质待遇到强化能力建设并重，结合推动公共服务均等化的要求，力求农村教育水平要达到或者接近城市同类学校水平。

(二)铜陵市义务教育均衡发展主要政策内容

1. 校际教育均衡发展政策

作为铜陵市教育均衡发展中最早施行也是发展最成熟的政策，校际教育均衡发展政策取得了长足发展。铜陵市在治理辖区内的择校风方面做出了很多政策上的努力，其主要做法为：按片划分，禁止择校，国家财政投入对于区内所有学校均衡一致，诚如现任铜陵市教育局主管领导所说的，学校处于只有远近之别、没有好坏之分的公平状态。

在学校方面，早在1987年铜陵市就在安徽省率先取消了重点初中和小学，并规定义务教育阶段学生全部实行免试就近入学。1997年普通高中招生工作中试行省级重点高中部分招生指标定向分配，至今铜陵市省示范高中招生指标定向分配的比例已经达到70%。同时将教育附加资金的75%以及高中计划外招生资金的20%用于薄弱学校建设。在这样一种适当竞争环境下，由政府主导的教育均衡措施，在某种程度上也遏制了学校之间的教育不平衡现状。为了进一步营造公平教育的环境，铜陵市已经完全取消了重点小学和重点初中，教育投入主要向薄弱学校倾斜，市区义务教育学校的硬件设施趋于均衡。近十年来，该市用于薄弱学校达标的资金共计1.5亿元，新建教学楼、实验楼、图书馆等教学用房4.13万平方米。

铜陵市教育部门负责人认为，一个好校长能造就一所好学校，能稳住一方好生源。因此将一些德才兼备、进取心强、具有强烈开拓意识的年轻人派往薄弱学校任职，使薄弱学校的建设取得了较好的效果，通过给薄弱学校换个好校长，强化薄弱学校班子建设。

为进一步从软件上提高薄弱学校教学水平，促使现有教师流动，合理配置教师资源，促进各校师资基本均衡，铜陵市采取主动干预的方式，通过“名师迁移”等办法，有意识地将一些老牌学校名师调到新建或薄弱学校去任职和任教；对新进教师考试考核采取先填志愿、统一考试、按校录用的原则，促使教师合理分流。根据最新出台的政策，自2010年秋季开学起，将以区域为单位和区域内中小学校在编在岗教职工总数为基数，每年安排10%左右的教育教学人员进行交流、轮岗、挂职等。三年内全市中小学教师交流人员达到30%左右，以此促进区域内教师之间合理流动，逐步实现区域内基础教育学校教育思想、教育水平、教学体系、管理水平等方面的相对均衡，城乡之间、学校之间师资配备上的相对均衡。通过对市区和城乡之间教育软环境的建设，铜陵市抓住了实现教育均衡的重点。由于硬件和软件的均衡发展其难度不同，很多地区的教育建设往往仅注重对硬件环境的建设，特别是在农村教育薄弱地区，师资水平同城区相比还存在较大差距，而铜陵市此举无疑为促进城乡教育均衡提供了宝贵经验。

此外，作为实施教育均衡发展的一系列配套措施，铜陵市政府进一步加大了对户口的审查来控制“择校”行为。每年都会在开学前安排大量的人力对学生的入学资格进行严格的审查。为保证就近入学政策的执行，铜陵市从严格学籍管理入手，每年都和纪检监察部门一起对“人户分离”及“换户”跨区借读问题进行审核。

2. 城乡教育均衡发展政策

2006 年铜陵市在安徽省率先免除农村义务教育阶段的学生杂费，对城乡地区义务教育阶段学校学生免费提供教科书，按标准补助贫困寄宿生生活费。与此同时，将市级教育附加部分资金用于农村中小学校舍标准化建设。截至 2009 年，共投入资金 1.03 亿元，完成 87 所农村中小学标准化建设任务。2009 年，又将农村中小学校舍标准化建设范围扩大到全市所有中小学和幼儿园，在全省率先启动了中小学校舍安全工程。计划用两年时间全面完成全市范围内中小学校舍安全改造任务。2010 年计划投入资金 2.46 亿元，改造学校 114 所，改造校舍面积 30.2 万平方米。2010 年，铜陵市还打破教师与所在学校间的固定身份关系，促进教师在城乡学校之间流动；并继续推动省示范高中录取名额定向分配改革，实现城乡省示范高中报考志愿的双向选择。

建立均等化教育制度，进城务工人员子女可以享受和城市居民子女同等的教育权利。2004 年凡在铜陵市内有固定住所的农民工子女，均享受与本地学生同等待遇，义务教育阶段免交借读费并可以报考省示范高中，享受定向指标。除此之外，进一步加强对“留守和单亲学生”的扶助，从 2007 年开始，铜陵市新建改建留守儿童的示范学校，建立和完善家庭经济困难学生资助政策体系，保障家庭经济困难学生顺利完成普通高中学业。

3. 教育管理均衡发展政策

2008 年，铜陵市结合新的全市建设发展规划，制定了《铜陵市基础教育设施布局规划(2008—2020 年)》，大规模整合教育资源，调整优化教育布局。通过资源置换，2009 年筹资 1 亿元用于工业学校、经济技术学校征迁、建设，扩大了市中心区初中学校的招生，一方面通过政策调节化解了市中心城区“小升初”的压力，另一方面提高了初中办学规模。铜陵市教育局以老校拍卖、房屋开发配套外部援助、专项投入及税费减免等方式，创建了 1 所全日制普通本科高校、2 所高等职业技术学院，撤并了133所中小学，在市区又新建了8所中小学、幼儿园，改扩建了27所中小学，改善了教育资源分布，为就近入学创造了先决条件。

4. 教育人才均衡发展政策

从1996年起，每年选派一批校长到沿海城市学校挂职学习，在2002年新课改实施以后每年邀请一些著名专家、学者来传授先进的教育思想。2007年铜陵市先后选派130名优秀骨干教师赴上海等地进行为期一个月的集中培训，有效地促进了教师队伍的专业化建设。通过经常化、制度化的培训培养，不断追赶先进地区的教育理念。

(三)对铜陵市义务教育均衡发展运行状况的评估分析

对铜陵市义务教育阶段的运行状况进行评估分析对揭示其义务教育均衡发展政策具有重要的实证意义。选取2001－2009年的代表性数据作为分析来源，共分为域内评估和域外比较两部分。

1. 多方面原因造成城乡基础教育发展存在一定差距

在域内评估中，着重把铜陵市2001－2009年全市基础教育各类学校的情况作为主要参考对象，将数据同安徽省的情况进行比对。在基础教育学校数中(见图10-3)，铜陵市的整体学校数减少15%。在进一步的分析中，市区和铜陵县的学校数则呈现出截然不同的情况，铜陵市区的基础教育学校数从2001年的120所增加到2009年的128所，而铜陵县的基础教育学校数则由2001年的131所下降到2009年的86所，减少幅度达到34%。与之相对应的，2001－2009年，整个安徽省基础教育学校数也出现类似的情形，基础教育学校数减少了30.67%(见图10-4)。

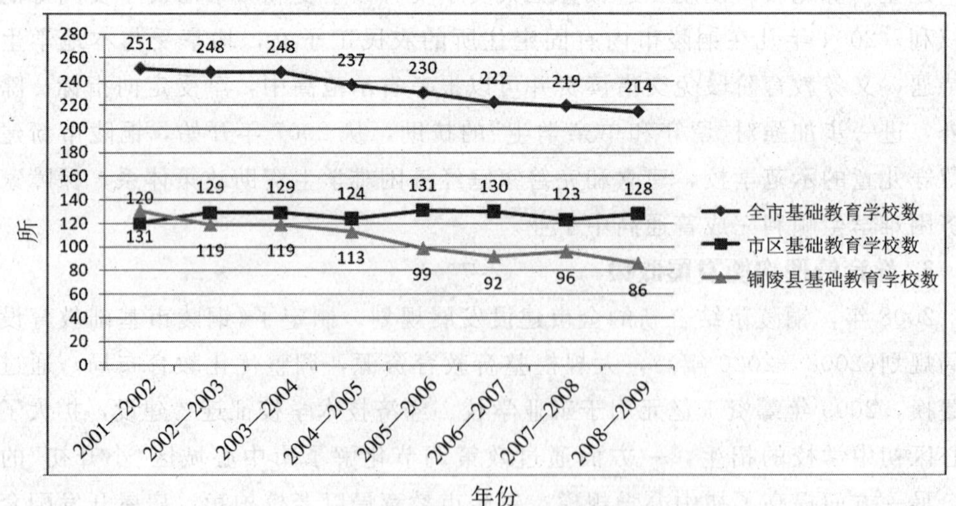

图10-3 铜陵市2001－2009年基础教育学校数

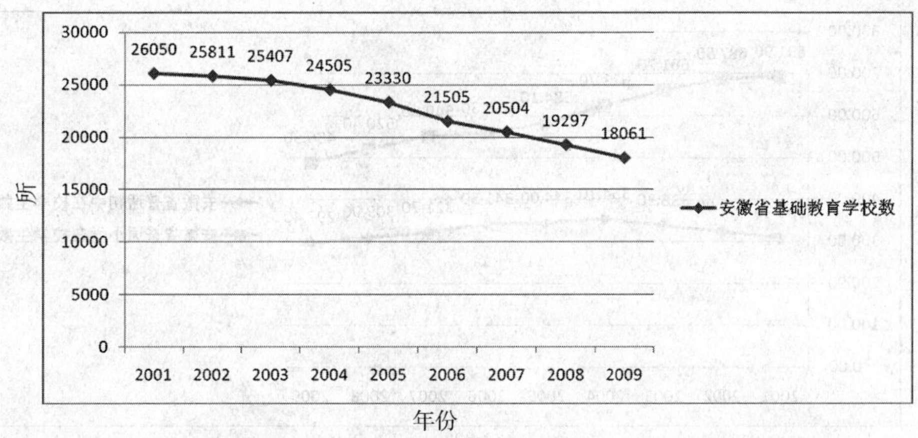

图 10-4　安徽省 2001—2009 年基础教育学校数

在此期间，铜陵市的基础教育在校学生人数(见图 10-5)从 2001 年的 11.75 万人下降至 2009 年的 10.85 万人，市区内学校的基础教育在校生人数则从 2001 年的 6.3 万人不断增长，在 2007 年的时候达到顶峰，然后缓慢回落，2009 年人数为 7.09 万人，增长了 12.6%。值得注意的是，铜陵县基础教育在校学生自 2001 年开始就一直呈现持续下降的趋势，减少幅度达到 31.12%。与此同时，整个安徽省的基础教育在校学生人数，也出现了相应下降的趋势，根据图 10-6 显示，安徽省 2001 年至 2009 年基础教育阶段普通中学和普通小学在校生人数减少比例分别为 3.5%和 29.63%。

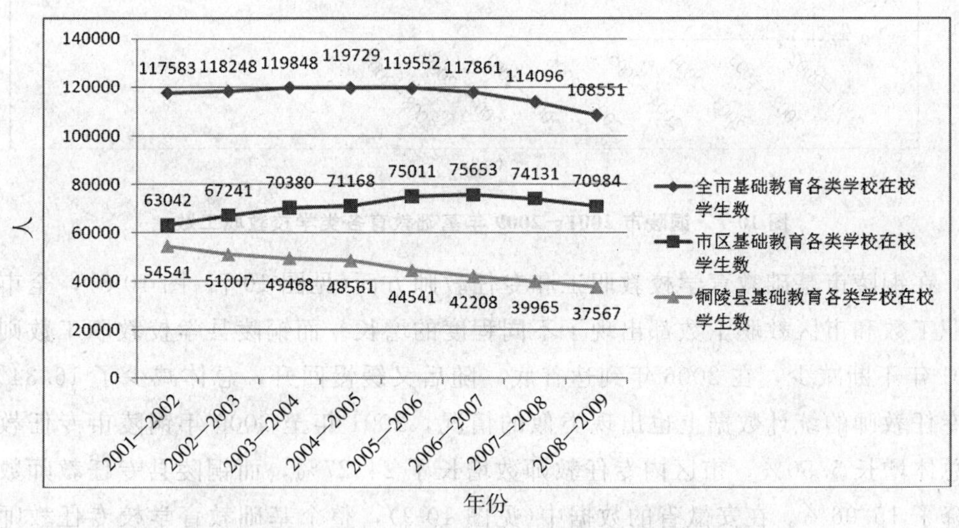

图 10-5　铜陵市 2001—2009 年基础教育各类学校在校学生数

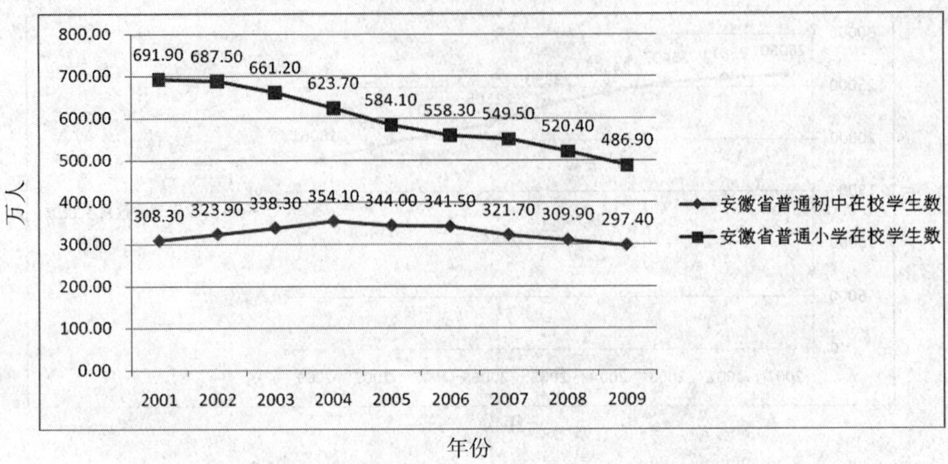

图 10-6　安徽省 2001－2009 年基础教育各类学校在校学生数

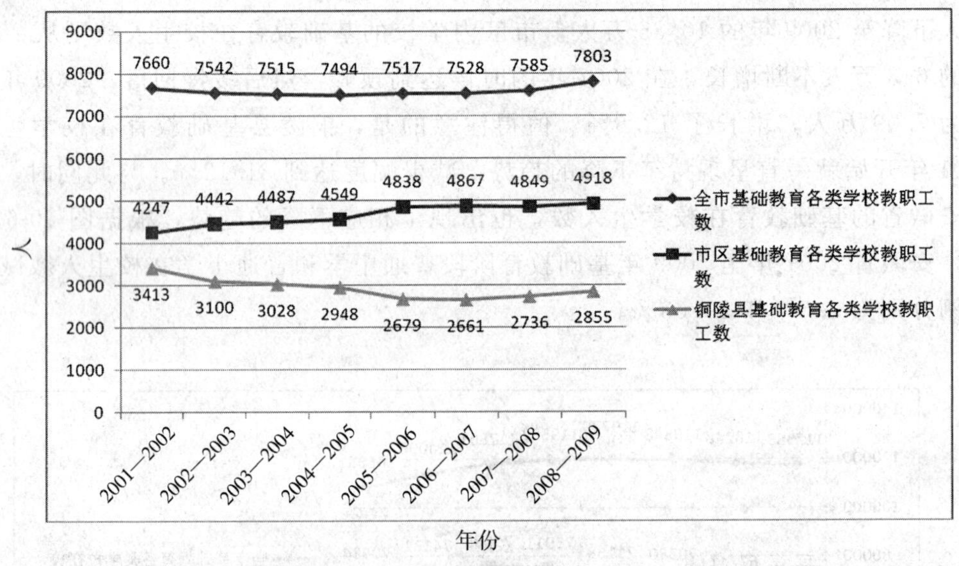

图 10-7　铜陵市 2001－2009 年基础教育各类学校教职工数

在铜陵市基础教育学校教职工和专任教师方面(见图 10-7、图 10-8)，全市总教职工数和市区教职工数都出现了不同程度的增长。而铜陵县学校教职工数则从 2001 年不断减少，在 2006 年到达谷底，随后又缓慢回升，总体减少了 16.34％。在专任教师的统计数据上也出现类似的情况，2001 年至 2009 年铜陵市专任教师数总体增长 5.50％，市区内专任教师数增长了 24.27％，而铜陵县专任教师数则下降了 15.96％。在安徽省的数据中(见图 10-9)，整个基础教育学校专任教师数增加了 9％。

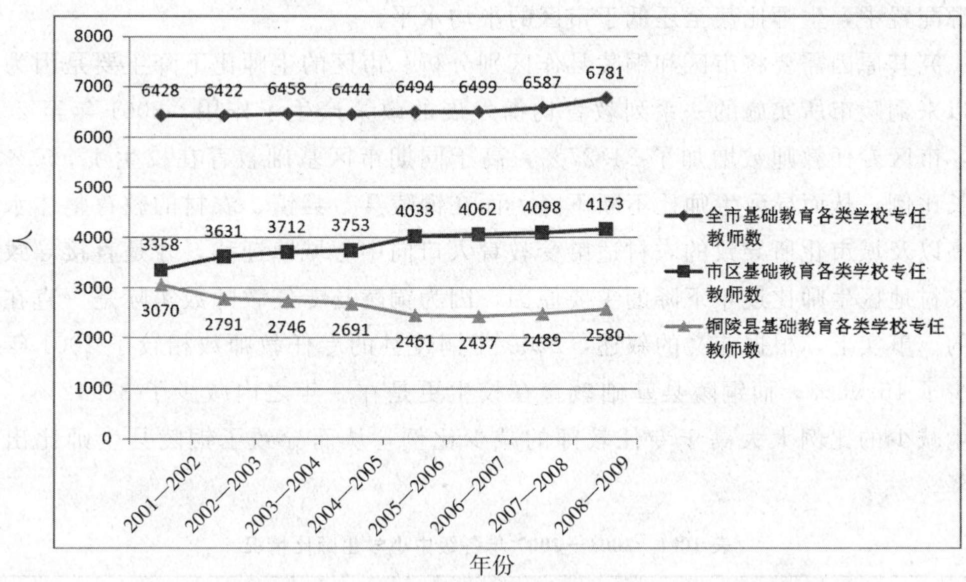

图 10-8　铜陵市 2001—2009 年基础教育各类学校专任教师数

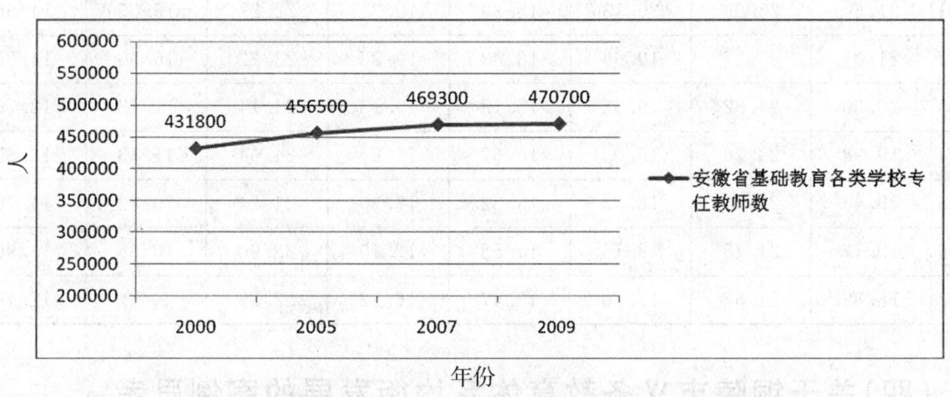

图 10-9　安徽省 2001—2009 年基础教育各类学校专任教师数

2. 铜陵市城乡基础教育师资配置水平相对合理，其义务教育均衡发展弥补先前"欠账"作用明显

在反映教师资源配置水平的铜陵市的普通中小学生师比中(见表 10-4)。铜陵市区、县普通中小学的生师比例一直都低于全国平均水平，更远低于安徽省当年的生师比水平。根据 2001 年国务院办公厅转发的《中央编办、教育部、财政部关于制定中小学教职工编制标准意见的通知》，其中规定了普通小学，城市、县镇、农村三级教职工编制生师比标准分别是 19、21 和 23；普通初中教职工编制生师比标准分别是 13.5、16 和 18。由此可见，大多数年份的铜陵市中小学的生师比都在这个标准的控制范围之内。通过该数据的比对，反映出铜陵市基础教育的师资配置比例情况要整体上好于安徽省和全国水平，尤其在县镇农村的中小学教师资源配置中，生师比甚至还低于市区的平均水平。

究其原因需要将市区和铜陵县作区别分析。市区的生师比下降主要是因为长期以来铜陵市所实施的一系列教育均衡发展的政策产生了作用，2001 年至 2009 年，市区专任教师数增加了 24.27%，高于同期市区基础教育在校生 12.60%的增长比例，从而导致生师比不断下降。而在铜陵县，县镇、农村的教育整体水平不高以及城市化所导致的农村适龄受教育人口向中心城镇迁移，才是直接导致县镇农村地区生师比逐年下降的主要原因，因为铜陵县专任教师数实际是一直在减少的。事实上，根据前文的叙述，2009 年铜陵县的专任教师数相较于 2001 年共减少了 15.96%，而铜陵县基础教育在校生更是在 9 年之内减少了 31.12%，在校生减少的比例大大高于专任教师的减少比例，从而导致了铜陵县生师比出现下降。

表 10-4　2001—2007 年各级中小学生师比情况

年份	全国普通小学生师比	安徽省普通小学生师比	市区普通小学生师比	铜陵县普通小学生师比	全国普通中学生师比	安徽省普通中学生师比	市区普通中学生师比	铜陵县普通中学生师比
2001	21.64	25.06	20.13	18.30	19.24	22.27	16.05	14.66
2002	21.04	25.27	19.66	18.83	19.25	23.22	16.90	14.83
2003	20.50	24.82	19.62	18.18	19.13	24.14	11.18	12.76
2004	19.98	23.76	19.02	16.67	18.65	24.64	11.13	13.65
2005	19.43	22.51	18.53	15.32	17.80	24.24	10.82	14.70
2006	19.17	21.78	18.15	14.58	17.15	23.90	10.38	13.90
2007	18.82	21.57	17.50	13.47	16.52	22.85	9.70	12.13

(四)关于铜陵市义务教育体系均衡发展的案例思考

通过对铜陵市义务教育均衡发展运行情况的评估与分析，铜陵市整个近三十年的教育政策发展历程其实都是围绕着两大时空背景所展开。

首先，自 20 世纪 80 年代初期，中国改革开放之后所带来的巨大的经济与社会变迁，它通过市场这只无形的手将城市与农村经济又重新再一次紧密联系起来。而伴随着一些地区城市化步伐的加快和人口流动性的提高，反过来又进一步型塑了社会发展的城乡二元形态。在城市，由于以经济发展为导向的“经营城市”理念大行其道，以及对公共服务预算的不合理削减，导致政府不断降低对包括教育事业在内的公共事业的供给。同时，由于城乡一直存在鸿沟，加上人口流动性的上升，大量农村人口流向城市，进一步拉高对于公共服务的社会需求。最后往往导致处于地区中心的城市忙于应付，引发一系列的社会问题。

其次，进入 21 世纪以后伴随着一些社会问题所产生的负面效应日益凸显，决策者开始真正认识到单纯的以经济发展为导向的模式已经无法适应当前中国社会发展的需要，而追求社会公平正义和科学发展逐渐成为新时期中国发展的总方向。正是在这样的背景下，中央政府开始加大对地方基础公共事业的投入。

纵观铜陵市的教育发展，如果稍作对比就能发现，其各项政策的出台与这两大时空背景都有着共同之处。这两大时空背景之下的铜陵市义务教育均衡发展政策，通过调研有以下几点主要发现。

第一，坚持在某一领域政策的长期性和先导性，对于社会政策的创新具有重要的推动作用。

铜陵市在促进教育公平的政策文件最早可以追溯到20世纪80年代中后期，起初仅仅是为了解决基础教育招生当中所产生的择校问题。而在政策实施的过程中却发现导致出现“择校风”的最根本原因就是地区教育资源发展不均衡，于是才使得铜陵市进一步采取措施对市区教育资源进行重新规划和配置。值得注意的是，在具体操作过程中所摸索产生的一系列教育政策，如名师迁移、校长挂职培训以及招生指标定向分配等措施，在某种程度上却无形中成为了一种首创性政策。正是有了多年的政策积累和创新，才使得铜陵市教育均衡发展取得了阶段性的成果，并且为今后城乡教育均衡发展提供了丰富的治理思路和经验储备。

第二，地方政府在保障公共服务公平性以及公益性上的认识程度，对于社会政策的创新也具有重要的影响。

铜陵市所实施的教育均衡化一系列政策虽然都是处于大的时空背景中，在国家的政策方针指导下开展工作，但是如果缺少了对于促进社会公平以及保障教育公益性的价值取向，仍然不可能产生出一系列教育创新的政策。正如铜陵市分管普教长达12年的教委前副主任汪其惠所说的：“铜陵市教育部门所做的，只不过是根据义务教育法和教育部、安徽省有关文件精神照做了而已。”铜陵市取消了小学及初中重点学校，同时也取消了初中升学考试；“划片招生、就近入学、定向切块、扶持弱校”，这些内容本身都是义务教育法所基本规定的。可见，铜陵市的义务教育均衡发展本身所隐藏的深层含义就是，中国当前义务教育之所以无法实现均衡发展，其最主要的原因就是政策制度已经出现集体失灵的现象，地方政府对于社会公平性以及公共服务公益性的认识明显不足。

第三，政府在推行一项政策的时候，其政策的瞄准度直接决定了实施的效果；而其体制内协调水平(横向谈判能力)则直接决定了政策的成功与否。

在铜陵市教育均衡发展政策中，“指标定向分配”以及“城乡教师轮岗”政策就是分别针对市区基础教育发展不均衡和城乡基础教育发展不均衡这两大问题所制定的。铜陵市教育主管部门将主要精力放在长期连续的加强师资培养上，具有长远意识，就政策的准确性而言直接瞄准了问题所在，切中要害。而铜陵市在具体政策的施行当中，体制内的横向协调机构(发改委、规划局、财政局等)同时也发挥了重要的作用，作为实现教育均衡发展的重要步骤之一，必须由政府统筹体制内所有资源，建立部际协调机制，只有这样才能显著提高政策贯彻的效率，如果缺少这样的横向协调机构，那么政策执行力就势必会大打折扣。

第四，在社会政策领域，中央政府“自上而下”式的推动地方各级政策创新，反之地方又通过“倒逼机制”向上寻求更大的政策空间，并通过自身经验对其他决策者施加影响，形成社会政策制定的“双轨模式”。

如前所述，铜陵市义务教育均衡发展其实是围绕两大时空背景所产生的一系列政策，如果没有国家大环境的鼓励和推动，要出台均衡教育的政策是不容易的。而另一方面，当铜陵市教育局面对城乡义务教育均衡发展的时候，由于需要打破城乡二元体系，促进教师资源配置的合理化，因此需要进一步寻求政策空间，如果没有政策的许可，想要推进城乡教师的有序流动同样将变得十分困难。由此可见，正是因为中央政府与地方政府之间的微妙互动，形成了中国地方社会政策创新的局面，中央给予地方政策空间，地方政府则实际上成为社会政策创新的主体，两者在科层结构上一高一低，在政策执行过程上一快一慢，形成了前后错位平行的良性机制。与此同时，铜陵市义务教育均衡发展政策的外溢性也已经开始向省内及全国其他地区显现，其最主要的例子就是“铜陵模式”已经成为教育均衡发展的代名词，成为安徽省实行教育均衡发展的一张名片。铜陵市的教育经验也无形中影响了中央在义务教育问题上的观点，在2010年7月召开的全国教育工作会议中，中央制定的《教育规划纲要》首先明确要求大力促进教育公平。要进一步办好义务教育，教育资源要向农村地区、革命老区、民族地区、边疆地区、贫困地区倾斜，向薄弱学校倾斜，逐步实现师资、设备、图书、校舍等均衡配置。可见在教育方面，中央和地方政策的相互影响是一直存在的。

第五，当前中国社会政策主要以“应激型社会政策”为主，缺少对于社会问题把握的前瞻性，缺乏主动监测并预测社会形势及风险的机制。

以铜陵市为例，出台教育均衡发展政策的其中主要因素之一便是伴随着经济发展水平的提高，老百姓对于教育公平状况恶化的日益不满，出现了呼吁改革的呼声。由此可见，当今很大一部分地方政府的社会政策的出台主要是当社会问题出现之后，为了在短时间内回应社会呼声所制定的政策，虽然短期内对缓解社会矛盾、改善社会民生能够产生作用，但是不能形成机制性、常态化的社会形势监测与评估机制，提前预测风险，预先制定相关政策。最后往往导致当类似问题发生的时候，地方政府又再次陷入被动的局面。因此需要地方政府在推动社会政策创新的同时，通过引入外部智力，建立健全一套监测社会形势，预防社会风险的评估体系，从而进一步提高地方政府的管治水平，提高政策创新的前瞻性。

第六，地方政府社会政策创新在一些中小型城市推行较为容易。

主要原因是此类城市规模较小，体制内的矛盾相对较少，利益格局较为简单，因此政策博弈就显得相对容易，而大城市既得利益团体相对庞大，协调成本较高，因此相比之下就要困难的多。不过为了进一步证明观点，还需要更进一步的统计学意义上的证明以及深入访谈研究。

>>四、新型教育福利体系的构建<<

教育与福利虽各有其相对独立的政策和制度体系，但二者有着密切联系。第一，从目的来看，福利的目的主要是谋求公民生活的充实与提高，而教育无疑是其得以实现的最有效的手段之一。教育的最终目的就是要提高个人乃至人类社会整体的福祉，二者有一定的契合之处。第二，由于一个人接受教育的程度不仅影响到个人的幸福和利益，而且对整个社会的存在方式和状态都有非常重要的作用，因而，教育便成为社会福利的重要方面。第三，教育的功能要求我们必须关注支撑教育的生活基础与条件，这时的社会福利水平又在一定意义上决定了公民个人接受教育的程度。可见，“没有福利就没有教育，没有教育就没有福利”，二者互为条件①。

何谓教育福利？从狭义的社会福利出发，教育福利是指处于社会不利地位儿童的受教育权、学习权保障问题，也就是我们通常所说的社会弱势群体的受教育权利保障问题，其对象是处境不利地位的公民；若从广义的社会福利定义出发，教育福利则指所有公民的受教育权保障问题，旨在通过各种制度安排保障公民享受到令人满意的、好的教育，其对象是所有公民②。从教育与福利的关系以及教育福利的定义出发，将所构建的新型教育福利体系目的定位于：一方面力求保证受教育权利的底线公平，另一方面则在更高层次上促进全体公民的教育福祉。本体系具体的福利项目设计将以我国教育体制的阶段性特征为导向，在优先保障社会弱势群体受教育权利的基础上，促进我国教育的公平化与福利化。

(一)学前教育支持

如前文所述，普及学前教育已逐渐成为一种趋势，即使是在市场经济非常发达且成熟的国家，学前教育发展的基本趋势也是由个人担负逐渐转变为公共福利事业，许多国家都在拟定各项政策并通过多种实现方式承担起政府对学前教育的责任。学前教育作为投资事业，其发展是保证社会生产力可持续发展的需要。我国现阶段学前教育发展不平衡，常常导致处于欠发达地区的儿童难以适时接受学

① [日]小川利夫．教育福祉的基本问题[M].[出版地不详]．劲草书房，1985.

② 尹力．多元化教育福利制度构想[J]．中国教育学刊，2009(3).

前教育。针对这一现况并结合当前经济发展水平，我国完全有能力通过国家专项拨款，首先资助面向社会处境不利儿童的学前补偿教育，然后逐步建立并完善面向全体适龄儿童提供的学前教育。

1. 农村学前教育津贴

我国现阶段学前幼儿教育状况无论从生师比、生均教育经费，还是其他生均资源配置来看，首先存在着城乡、地区以及县内乡镇之间的非均衡发展状况。致使农村儿童很难有机会接受到正规的学前教育，如果学前教育差别过大，这种不公将直接延伸到九年义务教育上来，并影响到义务教育的实施质量。目前我国已具备条件，首先在农村地区以每人每月 50 元的标准，通过设立学前教育津贴为农村 3～6 岁儿童提供一定程度的学前教育支持，并同步开始着手师资和设施等学前教育配套条件建设。按照 2007 年统计数据，我国 3～6 岁农村儿童约为 3.11 亿，该项目的财政支出约为 1868.64 亿。

2. 义务教育向下延伸

学前教育作为儿童教育的重要起点，其普及程度、教育质量对提高“普九”水平，发展各类教育，具有基础性和先导性的作用。普及学前教育是从儿童早期打破贫困的代际传递，缩小经济与社会发展差距的前瞻性决策。因此，我国应该在进行学前补偿教育的基础上，逐步采取义务教育向下延伸的举措，将学前教育纳入我国义务教育范畴。此举在我国甘肃省阿克塞哈萨克族自治县已具备先行先试的地方经验，阿克塞哈萨克族自治县在实施中小学全部免费和高中教育“全免一补”的基础上，从 2009 年起每年投入 80 余万元，将具有本县户籍的 3～6 周岁学前适龄入园儿童按甘肃省一类幼儿园简托制收费标准，对保育费、杂支费、取暖费等项目进行免费，每人每学年合计免费 560 元，至此在阿克塞哈萨克族自治县实现了义务教育的向下延伸。我国完全可以在借鉴此类地方经验的基础上，建议从省级政府和发达县域开始试点，逐步将幼儿教育纳入义务教育范畴。

(二)义务教育帮扶

1. 留守贫困儿童教育补贴

针对处于义务教育阶段的留守儿童设立教育补贴，其标准可设立为小学阶段每人每学期 150 元，初中阶段每人每学期 200 元；留守儿童教育补贴由儿童父母或临时监护人向学校提出申请，经一定资格审查后，符合拟资助贫困家庭标准的则予以批准发放，并于每学年进行一次资格审核。设立该教育福利项目的目的在于，援助留守儿童这一特殊群体，尽可能通过改善其生活处境，来帮助他们完成法定义务教育。

2. 流动儿童义务教育券

根据教育部的统计资料，2007 年，全国义务教育阶段农民工随迁子女约为

800万，其中省内流动学生占52%，跨省流动学生约占48%。由于义务教育属地管理原则，很多农民工子女只有在原籍才能享受到免费义务教育，在随迁地难以进入公办学校而只能在农民工子弟学校就读，也无法享受到免费的义务教育。对此，我国政府可借鉴香港的教育券形式，为不能在原籍接受义务教育的农民工随迁子女发放义务教育券，由迁入地学校据教育券给予一定比例的费用免除，具体免除的比例可根据学校类别和地区经济加以确定。

(三)特殊教育津贴

特殊教育保障是本研究构建新型教育福利体系中的重要一环，截至2008年年底，全国仍未入学适龄残疾儿童少年总数就已达22万余人，可见我国残疾人特教问题在教育的初始阶段就已存在。我国有必要针对这一特殊群体设立专门的特殊教育津贴，津贴标准根据不同教育阶段区别设定。现阶段可考虑为义务教育阶段的残疾学生设定每人每学年500元的津贴标准，高中阶段为每人每学年600元，高等教育阶段为每人每学年800元，采取由残疾学生本人或其监护人自主申请的形式。此外，尤其针对义务教育阶段既不能进行随班就读，也难以进入特殊教育学校的未入学适龄残疾儿童少年，除了特教津贴的援助形式以外，我国应立即加大对兴办特殊教育学校的资金和政策投入，同时着力于非特教学校的残疾人设施建设，形成资金与服务并举的特殊教育援助体系。

(四)高中免费教育

我国已初步具备条件通过先逐步提供高中免费教育的方式，为在不远的未来将高中教育纳入义务教育体系奠定基础。义务教育具有普及性、免费性、强制性的特点，与此相对应的是义务教育的实现，主要需要具备三方面的条件：一是要有良好的教育基本条件，二是要有免费义务教育的经费支撑，三是家长和学生对接受义务教育的高度认同。据此可知，我国九年义务教育的扩展不能一蹴而就，在现阶段构建与中等经济发展水平相适应的新型教育福利体系时，从提供高中免费教育开始起步无疑是较为稳健的路径选择。目前我国已有部分实行高中免费教育的地方经验。例如，陕西神木县从2009年起，免费教育在小学、初中、高中三个阶段实施；辽宁省鞍山市则已在全市7个县(市)区各设一所免费普通高中，招收的新生不仅全部免除学杂费，而且还免除50%的课本费；广东中山古镇更成为全国第一个实现15年免费教育的地区，15年免费教育除免除全国统一的九年义务教育的学杂费和课本费外，还免除学前三年教育的保教费和高中三年教育的学杂费，普通高中每学期报销1200元，职中、中技每学期1350元，中专每学期1550元。这些地方经验均收到了良好的实施效果和社会效应，我国政府则可考虑借鉴先行先试地区的良好经验，在全国层面上开始逐步提供高中阶段的免费教育。我们可按每人每学年 1000 元的标准设定，用以免除普通高中与中职教育的学杂费用，据统计，2007 年我国普高和职高的在校学生为 4527.5 万人，按照每人每学年 1000 元的标准，该项目每年的财政需求为 452.75 亿元。

(五)新型教育福利体系的配套政策

无论是哪一阶段的教育，其最终的功能和价值都必然于公民的就业中有所体现。在未来 10 年内，就业都将是我国关系国计民生的首要问题。当前如何注重教育与就业的有效结合，是我国在构建新型教育福利体系时需要加以同步建设的配套政策体系。针对与就业相对应的失业问题，我国目前采取的社会保障政策主要有失业保险、城市居民最低生活保障金、医疗补助金以及女性失业人员的生育补助金等，集中于对失业者的生活救助。而失业者最迫切的需求是寻找到新的工作，因此立足于以教育为根本出发点的职业培训和就业援助等服务的免费提供或费用减免显得更为积极和重要，是结合教育与就业问题的有效措施。

西方国家很早就开始实行与教育相结合的积极就业政策，如美国政府 1994 年就开始一改之前的失业救济制度，将职业教育培训作为解决失业问题的根本途径，并从产业结构入手，发展中小型企业来带动就业；英国政府 1998 年提出“工作福利”，失业者必须从政府提供的择业机会中作出选择，而不能依赖补贴度日，同时还提出加大教育投入，增强人力资本，建设以“培训和教育性的社会投资”为特点的社会投资国家。对我国而言，加强人力资本投资，重视就业问题与教育体系的结合，也同样是教育事业可持续发展的必然选择。因此，我国可考虑着手建立一个以援助就业为目标的教育培训配套政策体系，如针对登记失业人员发放教育培训券，失业者可以选择相应机构参与技能教育培训，达到免费培训或培训负担减轻的目的；失业者不论户籍，失业后只要到相应管理部门进行失业登记，便可获得教育培训券，以半年或一年的总额形式发放，只能用于就业培训，禁止任何形式的流转；政府同时可通过税收和资助等优惠政策，大力支持企业、社区以及非营利性机构进行教育培训等，诸如此类的配套政策建议，都是我国在现阶段构建新型教育福利体系的进程中，值得深入研究的政策设计思路。

实践模式篇

新型社会福利的筹资模式与成本——效益分析[①]

构建的新型社会福利体系着重对老年人福利、儿童福利、残疾人福利、医疗福利和教育福利等方面进行了系统设计，一方面对部分现有的福利项目进行了重新规划；另一方面进行“增量式”改革，补充了若干重要的福利项目，而这些福利项目的整合和补充需要有强大的资金作为后盾予以支持。本篇将对新型社会福利体系的筹资模式与成本——效益进行分析。

>>一、新型社会福利体系筹资模式<<

作为新型社会福利体系的重要组成部分，完善、合理的筹资模式决定了福利体系的健康、持久运行。完整的筹资模式包括筹资目标、筹资原则、筹资渠道、资金预算和管理体系。

在国家财政能够完全负担原有福利项目基础上，本篇主要针对新型社会福利体系框架下的未来新增福利项目的资金来源和筹集渠道进行深入探讨和研究，保证新型社会福利体系具备财政可行性，能够良性运转，收支平衡。为达成此目标不仅需要政府的主导力量，确立公共财政在社会福利筹资体系中的主体地位，也需要借助市场和社会力量，通过多渠道、多元化的筹资方式，建立稳定、长久的筹资模式来满足新型社会福利体系未来资金需求。

(一)资金筹集方式的选择原则

资金筹集方式的选择需要遵循一定的选取原则，以确保筹资方式的合理可行。这些原则包括与经济发展水平相适应、国家财政主导、筹资“多元化”原则、

① 作者简介：杜静婷，北京师范大学中国社会政策研究所。

“公平优先”原则、强制性原则和持续性原则。

1. 与经济发展水平相适应的原则

一国的经济发展和社会福利水平呈相互影响与制约关系。经济发展水平决定社会福利水平的高低，社会福利的发展反过来影响经济水平。可以说，经济发展水平的制约是影响社会福利制度发展和资金筹集的关键因素，没有财力的支持，没有财富的积累，任何试图建立高水平社会福利制度的想法归于空想；另外，西方国家的“福利危机”也告诉我们，保障项目过多，水平过高，会造成政府负担过重，最终难以承受，达不到预期效果，因此，福利制度的发展及其资金筹集必须要与一国的经济发展水平相适应。2008 年，我国人均国内生产总值已超过 3000 美元，步入中等发展水平国家行列，坚持这个筹资原则就是要正确理解中等经济发展水平所包含的福利含义，准确、科学地测算出社会的福利需求状况和财政可支持力度，坚持社会福利待遇和资金筹集都不能脱离现实经济发展水平的制约，须与经济发展水平相一致。否则，社会福利制度的可持续发展就会受到影响。

2. 国家财政主导原则

国家财政在社会福利资金的收支中具有不可替代的主体作用。在社会主义市场经济下，政府的基本职能是弥补市场缺陷和失灵，实施宏观调控，基本途径是通过征税集中一定收入，用于提供公共物品和服务，结合各种政策实施，实现资源合理配置、收入公平分配和促进经济稳定与增长等目标。作为有着公共物品属性的社会福利品，其提供和生产必须由政府负责，政府在保障民生，服务社会，提供福利中要始终居于主导地位，国家财政责无旁贷地要承担起资金供应的重要角色，在资金提供上给予绝对的支持和保证。

3. 筹资“多元化”原则

新型社会福利体系的资金筹集方式和规模不仅直接影响社会福利资金收支的平衡，而且影响社会福利体系的良性、持久运转。资金筹措的多元化既是社会福利体系的内容之一，又是社会福利体系建设的重要保证。从中国的实践看，在保证国家财政提供大量的资金支持和已有筹资经验基础上，积极开辟新的筹资渠道，逐步建立公共财政主导，政府宏观调控措施为主体，市场、社会融资为重要补充的福利资金筹集模式，从而强力支撑新型社会福利体系良性运转的资金需求。

4. “公平优先”原则

改革开放以来，在“效率优先、兼顾公平”思想的指导下，我国冲破了平均主义“大锅饭”和原有计划经济体制的束缚，社会生产力水平极大提高，人们生活日益富裕。然而在整体社会财富不断增加的同时，先富并未带动后富，收入差距过大，社会财富高度集中，财富分配不公已成为现阶段我国突出的社会矛盾。因此，针对这些社会问题，作为国家保障民生基础制度的社会福利不仅应起到调节收入分配，改善民生，维护社会公平的作用，也应在筹资方式中体现“公平优先”的新准则，选择适当、有效的筹资渠道，使社会福利制度更好地发挥应有的社会功能。

5. 强制性原则

政府在社会福利制度中的主导地位要求政府应当而且也能够主动地利用对社会政治经济活动的干预，通过立法、行政等手段调节社会利益冲突，建立符合社会公共利益的福利制度，并且采取强制性的方法为社会福利筹集保障资金。另外，由于社会成员中每个人的福利函数不一样，所以福利需求和支付能力不尽相同，个人利益取向同组织利益取向不能完全吻合，作为具有公共物品属性的社会福利品就会引起“搭便车”行为，没有强有力的强制手段约束，整个制度就会崩溃或不能充分发挥其作用。同时，道德风险和逆向选择因素的存在会导致福利品供给不足，因此必须实行强制性地缴费(税)制度，保证社会福利体系发挥其该有的保障作用。

6. 持续性原则

新型社会福利制度的可持续性要求资金筹集机制也应遵循可持续发展原则，作为新型社会福利体系的重要组成部分，筹资模式的可持续性决定了社会福利事业的健康稳定发展。在对未来福利资金需求科学测算基础上，制定合理筹资目标；在对原有筹资渠道整合、改革，原有筹资经验继承、发扬基础上，继续探索多元化、可行有效的筹资方式；保持筹资水平合理、动态增长的基础上，建立稳定的筹资机制。只有这样，才能实现确保新型社会福利的筹资模式具备可持续性，新型社会福利制度能够持久运行。

(二)新型社会福利体系“筹资三角”

创建新型社会福利体系的筹资方式，可从财政改革、公共融资和社会融资三条筹资渠道实现。这三条渠道构成了新型社会福利体系的“筹资三角”，应逐步建立起以财政改革为主，公共融资和社会融资为辅的新型筹资模式(见图 11-1)。

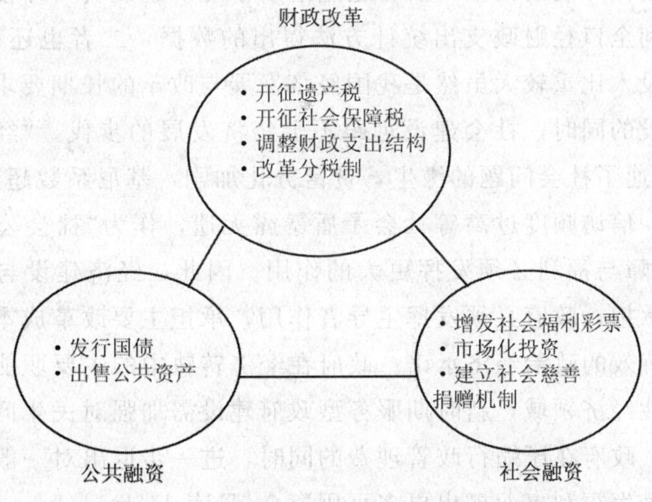

图 11-1 新型社会福利体系“筹资三角”

1. 财政改革

财政改革是筹资渠道的最重要组成部分，正确解读新时期下经济发展的"福利含义"和政府"责任回归"的重要表现就是国家财政承担起福利提供的重要责任，在多元化资金筹集模式中居主导地位。"主导地位"不仅体现在责任的主体，也体现在资金提供的绝对数量上。财政改革主要通过调整财政支出结构、改革分税制来优化财政支出，使更多的财政资金流向民生福利领域；开征遗产税、社会保障税等增加财政收入，为社会福利资金提供基础保证。

(1)调整财政支出结构，优化社会福利资金

一方面，在我国经济高速发展的推动下，国家财政收入逐年走高，但我国财政支出结构却不尽合理。为实现建立和完善社会主义市场经济体制的目标，我国提出了建立和健全公共财政体制的改革目标，但同时，为维持政府自身运转而支出的行政管理费也在不断攀升，迅速增长的行政管理费不仅挤占了其他财政支出项目的增长空间，也使我国的财政支出结构偏离了公共财政的目标。按照国家职能和活动范围分类，我国目前财政支出主要包括经济建设、科教文卫、行政国防和财政补贴等支出。如果按国家统计年鉴的社会保障支出数据，近年来我国社会保障支出远不及行政管理费，政府对民生的投入力度不够，将与一个责任型、廉洁型和服务型政府不相适应。要实现我国财政职能向公共财政职能转变，就必须重新界定财政供给范围，从根本上优化支出结构。一个成熟市场经济国家的财政体制基本接近于公共财政模式，其中行政管理支出占财政支出的比重一般不超过10%。若调整财政支出结构，特别是压缩行政管理费支出，至少能为社会福利项目支出腾出3000亿左右的资金。

另一方面，当前我国公共财政用于经济建设的支出比重也较大，与国家统计年鉴计算的社会保障支出比较，后者远远落后于经济建设费，即使使用本书附录采用的社会福利全口径财政支出统计方法得出的数据，二者也还存在一定差距。经济建设资金投入比重较大虽然是我国经济发展与改革的长期要求，但不容忽视的是在经济建设的同时，社会建设远跟不上经济发展的步伐。"经济腿长、社会腿短"的症结加速了社会问题的滋生，贫富分化加剧，基尼系数超过国际警戒线，群体事件突出，信访频度过高等社会矛盾暴露无遗，作为"社会公平平衡器""安全网"的社会保障与福利必须发挥更大的作用。因此，经济建设与改革的成本不能主要由公民承担，政府必须发挥主导者作用，承担主要改革成本，这也是政府的一种良好、有效的政治经济承诺。政府在经济转轨中的主要职能和工作重心不能全放在竞争性经济领域，新时期服务型政府建设需加强对民生问题、社会问题的关注和重视。政府在压缩行政管理费的同时，进一步退出对一般性竞争领域的投资，也将为民生福利事业挪出更多可用资金(见表11-1)。

表 11-1　我国社会福利支出与行政管理费、经济建设费比较　　单位：亿元

项目 年度	行政管理费	社会保障支出	行政管理费与社会保障支出之差	经济建设费	财政性福利支出	经济建设费与财政性福利支出之差
2002	4101.32	2636.22	1465.10	6673.70	5800.29	873.41
2003	4691.26	2655.91	2035.35	6912.05	6133.78	778.27
2004	5521.98	3116.08	2405.90	7933.25	7399.42	533.83
2005	6512.34	3698.86	2813.48	9316.96	8512.22	804.74
2006	7571.05	4361.78	3209.27	10734.63	10193.13	541.50
2007	8514.27	5447.16	3067.11	—	12850.10	—

说明：财政性福利支出使用的是社会福利全口径统计数据，包括社会救助、优抚、养老、医疗、教育等福利项目，具体详见本书附录。社会保障支出使用国家统计年鉴数据，包括社会救助、优抚、对社会保障基金补助等保障项目。此处为了便于比较，故两套数据同时使用。财政性福利支出数据源于本书附录。

资料来源：《中国统计年鉴 2007.2008》

(2)改革分税制，加强中央和各级地方政府社会福利支出力度

改革分税制不完全算是筹资渠道创新，但分税制度却是导致中央和地方各级政府对社会福利事业投入不足的制度性原因之一，因此有必要从制度层面上分析中央和地方政府财权、事权的界定以及中央转移支付对社会福利支出的影响。

十一届三中全会后，我国实行的是“分灶吃饭”“财政大包干”的分权制财政体制，在这种体制管理模式下，出现了中央政府的宏观调控能力被削弱，行政管理能力大大下降，缺乏统一的财政体制，随意性很强等问题。1994 年，我国突破“放权让利”的传统改革思路，在全国范围内推行分税制财政体制，初步构建了适应市场化要求的财政管理体制的整体框架。改革的核心内容是提高“两个比重”，即提高财政收入占国内生产总值的比重和中央财政收入占全国财政收入的比重。

1994 年以后，中央财政预算收入占全国的比重迅速上升到 50%以上，但是中央的预算支出还是保持在 20 世纪 80 年代中后期以来的近 30%的水平，有很大部分的收支差异是通过向地方政府转移支付的方式实现。1994 年的分税制基本是在不触动地方既得利益基础上调整中央与省级财政关系构架的，其结果是收入划分不尽合理，财力向上集中明显，地区间政府财力均衡化程度较低。具体反映到社会福利制度财政体制安排上，突出表现为：第一，各级政府之间事权划分不规范、不明确，财权事权不对称，造成地方政府对社会福利事业支出不足；第二，基层财政把民生支出排在政府维持性支出后，民生支出难以增长；第三，一般性转移支付比重较低，民生支出难以增长；第四，中央财政对社会福利事业投入远远低于地方财政。

以医疗和教育支出为例，中央财政对地方财政的补助支出总额从 1995 年的

2534.06亿元增长到2006年的13501.45亿元，增长了433%。地方政府用于基本建设的支出从1995年的410.73亿元增长到2006年的2906.86亿元，增长了608%，而地方政府用于医疗卫生和教育的支出从1995年的1320.08亿元增长到2006年的5781.18亿元，增长了338%。这些数据从一定程度上反映了长期以来地方政府过于偏重于经济增长和经济建设，而忽视了对社会发展的投入，这不仅偏离了转移支付的基本公共服务均等化目标，也是造成教育投资一直达不到国家所设定的占国内生产总值比重4%的原因之一。分税制后，由于财权不断上移而事权不断下放、支出级级下移，本应由上级政府和中央政府承担的职能如一些公共服务，转嫁到了基层政府头上，基层政府尤其是县级财政时常陷入困境，加之2006年起全国取消农业税，在税源减少、财政收入不足的情况下基层支出安排必然是政府维持性支出优先，民生支出靠后，从而导致民生支出增长困难。在转移支付结构中真正具有财政均等化效果的一般性转移支付可由地方政府自由支配，但其在转移支付中的比重一直很低，2008年的比重也只有15%，导致地方政府对民生的投入难以增加。同时，由于转移支付的监管体制不健全，要求专款专用的专项补助存在漏损现象，造成一些民生资金投入难以到位。虽然中央财政通过分税制改革获得了绝对财权，使得中央财政收入占全国的比重迅速增加，但由于支出比重却基本保持不变，中央财政对社会福利事业投入支出比重远远低于地方政府投入。以2007年为例，中央对教育、医疗和社会保障与就业的支出总额为772.1亿元，地方政府这三项支出总额为13786.34亿元，是中央财政的18倍左右。

因此，财政体制改革需要进一步明晰政府间事权划分，进一步加大转移支付力度，特别是一般性转移支付，进一步加大中央财政对民生保障事业的投入，建立规范的转移支付制度。只有从体制上理顺事权、财权关系，才能切实提高包括中央政府在内的各级政府对社会福利事业的投入，防止经济建设挤占福利事业费用。

(3)财政增收为社会福利资金提供基础保证

夯实社会福利基础资金一方面可通过扩大税收来源、调整税制结构实现，如开征遗产税与赠与税、社会保障税和奢侈品消费税；另一方面，应尽快完善公共财政体制以将大量的预算外资金纳入财政收支体系，以增加财政收入。如近年来我国房价的“飞涨”，为各地地方政府创造了高额的土地出让金，占到地方可支配财政收入的比重高达40%～60%，成为预算外收入的主要来源。2009年全国土地出让金收入总额已达1.5万亿元，名副其实被视为地方政府的“第二财政”。虽然国家之前出台过相关管理办法，规定地方政府将土地出让收益纳入财政预算，进行收支两条线管理，但一直未落实。为达到稳定房价，抑制价格泡沫，同时为社会福利事业筹措资金的目的，可考虑中央财政先收缴地方的全部或部分土地出让金收入，然后再由中央财政根据各地发展情况在全国范围内调配这笔资金，以预算内的形式全数拨给地方，用于社会福利事业支出。

以税收作为基本社会福利资金筹集的主要方式，是我国目前建立稳定、规范的社会福利资金基本筹措机制的重要实现途径，能从根本上为福利资金提供强大的国家财政支持。下面简述遗产税和社会保障税的开征设计。

目前世界上已有100个国家和地区开征了遗产税，它以财产所有人死亡以后所遗留的财产为课税对象，属财产税的一种。赠与税是对财产所有者生前赠与他人的财产进行课征，属于遗产税的补充税种。我国开征遗产税与赠与税不仅能为福利事业筹措资金，将拥有高额遗产者一部分收入归社会所有，用以扶持低收入者的生活及社会福利事业，而且具有调解社会分配不公、抑制社会浪费、平衡纳税人心理、引导公益捐赠等积极社会意义。

充分考虑我国国情和借鉴国外遗产税实践，我国遗产税基本框架设计如下。选择总遗产税制模式①；为简化税制，暂不另行开征赠与税，将赠与额和遗产额累计征收遗产税，年限设定为赠与人生前5～7年；纳税人分为居民和非居民两种；课税对象是继承人死亡时所拥有的全部财产，包括动产和不动产、有形财产和无形财产，财产价值以市场时价为准；以应税遗产净额为计税依据，扣除项目可包括滞纳税款、债务、遗产管理费、慈善和公益捐赠等；免征额设定为300万元人民币；实行超额累进税率，税收级次以四级左右为宜，最高税率不超过40%，边际效率与个人所得税对应；鉴于调节财富分配的征收目的，将遗产税税收调整权归属于国务院，以便在全国范围内统一实行遗产税制，同时把遗产税设为中央地方共享税，提高地方政府征税积极性。

按照遗产税的征收面为我国人口的1‰，近年的人口死亡率以6.7‰计算，每年将约有8万富人缴纳遗产税，如果富人的平均遗产纳税额10万元，其总额就可超过80亿元②，遗产税的收入将远远超过目前我国许多小税种的收入。

在世界上实行社会福利制度的140个国家中，有80多个国家开征了不同形式的社会保障税。社会保障税的实质是对薪金和工资所得课征，由专门机构负责征收和管理，其收支一般纳入国家预算，实行“专税专用”，为社会提供公共福利，超支部分由财政拨款补足。由于其在强制性、法律约束性、公平性、互济性

① 国外遗产税模式，大致分为三种：总遗产税制，即“先税后分”，指对遗产课税后，才把遗产分配给继承人，美国、英国、新加坡等国采取此模式；分遗产税制，即“先分后税”，指先把遗产分给继承人后，再分别对遗产进行课税，日本、瑞典、法国等国采取此模式；总分遗产税制，即“先税后分再税”，指先对被继承人死亡后的遗产净值征收总遗产税，遗产分配后，再对继承人或受赠人所分得的遗产份额课征，意大利、加拿大等国实行这一模式。

② 参照国际遗产税收入占税收总收入的0.3%～0.5%规模计算，我国开征遗产税后每年财政增收可达60亿～100亿元。

和管理效率上都优于缴费制，社会保障税已成为世界上大多数国家普遍采用的一种社会福利筹资方式。

无论从保证社会福利基金的稳定增长，还是从提高筹资效率，克服缴费中存在的种种弊端看，我国都应尽快开征社会保障税。且社会保障税的开征是建立新型社会福利筹资体系的一部分，有利于规范分配秩序，转变政府职能，加强宏观调控，促使社会主义市场经济体制走向完善；在全国范围内征税有助于打破地区、部门、行业间的条块分割，从根本上改变目前由于筹资方法政出多门，覆盖面窄等原因造成的各类企业负担不均的问题；税率统计和征收机关的统一也将有利于实现人力资源在更广阔的领域内和更多层次上的顺畅流动。

各国在实践中取得的不少可借鉴的成功经验，为我国开征社会保障税提供了良好的经验借鉴。从我国现阶段实际情况出发，遵循总体设计，先易后难，突出重点，分步实施，有序推进的改革路径，初步设计社会保障税的基本框架如下。本着由窄到宽的原则，对个人、企业征收社会保障税；社会保障税的税目现阶段可先定基本养老保险、基本医疗保险和失业保险三个基本税目，其他税目待条件具备后再开征；实际税率的制定不仅要考虑到我国的经济发展水平及企业和个人的承受能力，也要考虑与目前的缴费形式易于衔接，便于操作，可采用以比例税率为主、定额税率为辅的税率结构。个体经营者和农民宜用固定税率，其他单位和职工适用比例税率；低于法定最低生活标准的工薪收入和自营收入，企业停产、停工发给职工的基本生活费，离退休人员被聘所得报酬及国务院批准的其他免税项目可考虑减免社会保障税。

2008 年，企业所得税和个人所得税比 2007 年增收近 3000 亿元，由此按 2000 亿元的社会保障税收入制定税率标准是可行的。税额缴纳方面，采用自行申报纳税与源泉扣缴相结合的方法，由当地地方税务机关按月计征，实行属地管理。对企事业单位缴纳部分，实行申报缴纳，对职工个人缴纳部分实行源泉扣缴，在发给职工工资时，由企事业单位代扣代缴，对个体劳动者、农民采用自行申报缴纳，随同商品劳务税的缴纳一并课征。社会保障税定为中央与地方共享税，一方面保证国家对社会保障资金的统一监督和管理，另一方面也可调动地方政府协助征税的积极性；财政部门负责将社会保障税款编入社会保障预算，并将其转交专门机构具体管理。最后，还应注意社会保障税和现有的个人账户制度的衔接与过渡，健全社会统筹机制使之成为社会保障税的补充等问题。

对奢侈消费税的征收应注意几点问题：一是不仅把高档消费用品列入征税范围，还可考虑对某些高消费行为征收消费税，如国外旅游、赛马、夜总会消费等；二是应有助于调控供需结构变化，引导社会消费，培养合适的主导消费品产业；三是奢侈品的界定应有时效性，随社会经济水平、生活水平和文明程度的提高而及时、不断地调整征税范围。

2. 公共融资渠道

公共财政对社会福利资金提供虽占据绝对主导与绝对数量地位，但筹资多元化原则要求积极创新开拓筹资渠道，满足不断增长的国民福利需求。公共融资渠道包括发行专项国债和出售公共资产，以充实社会福利资金。

(1)发行专项国债补充新型社会福利体系资金

国债是中央政府为筹集资金而发行的一种政府债券，作为筹集财政资金的政策工具，国债是国家信用的主要形式。由于国债的发行主体是国家，所以它具有最高的信用度，被公认为是最安全的投资工具。我国曾于20世纪50年代发行过“人民胜利折实公债”“国家经济建设公债”。80年代，国家为了筹措建设资金，弥补财政收入的不足再次对内发行国库券，对外向西方国家举债。目前，国债收入已成为财政收入一个不可或缺的重要组成部分。

发行专项社会福利国债的方法为我国福利事业筹集资金，不仅与建立公共财政的理念相符，国债筹资量大，效率高的特点也成为社会福利事业筹集资金的有效渠道之一。社会福利国债的发行是用未来的财政收入来偿付社会福利方面积累的欠款，实质上是把隐性债务变为短期的显性债务以减轻总负债，改善长期的财政清偿能力。该筹资途径能否实施取决于我国的财政承受能力和财政风险程度，国际上的考察指标一般有国债负担率(国债余额/国内生产总值)和赤字负担率(财政赤字/国内生产总值)。目前我国国债负担率为10%～12%，西方发达国家均在50%以上，而国际通认的警戒线为60%；我国的财政赤字负担率为2%左右，而国际警戒线为3%。由此看来，我国具有发行社会福利专项国债的空间和可行性，加之当前居民投资方式十分有限，银行存款利率低于国债利率，且国债收益可免征所得税，收益相对较高，此项国债应有较好的预期发行效果。

2009年受全球金融危机的影响，为弥补较大规模的财政赤字，平衡资金收支缺口，国家国债发行规模大致在1.6万亿，为2008年的两倍。在保证合理的国债依存度和国债偿债率的条件下，可考虑以记账式附息和记账式贴现方式，在2010年先发行1000亿左右的社会福利中期债券，期限为3年或5年，以利率或价格为标的公开招标的形式，确定发行价格和盈利率。在评估中期国债规模四项指标(国债负担率、借债率、国债依存度、偿债率)的基础上，再次分期发行约1000亿元的国债，可考虑10年以上附息债券方式，再次评估政府未来的偿付能力不致形成大的债务风险后，每年发行500亿元人民币左右的社会福利专项国债。这样不仅可以解决新设福利项目的短期资金需求，同时能成为新型社会福利体系的一条长期、持续性筹资渠道。另外，为了提高社会福利专项国债的认购率，其发行利率可以高于其他种类的国债，且应是可转让的，可以在证券交易所上市流通，以提高社会福利国债的流动性。

(2)出售公共资产充实社会福利资金

出售公共资产充实社会福利资金的策略可通过变卖部分国有资产和国有股转持等方法实现。

国企改革与新的社会福利制度的建立，一个重要课题是如何将沉淀于国有资产之中的隐性养老金债务合理、确切地分离出来。合理可行的办法可考虑变现一部分国有资产用于补充社会福利资金。国有资产的形成相当一部分是广大老职工自新中国成立以来长期低工资、高积累的结果，其中包含对老职工养老的隐性负债。这些老职工创造的财富体现为国有资产的一部分，其所作的贡献为经济和社会的发展打下了坚实基础，把国有资产变现用作福利开支，完全是取之于民，用之于民的做法。变现方法可考虑将国有企业的股权上市交易，拍卖一些中小型国有企业，或增加上市国有企业流通股的比重等，将部分国有资产变现后用来充实社会福利资金。

我国国有股减持计划的初衷是调整国有资产结构，促进国企改革和发展。在2001年6月，国务院曾发布了《减持国有股筹集社会保障资金管理暂行办法》，规定凡国家持股的股份有限公司在首次发行和增发股票时，要按融资额的10%出售国有股，将收入划入全国社保基金，这标志着我国已将国有股减持作为充实社会保障基金的一个重要手段纳入了国家宏观经济政策范畴。但该办法实施不久，遭遇境内股市动荡，加之市场对《办法》中以市场化定价及增量发行的方式难以接受等因素，国有股减持在境内市场停止，筹资数额大大缩减。但这项政策本身不仅是实现国有资产战略调整的迫切需要，也是偿还"历史欠债"，支付"转制成本"的现实需要。2009年6月，结合当前资本市场股权分置改革新老划断后，国务院再次颁布有关国有股转持的方案。政策从"减持"过渡到了"转持"，规定凡在境内证券市场首次公开发行股票并上市的含国有股的股份有限公司，除国务院另有规定的，均须按首次公开发行时实际发行股份数量的10%转由社保基金会持有。这一政策有助于社保基金通过增持的国有股实现资产的保值增值，调整国有资产结构，且把国有资产的权益同普通百姓的利益直接联系在一起，是对国家财富如何进行有效分配的一次制度性尝试。依照财政部公布的131家公司的应转股份明细，以2009年6月19日收盘价分别计算再加总之后，得出应转持的股份约83.94亿股(按首次公开发行时实际发行股份数量的10%)，最新市值约为835.5449亿元。如果考虑到从3月26日到6月19日之间部分公司的分红、送股等情况，实际转持市值可能还略大于835亿元。在国家进一步制定该办法的实施细则和首次公开募股(IPO)市场逐渐完善的条件下，转持的国有股能够不断地、制度化地为社保基金提供资金补充，为民生持续改善作出重要贡献。未来三年中，国有股的转持力度一定会加大，通过此项措施筹集的资金将达到1000亿左右，满足新增福利项目的部分资金需求。

3. 市场融资渠道

借助市场力量充实社会福利资金，是筹资体系的重要组成部分，包括增发社会福利彩票、探索市场化投资模式确保社保基金保值升值、建立社会慈善捐赠机制。

(1)增发社会福利彩票补充社会福利资金

彩票发行具有“社会性”“公益性”和“娱乐性”三大主要特征。依靠发行彩票筹措福利资金，可把社会的闲散资金聚集起来支持社会福利事业的发展，不仅经济、可行、有效，也能获得广泛的社会支持，具有较好社会效益。我国规定个人彩票中奖超过1万元，要以20％的税率向国家缴纳个人所得税，同时奖金在市场上消费，企业所获商品或服务的销售额也将向国家上缴一定比例增值税。除了扩大融资渠道外，彩票产业还具有增加税收、促进消费、提供就业机会、拉动经济增长等经济功效。

在国外许多国家和地区，通过发行彩票筹集资金的功能已为各国政府和国民所认同，彩票发行的规模不仅巨大，且名目众多，以至许多学者称其为“第二财政”，发行所筹资金通常主要用于社会福利、公共卫生、教育、体育等公益事业，以弥补国家财政对公益事业拨款的不足。

我国从1987年发行福利彩票以来，彩票销售量持续增长，销售总量从1987年的1739.5万元增长到2008年的603.5亿元，增长了近3549倍，所筹集的公益金从1987年的855万元增长到2008年的211.4亿元，增长了2741倍，累计筹集福利彩票公益金1137.9亿元。但是我国的彩票发行市场潜力尚未得到充分挖掘。首先，我国的人均彩票购买率很低，有很大的提升空间。据国际彩票协会数据显示，2005年我国彩票销售总量跃居世界第五名，但我国人均彩票销售量在世界销量前十名国家中位居最后，每人每年平均花8.9美元购买彩票，即使与排名第九的德国(49.4美元)相比，也只占德国人均销量的18％。其次，近年来，我国经济呈持续稳定发展态势，居民可支配收入逐年增多，2008年城乡居民储蓄存款已超过20万亿元人民币，有足够的购买支付能力，加之消费者投资观念和消费观念的变化，为福利彩票的发展奠定了坚实的经济基础。如果按国际一般水平，即人均收入的1％～2％作为适宜的彩票购买支出，我国目前彩票发行的潜在规模至少应在2000亿元左右，2007年和2008年福利彩票的销售额分别为631亿元和604亿元，平均发行水平大致为每年600亿元，因此存在着较大的市场容量。

彩票发行资金即销售收入分为返奖奖金、发行费用即发行成本、公益金三大部分，目前我国大多数种类的福利彩票的资金结构是：公益金提取比例为35％，返奖比例50％，发行成本15％。这三部分为此消彼长的关系，共同影响公益金筹集总量。世界大多数国家和地区的彩票发行成本为10%～12%，由此可见我国的发行费用高于国际水平，也说明在控制发行成本的基础上，我国公益金提取比例和返奖比例还有上升的空间。若增发社会福利彩票，适度提高中奖金额最高标准，且适当压缩发行成本，彩票市场规模将大幅度增加，按照每年新增400亿彩票发行量估算，预计在本书福利项目逐步实施的三年中，新增彩票销售额将达到1200亿元，形成的彩票公益金(按照38%提取比例计算)将为456亿元。

在彩票发行过程中还应加强对彩票市场的统一管理和法制建设，将其发展成为一种经常性、持续性的制度体系。我国当前彩票管理的一大弊端是政出多门，即国家规定民政部和国家体育总局是彩票发行的两个特许单位，国务院有关部门、财政部、中央银行分别对彩票有管理权限。这种二元发行主体、多元管理模式常常造成彩票发行管理的混乱。2009年7月1日，《彩票管理条例》开始施行，虽然这部行政法规系统规范了彩票管理体制、发行和销售、开奖和兑奖、资金管理以及法律责任等内容，但无效监督的格局仍未改变，公益金使用监督制度仍存在空白。建议成立专门的彩票管理机构负责监管彩票发行业务和公益金的使用，完善彩票的管理体制，提高公益金的使用效率和管理透明度。

(2)探索市场化投资模式，确保社会保障基金的保值增值

社会保障基金是根据国家有关法律法规，为实施社会保障制度，实行专款专用的国家战略储备基金。社会保障基金按不同的项目建立，一般包括社会保险基金、社会救济基金、社会福利基金等。除了部分可以当期支付的基金外，许多基金如养老保险、社会救助基金、社会福利基金等都要实行延期支付，这些延期支付的基金不可避免地会受到来自通货膨胀因素的影响而发生贬值；同时，人口老龄化压力逐渐增大，社会保险的支付水平有不断上升的趋势，基金缺口也会越来越大。因此，社会保险基金只有通过适当的方式投入运营，才能确保基金保值增值，能达到保障民生的目的。

全国社保基金自建立以来，资产总额从2001年的805.09亿元增长到2008年的5623.70亿元，8年增长近7倍，年均投资收益率达8.98%，收益来源主要集中于银行存款和国债。我国社保基金投资长期面临投资渠道单一，投资领域狭窄，投资收益率低于国际水平等问题。出现这些问题的主要原因是国内资本市场不够发达，债券种类较单一，未形成市场规模，股票市场发展不规范，未形成成熟的金融衍生工具交易市场等。优良投资工具的缺乏，使社保资金的保值升值面临较大压力。

从国外基金的投资实践看，组合化、放松管制、机构多元化和新型投资工具的运用已成为一种趋势。首先，世界各国社会保障基金都非常重视组合投资，尤其是金融资产的组合投资。不仅投资于政府债券，而且涉及国内股票、国际股

票、国际债券、不动产等方面。其次，对基金的投资管制有所放松，政府对养老保险基金投资与私人企业债券和股票的限制越来越小。最后，民营基金运作机构的作用日益明显。多数政府经营的社会保障基金的投资收益率低于私营的社会保障基金投资收益率，因此将社会保障基金委托给基金管理公司也成为一些国家的选择。

我国社保基金投资需在原有渠道和投资选择创新经验上，适当借鉴国外基金投资模式，继续积极探索和开辟新的投资渠道，将基金按不同的比例投资于企业债券、指数基金、基建项目、海外资本市场等。

除了购买政府债券外，也可考虑购买一些大企业的债券，主要选择那些高收益率型的公司和在 A 级以上的公司债券以获取当期的固定收入。但出于安全考虑，在投资组合中以较小的比例持有。

社保基金还可通过购买指数化基金实现保值升值。美国养老基金的 35％以上都选择指数化投资，指数化投资有比较广泛的投资面，能有效地降低非系统风险，其收益超过大部分共同基金。

从投资组合理论及分散风险的角度分析，社保基金入市不一定要局限于资本市场，投资工具的选择也不一定要局限于金融工具。在政策允许的情况下，社保基金应有选择地投资于建设项目，特别是符合政策导向的建设项目，如基础设施项目。这些国家基础设施项目风险小，有长期稳定收入的未来现金流，符合社保基金要求长期回报的特点，且项目运行时间长，投资回报率也较高。2008 年下半年，社保基金支持了京沪高铁等国家重要基础设施和多个省市的民生工程建设。当前应继续拓宽不动产投资渠道，如城铁、地铁、供气、供暖等，稳健扩大投资规模，为社保基金保值升值发挥积极作用。

相对于国内并不健全和不成熟的资本市场，海外有比较发达的资本市场，丰富多样的投资品种，健全的对冲机制，这些条件均是社保基金发挥投资组合功能的必备条件。在国内资本相对充裕的时候，可考虑把社保基金适当投资于海外资本市场。当然，进入海外资本市场会遭遇各种风险，投资更应谨慎小心。除考虑分散化投资抵消外汇风险外，还可建立委托境外国际资产管理人和托管人机制。

2009 年，全国社保基金贯彻落实国家应对金融危机的政策，积极探索新的投资模式，不断调整投资结构，扩大了对股权投资基金的投资，并参与对中央企业控股公司、地方优质国有企业和重大基础设施的直接股权投资，体现了社保基金以长期投资、价值投资和责任投资为准则，安全至上、控制风险的投资理念。今后在进行社保基金投资规划和投资过程中，要制定好投资策略，选择好投资渠道，处理好投资组合问题，做好投资监管和绩效评估，力求社保基金在风险最小的前提下实现保值增值的目标。

(3)建立社会慈善捐赠机制

社会力量对社会福利事业的支持主要体现在社会慈善捐赠事业方面。美国从2000年以来，每年的慈善捐赠总额都在2000亿美元以上，2007年达到3060亿美元，占当年国内生产总值的2.21%。2007年，我国的慈善捐赠总额为223亿元人民币，即使是在重大事件和巨大灾害频发的2008年，直接引发的慈善捐赠数额突增至1070亿元，也仅占当年国内生产总值的0.36%。美国的慈善组织超百万，2008年，我国共有各类基金会1531家，建立经常性捐助工作站(点)和慈善超市3万个，只初步形成了社会捐助网络；美国慈善捐赠中75%以上来自个人，只有约5%来自公司；我国来自个人的慈善捐赠不到20%，大部分慈善捐赠来自企事业单位；美国慈善捐赠主要流向宗教、教育、医疗卫生、公共事业等领域；我国慈善捐赠则主要用于助学、扶贫济困和救灾等方面。从比较可看出，较之美国，我国慈善事业的发展还处于起步阶段，慈善组织和社会捐赠规模并不大，筹集的公益资金十分有限，捐赠结构和捐赠流向都存在较大差异。

我国当前的慈善捐赠机制属于"国家主导型"的慈善捐赠。这一模式决定了慈善组织必须听命、依赖政府，劝募的市场定位是单位成员，通过政府的间接参与和单位的二重动员，引导公众捐赠。虽然也引进一些市场行销理念的捐赠激励，有一定的推动效果，但是捐赠人的参与和需求并未得到应有的重视。在这种模式下，慈善组织的功能未能得到全面发挥，扭曲了单位人员的慈善理念，忽视了公民对慈善的参与需要和权利，本质上对自愿性捐赠是一种抑制。因此，要有效激发公众的捐赠热情，合理的制度设计是根本。新型社会福利体系的建立需要有与之适应和匹配的慈善捐赠机制，只有这样才能充分动员和利用社会力量，大力提高人民的慈善意识。要逐步建立起注重捐赠人需求，强调公众参与，加强机构管理，捐款使用规范、透明的"社会参与型"捐赠机制。国家、市场、社会公众三方力量对慈善捐赠的推动作用不同，国家通过强有力的监管措施保证慈善组织的健康、透明运行，确保捐款使用得当、流向公开，并接受公众监督；市场渗透于慈善捐赠机制的各个领域，以提高慈善组织行为的效率；社会公众的参与则是捐赠体制的主要推动器，最具广泛的社会基础，不仅是捐赠主体，也是监督的主要力量。筹集的善款除了用于传统扶贫济困和救灾支出外，应逐步拓宽到教育、医疗、生活保障等民生领域，使之符合"取之于民，用之于民"的慈善理念，并建立社会福利捐赠基金，作为社会福利总资金一部分。

新型社会福利体系筹资的主要情况可见表11-2。

表 11-2　新型社会福利体系筹资一览表

<table>
<tr><th colspan="2">筹资渠道</th><th>基本内容</th><th>筹集金额
(亿元)</th><th>可供支出的福利项目
(亿元)</th></tr>
<tr><td rowspan="3">财政改革</td><td>财政增收</td><td>开征遗产税
开征社会保障税
预算外资金纳入财政体系</td><td>3000</td><td rowspan="8">津贴项目：
养老福利津贴(420)
高龄累进津贴(504)
高龄老人免费医疗(110)
残疾儿童康复津贴(581)
儿童家庭补贴计划(1416)
残疾人津贴(1100)
多重残疾津贴(170)
非正规就业残疾人生活津贴(85)
智力、精神残疾关怀补助(15)
农村学前教育津贴(1867)
高中免费教育(453)
学生儿童门诊及大病医疗免费制度(1040)
医疗救助制度(117)

保险项目：
老人门诊与大病医疗保险制度(1300)
居民(工作年龄人口)医疗保险制度(485)

服务项目：
居家养老服务(600)
养老机构建设(50)
养老护理券(150)
老年社区服务中心建设(80)
其他老年福利体系投入(150)
残疾人之家机构建设(2)
家庭照料服务(355)
其他医疗卫生投入(1336)</td></tr>
<tr><td>调整财政支出结构</td><td>压缩行政管理费
减少经济建设费开支</td><td>4000</td></tr>
<tr><td>改革分税制</td><td>明晰各级政府事权
加大转移支付力度</td><td>——</td></tr>
<tr><td rowspan="2">公共融资</td><td>发行社会福利专项国债</td><td>2010 年起，先分批分期发行 2000 亿元专项国债
以后每年发行约 500 亿元专项国债</td><td>2000</td></tr>
<tr><td>出售公共资产</td><td>变卖部分国有资产
国有股转持政策</td><td>1500</td></tr>
<tr><td rowspan="3">社会融资</td><td>增发社会福利彩票</td><td>适当压缩彩票发行成本
提高中奖金额最高标准
加强彩票市场管理和法制</td><td>460</td></tr>
<tr><td>社保基金市场化运营</td><td>购买大企业债券
购买指数化基金
投资符合政策导向的建设项目
投资海外资本市场</td><td>1000</td></tr>
<tr><td>建立社会慈善捐赠机制</td><td>从“国家主导型”慈善捐赠模式向“社会参与型”捐赠模式转变，明确国家、市场、公众对慈善捐赠的推动作用</td><td>1000</td></tr>
<tr><td>金额总计</td><td></td><td></td><td>12960</td><td></td></tr>
</table>

在新型社会福利筹资模式中，财政改革可筹得资金约 7000 亿元，占总筹资金额比重 54%，通过公共融资筹资金额约 3500 亿元，占总筹资金额比重 27%；

借助社会融资渠道，可筹得资金 2460 亿元，所占比重约为 19%。这三个比重分配完全符合新型社会福利筹资目标和原则，具有科学合理性和可行性，筹措总金额能够满足全部新增项目的未来资金需求。

4. 建立社会福利资金预算管理体系

为全体社会成员谋福利的社会福利资金既是社会资金，也具有公共资金的属性，与国家公共财政息息相关。因此，福利资金的筹集应遵循公共资金筹集规律，纳入财政预算，接受财政和社会监督。同时加快法制建设，彻底改变我国社保资金管理一直处于法律不健全状态，确保新型社会福利体系健康运行。

(1)建立社会福利资金预算

建立社会福利资金预算，不仅符合公共财政改革趋势，而且能够充分体现政府在社会福利事务方面所应承担的责任，改变基金管理政出多门的混乱现象。

从各国实践看，社保基金的预算管理有三种类型。一是直接将社保基金收支纳入政府预算，但在预算中保持相对独立性，如美、英等国。二是将收支纳入政府的专项预算管理，突出专款专用，尽量保持收支平衡，如日本。三是社会保险收支作为政府的预算外项目实行单独管理，如法国、意大利、荷兰和加拿大均把老年社会保险收支放在政府预算外管理。

从我国国情出发，可考虑如下做法：新型社会福利体系的资金应不分税收、经费和基金全部纳入独立统一的社会福利预算范围，并对其作出相应的支出计划，在实际操作中必须严格按预算的收支执行。首先，应该保证社会福利体系资金的筹集、运营、编制都要有法可依，社会福利体系资金预算制定后，经过权力机构审查批准就具有法律效力，不能任意修改通过的预算。其次，在编制预算时，把各种社会福利体系收支及结余单独编列预算，一般性税收收入安排的社会保障支出也应在社会福利体系资金预算中单独编列和反映。最后，应把新型社会福利体系的资金同一般财政资金区别开来，当基金金收不抵支时，不仅可依靠财政补贴的办法补充基金，而且可以通过调整社会保障的费(税)率或支出标准，尽可能使各项基金自求平衡，以避免福利基金和其他资金相互挤占，有助于突出基金的专款专用性。在实际编制预算时，要严格按照其支出范围编制，防止被挪用和浪费现象的发生。同时，在社会福利体系资金预算建立后，要充分考虑该预算与其他财政预算的收支关系，并做好相应的调整和归类，以保证各收支项目间互相配套和衔接。

建立独立预算体系的同时，要充分落实资金审计工作，从而实施对新型社会福利体系资金收支的监察与监督。可考虑由社会保障与社会福利管理委员会及财政部联合管理，除承担社会福利基金发放和保障对象管理等社会化服务外，审计工作重点应主要放在揭露资金征缴工作中存在的应收未收问题；隐瞒、截留、转移收入等资金真实性问题；挤占挪用、违规支付等资金合规问题；同时也应审计资金的保值增值情况，揭露违规运营及损失浪费等问题。

(2)健全社会福利法制，规范资金运用

加快法制建设是新型社会福利体系健康运行的基础。依法筹资，依法管理，依法保障，实现社会福利的法制化是国外社保资金管理的成功经验，也是市场经济的客观要求。长期以来，我国社保资金管理一直处于法律不健全状态，主要依靠行政法规、地方性法规以及一些部门规章调整社会福利，导致强制性和社会认同性较弱、内容冗杂反复等情况，而社会福利的基本制度、资金管理、保障人权利和义务、法律责任等都没有用法律的形式规定下来。健全社会福利法律体系，必须出台社会福利的正式立法，以规范资金在法制轨道上运行。遵循渐进式改革路径，可先出台一系列单行法规，在此基础上进行优化整合，完成统一的社会福利法律体系的建设，为建设新型社会福利体系提供有效的保证。立法基本内容应包括社会福利的目的、原则、地位；福利资金的筹集和支付标准、资金管理、保障人义务与权利；资金管理中的人权、事权、监督权，财政在社会福利中的职责，建立社会福利财政预算，社保资金的市场化投资及保值增值等。

>>二、新型社会福利体系成本——效益分析<<

新型社会福利制度不能一蹴而就，新型福利体系基本尊重了现有的社会保障制度格局，充分考虑政府的财政实力。遵循“渐进式”改革思路，新增12000亿左右的财政性福利支出不仅能从制度上保障人人都享有均等的发展机会，而且将产生明显的经济效益与社会效益，同时促进政府职能转型，具有较丰厚的预期效益。

1. 新型社会福利预算体系

我国2008年的财政收入为62593亿元，占国内生产总值比重20.8%，财政性福利支出17753亿元，占国内生产总值和财政收入的比重分别为5.9%和28.4%。前面已经论述，与发达国家和一些发展中国家相比这两个比重都是偏低的。按照新型福利体系的设计和资金要求可以列出未来三年我国财政性福利支出的预算(见表11-3)，同时经测算，可以看出需在原有基础上新增财政资金12303亿元(见表11-4)。假定国内生产总值的年增长率为8%，由于金融危机后我国财政体系也面临调整，预计未来三年财政收入占国内生产总值比重保持在21%，根据财政分步投入，项目逐步建立的安排，未来三年的财政性福利支出增长分别为3036亿元、2682亿元与6585亿元(见表11-5)。到2012年，总福利支出占财政收入的比重已达到35.0%，虽然这个数字仍有上升空间，但普惠型的全民福利社会基本成型，基本保障项目均达到较高水平。

表 11-3　财政性福利支出预算表

年份	国内生产总值(亿元)	财政收入		财政性福利支出		
		总额(亿元)	占国内生产总值比重(%)	总额(亿元)	占国内生产总值比重(%)	占财政收入比重(%)
2008	300670	62593	20.8	17753	5.9	28.4
2009	324723	68192	21	17753	5.9	28.4
2010	350701	73647	21	20789	5.9	28.2
2011	378757	79539	21	23471	6.2	29.5
2012	409058	85902	21	30056	7.3	35.0

表 11-4　新型社会福利津贴与服务项目资金测算

福利分类	项目名称	覆盖人数/床位数(万人，万床)	标准	小计(亿元)
老年人福利	养老福利津贴	7000	600	420
	高龄津贴(累进)	3500	1440	504
	高龄老人免费医疗	1100	1000	110
	居家养老服务	10000	600	600
	养老机构建设	50	10000	50
	养老护理券	3000	500	150
	老年社区服务中心建设			80
	其他老年福利体系投入			150
资金合计				2064
儿童福利	孤儿	津贴增长机制；加大设施建设；机构服务标准化；寄养模式推广		
	儿童大病医疗救助	具体救助标准见医疗体系中		
	残疾儿童康复津贴	387	1500元/年	581
	单亲家庭儿童补贴		100元/月	
	失范儿童临时收容中心	机构建设；依援助标准投入		
	儿童家庭补贴计划	23608	50元/月	1416
资金合计				1997

续表

福利分类	项目名称	覆盖人数/床位数（万人，万床）	标准	小计(亿元)
残疾人福利	残疾人津贴	一级：1425.75 二级：1021.58 二级：2230.27 四级：3620.40	一级：200 元/月 二级：150 元/月 三级：100 元/月 四级：50 元/月	1020
	多重残疾津贴	1352	100 元/月	170
	非正规就业残疾人生活津贴	8296	100 元/月	82
	智力、精神残疾关怀补助	8269	150 元/月	15
	残疾人之家机构建立	2000		2
	家庭照料服务	2447	6 小时/月	355
资金合计				1644
教育保障	农村学前教育津贴	31144	50 元/月	1867
	留守贫困儿童教育补贴		小学：150 元/学期 初中：200 元/学期	
	流动儿童义务教育券	800		
	特殊教育津贴		义务教育：500 元/学年 高中阶段：600 元/学年 高等教育：800 元/学年	
	高中免费教育	4527.5	1000 元/学年	453
资金合计				2320
医疗保障	学生儿童门诊及大病医疗免费制度	0～4 岁：542.1 5～14 岁：359 15～16 岁：183.4 高中、本专科及研究生：309.6		1040
	老人门诊与大病医疗保险制度	55～59 岁(女性)：411.4 60～64 岁：468.3 65 岁及以上：1678.1		1299.6
	居民(工作年龄人口)医疗保险制度	17～24 岁工作人口：423.9 25～34 岁：1262.8 35～44 岁：1210.7 45～54 岁：1160.9 55～59 岁(男性)：411.4		485.3
	医疗救助制度	最贫困的 20％人口(老人和工作年龄居民)		116.95
	其他医疗卫生投入			1336
资金合计				4278
资金总计				12303

表 11-5 新增财政投入推进安排(2010—2012 年)

年份	2010	2011	2012	总计
金额(亿元)	3036	2682	6585	12303

2. 新型社会福利制度实施方案

新增 12000 多亿的财政性福利支出可按分步骤、分阶段的实施方案，逐年加强对社会福利领域的投入力度，三年达到阶段性目标。

2010 年实施起步阶段，可先投入 2340 亿元解决学生儿童门诊及大病医疗免费与老人门诊与大病医疗保险问题，医疗救助制度也应当加大投入力度，新增 117 亿元，切实缓解“看病难、看病贵”的问题。剩下的医改资金可投入其他医疗卫生建设中。同时，残疾儿童康复津贴应该优先解决，保证残疾儿童能够率先得到康复治疗的机会。从起步阶段起就可以开始规划与服务相关的制度配套设施建设，为后期投入奠定基础。

2011 年力争基本落实养老福利津贴与累进福利津贴新增投入 924 亿元。残疾人津贴制度可逐步建立，残疾人津贴与多重残疾津贴共需 1190 亿元。非正规就业残疾人生活津贴 82 亿元可一步到位，所需资金不多但却能解决大部分残疾人的生活问题。居民医疗保险也可在此阶段建立。

2012 年普及高中免费教育并落实农村学前教育津贴，分别需投入 453 亿元和 1867 亿元。高等教育贫困救助需求为 250.86 亿元。儿童家庭补贴计划可以分地区相继开展，资金需求为 1416 亿元。智力、精神残疾关怀补助资金 15 亿元力求一步落实。此阶段在前期服务规划基础上，可适时建立健全制度配套设施：逐步完善居家养老服务，扩面建设老年社区服务中心等，并发放 150 亿元养老护理券。残疾人福利服务建设方面，应逐步建立起残疾人之家与家庭照料服务，资金投入为 357 亿元。

新型社会福利体系新增总投入为 12303 亿元左右，将使我国医疗、养老与教育等基本保障项目达到较高水平，使全民共享的社会福利目标基本实现，与中等发展水平相适应的普惠型全民社会福利体系基本成型。

3. 新型社会福利体系的预期效益

新型社会福利体系，不但能有效解决老年人、儿童、残疾人弱势群体的福利保障问题，有效地维护并发展我国的人力资本，从制度上保障人人都享有均等的发展机会，而且将产生明显的经济效益、社会效益，同时将促进政府职能转型，具有较丰厚的预期效益。

(1)新型福利体系的经济效益

首先，社会福利支出作为公共支出的重要组成部分具有一定的生产性。作为拉动经济增长的“三驾马车”之一，消费是保持经济增长的重要条件，而充足的消费是经济持续、长久增长的动力和源泉。人类的消费需求有着天然的层次性，根据马斯洛需求层次理论，安全需求是较低层次的需求，如果这个层次的需求得不到满足，其他需求(包括消费需求)的发展将受到阻碍。消费者的安全感不仅来源于现期个人和外部生存状况的优劣，也源于对预期收入和支出的测算。当今经济形势下，企业体改、下岗分流、失业率居高不下、经济持续低迷等因素导致许多人会低估现期和预期收入。同时，个人预期支出明显增加，养老金、医疗费、住房、教育等都需切实考虑，多数人只能依靠高储蓄来自我保障，满足个人安全需求。而社会安全需求得不到满足的根本原因在于缺乏强有力的社会福利制度，无法营造一个良好的消费环境。在我国长期消费不足的经济症结下，新型社会福利体系的建立，能够直接作用于居民的消费与储蓄，进而作用于国内需求，可在一定程度上扭转此种局面。一方面，新型社会福利体系很大程度上缓解了人们对未来不确定性的担忧，在养老、医疗、教育、失业都可得到有效保障的前提下，安全需求自然满足，促使其减少储蓄，扩大消费，进而拉动国内需求；另一方面，在新型社会福利体系下，不仅弱势群体将享受到更多更全面的福利，其他社会成员的福利需求也将得到保障，他们对福利产品的消费能直接或间接地带动市场消费，促进我国经济内部构成从积累主导型向消费主导型转变，有益于我国经济突破内需不足的瓶颈，推动经济增长。这表明新型社会福利体系下的财政性社会福利支出并不会给财政添加负担，反而具备了“工具价值”。2009 年国家为应对金融危机，出台了一系列刺激消费的政策，国内消费保持了平稳较快增长。政策因素可以说是对消费增长的外因推动，而内因作用的关键还是要靠启动制度改革，特别是社会福利制度的建立来实现。

其次，社会福利事业的发展能够促进经济产业的全面转型，扩大就业。我国目前所处的中等经济发展水平对转变经济增长方式提出客观要求，需要通过产业结构的优化升级和就业结构的全面调整来逐步实现。新型福利体系的建立，将为经济结构的调整提供良好契机。

目前，第三产业的兴旺发达已成为一个全球性的经济发展趋势，经济越发达、国民越富裕的国家和地区，第三产业的比重就越高。我国的产业结构调整历程基本符合这一国际发展趋势，从 11-6 表可看出第三产业在我国国民经济中所占比重日趋增大。2008 年，第三产业占国内生产总值的比重为 40.1%，第三产业就业人员占全部就业人口的 33.2%，三次产业已成为现代社会中主要产业部门，对国民经济增长的推动已超过第一产业。

表 11-6　各年度三次产业占国内生产总值比重和就业结构构成　　单位：%

年度	第一产业		第二产业		第三产业	
	国内生产总值	就业人员	国内生产总值	就业人员	国内生产总值	就业人员
1952	50.5	83.5	20.9	7.4	28.6	9.1
1978	28.2	70.5	47.9	17.3	23.9	12.2
1990	27.1	60.1	41.3	21.4	31.6	18.5
1995	19.9	52.5	47.2	23.0	32.9	24.8
2000	15.1	50.0	45.9	22.5	39.0	27.5
2003	12.8	49.1	46.0	21.6	41.2	29.3
2004	13.4	46.9	46.2	22.5	40.4	30.6
2005	12.2	44.8	47.7	23.8	40.1	32.1
2006	11.3	42.6	48.7	25.2	40.0	32.2
2007	11.1	40.8	48.5	26.8	40.4	32.4
2008	11.3	36.9	48.6	27.2	40.1	33.2

资料来源：《中国统计年鉴 2009》，中国统计出版社

但从国际比较看，欧美发达国家的第三产业占国内生产总值的比重大致在60%～70%，一些发展中国家的比重也接近或超过45%，而中等收入国家第三产业占国内生产总值平均比重为50%。由此看出，已步入中等经济发展水平的我国虽然第三产业的发展步伐已经加快，但发育程度仍有欠缺，不及中等收入国家的平均标准。从2004年开始我国第三产业比重徘徊不前，加快第三产业尤其是现代服务业的发展成为产业结构调整的重中之重。有研究表明，在政府税收政策合理、支出政策对转移支付提供正向激励前提下，社会福利支出不仅不会妨碍甚至还会促进经济增长，其对第三产业的拉动作用尤为明显。保守估计，按照国内生产总值自然增长率8%，第三产业自然增长率10.8%推算，2012年我国国内生产总值将达到408146亿元，第三产业产值将达到181591亿左右。若新型福利体系所要求的财政性福利支出能很好地拉动内需，推动经济增长，三年内基本转化成国内生产总值产值，则2012年我国第三产业占国内生产总值比重将达到50%的水平，这将有效地促进我国的产业结构调整。

“配第—克拉克定律”指出，随着人均国民收入的增加，劳动力将首先由第一产业向第二产业转移，然后向第三产业转移。我国当前的就业结构与这种趋势基本吻合：第一产业就业量基本饱和，大量农村剩余劳动力有待转移；第二产业资本有机构成提高，吸纳就业能力有限；而随着第三产业的快速发展，劳动力逐渐向第三产业转移，第三产业成为三大产业中就业增长最快，新增就业人数最多的产业。发达国家的第三产业就业人数已普遍超过60%，且有研究表明，国际上处

在人均国内生产总值3000美元发展时期时，第三产业就业比重的平均水平为46%。从表11-6可看出，2008年我国第三产业就业人员占全部就业人口的33.2%，并且从2005年开始，三次产业的就业比重一直在32%左右徘徊，因此在现有基础上，尽可能发掘扩大第三产业的就业容量，充分发挥就业渠道作用，实现比较充分的社会就业，是我们在促进产业结构调整下着力要解决的经济和社会问题。

新型社会福利体系对就业尤其是第三产业新增就业的拉动将十分明显。一方面，国家的财政性福利支出将大大减轻国民个人福利支出的压力，提升他们的消费能力以及对现代服务业的需求，这将促进服务业的发展，新增大量就业岗位，形成扩大内需与扩大就业的良性互动局面。另一方面，新型社会福利体系下老年人、残疾人护理照料等配套社会服务的逐步建立，能够创造出大量就业岗位。按照老年人与护理员比例3：1推算，全国需要1000万名养老护理人员；残疾人康复护理人员按照10：1的比例推算，全国需新增康复护理人员800万名。仅此两项，新型社会福利体系就能创造出近2000万个就业岗位，有效缓解当前严峻的就业形势。

最后，新型社会福利体系能够促进国民素质提高，提升国家人力资本水平。要发挥第三产业所具有的大量吸收劳动力就业的潜在效应，需形成有效的劳动力供给和劳动力素质的普遍提高。新型的社会福利体系能够促进社会成员素质提高，提升国家人力资本水平，保障人的发展权利。如新型医疗福利体系为国民身体素质提高奠定了基础；新型教育福利体系加大教育投资，通过九年免费教育、农村学教育前津贴等方式，为更多的学生提供了接受教育的平等机会，为提升国民素质创造了条件。上述普惠型社会福利项目与发展型社会政策理念基本相符，即注重对人力资本的投资，并将其作为一项重要的社会投资，以促进经济社会协调发展，增强国家综合竞争力。

(2)新型福利体系的社会效益

首先，新型社会福利体系将促进户籍制度改革，推动城乡一体化的社会转型。发展经济学指出，人类社会在从传统经济社会向现代经济社会过渡中，会呈现出不同的发展阶段，而各个阶段都有其相对应的城乡经济社会结构。总体发展历程是从生产力水平低下的一元结构到生产力水平有所发展的二元结构，进一步整合到生产力水平大发展的新一元结构。我国在城乡二元经济基础上历经了几十年的快速发展时期，生产力水平大幅提高，人民生活水平显著改善，已进入中等经济发展水平的新时期，这意味着实现城乡整合发展的时代已经到来。建立城乡一体化的社会福利体系，是这一时代整合的重点内容，也是我国社会经济发展的现实需要。

户籍制度改革的核心价值是实现公民迁徙自由的权利问题。但在我国，由于户籍制度上长期附加了各种利益关系，尤其是社会保障方面的利益，形成了较为复杂的既定利益格局，改革只能是一个逐步剥离各种利益关系的渐进过程。新型社会福利体系，将打破城乡二元分割，不再针对城市和农村设置区别性的福利制度，而是以群体的属性和需求以及自愿参与等条件为基础，这将进一步弱化户籍的福利功能，促进城乡社会福利的均衡发展。户籍福利功能的弱化必将导致户籍制度利益属性的弱化，有利于缩小城乡差距，从而进一步推动城乡一体化的社会转型。

其次，新型社会福利体系推行有助于重塑社会公正意识，有利于"社会公民权"的实现。根据"社会公民权"理念，福利权是公民权的基本体现，其途径是保障所有社会成员均享有最低生活水平的权利。而目前我国社会保障制度存在的主要问题是以强调与就业相关联的保险和缴费为主，将许多边缘群体排斥在外，导致了社会保险和社会福利的普及性不强，并同时存在城乡二元分割的巨大限制，忽略了普遍性待遇与所有公民的基本福利权，违背了社会公民权的基本理念。

与社会公民权相对应的是社会公正意识，这正是我国一直以来较为缺失的。社会公正的理念作为政治文明的重要价值，必须要重新树立。新型社会福利体系的设计理念是强调优先安排弱势群体，突出"公平优先"原则，不仅帮助生活困难或已退出市场竞争领域的弱势群体，而且推动有劳动能力的人进入劳动力市场；不但关注老年人、残疾人等弱势群体，而且关注未来的劳动大军；不仅从实质上促进社会公平，更从制度上保障人人都有均等的发展机会，以最终达到促进经济社会协调、健康、持续发展的目标。

最后，新型社会福利贯穿着一种互助精神。新型社会福利贯穿的互助精神有助于增进社会成员之间的亲和力和团结精神，增强人们的社会认同。如果说人们基于自私原则而构建的社会当中充满着各种矛盾，那么互助精神就是矛盾的"缓和器"和"减压阀"。制度化的福利安排体现的互助精神是国家的倡导与责任的归位，非制度化的福利活动体现的互助精神是民间的自觉行动。

(3)新型福利体系将促进政府职能转型

当我国处于人均国内生产总值1000美元以下发展阶段时，国家在"效率优先，兼顾公平"的指导思想下，主要职能是发展经济和保持稳定；但当我国人均国内生产总值达到3000美元，步入中等经济发展水平后，则需要转变发展战略，优先考虑公平，同时兼顾效率。这也意味着，社会发展的思路必须根据新的情况做出相应的调整，政府职能面临着从管理传统国家向管理现代社会转型，工作重心需从以发展经济为中心转向经济与社会发展并重，将社会建设滞后的短腿补起来。"十七大"报告已指出，"社会建设与人民幸福安康息息相关。必须在经济发展的基础上，更加注重社会建设，着力保障和改善民生，推进社会体制改革，扩大公共服务，完善社会管理""加快行政管理体制改革，建设服务型政府"等，这些都彰显出中等发展水平下迫切需要实现政府职能转型。

建立与中等经济发展水平相适应的新型社会福利体系正是促进政府职能从管理型转向服务型的良好契机。传统管理方式以强调人的服从为核心，属于管理型的服务；现代管理方式则以对人的服务为核心，重点是管物，属于服务型的管理。新型社会福利体系要求政府必须在社会服务中承担主要责任，落实以人为本的社会主义要义，突出规范化服务和标准化管理，排斥行政随意性，这需要建立发达的标准化体系以规范经济和社会行为，以满足人民更高层次的社会需求。通过建设新型的社会福利体系，可以有效促进我国政府职能的转型，向现代化的服务型政府迈进。

新型社会福利体系递送与评估模式研究[①]

任何政策只有得以有效实施才有意义，因此任何国家和政府都不应该忽略社会福利政策的实施和递送。社会福利递送的载体就是社会福利递送系统，也即福利提供者之间以及福利提供者和消费者之间的组织安排[②]。从政策制定(包括政策文本)到其落实是一个复杂的社会过程，不同的社会政策与福利模式会有不同的制度和组织安排。我国社会福利递送就是政府社会福利相关部门通过各级单位以及基层社区组织、社会团体，按照一定的程序，把社会政策转化为现实的社会服务行动，以实现其目标的一种组织活动过程。与社会福利递送相关的还有一些近似概念，主要包括社会政策实施、社会行政、社会政策行动以及社会福利输送网络等。

而一个完整的政策过程，除了政策制定和政策执行以外，还需要对政策和政策活动进行科学评估。一个完整的社会福利体系除了包括社会福利的内容形式(现金、实物和福利服务的选择)、分配基础(收入维持的普遍性和选择性的选择)、资金来源(福利资金的筹集模式)、福利输送系统(福利的递送模式)等，理应涵盖一套体系对社会福利成效进行评估。只有通过科学的政策评估活动，人们才能够判断某一政策本身的价值，从而决定政策的延续、革新和终结。本篇所讨论的，主要就是新型社会福利体系的递送与评估。

>>一、社会福利递送系统<<

所谓社会政策实施指的是一项社会政策变为社会现实，即它在实际上是被呈现的社会过程。在某种意义上，社会政策实施是一个行动与过程的概念，它指的是社会政策在指向目标的过程中发生的社会行动与过程[③]。20 世纪 60 年代之后，西方国家的政界和学术界在高度关注社会政策问题时，也在关注社会政策的实施。在美国，60 年代实施的“伟大社会”项目效果不佳直接引起政府

---

① 作者简介：高云霞，北京师范大学中国社会政策研究所。

② 库少雄．社会福利政策分析与选择[M]．武汉：华中科技大学出版社，2006：163.

③ 王思斌．社会政策实施与社会工作的发展[J]．江苏社会科学，2006(2).

和学术界对政策执行过程的关注[①]。而在传统的社会工作领域，将社会政策变为社会福利服务的过程被称为社会行政[②]。社会行政在整个社会政策的过程中占有重要的作用，无论在早期的公共行政学科的建立过程，还是在英国的福利国家的实践中，这一点表现得都十分明显。社会福利政策的改革在许多方面以直接的社会政策实施、社会福利行政的形式表现出来。不管是社会福利私营化，还是加强福利资源投入的成本核算，都直接与社会福利项目的运行即社会福利行政密切相连。社会行政不是指狭义的机构内行政，而是指将社会政策变为服务的全部过程。

在我国的社会政策研究中，相关学者还使用了社会政策行动的概念，社会政策行动被看成是一个"资金供应——服务传递"的过程[③]。在这里，社会政策行动与社会行政的概念十分相近。而与传统社会行政、社会政策执行过强的目的性、预先设定的程序性不同，社会政策实施更强调复杂的事实，社会政策实施与社会政策的制定、政策实现的组织体系、社会政策变为具体的社会服务的方法，以及在这一过程中参与各方的互动都有直接关系[④]，因此与社会福利递送的意义更为接近。台湾学者更多使用"社会福利输送(或执行)网络"的概念，在社会福利政策网络中，参与成员包括政府、非营利组织、接受社会福利服务的案主、非营利组织的社会捐助者、大众传播媒体以及立法机关等。网络成员各自拥有独特的资源，而唯有透过资源互换，网络才得以运作，参与者及网络的目标才有可能达成[⑤]。本篇中的社会福利递送系统实际上也是一个递送网络。

(一)新型社会福利递送体系的组成

研究我国社会福利的递送模式首先应了解福利递送系统的相关要素。一般情况下，社会福利递送系统由三大要素组成，即递送主体、递送内容和递送原则，各要素共同作用形成了社会福利的递送过程。

1. 递送主体：政府与民间的分工合作

递送主体也即社会福利的提供者。西方国家最开始以民间慈善团体为主体，发展到福利国家后，政府承担起社会福利递送的主导责任，包揽了"从摇篮到坟墓"的福利体系。随后，福利国家出现危机使政策制定者们需要重新考虑政府和市场的合理分工，为保持劳动力市场灵活性、减少政府开支，社会福利不得不向

---

① 景跃进．政策执行的研究取向及其争论[J]．中国社会科学季刊，1996(春)．

② 徐震，林万亿．当代社会工作[M]．台北：五南图书出版公司，1990．

③ 关信平．社会政策概论[M]．北京：社会科学文献出版社，2004．

④ 王思斌．社会政策实施与社会工作的发展[J]．江苏社会科学，2006(2)．

⑤ 李翠萍．我国社会福利政策执行与政策议题倡导网络之分析[J]．经社法制论丛，2005(35)．

私人市场开放，使私营部门在福利递送中活动范围扩大。到目前为止，社会福利是多元化和多方面的，涉及主要的制度性部门、不同级别的政府和社会领域，通过一个正式或非正式、营利或利他的、私人或政府的综合计划来援助人们（见表12-1）。

表 12-1　社会福利递送主体及内容构成

社会市场				经济市场
公共部门	私人部门			经济部门
各级政府的直接福利给付、税收支出等间接给付、规制福利给付	家庭和朋友的非正式援助	志愿（非营利）机构的服务	营利机构的服务	营利企业生产和分配商品和服务

资料来源：Neil Gilbert，Paul Terrell，2003：79

吉尔伯特把福利分配与递送的主体分为两大领域：社会市场与经济市场①。社会市场主要是根据经济需求、依赖性、利他情感、社会义务、慈善动机和公共保障的希望来递送商品和服务。经济市场是通过个人进取心、才能、生产能力和利润追求来实现资本主义社会利益递送。社会福利递送主要由社会市场领域的公共部门和私人部门进行，其中，公共部门指各级政府，主要负责大部分商品和服务递送；由私人部门递送的福利包括家庭或朋友的非正式援助、志愿机构或有些营利机构的服务。

我国有学者认为，福利输送者亦即福利传递者，是指把社会福利传递或送达福利需求对象的组织。福利输送者是连接福利生产者和福利使用者的中介与桥梁，具有“承上启下”的作用。在现实生活中，承担福利输送者角色的社会组织有政府内部设立的专门机构、非政府组织、社会工作者和社会成员个人四类，他们输送的社会福利在内容和形式上具有多元化的特性②。在全球一体化、市场化和商品化背景下，社会福利往往涉及多个部门的合作，很难找到一个纯粹的由公共部门或由单个私人部门来完成的福利递送过程。社会市场服务分配涉及政策制定、具体的资金筹集和福利输送过程，可能由多个部门完成。例如，政府可以通过自己的相关部门来提供养老服务，也可以通过服务购买的方式让志愿机构、营利企业或家庭成员来提供服务。这种利益递送模式的多样性构成了福利混合经济。

2. 递送内容：从收入维持到福利服务释放

社会福利最主要的内容形式包括收入维持类的现金形式与含各种福利服务在

---

① 黄晨熹．社会福利政策导论[M]．上海：华东理工大学出版社，2003.

② 毕天云．社会福利供给系统的要素分析[J]．云南师范大学学报：哲学社会科学版，2009(5).

内的实物两种。现金方式的主要优点是可以减少政府从现金转换为实物服务的生产、分配、管理成本，将这些过程缩为分配现金补贴一个动作，对象享有选择和使用福利的自主权。但是，现金补助让人担心有多少比例是用在目标上，因此前提条件是受助者必须是理性的。

实物的一大优点是其规模经济效应，政府或企业在生产和分配批量产品或服务时由于规模较大，可以减少边际成本、提高效率；实物形式可以完全集中在目标人群上，针对目标人群的需要直接将产品和服务给他们，切实能保证资源用在这方面需要的满足上。此外，从覆盖率上来看，实物能保证较高的覆盖率。如医疗服务，如果针对有需求的对象，提供直接医疗服务，那么可以保证接受服务的人能得到真实的服务，提高医疗服务覆盖率。但是，实物的缺点在于成本高，规模经济效益不能用在个案或职业辅导中，且国家从生产到购买，再到分配产品，都需要付出管理成本。

随着福利多样化，福利递送内容超出于实物和现金两种传统形式，还包括机会、代用券和退税、权力等形式。代用券是介于实物与现金之间的一种形式，在某些方面应用效果较好，比如食物券、养老服务券等。递送的内容涉及各个领域，不同领域涉及不同的递送内容，将不同和递送领域和递送的内容形式交织一起，构成了复杂的福利递送体系。

3. 递送原则：普遍性与选择性的区分

关于社会福利递送制度原则与实践模式的划分，学者意见不一，其中蒂特姆斯①最早将福利制度分为三种模式："残补式的"或叫"剩余型"福利制度（the residual welfare model）、"制度化再分配"或"制度型"福利模式（the institutional redistributive model）以及"工业成就表现模式"（the industrial achievement-performance model）。而不少人将前两者，即"剩余型"和"制度型"视为福利制度的两种基本分类模式②。

剩余型福利模式是指一般只有在社会机制出现问题而无法满足人们的需求时才会提供的福利，是一种应急措施。在该模式中，主要靠个人的努力和市场的力量，同时强调慈善机构和志愿机构的作用，政府扮演的是一种消极的角色，只是在前述渠道失灵的情况下才会介入。剩余型福利模式对应的是基于收入审查的选择性福利方式，使被救济者有"耻辱感"，社会对福利对象的歧视，强化了道德和经济层面的社会差异，增加了社会分裂性。选择主义者认为资源有限，应将福利集中于特殊群体，提高使用效率，减少成本。经济审查可以严格控制受益群体，

① Titmuss, R. M.. Social Policy: An Introduction. London: Allen & Unwin, 1974.

② Wilenskey, H. L. & Lebeaux, C. N.. Industrial Society and Social Welfare. New York: The Free Press, 1965.

将福利递送集中于贫困群体，更能体现社会公平。

制度型福利模式则是把社会福利看成任何社会都必须具备的一项重要的职责和功能。政府在该模式中扮演十分积极的角色，通过制度化的政府力量使社会成员得到更为全面的保障。与制度型福利模式相对应的既可以是普遍性受助对象，也可以是选择性的受助对象。普遍主义者认为，每个公民都有各种社会需要，不仅是特殊人群(如穷人、残疾人)。他们强调社会效益价值，强调保护个人尊严和社会凝聚力的需要。而有些福利主要针对具有一定群体性特征的特殊群体，尽管是制度性的福利，但是对全体社会成员来看，这些福利项目又是选择性的。

一些研究者为了避开普遍性和选择性的争论，提倡一种选择的连续区间方式，主要包括属性需求、补偿、诊断性划分和家计审查需求四个连续选择区间。属性需求以相同的群体成员为条件，特征是以群体为导向的递送，比如老年人、某一疾病患者这些有特定属性和需求的群体。补偿需求针对作出特殊社会经济贡献的群体，以规范的公平标准为基础，如针对军人、女性的特殊福利。诊断性划分以个别案例的专业为条件，以需求的技术诊断为基础，这些案例在身体或精神残障的状况下可能需要特殊服务，如特殊教育、精神健康服务。家计审查需求针对缺乏购买力的个人，以经济状况调查为条件，以需求的经济标准为基础，比如针对贫困人群的救助。

决策者们还常通过一些政策试图在普遍性和选择性递送中折中，通过二次分配的形式将福利负担转移到富人身上，而使贫困者受益，如累进税、税式返还等。总的来讲，政策选择应是既能帮助穷人，亦能维持其他收入群体的基本权利，使之不至于受到极大损害。

4. 国际新思维：可供选择的福利供给机制

实际上，西方近年来公共服务部门改革的实践经验显示，社会福利与服务应该超越单纯的公私之分、普遍性与选择性之分，根据服务特性、资源和管理技术有机地选择供给机制，而不是过度强调某一种方式的普遍性和有效性。近年来始于加拿大的“可抉择服务供给机制”(Alternative Service Delivery Mechanism)为不同层面的政策工具提供了一个整合框架，创造了多元而富于弹性的公共服务供给“工具箱”，为各国的公共服务供给提供了富有启发性的参考①。

可抉择公共服务供给机制意味着不同的事物输送到不同的人群中(different things to different people)。福特和朱斯曼将其定义为一种创造性和动态的公共部门重构过程，旨在通过与个体、社区团体和其他政府实体共享政府功能来改善向

---

① 蔡晶晶．西方可抉择公共服务供给机制的经验透视[J]．东南学术，2008(1)．

公众所输送的服务[①]。选择流程构成了可抉择公共服务供给机制的一个重要侧面，它使得公共服务的供给带上了动态化的特点，不是千篇一律，而是根据多样化的政府结构、需求现状、地理乃至文化特征来选择特定的供给机制。使用可抉择公共服务供给的框架并发展更为多样的形式，其后果就是使得服务的整合性和可接近性不断增强，而成本则更具有控制优势。它减少了直接向公众提供服务的机构和公职人员，使一半以上的公共服务不再由传统的政府部门直接生产，而是以可抉择的方式进行提供。它所提倡的务实(pragmatic)、个案式(case by case)理念使得具体的公共服务提供机制成为最适合服务问题和环境的选项(option)，变得更加结果导向(results focused)、公民中心(citizen centred)、透明(transparent)、负责(accountable)和价值驱使(values driven)。

可抉择公共服务供给机制之所以受到广泛青睐，不是因为它排斥市场化的手段，而在于它把市场化手段置于具体的情境中，通过特定的选择程序和标准来约束其使用，使之发挥最为适合的作用。同时，除了市场化的力量之外，它还涵盖了来自第三部门和社区以志愿精神为基础的方式，并将之整合到统一的框架中。

(二)我国社会福利递送模式发展历程

我国社会福利递送模式发展历程比较复杂，经历了计划经济时期以政府和集体主导包办福利时期、改革开放以来的社会福利社会化时期以及当前的政府主导责任回归时期。其中，在社会福利社会化时期，社区福利的兴起使社会福利的另一递送主体——社区被提上重要日程；同时，近年来社会工作服务的兴起为我国社会福利服务的递送模式发展带来了新的契机。我国现阶段社会福利正在向政府直接提供以及向社区、社会组织购买服务的多元化方向发展。

1. 计划经济时期：政府与集体包办福利

新中国成立初期，我国实行低水平、广覆盖的社会福利体系，城镇单位制与农村公社制基本形成了国家和集体保障的形式。我们暂且称之为由政府包办福利的传统输送系统时期。在这一传统的传输模式中，政府及其相关行政部门、事业单位处于主导地位，从资金筹集到资金分配，整个传输机制基本是行政模式。这样的机制运行起来，可以充分发挥福利的公平性原则。因此虽然水平较低，但是全国各地人人有保障，可以说形成了以政府为主导的制度性保障。

在计划经济条件下，社会福利的递送具有行政性、非专业化特征，即社会政

① Ford，Robin and Zussman，David eds. Alternative Service Delivery：Sharing Governance in Canada. Toronto：Institute of Public Administration ofCanada and KPMG Centre for Government Foundation，1997：6.

策的实施或社会福利的提供是行政性的和政治性的，而其方法则是非专业的。这一时期的社会福利递送过程可认为是社会政策的执行过程。执行是指按照已有的设计去做，它主要表现为政策执行人员的官僚化行为，社会政策执行者是按着既定规则和标准行动的人，科层化的政策执行体系发挥着决定性的作用。但是政府包办福利存在以下弊端。

一是政府提供的福利服务通常效率偏低。就提供者来说，由于机构本身与行政官员的利益一致，所以往往倾向于扩大组织而成为庞大臃肿的福利官僚体系，从而导致了福利服务的低效率。由政府提供福利服务，常常缺乏有关服务成本的考虑，缺乏响应性(unresponsiveness)，也容易产生无效益(ineffectiveness)的情况①。

二是由政府提供福利服务往往造成假平等。国家提供的许多福利服务均是免费的，采用的是全民性方式，因而产生许多假性需求，即提供的服务和给付标准与个人的收入、职业、社会阶层等都没有关系。因此，其服务不是针对个人的需要而提供，因而达不到社会福利再分配的效果。

三是政府提供的服务是垄断性的，因此剥夺了公民选择的自由。公民基本没有选择服务的机会，缺乏市场取向的服务对消费者的需求也没有弹性和多元性的响应。比如我国计划经济时期的就业分配服务等。

2. 改革开放之后：社会福利社会化时期

改革开放以来，我国社会福利体系也顺应提高效率发展生产的要求，拉开了改革序幕。20世纪80年代，我国初步形成了以社会保险为主体、社会救助与社会福利为辅助的社会保障体系，国家主导责任开始淡出，个人和企业承担起社会保障的主要任务。同时，家庭、社区、社会组织都参与到社会福利的提供中来。80年代市场化改革开始，我国的民政部门提出了“社会福利社会办”的城市社会福利改革思路。当时改革的目的有两个：一是缓解政府的财政压力，二是解决单位外的特殊服务对象的福利需求②。90年代以来，我国一直在努力推行社会福利社会化进程，2000年第十次全国民政会议正式提出了“加快社会福利社会化”的口号。

如果把我国的社会福利社会化的改革方向与西方福利国家社会福利服务“民营化”的发展趋势做一简单比较，就会发现它们的基本内涵十分相似，即逐步减少政府直接提供社会福利服务的角色，鼓励更多的民间机构和个人举办并提供社会服务，利用市场机制提高服务质量和水平，以满足公民的不同需要。但是实际上长期以来我国社会政策界过度借鉴西方经验，未能考虑本国实际情况，陷入了

① Le Grand, J. The strategy of equality. Allen & Unwin, London, 1982.

② 张学泰．福利国家社会福利服务“民营化”探讨[J]．民政论坛，2001(1).

伪问题误区。一些我们本来没有的问题，也作为问题提出来了。西方福利国家危机是支付危机，从而向福利多元主义与民营化发展。于是，国际社会政策的问题如福利国家的财政赤字问题也成了我们要避免的问题，被当做中国的问题来研究，实际上我国政府在社会政策方面的投资远远不足①。

我国与福利国家在政治、经济、文化传统等方面有本质的区别。因此，西方福利国家社会服务"民营化"的背景是其福利国家的危机，特别是由于过高的福利开支造成的财政危机，所以他们实行"民营化"的一个重要目标就是要削减福利开支。而我国社会福利社会化的主要目的应该是改革过去计划经济体制下形成的政府包办社会福利服务的僵化体制，充分动员社会力量，引进市场机制，大办社会福利，提高服务质量，使我国的社会福利服务适应社会主义市场经济体制的要求，从而能够满足人民群众日益增长的对社会福利服务的需要。但是我国社会福利社会化走向了过度市场化的偏离方向，使我国社会福利走向了残补型模式。

3. 在改革中前进：社会福利社区化

在计划经济时代，我国在社会福利中的"社会服务"实质由各"单位"分担着，随着市场经济的快速发展和竞争日益激烈，企业不再愿意、也没有能力继续承担该职能。我国政府因此把加强社区建设作为一个体制承接的突破口，希望将之前由"单位"承担的各种社会保障功能转移到社区，由此，建立起了"两级政府、三级管理、四级网络"的体制②。

20世纪80年代中期以来，民政部门一直推动社区服务(包括无偿的福利服务、低偿的便民利民服务和有偿服务)，并取得了不可忽视的成就，当然也存在着需要进一步改进的问题。2000年中共中央办公厅、国务院办公厅联合转发了《民政部关于在全国推进城市社区建设的意见》，将社区服务作为社区建设的主要组成部分而加以推进。2006年国务院又发布14号文件，专门强调大力推进社区服务，其中包括社区就业与保障服务、社区卫生医疗服务、社区养老服务、社会救助服务、社区文化和体育服务等。可以说，随着科学发展观和"以人为本"理念的确立，中央政府对社会保障、社区福利服务越来越重视。在上述政策的推动下，传统的政府办社会福利在改革中萎缩，新兴的社会办社区服务有了出乎意料的发展，它根据社区居民的实际需求，建立社区服务设施，开展便民利民服务，开辟了社区服务中心、敬老院、保健站、市民求助中心，组织了一支专职、兼职与志愿者相结合的社区服务队伍，形成了社区服务网络③。

社区化的社会福利递送方式优势在于能够给予社区以尽可能大的施展空间，

---

① 张秀兰．发展型社会政策：实现科学发展观的一个操作化模式[J]．中国社会科学，2004(6)．

② 徐永祥．政社分工与合作：社区建设体制改革与创新研究[J]．东南学术，2006(6)．

③ 杨团．中国的社区化社会保障与非营利组织[J]．管理世界，2000(1)．

努力推动社区自行调集配置各种人力、物力和财力资源，特别是自然形成由政府部门、企业部门和非营利部门共同参与的合作机制，以协调本社区的社会福利供求关系满足社区的需求。社区机构提供服务能够充分发挥公民社会中社会资本的作用，实现高效率低成本的服务输送效果。首先，在社区内建立服务机构，实现了消费者为导向的目标，使得服务的可及性增强。其次，由于社区服务机构的资金来源也主要是社区内部的资源，所以资源传输过程中流失少，反而由于社会资本的运作，会产生比投入更多的效益，比如社区成员之间的信任感和归属感加强。最后，社区服务机构的服务人员可以雇用志愿者，节省运营开支，能够把福利资金充分运用于福利需求者。

然而，总的来讲，我国福利社区化还未能完全建构起政府与社会的新型关系，真正完全承接企业转移出来的社会职能①。福利社区化缘起于国家受困于福利资源的限制不能有效满足社会的多元需要，因而福利的“社区化”要实现社会福利能落实到基层，并能适合多元化的需求，寻求有别于传统模式的新路向。福利的社区服务有助于推动政府在社区建设中形成既投入、又不包办的参与方式。在最初阶段，政府可以通过资金投入的方式来培育社区自治组织，但不包办其活动；在长期过程中，政府通过资金投入可以推动社区建设持续发展，并影响其发展方向；更具体讲，政府对社区的投入可以采取加强社区基本的组织体系和基础设施建设，也可以通过资助或购买社区福利性服务项目的方式提供，甚至还可以通过给社区让出一部分税源，让社区有一定的税收权的方式进行服务②等。

4. 主体责任再确立：政府购买服务的发展

在当今世界，任何一个国家和政府都不能轻视或忽视在社会福利实施中的主导和主体作用。这一方面是因为政府是社会福利制度中的责任主体，另一方面也是因为政府掌管着社会财政，可以用行政的手段调动和运用社会财力进行福利供给。政府具有强大的资源调动能力，社会福利的供给需要大量的物质性资助，如果仅仅依靠民间组织和慈善机构或其他组织，则远远不能解决福利供给问题。只有通过政府的力量，调动和运用整个社会资源，动用政府财力，才可以很好地解决社会的福利供给问题③。

西方国家“民办公助”的兴起是社会福利社会化与多元化的主要表现，主要方法之一就是购买服务④。但是其购买服务的前提原则是，公民的基本福利如教

---

① 徐永祥．政社分工与合作：社区建设体制改革与创新研究[J]．东南学术，2006(6)．

② 关信平．公共性、福利性服务与我国城市社区建设[J]．东南学术，2002(6)．

③ 周沛．福利国家和国家福利——兼论社会福利体系中的政府责任主体[J]．社会科学战线，2008(2)．

④ 张秀兰，徐月宾．我国社会福利社会化的目标及途径探讨[J]．江苏社会科学，2006(2)．

育、医疗以及一些保证基本生活的基本政策应该由政府各级机构承担，公民个性化、暂时性的需求可以通过向民间组织购买服务进行补充。政府购买服务的目的开始时只是为了寻求一种提供服务的不同模式，其主要目的是降低服务成本、增加资金渠道、提高服务质量和克服官僚现象，但随着实践的发展，政府购买服务逐渐变成了一种缩小政府规模和政府干预的方式，从而使政府与私营或其他组织形成了一种合作关系，共同承担社会责任。基于契约和合同关系，企业、私人以及非政府组织均参与到政府服务购买的进程当中。

21世纪以来，我国政府开始调整社会发展战略，加强社会建设和对民生问题的解决，政府在社会福利体系建设中的主导责任开始回归。在福利的递送方面，除了医疗、教育回归公益以及基本的收入维持类津贴福利项目之外，以政府为责任主体、社会组织为服务主体的政府购买服务的形式不断发展。2005年12月19日，国务院扶贫办、亚洲开发银行、江西省扶贫办以及中国扶贫基金会共同实施的"非政府组织与政府合作实施村级扶贫规划试点项目"宣布向民间社会组织开放扶贫资源。2006年年初，通过公开招标，17家投标的非政府组织中共有6家中标。这是中国政府第一次以高规格的、公开竞标的形式向非政府组织购买公共服务。在此前后，还有一些政府向国内外非政府组织购买服务的案例，但由于购买规模小而未引起学者的重视[①]。实际上，除了向非政府组织购买服务起步较晚，我国政府"公办民营"的机构服务历史并不短。我国医疗、教育等部门的市场化实际上是政府购买服务与市场化服务的混合形式。

有西方学者从资金的提供，以及福利服务的实际输送两个方面，将政府与非营利组织的关系分为四种模式，分别是资金与服务都由政府提供的"政府主导模式"(government-dominant model)、资金与服务都由非营利组织提供的"非营利组织主导模式"(third-sector-dominant model)、资金与服务由政府与非营利组织共同提供的"双元模式"(dual model)，以及资金由政府提供而服务由非营利组织提供的"合作模式"(collaborative model)[②]。我国政府与非营利组织的关系可主要归为合作模式。在合作模式基础上，目前我国政府购买服务的形式主要包括竞争性购买和非竞争性购买两种。

竞争性购买的关键要件有两个：一是公开招投标；二是建立在不同主体契约关系之上的购买程序和购买合同。例如，江西村级规划扶贫试点项目资金主要来

---

① 韩俊魁．当前我国非政府组织参与政府购买服务的模式比较[J]．经济社会体制比较，2009(6)．

② Gidron，B.，R. M. Kramer and L. M. Salamon. "Government and thethird sector in comparative perspective：Allies or Adversaries？"in B. Gidron，R. M. Kramer and L. M. Salamon (eds.)，Government and the Third Sector：Emerging Relationships in Welfare States. SanFrancisco，CA：Jossey-Bass Publishers，1992：1～30.

自江西省1100万元的财政扶贫资金，同时利用了亚洲开发银行资助的100万美元的技术援助资金。该项目试点区包括江西省乐安县、兴国县和宁都县的6个乡镇中的26个重点贫困村，其中16个试点村由非政府组织主导实施扶贫项目，非政府组织通过全国招投标遴选。这就是典型的竞争性购买方式。

非竞争性购买有两种模式：体制内吸模式以及体制外非正式的按需购买模式。体制内吸式政府购买公共服务是指在政府由于编制所限而无法承担大量事务性工作的情况下，由政府出资建立社团或民办非企业单位，再由这些非政府组织行使政府转移的部分职能的运作方式。在此模式中，资金基本上还是在政府体制内循环，人员进行社会招聘，项目由政府"给"而非公开招投标。例如，为了从源头上预防和减少犯罪，2003年由上海市委政法委牵头，按照"政府主导推动、社团自主运作、社会多方参与"的总体思路，通过政府购买服务的方式，组建了新航、阳光、自强三个民办非企业单位。它们分别接受市矫正办、市团委和市禁毒委的委托，从事社区矫正人员、"失学、失业、失管"社区青少年和药物滥用人员的社会服务工作。体制外非正式的按需购买模式在形式上显得更随意，购买的规模不大，而且购买双方有着较深的了解以及迫切合作的需要。以艾滋病防治为例，目前在国内出现了很多吸毒者、性服务工作者、同性恋群体等高危人群自己组成的草根非政府组织。为了更好地控制艾滋病的蔓延，卫生疾控部门不得不利用其开展基线调查、行为干预、针具交换等工作。为此，前者需要向后者支付一定的费用。费用可以以天、月计，也可以以项目周期计。所需人员也随项目大小或工作目标而定①。

政府购买服务过程中服务承包所采取的合同形式一般有以下几种。第一，为特殊群体购买服务的合同。这些群体需要明确，一般由政府制定目标人群接受服务的资格，营办机构具有在目标人群内筛选服务对象的权力，如康复服务、医疗卫生服务、教育和培训等；其时间可长可短。第二，任务性合同。这是一种限时提供服务或产品的合同，一般适用于一次性产品或服务，服务或产品完成时合同即可终止，如课题研究、项目评估等专业性较强的服务，往往由专门的研究机构、大学或协会等承担。第三，长期服务合同。这种形式一般适用于那些政府长期需要的服务，如医疗和康复服务等。第四，业绩表现合同。业绩合同是对上述合同的改进，它要求承包者明确界定服务的种类和标准，对目标人群、服务的种类和水平、服务对象的资格和审批程序、服务过程和财务收支情况、人员分工和执业资格等均有明确的规定和记录。有意承包的机构必须事先向政府部门呈交服务计划，提供实施服务的理由，详细解释服务的内容和方法，包括服务期限、评估标准和方法、报销程序和服

---

① 韩俊魁．论政府向艾滋病防治领域非政府组织购买服务的几个问题[J]．中国艾滋病性病，2008(2)．

务项目的定价方法，最后经过谈判达成合同协议书①。

政府购买服务运作过程中，有效的监督与评估十分重要。如果没有一套可以保证服务质量和对所购买的服务进行有效监督的方法，则合同的执行过程很难控制，有时甚至导致质量下降。政府虽然可以节省直接提供服务所需的人力和设施支出，但招标、监督和评估等支出会相应增加，因此购买服务的间接成本也会相应增加。作为一种委托授权模式，政府购买服务要求更加注重过程控制和结果评估的专业性，重视服务对象的信息反馈，从而达到提高效率、改善质量的目的。

5. 社会工作：专业化社会福利服务递送方式的兴起

近 20 年来，特别是近几年来，我国的社会政策有所改善，即它开始由主要强调政治性向注重民生性转变。但是，我国社会政策的执行仍然有一些不容忽视的缺陷，如非规范化、非专业化以及与之相联的本土官僚化。在这种背景下，社会政策实施和福利传输就成为政府系统内部一般的政策行为，在这一过程中政府体系中的层级权力、部门利益和经验成为政策运行的重要动力，从而表现出本土化的官僚(科层)体制的特征②。近年来，西方社会工作的传入与发展有望改变这一状况。

在当代西方社会，第三部门的发展为社会政策的实施提供了新的动力。虽然第三部门在组织结构上没有建立起社会工作与社会政策的直接关系，但是，第三部门或非营利组织的伙伴关系与压力团体的角色，使得它的活动与社会政策有了密切联系。反过来，政府(这里泛指权力机关及政策的推行系统)作为政策制定和实施的责任部门，也希望通过有效的实施过程来满足社会的需求。尽管政府部门内有处理社会服务事务的部门，但是，在发达国家和地区，社会政策在一定程度上要依靠社会工作去实现。作为具有公共服务性质的社会福利服务得到不断发展，非专业性志愿者的自愿服务逐步被专业性的社会工作所取代。

社会工作是社会福利有效的传递机制。社会福利政策都是通过一定的社会福利服务项目来实现的，这些社会福利服务项目可以被看成是针对社会成员的公共服务。公共服务的优点就是能保证所有贫困的个人得到救助，而且每个人的生活水准不能低于最低标准。它们能重新分配社会资源，促进社会平等。它们能减少私人慈善活动中的污名(stigma)，使福利成为一种权利，而不是施舍。专业的社会工作组织，其服务方法如个案工作、小组工作等重视物质帮助和精神帮助并举，注重各种资源的联结和对服务对象本身潜能的发掘。社工与所有服务的对象都是平等的专业关系，而不是行政管理和救助对象的关系，因此它能够发挥政府

---

① Gilbelman, M. &Demone. The Privatization of Human Services. NewYork: Springer Publishing Company, 1998.

② 王思斌．社会政策实施与社会工作的发展[J]．江苏社会科学，2006(2).

难以发挥的社会调节功能，适应现代市场经济条件下，解决社会问题和发展社会福利事业的需要。社会工作者通过细致而周到的服务努力促进人的幸福，减轻个人烦恼，缓解人际冲突，消灭贫困。社会福利制度作为一种社会制度，同家庭、社区、非营利组织和国家有着千丝万缕的联系，而社会工作则成为社会福利制度中一个必不可少的传递体系[①]。中国经济的快速发展和社会的急剧转型必将带来社会政策的较快发展，中国将迎来自己的社会政策时代。与之相适应，社会政策实施和社会工作也将走向科学化和专业化，并得到实质性发展。

近年来，民政部十分重视并大力推动了社会工作教育和职业化的发展，尤其是2009年先后发布了《民政部关于开展社会工作人才队伍建设试点示范创建活动的通知》《民政部关于印发社会工作者职业水平证书登记办法的通知》以及《民政部关于开展社会工作岗位开发设置情况调查的通知》等文件，并在上海、深圳等部分城市开展了政府购买社工服务的试点，极大地推动了我国社会工作发展的进程。

然而，不可否认的是，社会工作在走向专业化、职业化的过程中质的发展方面相对滞后，这种现象与非均衡的制度背景有直接关系。中国的社会工作是行政化、半专业化的社会工作。这种社会工作与国际上发达的由专业社会工作作为支撑的体制不同，它基本上是由政府系统实施的、带有较强行政性或政治性的助人工作[②]。在这种体制之下，社会福利、社会政策基本上以行政的形式来实现，政策、政治和社会工作密不可分地连在了一起。与实际存在的、强有力的、自上而下的、行政化的社会政策实施体系相比，我国的专业社会工作是相当薄弱的。

如此看来，政府应该深化对民间服务机构(如社工服务机构)等第三部门社会组织的发展意义的认识，改变自己直接从事社会服务或公益性事务，既做裁判员又做运动员的习惯。另外，社会工作是一种人的工作，人的成长与改变需要一个过程，因此，政府部门一定要改变寻求立竿见影的效果的习惯思维。比如，并不是说专业的社工工作一开展，青少年的犯罪率就马上能降低，待业青年的就业率就马上能提高，这个成效一定要慢慢地才能体现出来，一味追求短期的效果，不但不现实而且很容易滋生形式主义。专业社工在各领域的作用，已经在一些发达国家和地区包括香港都得到了很好的证实，内地的社工还刚起步，社工的发展，有赖于政府对社工的扶植和信任。当然，与此同时，社工也一定要加强自己的专业性，在实践中不断地反思和总结经验，不断地改进[③]。

---

① 周昌祥．和谐社会前景下社会福利有效传递与社会工作发展[J]．广州大学学报：社会科学版，2007(3).

② 王思斌．中国社会工作的经验与发展[J]．中国社会科学，1995(2).

③ 罗观翠，王军芳．政府购买服务的香港经验和内地发展探讨[J]．学习与实践，2008(9).

（三）当前我国社会福利递送系统存在的主要问题

理想、高效的福利递送系统除了其模式选择的合理性之外，首要目标就是要为弱势群体提供一个自由的、充分的保障。吉尔伯特在描述福利传送机制时描述理想的服务输送系统中的服务是整合的、连续的、可获得的和负责任的。而在福利服务的实际递送过程中，往往很难完全达到理想效果。社会福利资源的存在并不一定导致政策对象的福利获得。社会福利服务的输送体系可能存在分割性(fragmentation)、不连续性(discontinuity)、不负责任(unaccountability)和不可获得性(inaccessibility)。分割性是指福利服务被分散于城市的不同地区。不连续性指虽然它们处于同一地区但并非靠近，交通上的不便使得需求者不易连续获得整个服务。不负责任则指福利提供者的态度和行为。不可获得性则指服务对象因为各种障碍(居住地、社会排斥等)不能进入社会服务网络，即社会福利对他来说是不可获得的。现实情况中这些问题可能在各种福利服务递送过程中层出不穷。

1. 福利的弱获得性

弱获得性是我国社会福利递送过程中凸显的首要问题。可获得性是对于服务对象(社会政策对象)可以得到某种福利服务的状态和性质，当某种服务存在且服务对象可以得到时，则该项福利服务就具有可获得性。福利服务的可获得性与下列因素有关。

第一，服务的存在状态或福利资源丰歉。某种福利资源越丰裕人们就越容易获得，没有此类资源需要者就无从获得。以残疾人福利资源为例，我国相关部门较早就开始重视针对肢体残疾的假肢矫形等资源的开发和研究设计，因此肢残的残疾人能够获取的资源往往较为丰富，而其他类型的残疾人如视力残疾、精神残疾等人群没有此类需求则无从获得，他们实际需求的资源又相对少很多。

第二，需要者对获得该项福利的认知。有福利需要的人是否知道存在福利服务及如何利用这些服务非常重要，如果他们不了解这些信息，也就谈不上利用和主动获得。比如国内某些城市实施了针对农民工的救助政策，但是处于资金考虑不敢放开宣传，仅仅局限于网络、报纸等媒体，而许多农民工受知识水平与生活方式的限制难以获取到此类信息，导致此类福利的不可获得性。

第三，服务的可接近程度。福利服务的可接近程度包括服务资源所在的空间位置和获得的制度性便利。只有在地理位置上是可及的或者在制度安排上通过服务环节使需要者容易得到相关服务，该项目才具有可接近性。例如，国内就有一些社区的残疾人服务鉴于场地限制设置在较高的楼层，却没有相应的无障碍设施配备，残疾人很难进入相应场所获取服务，导致服务的可获得性与可接近程度大大降低。

第四，福利服务的具体提供方式和过程等因素。福利服务的核心是服务，是对缺乏某种能力人士的实际支持。由于服务涉及服务提供者与需求者的直接互动，弱势群体、困境人士又有一些特殊之处，所以直接服务的方式也会影响到后者是否真正能获得所需要的服务①。

我国往往由于资源欠缺、提供者与需求者之间的信息不对称、服务的可接近程度偏低、缺乏足够的互动等因素，导致福利服务的弱获得性。

2. 福利递送过程中的自由裁量权滥用问题

在公共行政领域，政府都习惯于用科层化或官僚化体制自上而下地去执行政策。在这种情况下，行政的前提假设是理性主义的，即政策的制定是合理的和完备的。西蒙对这种理性主义假设提出了批评，他认为，并非任何政策和决策都是被完全理性、严格和科学地制定出来的。西蒙的有限理性决策和后来的渐进主义决策模型也都适用于社会政策的讨论。实际上，涉及面较大的社会政策很多都是不完备的，因为即使政策后面还有相应的“规定”及“细则”，也不会完会指出政策的所有情境。于是，几乎所有政策都会留有“根据实际情况处理”之类的说明，这实际上是给政策实施者留下了决策的空间或自由裁量权。

所谓自由裁量权，就是在法律或制度无详细规定的条件下，行政主体在行政管理活动中可根据具体情况自行判断行为，并自行决定实施其行为或不作为以及如何作为的权力。社会政策实施中自由裁量权的存在具有合理性。一是弥补社会政策的局限性；二是克服社会政策的抽象性②。由于我国各地的地理位置、经济状况、风俗民情、历史条件等差异性的存在，社会政策制定过程中，一般只对行动的基本目标、原则和基本的制度框架做出决策，而大量的具体实施细则将在政策实施阶段中根据具体条件而确定。因此，自由裁量权的大量使用在我国社会福利政策递送过程中表现得尤其明显。

但是，部分地区或部门相关工作者滥用自由裁量权的情况也逐渐凸显出来，影响了社会福利的递送效果。比如，一些政策实施者不是按照实际情况，而是依照自己的判断或者利益关系，甚至是个人偏好去选定或舍弃某些对象。以低保政策的实施为例，有的低保工作人员利用职权之便，让自己的亲友，或者是能够主动向他们奉送好处的居民享受上低保。还有不少社会政策没有详细规定实施主体行政行为的具体时间，于是实施者任意拖延其应履行职责的时限，好的政策不能及时利民。

产生自由裁量权滥用状况的原因主要在于政策实施与福利递送的工作人员存

① 王思斌．我国城市社区福利服务的弱可获得性及其发展[J]．吉林大学社会科学学报，2009(1).

② 陈文．对社会政策实施中自由裁量权滥用的解析[J]．江汉大学学报：社会科学版，2009(1).

在个人利益考量导致的有限理性问题，但是根本原因还在于制度的缺陷，只要利己主义动机与制度漏洞两种因素结合起来，权力滥用就不可避免。首先是激励制度的欠缺，社会政策实施者“公仆”的角色通常导致对其合理利益需求的忽视。其次是缺乏规范的行政程序，而我国一些社会福利制度往往存在程序上漏洞。低保制度就是典型的例子，这个制度明确了准入的条件，即家庭人均月收入与家庭固定财产低于某一固定值，但如何进行经济状况调查却没有明确的规定。通过法律手段审查银行账户本是核查收入最为有效的方法，但民政部门不是权威执法机构，不具备执法的合法性。“在实际工作中，工作人员只能依靠入户调查、定期制作报表公示、群众举报等最原始的、经验性的方式来审核申请人是否具有低保资格。这些审核所依赖的都是感性判断，因此在这个过程中，就有许多不可控制的人为因素。”①最后，我国社会福利递送过程中责任追究制度也存在缺失。责任追究制度是对实施者权力行使的一种直接约束，它能够提高其失职、失责行为的成本支出。但在我国，对于社会政策实施者滥用权力、造成政策失效的行为，有时缺乏责任追究与处罚，有时是象征性追究，造成失范行为得不到及时防治和纠正。

3. 福利递送网络中的互动与整合性缺乏

社会福利递送网络中，参与成员包括政府、非营利组织、接受社会福利服务的对象、社会捐助者等。参与成员之间的整合性表现为成员间的共识以及互动的频率与方式等，包括政府与非营利组织之间、政府与服务对象之间、非营利组织与服务对象之间的互动等。

而在我国社会福利输送的网络中，整合性的互动方式还没有建立起来。以受助对象与政府以及非营利组织等福利递送主体之间的互动为例。在结构功能主义的社会政策取向中，社会政策被看成是帮助缺乏能力的贫弱群体的政策性安排，福利及服务的传递是对贫弱者的帮助，这种认识使得在社会政策过程中，社会政策对象被置于边缘地位，他们在政策实施过程中是被动的、来自他人的福利的接受者。然而实际上，在社会政策及实施领域，福利服务接受者的参与具有更重要的意义。建构论者认为，任何互动的双方都具有主体特征，具体到社会政策领域，社会福利的传输和社会政策的实施过程也是如此，只有把福利接受者置于和提供者平等的地位，平等的互动，才有利于社会政策目标的达成②。服务对象实际上可以给予政府或服务机构信息上的回馈(如接受福利服务之后的效果或服务是否切合需要等)，帮助机构调整其服务的方式，以提升福利服务的质量。机构拥有的资源是服务对象所需要的福利服务，而对于机构而

① 李迎生．转型时期的社会政策问题与选择[M]．北京：中国人民大学出版社，2007.

② 王思斌．社会政策实施与社会工作的发展[J]．江苏社会科学，2006(2).

言，服务对象所拥有的资源是接受服务后可供回馈的相关信息。透过二者的资源互换，福利递送网络的目标才最终得以达成[①]。而我国政府相关部门以及福利机构与受众群体的互动机制还没有完全建立起来，还停留在临时性的、非连续性的互动状态。

总而言之，福利递送这一环节是福利政策落实的中心环节。许多福利政策看似合理，确定了谁接受服务，接受什么样的服务，但在实际的递送过程中许多问题就会凸显出来。福利递送的重要性与关键性就是在不断避免和克服递送过程中出现的各种问题而体现出来。

(四)我国新型社会福利递送模式的发展方向

我国新型社会福利体系以医疗、教育两大基本福利以及儿童、老年人、残疾人等群体的福利与服务建设为核心，新型社会福利递送模式也必须与该体系相适应。结合分析我国社会福利递送发展过程中的问题与不足，我国新型社会福利递送模式应包括如下内容。

1. 基本原则：制度型福利的回归

我国社会福利体系经历了从计划经济时期包办性的集体制度性福利到向市场化与社会化的剩余型福利转变的过程。剩余型福利是国家在社会福利供给中最低限度的责任表现，当福利国家遇到财政困难时，无论可行性如何，从制度型福利退回到剩余型福利往往是一种可供选择的改革方案[②]。但是我国从来都不是福利国家，计划经济时期也是以单位和集体包办的福利形式为主。现阶段，我国已经发展到中等经济水平，国家完全有能力也应该承担起建立制度型社会福利制度的责任。新型社会福利体系的设计正是建立在这一基础假设之上，新型福利递送模式的前提原则也即我国制度型福利的回归。医疗、教育福利与公共服务，儿童、老年人以及残疾人的基本福利制度建设必须形成制度化的方向。

2. 我国新型福利递送模式的构成

从目前我国社会福利递送多元化的实际发展情况来看，未来新型社会福利递送模式可能主要由以下几个子模式构成。

一是由国家政府相关部门及机构的直接递送与干预模式。国家计划被视为专家精心构建的、保障发展的科学模型，其作为最重要的社会福利与社会政策机构的地位不容置疑。政府的干预重点应集中于基础领域，比如在建立有利的法律框架、维持宏观经济的稳定、投资于基本的社会服务和基础设施、通过安全网保护

① 李翠萍．我国社会福利政策执行与政策议题倡导网络之分析[J]．经社法制论丛，2005(35)．

② 尚晓援．“社会福利”与“社会保障”的再认识[J]．中国社会科学，2001(3)．

穷人和弱势群体等方面发挥独一无二的作用①。具体到社会福利目标群体和对象层面而言，中央或地方政府主要递送包括收入维持津贴、社会保险资金补贴、服务补贴及相关的基础福利服务等，值得注意的是，在这一模式中，福利目标群体对政策信息的获取与认知十分重要，政府部门在加强对福利政策的宣传以及简化相应的申请程序等方面加大力度是提高此类福利递送效果的重要途径。

二是公民社会提供福利的模式。目前实行得比较多的是由政府向非营利组织或社区购买社会福利服务的模式，也可以称为政府购买、民间运作的方式，社会工作服务的购买也在此类。目前我国开展得较为广泛的主要有居家养老服务、护理与康复服务、专业的社会工作服务等。这种模式一般由政府提供或补贴依法设立机构的土地、建筑物及设施设备等，委托受托者经营管理并提供服务，有的地方也采取了补贴工作人员人头费用的方式，比如深圳市购买社工服务主要按机构的社工岗位进行补贴。此类模式面临的最大挑战是政府购买服务机制的规范化以及服务递送效果的监督评估问题，一般需要政府出台详细的明文规定。除了政府购买，非营利组织也有可能自主递送福利服务，主要表现为慈善事业的形式。志愿服务等民间力量也在人们的生活与福利改善中呈星星火燎原之势，尤其在孤残儿童教育、灾害救助、社区服务等方面，志愿者作出了巨大的贡献。在这种模式中，政府与社会对家庭传统美德以及志愿精神的宣扬是推动该模式发挥更大作用的主要动力，当然，如果有资金或税收等方面的实质性鼓励效果会更佳。

三是由家庭、集体或单位等我国传统非正式福利组织主体提供各种形式福利的模式。家庭在传统社会中往往是社会福利的递送主体，在当今残补型社会福利体系中仍发挥着不可替代的作用，如我国儿童照顾、老年人与残疾人照料等方面，家庭照顾仍然是目前的重要方式。集体在为我国弱势群体提供社会福利方面占据重要地位，主要包括农村集体组织和城市社区组织。在农村税费改革之前，村集体“三提五统”一直是筹集农村社会福利资金的主要渠道。此外，集体也是福利服务的重要提供者，尤其是现代社区服务的重要性日益提升。单位提供的职业福利，如妇女假期、幼儿服务等都是非常重要的福利。单位制时期，我国国有企业曾经提供了十分完善的单位福利。但是，单位福利在经济体制改革以后逐渐萎缩，目前单位福利呈个别化发展态势。此类模式更多强调递送主体的责任与福利递送能力的提升。

四是民营商业部门提供福利模式。市场化商业机构是福利递送模式的最后选择，主要是对前三种模式的补充。私营机构参与的递送领域主要包括家政服务、日间照顾、交通、上门送餐、职业培训等。在少数领域，政府也可能补贴购买商

① 安东尼·哈尔，詹姆斯·梅志里．发展型社会政策[M]．北京：社会科学文献出版社，2006：17.

业机构的服务以满足特殊群体的需求，同时促进社会就业。例如，我国部分城市开展的居家养老服务就是采取了给失能老人购买家政服务、护理服务的形式。商业机构虽然都有自己相对独立的行动和体系，但定价体系等方面都是在政府政策允许范围之内的，必须受到政府规章制度的制约(见图 12-1)。

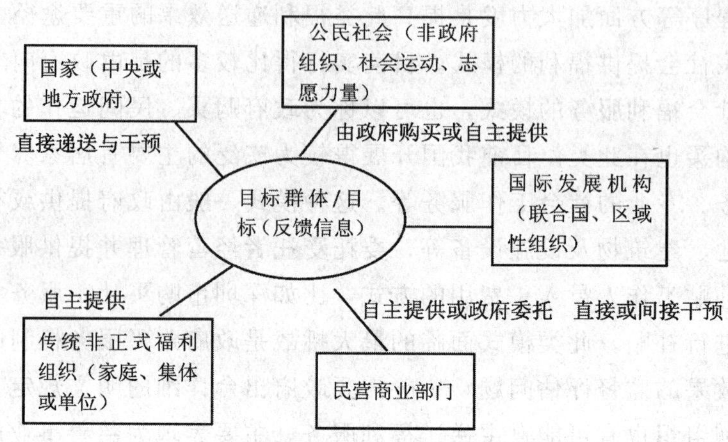

图 12-1　我国新型福利递送模式构成

五是由国际性多边机构、区域性和跨国组织等通过对驻地政府或地方社区实行直接或间接干预，实施相关福利项目的模式。各种跨国组织如世界银行、国际货币基金组织、联合国儿童基金会、联合国开发计划署、世界卫生组织、国际劳工组织等，尤其是联合国开发计划署和联合国儿童基金会在推进社会政策进程中的作用尤为显著。国际组织或跨国组织往往倾向于为社会政策(社会福利)界定一个全球共同的标准，然而，实施并监控这一标准的可行性遭到了极大质疑，这种通用准则也不大可能应用于所有国家。因此，此类机构在我国开展福利项目与推行相关政策时，往往需要与我国政府及地方相关部门充分沟通，因地制宜。

五种模式既相互独立又有可能共同作用于福利递送目标群体，形成了新型社会福利递送的互动网络，在此网络中，应鼓励目标群体或目标及时向各主体反馈信息，实现网络的进一步整合。政府应该以明确的规则来建立网络成员间的关系，让成员彼此了解在网络中所扮演的角色，并充分了解彼此的权利与义务。例如，邀请民间团体共同参与讨论政府购买服务机制或是方案委托机构的评估指标、契约内容、补助标准以及机构的辅导管理等，并将之诉诸明文的规定。除此之外，成员间的互信应建立在信息的公开上，因为信息的公开可以避免网络成员之间不必要的猜测与间隙，使互信的基础得以因此建立。

总而言之，新型社会福利体系递送模式应该是完整的、连续的、可获得的，需要确立基本的原则与规则，明确递送网络中各个主体的角色与作用，形成完善的互动体系。

>>二、新型社会福利评估<<

如何对新型社会福利体系的实施效果进行评估是本章需要解决的另一个重要问题，我们着力打造一个较为完善并具有一定前瞻性的评估体系。

(一)政策评估的发展与功能

政策评估现已成为美国一项重要产业。从福利改革、环境保护到国际援助等，每年花在国内外政策评估上的美元数以百万计。政策分析家们为各种不同组织或个人包括总体办事机构、立法小组委员会成员、内阁机构、各种政治利益组织、政治智囊团、学术界的社会科学家、私人咨询公司等进行评估。

从评估的发展历史看，第二次世界大战是一个重要的分水岭。第二次世界大战之前的评估被称为第一代评估，评估研究重点主要是政府社会计划对社会的冲击，研究方法以实验室设计为主。第二、第三代评估是第二次世界大战后至 20 世纪 70 年代中期发展起来的，评估研究焦点从个人人格与态度的议题向社会行动计划有效性问题转变，采用的研究方法也从实地调查过渡到社会实验。第四代政策评估是 70 年代中期迄今，评估逐渐走向多元化的研究途径，如计划图形、预算检查、管理分析、系统分析与成本利益分析等。这些多元化的研究途径，无论是量化研究或定性研究，都使得前期所盛行的准实验设计方法更趋丰富成熟。

政策评估不仅是技术性的科学分析，也是一种政治与社会的过程，在现代政治社会中具有重要功能与价值。

1. 政策评估可以科学地检验一项政策效果，提升政策品质

政策评估可以运用科学的方法，针对政策绩效进行系统评估，以指出政策达成目标的范围和程度，以及社会对此政策的需求与价值等信息。这些具有信度与效度的信息可作为政策制定者日后修改或改善政策方向的依据，逐渐提升政策品质。

2. 政策评估可以重新检视政策目标与政策执行的妥适性

一项经由缜密规划的政策，在执行时经常会遭遇到规划方案不切合现实问题，以致难以执行。若政策评估的结果显示政策目标的设定不符合实际，则必须修正政策产出与实际问题间的落差，形成新的政策问题，拟定政策目标。

3. 政策评估是合理配置政策资源的基础

由于政策资源的有限性，政策决策者和执行者都必须考虑如何以有限的资源投入获得最大的效益，这就要求政府主管部门在不同的政策投入中，必须合理配

置政策资源。通过政策评估确认每项政策的价值，并决定投入各项政策的资源的优先顺序和比例，以寻求最佳的整体效果，有效地推动政府的各项工作。

4. 政策评估可以为决策者、执行人员与相关民众提供政策信息

政策评估的运用，有助于决策者在政策规划阶段有较多充分的信息，制定周延谨慎的政策。在政策执行阶段，政策评估所得信息可检视政策目标与现实环境之间的落差。对社会大众而言，政策评估信息能够厘清政策是否符合政策利害关系人的价值主张与诉求。

政策评估可以说同时具有学术及实务双重功能。一方面评估信息可累积社会科学知识应用在政策问题上的知识运用成果；另一方面能够为决策者提供更充分的相关政策信息，拟定妥适的政策方案。

(二)政策评估类型

目前关于政策评估类型的研究莫衷一是，百家争鸣。以美国评估研究会(ERS)的分类架构①为基础，政策评估大致可分为三大类型：政策预评估、政策执行评估与计划检测和政策结果评估。

政策预评估与政策分析类似，都是在政策方案尚未执行前所进行的评估。其目的在该政策或计划执行前得以修正计划内容，使资源得到最适当的分配。评估的重点包括三方面。第一，政策方案所涵盖的问题和群体的范围和分布；第二，拟定的政策方案内容是否与预期目标一致，是否有任何理论基础来支持此方案内容；第三，预估成本及预期获得的效益与效能。

评估人员通常来自两个不同团体。一是政策规划人员，他们在政策规划过程中应该特别考虑评估的标准；二是学术性或项目评估人员，他们通常忽略评估的标准而根据政策问题的性质与结构进行规划。尽管二者采用的评估方法不同，但对预期效果的估计却是一致的。

政策执行评估与计划检测是有系统地探讨政策或计划执行过程的内部动态，其目的在于检测政策方案在执行阶段是否有缺失。关注的重点包括五个方面。第一，政策运作是否按原定设计进行；第二，政策是否确实到达目标群体；第三，政策方案各部分的配合与协调；第四，行政机关的作业流程是否有效率；第五，政策资源分配是否经济合理。

政策执行评估往往因为检测的重点不同而分成过程评估与传送系统评估两类。前者主要了解方案进行中发生未预估到的影响因素以及方案各部分如何配合

① 美国评估研究会(ERS)设立了六种类型的计划评估架构：前置分析、可行性评估、过程评估、影响评估、计划与问题追踪和后评估。

协调的问题；后者强调传送系统的资源、人员、时间和行政程序等的规划监测问题。

政策结果评估由于政策执行后的结果易于经分析评估以判定该政策的成效与影响，所以其构架与方法发展最为成熟。政策结果主要包括政策产出和政策影响两大部分。政策产出是指政策行动对于目标团体所提供的服务、货品或资源。政策影响指政策产出对政策目标团体或政策环境所产生的预期或非预期变化，而此种改变通常是目标团体或相关利害关系人的行为与态度的变化。政策结果评估主要回答下列问题。第一，政策是否达成预期目标；第二，政策是否产生某些非预期的效果；第三，政策的结果是否能由方案外的其他环境因素来加以解释；第四，与其他计划相比，这个政策是否有效率。

(三)新型社会福利评估框架

政策评估结果的诉求所凭借的基础应是事实与价值的并重，评估追求事实与价值统一的特点决定了社会政策评估既是一个事实判断的过程，也是一个价值判断的过程。因此，对社会福利政策评估既要建立事实标准，也要建立价值标准。事实标准的确立以特定事物和既定事实为依据，通过调查、统计等实证方法建立数字、比例等量化关系，旨在确定一项社会政策在事实上产生了哪些实际的效果和影响。而价值标准则是建立在道德、伦理、观念、文化等社会和政治价值观基础上的，旨在确定一项社会政策的价值影响。

由于新型社会福利制度是经过科学计算、缜密设计，但尚未实施的政策方案，再结合我国实际情况，所以我们遵循政策预评估、政策执行评估与计划检测、政策结果评估的设计理念，结合事实判断(直接评估)与价值判断(间接评估)的社会政策评估思路，给出新型社会福利制度评估的初步框架，对新型社会福利的政策目标实现程度、投入成本、社会影响等展开全方位、多角度的评估。

1. 直接评估——社会福利指标体系构建

直接评估是新型社会福利评估框架的重要组成部分，对可量化的福利项目构建指标体系。

(1)新型社会福利评估目标

现代社会福利制度的形成和发展，是国家不断改善民生状况，提升国民生活质量，提高特殊群体抗风险能力，追求经济和社会协调发展的结果。评价新型社会福利制度是否真正达到以上成效，需通过建立一套评估体系来实现，评价是社会福利事业发展的原动力，是提高政策效益，实现政策优化的关键。通过建立这套评估体系，我们希望不仅能够测度本书所构建的新型社会福利制度的社会成效，检验政策效果，对我国社会福利事业发展状况有个全观性地整体把握；同时，根据评估结果验证政策目标的妥适性，发现、分析所存在问题，修正政策产出与实际情况的落差，对推动社会福利事业进一步发展，为不断完善和改进我国民生福利状况提供政策依据。

(2)新型社会福利评估手段

讨论评估手段选取前应该先明确三个概念：指标、社会指标和政策指标。

指标是指在一定时间和条件下，反映某项事业或某项工作发展的规模、程度、比例、结构等的概念和数值集合，若干个相互联系的、反映事物发展状态的指标有机组合在一起即成为指标体系。

社会指标是以量化方法及统计资料来反映社会状况和发展趋势。社会指标本身具有描述、解释、评价、监测和预测等功能，能够折射出一个国家或地区在一定历史条件下的社会发展的关系。

政策指标是指将公共统计数值用于公共政策议题的衡量工具。它主要目的在于利用公共部门的统计来协助政策利害关系人制定妥当的社会政策，除了可以反映人生存的环境和物质条件，同时也可反映人的发展条件和水平等。

政策指标与社会指标存在一定的区别。大多数社会指标只是具有经济意义的统计数值，不具政策含义，而政策指标与政策直接相关，可以提供决策者所关心的信息作为政策选择的参考依据。社会指标通过统计数字强调科学且客观地反映社会变迁的实际状况，而政策指标经常纳入伦理性和规范性的价值，它在相当程度上具有反映民众或决策者价值或偏好的特点。社会指标没有目标取向，而政策指标代表的是政策目标取向，也是问题解决取向。

因而，我们选取政策指标和建立指标体系的方法对新型社会福利体系进行直接评估，以量化指标的形式来衡量和评价我国的社会福利制度自身内部机能的运行状况。福利发展状态这个历史命题虽然无法对其下准确定义，但可以通过很多议题、问题和特征来反映，评估指标体系只关注新型社会福利中的核心特征，通过有限数量的重要问题和表象来描述人民福利水平和民生改善状况。选取的不同维度的政策指标可反映我国社会福利事业发展的不同侧面，对指标值进行评分加总又从总体上判断出我国的社会福利发展情况与趋势。

(3)新型社会福利评估体系指标选取原则

第一，使用“大福利”概念。从“大福利”基本内涵出发，把社会福利定义为社会保障的延伸发展，既满足维持国民的“基本生活需求”，也满足在基本生活需求上对社会更高、更新的需求，根据现实需要科学设计指标，使评估指标体系能够在基本概念和逻辑结构上严谨、合理。

第二，注意针对性。此评估体系建立的目的是为评价新型社会福利的社会成效，所以评估体系中指标的选取主要是针对新型社会福利制度框架中的相关福利项目而设计的，具有较强的针对性，力求抓到评估对象的实质。对于评估指标体系中的评估内容并没有包含“大福利”概念下的所有社会福利项目，如优抚安置、住房保障等，从这个层面上来说，评估对象是大福利下的小福利。

第三，关注可测量性。由于评估的对象是相对的大福利内容，并且鉴于一些主观特征在现实中无法测量到或难以收集数据，如人民的幸福提升度、对福利项目的满意度等，因此，为了保证评估结果的客观准确性，减少人为主观因素，同时考虑到数据和资源的可获取性，对于所选取的评估指标应全部是可以量化、测算的，以增强指数的信度。

第四，关注客观真实性。选取最能反映国民生存和发展状况的评估指标，这些指标不仅能体现出自身的福利发展水平，也能较为清晰、直观看出社会福利发展的环境氛围，配套设施的运行状况，相关机构的建设能力等，力求客观真实地反映人民群众特别是特殊群体分享经济社会发展成果的水平。

第五，注重体系的系统性。一般采用若干指标衡量评估对象，并且这些指标互相联系、互相制约。有的指标之间横向联系，反映不同侧面的相互制约关系；有的指标之间呈纵向关系，反映不同层次之间的包含关系。同时，同层次指标之间应尽可能的界限分明，体现出很强的系统性。另外，在为每个指标设计权重时，要处理好各指标之间的关系，遵循系统优化原则，根据重要性不同，合理分配权重比例。

第六，实用性原则。实用性原则包括实用性、可行性和可操作性，即评估内容要客观明确，指标要简化，评估的尺度尽可能细化，评估方法做到简便可行，信息及数据易于采集且准确可靠，整体操作要规范。

第七，要注意可控性。评估体系的最大特征是根据各项指标来分析社会福利发展状态，因此数据是分析的主要依据，因此指标状态应因问题的不同而变化，即可以通过设计特定的问题来改变数据，进而改变福利发展状态。

(4)指标体系构建思路与解析

新型社会福利指标评估体系共分三个层次，由5个一级指标(维度)、11个二级指标(亚维度)和78个三级指标构成。其中一级指标划分为5个维度，按照能力、水平、环境的构建思路，一级指标分别设置为福利运行能力、福利分配基础、福利保障水平、福利提升效益和福利发展可持续性(见图12-2)。

其中福利提升效益维度是整个指标体系的核心和重点部分，下设老年人福利、儿童福利和残疾人福利三项二级指标，完全针对本书关于儿童、老年人和残疾人这三类特殊群体设计的福利项目而设置评估指标，把本书提出的福利项目内容用25个三级指标反映出来，希望通过这些较为紧迫的福利项目和相关数字反映的福利状况，真正达到改善特殊群体生存状况，提升福利水平的目的。

福利运行能力维度是关于福利机构发展状况的评价，从机构组织建设和机构

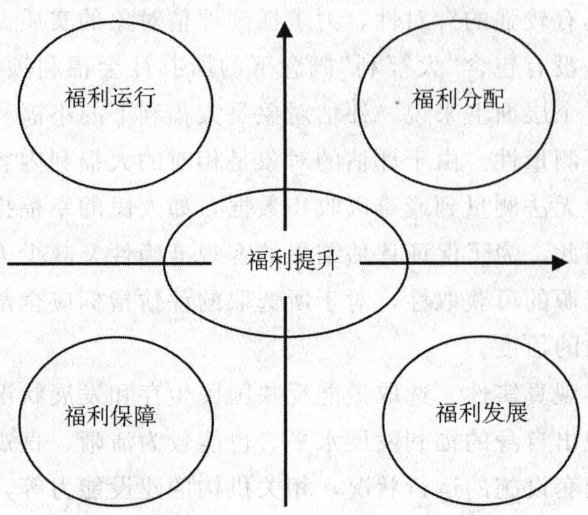

图 12-2　新型社会福利指标评估体系维度建设

组织人员两方面设置了福利设施与机构、福利机构人员构成和福利机构组织效率3项二级指标，考察组织的数量、分布、内部结构、运行效率等，通过19个三级指标反映出来。

福利分配基础维度也是评估指标体系的基础，是界定新型社会福利政策受益准则、覆盖人群的相关指标。因为新型社会福利体系的最主要受益者是几类特定群体，所以我们可以通过老人、残疾人、孤儿、孤残儿童人数等7个三级指标确定新型社会福利制度应该涵盖的各类人群数量，计算福利供给规模，测度福利发展水平。

福利保障水平维度是为考察普通群众的基本生活保障而设计的，下设社会救济与社会保险两项二级指标和12个三级指标，该维度与福利提升效益维度相对应，前者是关于保障社会成员的基本生活需求与基本社会保险的评估指标，后者重点是对儿童、老年人和残疾人三类群体特殊需求的指标设计。

福利发展可持续性维度是对新型社会福利体系发展环境的评估，主要从法律政策和财政投入两方面(两项二级指标)，考察政策环境和财政支出对新型社会福利体系的支持力度。通过细化的16个三级指标可看出政府对社会福利政策的重视程度、财政负担能力和所承担的责任大小。

(5)新型社会福利效果评估指标体系框架

为贯彻新型社会福利体系的设计理念，在借鉴国内外现有指标体系(欧盟生活质量指标体系、公民社会指数、民政事业指标体系等)构建思路基础上，本研究遵循政策预评估与结果评估的原则与方法，通过指标手段搭建研究框架，构建新型社会福利指标评估体系(见表12-2)。

表 12-2 新型社会福利指标评估体系框架

一级指标(维度)	二级指标(亚维度)	三级指标
福利运行能力	福利设施与机构	国有社会福利院数量/床位数
		社会办敬老院数量/床位数
		城市养老机构数量/床位数
		农村养老机构数量/床位数
		老年社区服务中心数量
		居家养老服务社数量/床位数
		失范儿童临时收容中心数量
		社区卫生服务中心(站)
		妇幼保健院(所/站)
		残疾人之家机构数
		残疾人家庭照料服务中心数量
	福利机构人员构成	老年社会工作者人数
		残疾人社会工作者人数
		病残儿童社会工作者人数
		高中以上(含)文化占从业人员比例
		具有机构认证的社会福利专业人员占总从业人员比例
	福利机构组织效率	福利机构入住率
		单个福利项目平均审批时间
		福利机构运作及行政成本占总支出的比重
福利分配基础	特定群体状况	贫困家庭数量
		残疾人数量
		精神、智力残疾人数量
		老人数量
		孤儿数量
		孤残儿童数量
		单亲家庭数量

续表

<table>
<tr><th>一级指标(维度)</th><th>二级指标(亚维度)</th><th>三级指标</th></tr>
<tr><td rowspan="12">福利保障水平</td><td rowspan="6">社会救济</td><td>城市居民最低生活保障人口</td></tr>
<tr><td>城市居民最低生活保障覆盖率</td></tr>
<tr><td>农村居民最低生活保障人口</td></tr>
<tr><td>农村居民最低生活保障覆盖率</td></tr>
<tr><td>农村救济人数(临时、传统、特困、五保)</td></tr>
<tr><td>农村救济覆盖率</td></tr>
<tr><td rowspan="6">社会保险</td><td>五类社会保险参保人数</td></tr>
<tr><td>五类社会保险覆盖率</td></tr>
<tr><td>参加新农合人数</td></tr>
<tr><td>新农合参合率</td></tr>
<tr><td>老人门诊与大病医疗保险参保人数</td></tr>
<tr><td>居民医疗保险参保人数</td></tr>
<tr><td rowspan="25">福利提升效益</td><td rowspan="6">老年人福利</td><td>城市养老机构收养人数</td></tr>
<tr><td>农村养老机构收养人数</td></tr>
<tr><td>高龄津贴福利项目惠及人口</td></tr>
<tr><td>养老福利津贴惠及人口</td></tr>
<tr><td>养老护理券发放人口</td></tr>
<tr><td>高龄老人免费医疗惠及人口</td></tr>
<tr><td rowspan="10">儿童福利</td><td>孤儿津贴惠及人口</td></tr>
<tr><td>大病儿童医疗救助惠及人口</td></tr>
<tr><td>残疾儿童康复津贴惠及人口</td></tr>
<tr><td>单亲家庭儿童补贴惠及人口</td></tr>
<tr><td>儿童家庭补贴计划惠及人口</td></tr>
<tr><td>农村学前教育津贴惠及人口</td></tr>
<tr><td>留守贫困儿童教育补贴惠及人口</td></tr>
<tr><td>流动儿童义务教育券惠及人口</td></tr>
<tr><td>高中免费教育惠及人口</td></tr>
<tr><td>学前儿童门诊及大病医疗免费惠及人口</td></tr>
<tr><td rowspan="9">残疾人福利</td><td>一级残疾人津贴惠及人口</td></tr>
<tr><td>二级残疾人津贴惠及人口</td></tr>
<tr><td>三级残疾人津贴惠及人口</td></tr>
<tr><td>四级残疾人津贴惠及人口</td></tr>
<tr><td>多重残疾津贴项目惠及人口</td></tr>
<tr><td>非正规就业残疾人生活津贴惠及人口</td></tr>
<tr><td>智力、精神残疾关怀补助惠及人口</td></tr>
<tr><td>特殊教育津贴惠及人口</td></tr>
<tr><td>社会福利企业吸纳残疾职工人口</td></tr>
</table>

续表

一级指标(维度)	二级指标(亚维度)	三级指标
福利发展可持续性	法律政策	发布有关配套的法律和法规(优惠政策、扶持政策)数量
		制定有关社会福利《意见》和《规划》的数量
	财政投入	老年人津贴财政投入①
		高龄老人免费医疗财政投入
		孤儿津贴财政投入
		残疾儿童康复津贴财政投入
		特教津贴财政投入
		儿童家庭补贴财政投入②
		农村儿童教育津贴财政投入③
		残疾人津贴财政投入④
		智力、精神残疾关怀财政投入
		高中免费教育财政投入
		特殊群体医疗救助项目支出
		用于社会福利事业的社会融资金额
		财政性社会福利支出
		财政性福利支出占国内生产总值/财政总支出的比重

(6)权重设计

权重是一个相对概念，代表该指标在整个指标评估体系中的重要性。在评估过程中对被评估对象的不同侧面的重要程度要实行定量分配，根据每个指标的性质和层次不同，各评估要素在总体评估中的作用要进行区别对待，这就需要对每个评估指标赋予相应的权重。

指标权重的设定一般通过构造判断矩阵，综合专家评委组和课题成员的评判结果而定，基本的权重设计思路如下。

第一，评估体系中的福利提升效益维度是体系的核心部分，新型社会福利的设计理念、指导思想和政策内容直接在此维度中体现，所以福利提升效益的权重应该高于其他维度。对于其他四个维度，均反映的是新型社会福利的四个不同方面的情况，代表了同等的重要性，所以赋予这四个维度相同的权重。

① 包括高龄津贴与养老福利津贴。
② 包括单亲家庭儿童补贴与儿童家庭补贴计划。
③ 包括农村学前教育津贴与留守贫困儿童教育补贴。
④ 包括各级残疾津贴与多重残疾津贴。

第二，福利提升效益维度中，老年人、儿童、残疾人三类特殊群体不分轻重缓急，是新型社会福利体系的核心对象，所以这 3 个二级指标应该具有相同的权重。

第三，福利运行能力维度中，福利设施与机构的权重应该大于福利机构人员构成和福利机构组织效率的权重，因为前者是对社会福利机构容量的总括，后者只反映了福利机构与运行能力相关较为重要的考评因素，所以在权重设计上应该有所区别。

第四，福利分配基础维度中因为只有一个二级指标，所以权重自动设定为 1。

第五，福利保障水平维度中，按照我国社会保障制度以社会保险为主体部分的思想，社会保险的权重设计略高于社会救济。

第六，福利发展可持续性维度中，财政投入指标能更为客观地反映出政府对社会福利事业的支持力度，而法律政策的颁布更多体现的是政府的态度和决心，且实施情况无从考证，不如财政投入对福利支持的实际行动直观、准确，所以权重设计上，财政投入指标略高于法律政策(见表 12-3)。

表 12-3　指标权重设计构想

一级指标(维度)	权　重	二级指标(亚维度)	权　重
福利运行能力	W1＝0.15	福利设施与机构	W1.1＝0.4
		福利机构人员构成	W1.2＝0.3
		福利机构组织效率	W1.3＝0.3
福利分配基础	W2＝0.15	特定群体状况	W2.1＝1
福利保障水平	W3＝0.15	社会救济	W3.1＝0.4
		社会保险	W3.2＝0.6
福利提升效益	W4＝0.4	老年人福利	W4.1＝1/3
		儿童福利	W4.2＝1/3
		残疾人福利	W4.3＝1/3
福利发展可持续性	W5＝0.15	法律政策	W5.1＝0.4
		财政投入	W5.2＝0.6

(7)操作方法

①评估周期：以年度为周期进行评估。

②评估主体：进行预评估时由政策规划人员实施，他们掌握的信息翔实，充分了解政策目标，能够客观、科学地制定评估标准与目标值。结果评估时可以采取第三方政策评估模式，是指由政策制定者与执行者之外的人员进行的正式评估。包括受行

政机构委托的研究机构、专业评估组织(包括大专院校和研究机构)中介组织、舆论界、社会组织和公众特别是利益相关者参与的多种评估主体。

③设定目标值：三级评估指标是评估体系的最细化评估准则，分别对78个三级指标设定一个目标值，即福利制度最终想达到的政策目标和社会效益，这是一个目标状态且可以量化。

④评估实际值：用评估体系中的三级指标对现实福利状态的考评得出各指标对应的本年度实际值。

⑤计算分数：用该年度的实际值除以设定的目标值，结果以百分数计量，通过百分数值可以看出实际情况与目标状态的差距。各百分数再乘以对应的二级级指标权重和一级指标权重，得出指标最后分值。

2. 直接评估——社会福利服务执行与监察准则

从国际我国香港经验来看，社会福利服务大多采用了政府向非政府或社区购买社会福利服务的递送模式。这种模式一般由政府提供或补贴依法设立机构的土地、建筑物及设施设备等，委托受托者经营管理并提供服务，有的地方也采取了补贴工作人员人头费用的方式。服务的质量高低有赖于系统全面的监管与评估体系，因而，政府对提供服务的非政府民间机构的评估尤其重要，不仅决定了机构运作与政策执行的效率，使机构能有效的投放资源到需改善的范畴，也能为政府提供足够信息，作为衡量政策执行程度与是否继续购买该机构服务的依据。

以香港地区经验为例，香港政府一直奉行“小政府”的治理理念，所以香港地区的社会福利服务90%以上是由非政府机构提供，香港政府只负责制定服务政策，拟定发展方向，向立法会申请拨款等。香港政府为了监督和评核非政府机构的表现，追踪服务质量，确保公众能够得到优质的社会福利服务，由香港社会福利署与非政府机构合力建立了服务表现监察制度，适用于机构辖下受资助服务单位和由社会福利署提供的直接服务。该项计划在1999—2000年度开始分阶段实行，2003年4月全面实施，具体包括津贴及服务协议、服务质素标准(Service Quality Standard，SQS)和服务表现评估。

“津贴及服务协议”为每项受资助服务而制定，是社会福利署(拨款者)与非政府机构(服务营办者)的约束性文件。协议列出社会福利署对服务营办者的责任和津贴基础、要求服务营办者必须达到的服务表现水平，规范服务营办者提供服务的服务量标准和服务成效标准等。可见津贴及服务协议成为服务提供者策划服务的基础；而社会福利署配合社会需求，会定期检讨相关协议内容，以切合不断变化的社会需求。

“服务质素标准”[①]适用于所有服务，具体描述福利服务单位在管理和提供服务方面应达致的标准。这套标准作为政府评估机构的一套较全面、深入的监察体系，主要从四大方面(资料提供、服务管理、为服务使用者提供的服务、尊重服务使用者的权利)规范服务机构的运作，概括了反映社会福利服务整体目标或核心价值观原则，即明确界定服务宗旨和目标，并公开服务的运作形式；有效地管理资源，以提供有效率、灵活变通和不断求进的管理制度，满足服务使用者的特定需要；尊重服务使用者的权利。四大项下所设的16条标准和77条具体准则涉及机构运作的各个层面，明确界定了管理及控制服务质素水平所需的程序和指引，以求全面的控制和有效的管理。在政府的监管下，非政府机构按照既定服务政策向市民提供优质的福利服务，并向福利署反映服务的需求及服务使用者的意见。

“服务表现评估”是根据津贴及服务协议，运用一套系统的评估程序，客观地评估服务表现和建议改善服务的方向。评估工作包括机构须为每个服务单位进行自我评估，以确定他们符合服务表现标准；机构也须定期向社会福利署提交自我评估报告、差异报告和统计资料。同时，社会福利署在风险管理的原则下，按各服务营办者的规模，随机抽取各机构辖下服务单位，在三年内接受社会福利署的评估访探。此外，若服务单位出现服务表现问题，社会福利署可随时实地评估单位情况，以及时了解问题，要求机构采取行动改善服务表现。

服务表现监察制度是在香港地区的社会福利服务规划较为完备，民间社会组织发育较为成熟，香港政府在不断探索新型管理体制和与非政府关系背景下孕育而生的。而我国社会服务和民间组织发展都尚处于起步阶段，虽不能照搬处于不同福利发展阶段的香港模式但服务表现监察制度仍有可学习和借鉴之处。福利服

① 服务质素标准(SQS)具体包括：1. 资料提供。包括：(1)服务单位确保制备说明资料，清楚陈述其宗旨、目标和提高服务的形式，随时让公众索阅。(2)服务单位随时准备向公众提供服务政策和程序方面的最新资料。这些政策和程序应详述服务单位如何处理提供服务方面的重要事项，并记录在案。(3)服务单位存备其服务运作和活动的最新准确记录。2. 服务管理。包括：(4)所有职员、管理人员、管理委员会和/或理事会或其他决策组织的职务及责任均清楚界定。(5)服务单位/机构实施有效的职员招聘、签订职员合约、发展、训练、评估、调配及纪律处分守则。(6)服务单位定期计划、检讨及评估本身的表现，并制定有效的机制，让服务使用者、职员及其他关注的人士就服务单位的表现提出意见。(7)服务单位实施政策及程序以确保能有效地管理财政。(8)服务单位遵守一切有关的法律责任。(9)服务单位采取一切合理步骤，以确保职员和服务使用者身处于安全的环境。3. 为服务使用者提供的服务。包括：(10)服务单位确保服务使用者获得清楚明确的资料，知道如何申请接受和退出服务。(11)服务单位运用有计划的方法以评估和满足服务使用者的需要(不论服务对象是个人、家庭、团体或小区)。4. 尊重服务使用者的权利。包括：(12)服务单位尽量尊重服务使用者的自决权利。(13)服务单位尊重服务使用者的私人财产权利。(14)服务单位尊重服务使用者保护隐私和保密的权利。(15)每一位服务使用者及职员均有自由申诉其对机构或服务单位的不满，而无须担忧遭受责罚，所提出的申诉亦应得到处理。(16)服务单位采取一切合理步骤，确保服务使用者免受侵犯。

务无论是采取政府相关部门直接递送还是向非政府机构购买社会服务的递送模式均可借鉴香港地区做法，参照 SQS 体系对新型社会福利服务执行情况展开评估，在服务设计与规划和非政府机构培养较为成熟时，适时建立“服务约束准则”和“服务表现评估”机制，前者与 SQS 类似是对服务提供机构提出规范的运行标准，后者是对服务使用者福利状态的改善评估。这里只给出一个执行评估的基本框架。

“服务约束准则”包括权利尊重、机构管理与服务监测三大方面，具体内容见表 12-4。

表 12-4 “服务约束准则”基本框架

约束范畴	具体内容
权利尊重	服务机构在运作和提供服务时，能在每一方面都尊重服务使用者的权利。如应让服务机构员工尊重并提供适当的培训，保障服务使用者的知情权、选择权、财产权、隐私权、投诉权等
机构管理	服务机构应制定明确的服务宗旨和目标；运作形式应公开、透明；保存服务运作及活动记录，并定期撰写报告，公开统计资料，让机构员工、服务使用者和潜在的需求大众与社会大众能够知悉 人力资源管理应制定组织架构图，明确分工和问责；规范职员人数，各层次人手比例；根据不同的需要，招聘及维持具备合适资历、充足训练及经验丰富的员工组合；为员工提供在职培训和各种课程，确保新员工迅速适应工作环境，各级在职员工根据需要获得自我提升机会；制定员工表现考核制度等
服务监测	服务机构应制定服务使用者申请接受服务和退出服务的程序 服务机构采取各种方式鉴定并满足服务使用者的特定需求，如咨询服务使用者、服务使用者家属及相关人员的意见，作为规划和评估的依据；记录需求评估及计划满足需求的行动方案等 服务机构定期计划、检讨和评估服务表现，并制定有效的反馈机制

“服务表现评估”是对服务使用者在使用该项服务期间的各种变化做所的评估。因为不同的服务在针对的群体、服务内容、服务期限上不尽相同，所以应根据具体情况、特定需求制定不同的评估标准。如在院舍安老服务方面，香港圣公会福利协会有专门的临床服务表现指标(Clinical Performance Indicators)，量度的内容包括药物处理、照顾计划达成比率、传染病、皮肤传染病、意外、跌摔个案、体重下降、缺水等考核标准。实施服务表现评估能有效地获取服务使用者信息，鉴定服务使用者需求，进而更有针对性改善服务质量，提供服务导向。

3. 间接评估——社会福利服务成效（家庭与社区成效）评估

重点对三类人群社会福利服务的设计与规划是新型社会福利体系的重要组成部分。福利服务同一般津贴性福利项目不同，其成效无法量化成本利益分析，政策产出结果的评估角度更多的是探讨政策目标的达成程度、民众满意程度或产生的社会影响。因而，对于新型社会福利体系下的一些特色福利服务项目，我们对这些服务惠及的微观主体——家庭与社区所产生的政策产出影响，采用价值判断的评估原则展开评析。

福利服务成效的价值判断准则主要包括以下几个方面。第一，社会福利是否满足大多数人的利益和需求；第二，社会福利是否有效达成预期政策目标；第三，社会福利是否坚持了社会公正原则；第四，社会福利是否有利于社会的稳定；第五，社会福利是否有利于增进人民团结。

社会福利不仅能起到社会“保护网”功能，帮助困难群体解决生存难题，有效改善国民生活水平，显著提高生活质量，还对家庭和社区起着积极作用。福利服务通过帮助特殊群体，间接使特殊群体的家庭受益，缓解家庭照料的压力和负担；福利服务通过对社区建设，使社区承载了部分“福利”功能，对丰富人们社区生活，提高基层生活质量起积极促进作用。

全球化背景下，伴随中国经济的快速发展和社会转型加快，我国家庭出现了规模小型化、结构核心化、模式多样化的发展趋势。这些变化和特征不仅使得家庭成员之间的抚养比例发生根本变化，客观上也带来了空巢老人、独居老人、无人照顾小孩等的大幅度增加，这时社会福利服务对家庭的影响和作用便凸显出来。家庭与社会福利的相互作用表现在家庭承担了首要赡养和看护责任，可以减轻社会再分配压力，减少特定群体对福利的依赖；而社会福利为家庭提供的福利服务以维系和增强家庭凝聚力为目标，为家庭和个人提供社会支持，促进家庭和睦发展，以保证家庭功能的正常运作。

对那些有老人、儿童需要照料的正常家庭来说，家庭里的主要劳动力因为工作时间约束，不能全天候、全精力提供日常照顾，就需要在上班时间由社区的社会福利服务来分担家庭照顾和看管的责任，有效为家庭解决后顾之忧。这样劳动力不仅能专心工作，家中无人看管的老人和小孩也能得到充分的照料。

而对于另一类弱功能家庭(如单亲家庭)或家中有生活不能自理的成员的家庭(如残疾人家庭)，由于社区服务还处于刚刚建立和逐步完善之中，所以家庭的照顾作用就非常重要，这些家庭的责任也比正常家庭更加重大。残疾人家庭照料服务体系的逐步建设对于缓解弱功能家庭的日常压力，一定程度上减少残疾人对家庭成员的依赖，减少残疾人家庭的心理负担都有着十分重要的作用。

社区是福利供给的重要来源，已经成为社会福利制度实施的基层组织载体，充分承担着社会福利的职责。最早提出社区概念的是德国社会学家滕尼斯，他认为社区是指那些由具有共同价值趋向的同质人口组成的、关系亲密、守望相助、疾病相抚、富有人情味的社会团体。现代“社区”概念主要包括五个因素。第一，社区是一个社会实体。它是具有一定数量与质量的人口和由他们组成的社会组织与地域。第二，社区是具有经济、政治、文化、社会整合与协调多元功能的社会组织空间。第三，社区是人们参与社会生活的基本场所。第四，社区是以居住聚落为主要形态，以有形生活设施为物质载体，以居民自治为主要组织方式的生活空间。第五，社区是发展变化的，它是一定历史时期社会生活的缩影。从以上论述中可看出，与社区服务相关的福利服务设施，如老年社区服务中心，社区托儿所，残疾人之家等，不仅有助于提升整个社区居民的整体生活质量，而且是一个社会文明与进步的象征，体现对特殊群体的人文关怀与照顾。

以老年人服务为例，社区养老服务不仅为老年人提供了物质与精神帮助，还为老年人提供精神慰藉和各种娱乐设施。津贴性质的物质帮助主要针对三无老人、困难“空巢”老人、残疾老人及高龄老人等生活上有很大困难的老年人，社区的作用是老人通过资格审核后，根据不同的标准和条件，由社区直接发放货币。除了直接的货币补助外，还有其他的补助形式，如以代金券形式向特困老人定期发放，老人持券可以到所在社区购买服务等；用护理券购买的生活照顾以家政服务和护理服务为主，包括上门送餐、洗衣、陪护、居室卫生、医疗康复、陪送看病等；社区中的老年生活娱乐措施惠及所有老人，由国家出资建立或当地政府与社区中的企业共同出资建立，这些娱乐设施一般不收取费用，老年人可以根据自己的兴趣爱好选择。此外，社区还具有社会化功能，也为老人的继续社会化提供了平台，可以增加老人与家庭以外的其他人或组织联系，为老人提供更多社会交往机会。总的来说，社区可以承担起老年人养老功能，使老人在自己熟悉的环境中，享受到较为专业的服务，得到较为体贴的照顾，感受到较为人性化的社会关怀。这些为老年人设计的服务项目基本上能够满足老年人的特殊需求，达到预期政策目标，具有维持社会稳定、促进社会公平的功效。

附录
中国社会福利建设重大事件信息库（1949—2009年）

1950年

4月，中国救济代表会议召开，会议确立了新中国救济福利事业的基本方针。会后，中国人民救济总会成立，“民政福利”通过两个途径建立起来：一是新建了一大批救济福利事业单位(包括部分生产教养院)；二是接收、调整、改造了国民党政府、地方社区举办的救济院、慈善堂、寡妇堂、教养院以及接受国外津贴的宗教的或世俗的救济福利机构。同时，还通过组织贫民生产自救，建立了贫民习艺所等早期的社会福利生产机构。

6月，《中华人民共和国工会法》颁布实施。

7月，劳动部颁发的《关于救济失业工人的暂行办法》施行。

12月，内政部公布《革命烈士家属、革命军人家属优待暂行条例》《革命残废军人优待抚恤暂行条例》《革命军人牺牲病故褒恤暂行条例》《民兵民工伤亡抚恤暂行条例》。

1951年

2月，中央人民政府政务院公布实施《中华人民共和国劳动保险条例》，该条例是新中国第一部有关社会保险的法规文件，主要面向工矿、运输企业职工，对职工因工致伤、致残，疾病、伤残、养老、生育等情况下所能享受的劳保待遇作了比较详细的规定，其特点是各项劳保福利基本都由企业和政府提供，标志着中国特色的“职工福利”模式基本确立。

9月，第一次全国劳动保护工作会议召开，通过《工厂安全卫生暂行条例草案》《限制工厂矿场加班加点暂行办法草案》和《保护女工暂行条例草案》。

10月，第一次妇女儿童福利工作会议举行。

11月，中国人民保卫儿童全国委员会成立，宋庆龄任主席，康克清任秘书长，该会的宗旨是保卫儿童，促进我国的儿童福利事业。

1952年

6月，政务院下发《关于全国各级人民政府、党派、团体及所属事业单位的国家工作人员实行公费医疗预防的指示》，针对“干部”的公费医疗制度建立起来。

8 月，政务院下发《关于劳动就业问题的决定》，力图在城市中消灭失业问题。

1956 年

2 月，中国聋哑人福利会成立，这是中国第一个残疾人福利组织。

6 月，第一届全国人大三次会议通过《高级农村生产合作社示范章程》，规定：“农业生产合作社对于缺乏劳动能力或者完全丧失劳动能力、生活没有依靠的老、弱、孤、寡、残疾的社员，在生产上和生活上给以适当的安排和照顾，保证他们的吃、穿和柴火的供应，保证年幼的受到教育和年老的死后安葬，使他们生养死葬都有依靠。”文件规定的保吃、保穿、保烧，年幼的保证受教育和年老的保证死后安葬，简称为“五保”，这标志着延续至今的农村“五保”制度的建立。

7 月，国务院颁布《关于工资改革的决定》，开始建立全国统一的劳动工资制度。

12 月，内务部在北京召开城市残老教养、烈军属贫民生产工作座谈会，会上首次提出“社会福利生产”概念，使烈军属、贫民生产和民政部门领导的其他生产逐步得到国家和社会的承认。

1957 年

1 月，国务院发布《关于职工生活方面若干问题的指示》，对职工住宅问题、上下班交通问题、疾病医疗问题、生活必需品问题、困难补助问题做出明确规定。

7 月，《人民日报》发表马寅初 7 月 3 日在全国人大一届四次会议上作的题为《新人口论》的书面发言。马寅初在深入调查和科学分析的基础上，得出我国存在着人口增殖太快与经济发展慢的尖锐矛盾，要提高人民的文化和物质生活水平就必须控制人口增长的结论。

9 月，中国妇女第三次全国大会召开，将中华全国民主妇女联合会更名为中华人民共和国妇女联合会。

1958 年

1 月，《中华人民共和国户口登记条例》正式施行，城乡分割的二元户籍制度由此确立。

2 月，国务院发布《关于工人、职员退休处理的暂行规定》《关于企业、事业单位和国家机关中普通工人勤杂工的工资待遇的暂行规定》《关于国营、公私合营、合作经营、个体经营的企业和事业单位的学徒的学习期限和生活补贴的暂行规定》和《关于工人、职员探亲的假期和工资待遇的暂行规定》。

1962 年

9 月，《农村人民公社工作条例修正草案》颁布，条例规定：“生产队可以从可分配的总收入中，扣留一定数量的公益金，作为社会保险和集体福利事业的费用”，“生产队对于生活没有依靠的老、弱、孤、寡、残疾的社员，遭到不幸事故、生活发生困难的社员，经过社员大会讨论和同意，实行供给或者给以补助。

对于生活有困难的烈士家属、军人家属和残废军人，应该给以适当的优待。对于家庭人口多劳动力少的社员，生产队应该根据他们的劳动能力，适当安排他们的工作，让他们能够增加收入，除此以外，经过社员大会讨论和同意，也可以给他们必要的补助。这些供给和补助的部分，从公益金内开支。对于因公负伤的社员的补助，对于因公死亡的社员的家庭的抚恤，也都从公益金内开支”。

1965 年

7 月，毛泽东提出要把医疗卫生工作的重点放到农村去，应该把主要人力、物力放在一些常见病、多发病、普通病的预防和医疗上。

9 月，中央批转了卫生部党委《关于把卫生工作重点放到农村的报告》，指出“必须把卫生工作的重点放在农村，认真组织城市卫生人员到农村去，为农民服务，培养农村卫生人员，建立和健全农村基层卫生组织，有计划有步骤地解决农村医药卫生问题”。

1968 年

12 月，《人民日报》登载湖北省长阳县乐园公社办合作医疗的报道《深受贫下中农欢迎的合作医疗制度》并加编者按，同时登载北京郊区贫下中农、基层干部、医务人员讨论农村合作医疗制度的座谈纪要，从此农村合作医疗制度推广开来。农村合作医疗是农民在自愿互利的基础上，主要依靠集体经济举办的一种福利性质的医疗制度，深受农民欢迎。

1978 年

5 月，中华人民共和国民政部正式成立，程子华任部长。其内设机构有优抚局、农村社会救济司、城市社会福利司、民政司等。

9 月，中国妇女第四次全国代表大会在北京闭幕。会议确定新时期妇女运动的任务是把我国建设成为现代化的社会主义强国，为妇女彻底解放而奋斗。会议通过《全国妇联章程》，选出新的领导机构。大会一致推选宋庆龄、蔡畅、邓颖超为全国妇联名誉主席。中华人民共和国妇女联合会更名为中华全国妇女联合会。中华全国妇女联合会在保护和促进妇女人权方面起到了巨大的作用。

1979 年

3 月，中国人民保卫儿童全国委员会举行全体会议，决定加强保卫儿童工作，并积极支持联合国关于 1979 年为国际儿童年的决议。

1980 年

10 月，国务院颁布《关于老干部离职休养的暂行规定》。

1981 年

5 月，全国儿童和少年工作协调委员会在北京成立，康克清为主任。

10 月，中共中央、国务院作出《关于广开门路、搞活经济、解决城镇就业问题的若干规定》。

1984 年

3 月，中国残疾人福利基金会成立。

9 月，中共中央、国务院发出《关于帮助贫困地区尽快改变面貌的通知》。

11 月，民政部在福建漳州召开全国城市社会福利事业单位改革整顿经验交流会，会议提出了社会福利事业要进一步向国家、集体、个人一起办的体制转变，进一步由救济型向福利型转变，由供养型向供养康复型转变，由封闭型向开放型转变的发展战略和改革方向。此次会议被视为中国福利事业改革的起点。1986 年民政部正式提出了“社会福利社会办”的概念；1991 年“社会福利社会化”的概念被明确提出；2000 年，国务院办公厅转发民政部等部门《关于加快实现社会福利社会化的意见》，更为清楚地提出推进社会福利社会化，要探索出一条国家倡导资助、社会各方面力量积极兴办社会福利事业的新路子，实现社会福利事业的投资主体多元化、服务对象公众化、服务方式多样化和服务队伍专业化，建立与社会主义市场经济和社会发展相适应的社会福利事业管理和运行机制。

1985 年

3 月，中国政府同联合国儿童基金会 1985－1989 年合作方案行动计划在北京签字。

7 月，时任联合国儿童基金会执行主任詹姆士·格兰特在北京举行记者招待会宣布：从 1985 年开始的五年里，联合国儿童基金会每年将向中国提供 1000 万美元至 1200 万美元的援助，主要用于发展儿童教育和妇幼保健等事业。

1986 年

5 月，国务院贫困地区经济开发领导小组成立(1993 年改称国务院扶贫开发领导小组)，自此，中国开始了有组织、有计划、大规模的扶贫开发战略的实施。

8 月，民政部正式向国务院报送《关于开展社会福利有奖募捐活动的请示》。

9 月，《国营企业职工待业保险暂行规定》颁布。

12 月，国务院常务会议讨论，同意由民政部组织一个社会福利有奖募捐委员会，在全国范围内开展有奖募捐活动，筹集资金发展扶老、助残、救孤、济困等社会福利事业。

1987 年

1 月，全国第一次残疾人抽样调查在 29 个省、自治区、直辖市的 430 个县(市)全面展开，这对于真正了解我国残疾人的现状以便更好地维护其权利意义重大。

4 月，民政部发布《关于开展社会福利有奖募捐活动的通知》。

4 月，国务院批准以民政部为主开展建立农村基层社会保障制度的探索和试点工作。

7 月，新中国第一张彩票在河北石家庄第一工人文化宫广场售出。

9月，六届全国人大常委会第二十二次会议决定批准国际劳工组织《第159号残疾人职业康复和就业公约》。

1988年

3月，中国残疾人联合会成立。这是一家由国家法律确认、国务院批准的全国各类残疾人和残疾人工作者组成的全国性残疾人事业团体，下设有中国盲人协会、中国聋人协会、中国肢残人协会和中国智力残疾人及亲友协会、中国精神残疾人及亲友协会5个协会组织，并按全国行政区划分建立各级地方组织(台湾地区除外)。

9月，《女职工劳动保护规定》施行。

11月，国务院批准实施《中国残疾人事业五年工作纲要(1988—1992年)》。

12月，中国妇女发展基金会在京成立，其宗旨是兴办妇女福利事业，为妇女事业的发展创造条件。

1989年

10月，中国青少年发展基金会在北京宣布实施“希望工程”。它通过建立基金，长期资助贫困地区因家庭经济困难而失学的儿童重返校园，并为一些贫困乡村新建、修缮校舍，购置教具、文具和书籍等；通过“百万爱心行动”等活动，广泛动员全社会力量来帮助贫困地区失学少年获得受教育权。

1990年

2月，国务院妇女儿童工作协调委员会成立。

6月，中国关心下一代工作委员会成立，其任务是动员和发挥各方面的力量，保护儿童权利，使儿童健康成长。

10月，中共中央、国务院决定从1990年至1992年拿出价值15亿元的工业品，以工代赈，扶助“老、少、边、穷”地区脱贫致富和经济开发。

12月，中国正式签署联合国《儿童权利公约》。翌年，全国人大批准了该公约，于1992年4月1日正式对中国生效。该公约是国际社会为保护儿童权利制定的一项普遍适用的标准，中国政府承担并认真履行公约规定的各项义务。

1991年

3月，时任国务院总理李鹏同志代表中国政府签署《儿童生存、保护和发展世界宣言》和《执行90年代儿童生存保护和发展世界宣言行动计划》。

5月，《中华人民共和国残疾人保障法》正式施行(该法于2008年4月修订，2008年7月1日起修订后的《中华人民共和国残疾人保障法》正式施行)。该法以“平等”“参与”“共享”为宗旨，一方面规定残疾人享有与其他公民平等的权利，并保护其不受侵害；另一方面规定采取辅助方法和扶持措施，发展残疾人事业，促进残疾人在事实上平等参与社会生活，共享社会物质文化成果。

6月，国务院下发《关于企业职工养老保险制度改革的决定》，提出改变养老保险完全由国家、企业包下来的办法，实行国家、企业、个人三方共同负担。

8月，我国第一条为方便盲人特别修建的道路在北京通过验收。这条建在北京市橡胶五金厂内的盲道由特制的砖块铺成，分位置砖、导向砖和止步砖三种。

9月，中国加入《男女同工同酬公约》。

1992年

1月，《中华人民共和国未成年人保护法》正式施行(该法于2006年12月修订，2007年6月1日起修订后的《未成年人保护法》正式施行)，明确规定"国家保障未成年人的人身、财产和其他合法权益不受侵犯"，并规定了保护未成年人的各项工作原则以及家庭、学校、社会和司法机关在保护未成年人方面的职责，从而使保护少年儿童的工作走上了法制化的轨道。

1月，国务院批准了《中国残疾人事业"八五"计划纲要》(1991－1995年)，要求进一步改善残疾人平等参与社会生活的物质条件和精神环境，缩小残疾人事业与国民经济和社会发展水平的差距，使残疾人自身素质提高，生活状况改善。

3月，新华社播发国务院妇女儿童工作协调委员会编制的《九十年代中国儿童发展规划纲要》，这是中国政府贯彻执行联合国1990年世界儿童问题首脑会议所通过的两个文件的行动方案，纲要规定了90年代我国儿童生存、保护和发展的主要目标、策略措施，成为面向21世纪的中国儿童的人权状况保护和发展的纲领。

10月，《中华人民共和国妇女权益保障法》正式施行(该法于2005年8月修订，2005年12月1日起修订后的《中华人民共和国妇女权益保障法》正式施行)，该法对保障妇女政治、文化教育、劳动、财产、人身和婚姻家庭等各方面的权益作出了具体的规定，使中国形成了以宪法为基础、以该法以主体的一整套保障妇女人权的法律体系。

1993年

2月，国务院颁布《中国教育改革和发展纲要》确立到20世纪末要达到基本普及九年制义务教育，基本扫除青壮年文盲的目标。

5月，国务院颁布的《国有企业职工待业保险规定》施行。该规定有助于保障待业职工的基本生活。

6月，上海市最低生活保障线制度正式实施，当年标准为月人均120元。

6月，中国扶贫开发协会在京成立，其目的是配合政府和扶贫基金会，充分动员民间力量，广开资金来源，扩大资金渠道，发展贫困地区的经济、文化、教育、卫生和环境保护等。

10月，国务院残疾人工作协调委员会成立。

1994年

1月，国务院公布《农村五保供养工作条例》，规定"五保"供养的主要内容是

“保吃、保穿、保住、保医、保葬(孤儿保教)”，供养标准为当地村民一般生活水平，“所需经费和实物从村提留或者乡统筹中列支”。

3月，国务院决定实施“国家八七扶贫攻坚计划”(1994—2000年)，力争在20世纪末最后的七年内，基本解决目前全国8000万贫困人口的温饱问题。

4月，国家体改委、财政部、劳动部、卫生部联合下发《关于职工医疗制度改革的试点意见》，经国务院批准，在江苏省镇江市、江西省九江市进行了试点，即著名的“两江试点”，初步建立了医疗保险“统账结合”(社会统筹与个人账户相结合)的城镇职工医疗保险模式。

4月，“中国大陆助孤救孤社会福利计划”在全国全面展开，它主要面向社会募集款物，对孤儿进行助养助学，改造福利院危旧房屋，添置医疗设备，致力提高孤儿素质，改善其状况。

6月，国务院新闻办公室发表《中国妇女的状况》白皮书。白皮书全面、系统地阐述了新中国所获得的历史性解放和所享有的男女平等的地位和权利，阐明了我国对保障妇女人权的贡献与成就。

7月，《国务院关于深化城镇住房制度改革的决定》发布实施，提出“建立以中低收入家庭为对象、具有社会保障性质的经济适用住房供应体系”“建立住房公积金制度”。这是“新的住房制度的雏形”。

8月，《残疾人教育条例》颁布施行，这是保障残疾人受教育权的专门法规。

1995年

1月，《中华人民共和国劳动法》正式施行，该法全面具体地规定了劳动者的权利，规定了用人单位在维权上的义务和标准等，是我国维护劳动者合法权益的基本法律。

1月，劳动部发布的《企业职工生育保险试行办法》正式施行。

1月，以解决城乡剩余劳动就业安置问题为宗旨的“温暖工程”正式启动，孙起孟任“温暖工程”促进委员会主任。

1月，国务院妇女儿童工作委员会第二届第三次全体会议在京举行。会议通过《中国妇女发展纲要》(1995—2000年)。《中国妇女发展纲要》主要目标共10项，主要涉及参政、就业、劳动保护、卫生保健、教育、走出贫困、人身权利等方面。

2月，国务院批准下发了《国家安居工程实施方案》，标志着旨在改善居民住房条件的国家安居工程正式启动实施。

3月，国务院颁布《关于深化企业职工养老保险制度改革的通知》，指出要建立社会统筹与个人账户相结合的基本养老保险模式，进一步扩大养老保险的实施范围，同时确定基本养老金定期调整的机制，以保障企业离退休人员的离退休金。

6月，《母婴保健法》施行。

1996年

4月，国务院新闻办公室发表《中国的儿童状况》白皮书，全面介绍了中国保护儿童生存和发展的状况。

4月，国务院批转《中国残疾人事业"九五"计划纲要》，要求各地各部门认真贯彻执行。

8月，劳动部根据劳动法的有关规定发布了《企业职工工伤保险试行办法》，并在全国逐步推开。

10月，《中华人民共和国老年人权益保障法》正式施行。该法对老年人的家庭赡养与抚养、社会保障、参与社会发展以及侵害老年人合法权益的法律责任等作出明确规定，使国家对老年人这一特殊群体的权益保护规范化、法律化。

10月，中共中央、国务院颁布《关于尽快解决农村贫困人口温饱问题的决定》。

11月，全国慈善工作交流会在天津举行。

1997年

1月，共青团中央、全国青联组织的"中国青年志愿者扶贫服务团"赴河北灵寿县、山西沁县等十个贫困县(旗)开展活动。

4月，国务院发出《关于在若干城市试行国有企业兼并破产和职工再就业问题的补充通知》，以规范企业破产，鼓励企业兼并，更好地实施再就业工程。

7月，国务院批转卫生部等五部委《关于发展和完善农村合作医疗的若干意见》。

7月，国务院下发《关于建立统一的企业职工基本养老保险制度的决定》，开始在全国建立统一的城镇企业职工基本养老保险制度。

9月，国务院发布《关于在全国建立城市居民最低生活保障制度的通知》，要求全国所有城市和县人民政府所在地的镇在1999年底前建立城市居民最低生活保障制度。

1998年

3月，国家教委、公安部制定了《流动儿童少年就学暂行办法》，要求流入地人民政府依法为流动儿童少年就学创造条件，提供就学机会，保障其接受一定年限的义务教育。

4月，国务院颁布《残疾人扶贫攻坚计划》(1998－2000年)，该计划的实施是为了解决占全国贫困人口1/3的贫困残疾人的温饱问题，包括形势、目标、方针、方式、途径、资金、组织、实施几部分。

6月，中共中央、国务院下发《关于切实做好国有企业下岗职工基本生活保障和再就业工作的通知》。

12月，国务院召开全国医疗保险制度改革工作会议，在“两江试点”的基础上，发布了《国务院关于建立城镇职工基本医疗保险制度的决定》，明确了医疗保险制度改革的目标任务、基本原则和政策框架，要求1999年，在全国范围内建立覆盖全体城镇职工的基本医疗保险制度。

1999年

1月，国务院颁布《失业保险条例》，城镇职工失业保险制度正式建立。失业保险与国有企业下岗职工基本生活保障、城市居民最低生活保障构成三条保障线。

9月，《中华人民共和国公益事业捐赠法》施行。

10月，国务院颁布《城市居民最低生活保障条例》，标志着城市居民最低生活保障制度在全国的建立。

2000年

8月，党中央、国务院决定建立“全国社会保障基金”，同时设立“全国社会保障基金理事会”，负责管理运营全国社会保障基金。全国社会保障基金是中央政府集中的社会保障资金，是国家重要的战略储备，主要用于弥补今后人口老龄化高峰时期的社会保障需要。

2001年

2月，国家经贸委、教育部、卫生部联合下发《关于推广学生营养餐的指导意见》。

11月，国务院办公厅转发教育部等部门《关于“十五”期间进一步推进特殊教育改革和发展的意见》。

2002年

8月，国务院办公厅转发卫生部等部门《关于进一步加强残疾人康复工作的意见》。

2003年

8月，民政部制定的《城市生活无着的流浪乞讨人员救助管理办法》及《实施细则》施行。

9月，国务院颁布《关于进一步加强农村教育工作的决定》。

9月，国务院办公厅转发教育部等部门《关于开展经常性助学活动意见》《关于进一步做好进城务工就业农民子女义务教育工作意见》。

10月，民政部制定的《家庭寄养管理暂行办法》施行。

11月，民政部、卫生部、财政部联合下发《关于实施农村医疗救助的意见》。

2004年

1月，《工伤保险条例》正式施行。

1月，国务院办公厅转发卫生部等部门《关于进一步做好新型农村合作医疗试点工作的指导意见》。

3月，建设部等5部位联合制定的《城镇最低收入家庭廉租住房管理办法》正式施行。

6月，国务院办公厅转发教育部等部门《关于进一步完善国家助学贷款工作的若干意见》。

10月，国务院办公厅转发民政部等部门《关于进一步加强扶助贫困残疾人工作的意见》。

12月，《劳动保障监察条例》施行。

2005年

2月，财政部、教育部下发《关于加快国家扶贫开发工作重点县"两免一补"实施步伐有关工作的意见》。

3月，民政部、卫生部、劳动保障部、财政部下发《关于建立城市医疗救助制度试点工作的意见》。

3月，国务院办公厅下发《关于切实稳定住房价格的通知》("旧国八条")。

4月，国务院出台《加强房地产市场引导和调控的八条措施》(新"国八条")。

5月，国务院转发建设部等七部委的《关于做好稳定住房价格工作的意见》(25号文)，国家层面控制房价行动启幕。

6月，劳动保障部、财政部、中国残联联合下发《关于城镇贫困残疾人个体户参加基本养老保险给予适当补贴有关问题的通知》。

12月，国务院下发《关于完善企业职工基本养老保险制度的决定》。

12月，国务院下发《关于深化农村义务教育经费保障机制改革的通知》，提出从2006年开始全部免除西部地区农村义务教育阶段学生学杂费，2007年扩大到中部和东部地区农村。

2006年

1月，国务院颁布《关于解决农民工问题的若干意见》。

1月，国务院公布修订后的《农村五保工作供养条例》，规定对"无法定抚养义务人、无劳动能力、无生活来源的老年人、残疾人和未成年人实行五保"，"五保"的内容为保吃、保穿、保医、保住、保葬(孤儿为保教)，"五保"供养经费改为"从上级财政转移支付和地方财政预算中安排"。从此，"五保"经费纳入国家财政支出。

1月，国务院办公厅印发《中国妇女发展纲要和中国儿童发展纲要性别统计重点指标目录》。

1月，民政部等部委联合下发《关于加强流浪未成年人工作的意见》。

2月，国务院办公厅转发全国老龄委办公室和发展改革委等部门《关于加快发展养老服务业的意见》。

3月，民政部等部委联合下发《关于加强孤儿救助工作的意见》。

5月，国务院办公厅转发建设部等部门《关于调整住房供应结构稳定住房价格意见的通知》。

5月，国务院转发九部门制定的《关于调整住房供应结构稳定住房价格的意见》，明确要求各城市在2006年9月底前公布普通商品房、经济适用房和廉租房建设目标，“90/70”政策(套型在90平方米以下的住宅比率必须达到开发面积的70%)正式提出，税收和信贷等政策进一步紧缩。

6月，国务院批转国务院残疾人工作委员会制定的《中国残疾人事业“十一五”发展纲要(2006—2010年)》。

9月，修订后的《中华人民共和国义务教育法》正式施行。

10月，国务院批转劳动保障部、发展改革委制定的《劳动和社会保障事业发展“十一五”规划纲要(2006—2010年)》。

2007年

5月，《残疾人就业条例》正式施行。

7月，国务院下发《关于在全国建立农村最低生活保障制度的通知》，将最低生活保障制度推向农村，标志着全民享有最低生活保障的格局基本形成。

7月，国务院下发《关于开展城镇居民基本医疗保险试点的指导意见》，并召开试点工作会议，确定首批79个试点城市，要求在9月底前出台实施方案并正式启动城镇居民基本医疗保险。继城镇职工基本医疗保险、新型农村合作医疗制度以后，城镇居民基本医疗保险制度的建立，标志着中国特色的覆盖城乡全体居民的基本医疗保障体系框架基本形成。

8月，国务院发布《关于解决城市低收入家庭住房困难的若干意见》，该意见是对“房改”的总结，是构建住房新模式的转折点。

8月，民政部制定的《伤残抚恤管理办法》正式施行。

12月，建设部等部委联合发布的《廉租住房保障办法》《经济适用住房管理办法》施行。

2008年

1月，《中华人民共和国劳动合同法》正式施行。同年9月，《劳动合同法实施条例》公布施行。

1月，全国老龄委办公室等十部门联合下发《关于全面推进居家养老服务工作的意见》。

3月，中共中央、国务院下发《关于促进残疾人事业发展的意见》。

7月，国务院常务会议决定从当年秋季学期开始，在全国范围内全部免除城市义务教育阶段学生的学杂费。

2009 年

4 月，《中共中央国务院关于深化医药卫生体制改革的意见》和国务院关于《医药卫生体制改革近期重点实施方案(2009－2011 年)》公布，标志着对医疗体制的全面改革正式开始。

5 月，住房城乡建设部、发展改革委、财政部联合印发《2009—2011 年廉租住房保障规划》。

9 月，国务院下发《关于开展新型农村社会养老保险试点的指导意见》。

中国社会福利财政支出统计摘要信息库

>>一、统计口径说明<<

本书认为，社会福利是社会保障的延伸发展和较高层次，它区别于社会救济的"扶贫济困"，也不同于社会保障的"维持基本生活需求"。从广义角度讲，社会福利是以提高国民的生活幸福为直接目的而进行的有组织的社会性活动总称，是在满足人们基本生活需要的基础上对社会的一种更高、更新要求。它的对象是全体社会成员，它涵盖的内容涉及所有生活方面，其突出的特征是公共福利性，旨在为全体社会成员谋福利。财政性资金是全社会福利资金的重要组成部分，它体现了政府在社会福利制度中的主体与主导地位。政府的公共支出既要保证无收入、低收入以及遭受各种意外灾害的公民能够维持基本的生存条件，也要保障社会特定群体(老年人、儿童、残疾人、失业者、优抚对象等)的日常生活需求，也能满足公民享有"有尊严"生活的社会权利。

鉴于以上原因，本报告使用有别于一般统计口径的全口径统计方法，统计、计算政府财政性福利支出水平。口径的选取原则是使用包括社会救济、养老、医疗、教育等在内的福利统计全口径，尽可能剥除行政事业费，只计算国家财政支出惠及到人头的各项福利事业费用。根据数据获取难易程度和我国社会福利制度改革历程，统计数据按时间划分为分为新中国成立后至改革开放前和改革开放后至今两个阶段。1952—1977 年财政性社会福利支出包括抚恤和社会福利救济、卫生和教育事业费与住宅建设投资等福利项目；1978—2008 年财政性社会福利支出包括基本生活保障、养老、医疗、教育与住房等福利项目。

附表 3-1　国家财政性福利支出(1952—1977 年)　　单位：亿元

年度	抚恤事业费	社会救济福利事业费	救灾支出	卫生事业费	教育事业费	城镇住宅建设投资	支出合计
1952	1.23	0.66	1.06	×	8.95	×	11.90
1953	1.55	0.77	1.30	2.91[2]	12.80	×	19.33
1954	1.76	1.08	3.20	2.91	13.77	×	22.72

续表

年度	抚恤事业费	社会救济福利事业费	救灾支出	卫生事业费	教育事业费	城镇住宅建设投资	支出合计
1955	2.03	1.25	1.66	2.91	14.08	×	21.93
1956	1.75	1.61	2.31	2.91	16.47	×	25.05
1957	1.52	1.36	2.41	2.91	19.52	×	27.72
1958	1.20	1.15	0.87	4.67[3]	19.83	9.91[8]	37.63
1959	1.11	1.17	2.13	4.67	24.09	9.91	43.08
1960	1.46	2.15	4.33	4.67	31.78	9.91	54.30
1961	1.45	2.44	6.20	4.67	26.78	9.91	51.45
1962	1.73	2.39	4.02	4.67	24.07	9.91	46.79
1963	1.93	2.80	5.42	6.28[4]	24.91	9.70[9]	51.04
1964	2.06	2.87	12.11	6.28	27.80	9.70	60.82
1965	2.31	2.92	5.71	6.28	29.12	9.70	56.04
1966	2.27	3.19	3.75	8.90[5]	34.43	7.86[10]	60.40
1967	2.44	2.91	2.81	8.90	32.68	7.86	57.60
1968	1.97	×	×	8.90	27.50	7.86	46.23
1969	2.39	×	×	8.90	27.04	7.86	46.19
1970	2.67	3.86	×	8.90	27.56	7.86	50.85
1971	2.61	2.69	1.53	13.12[6]	33.00	20.15[11]	72.10
1972	2.88	2.95	2.32	13.12	38.54	20.15	79.96
1973	3.32	3.29	3.36	13.12	42.07	20.15	85.31
1974	3.49	3.40	2.27	13.12	45.98	20.15	88.41
1975	3.75	3.47	5.66	13.12	48.26	20.15	94.41
1976	4.15	3.86	16.06[1]	21.39[7]	50.49	22.84	118.79
1977	4.64	3.98	10.14	21.39	53.04	26.30	119.49

附表 3-2　国家财政性福利支出(1978—2008 年)　　单位：亿元

年度	基本生活保障											
	财政对社会保险基金的补助	国有企业下岗职工基本生活保障补助	国有单位职工保险福利费补助	社会救济福利事业费								自然灾害生活救助
				小计	其中：1. 城镇居民最低生活保障	2. 农村及其他社会救济				3. 社会福利事务支出		
						小计	其中：农村生活最低保障	农村“五保”供养支出	特困户救济费	小计	其中：残疾人事业费	
2008	1630.88	—	—	1341.31	393.40	326.80	228.70	73.70	×	103.10	×	609.80
2007	1275.00	—	—	565.61	277.40	189.80	109.10	59.80	×	87.60	×	91.57
2006	888.95	—	—	421.42	224.20	147.80	43.49	42.11	×	65.30	×	70.99
2005	577.23	178.58	—	324.22	191.90	79.90	25.32	27.80[13]	55.60	×	62.97	
2004	519.44	172.77	—	266.58	172.70	37.90	16.23	14.16[13]	52.10	×	49.04	
2003	493.90	172.74	—	217.69	160.63	23.80	9.32	5.14[13]	78.90	×	56.95	
2002	517.29	206.36	—	141.63	101.63	8.70	7.10	5.03[13]	25.50	4.16	38.62	
2001	342.97	225.36	—	89.99	45.74	10.91	4.69	4.29[13]	19.70	0.95	35.86	
2000	298.65	204.45	—	59.71	26.48	8.73	2.19	3.96[13]	16.95	0.94	31.16	
1999	169.66	127.86	—	48.52	17.95	7.91	3.18	×	4.73	13.98	1.05	32.31
1998	21.55	92.84	26.10	35.29	8.86	4.48	—	1.28	2.90	—	×	52.56
1997	—	—	22.70	36.57	2.90	3.67	—	1.08	2.30	—	×	28.70
1996	—	—	20.10	28.98	3.00	3.47	—	0.98	2.23	—	×	30.80
1995	—	—	19.40	24.19	—	3.04	—	0.88	1.93	—	×	23.50
1994	—	—	17.50	20.55	—	×	—	0.76	×	—	×	18.00
1993	—	—	12.00	17.01	—	2.53	—	0.69	1.67	—	×	14.90
1992	—	—	9.20	14.36	—	2.25	—	0.64	1.48	—	×	11.30
1991	—	—	7.60	13.18	—	2.26	—	0.61	1.52	—	×	20.90
1990	—	—	7.20	12.07	—	2.24	—	0.57	1.56	—	×	13.30
1989	—	—	7.50	10.80	—	2.17	—	0.53	1.53	—	×	10.90
1988	—	—	4.20	9.73	—	2.06	—	0.50	1.47	—	×	10.40
1987	—	—	4.10	9.04	—	2.03	—	0.44	1.50	—	×	9.00
1986	—	—	3.90	8.69	—	2.13	—	0.42	1.63	—	×	10.20
1985	—	—	3.70	7.71	—	2.15	—	0.37	1.70	—	×	10.25
1984	—	—	3.00	7.92	—	2.95	—	0.36	2.09	—	×	7.40
1983	—	—	3.20	6.58	—	2.68	—	0.32	2.07	—	×	8.45
1982	—	—	3.20	5.45	—	×	—	×	×	—	×	7.64
1981	—	—	3.30	5.08	—	×	—	×	×	—	×	8.66
1980	—	—	3.30	5.36	—	2.45	—	0.20	2.08	—	×	7.03
1979	—	—	2.80	5.41	—	×	—	×	×	—	×	10.24
1978	—	—	2.20	4.62	—	2.31[12]	—	0.26	1.75	—	×	9.02

续表 1 续表

年度	基本生活保障											
	财政对社会保险基金的补助	国有企业下岗职工基本生活保障补助	国有单位职工保险福利费补助	社会救济福利事业费								自然灾害生活救助
				小计	其中：1. 城镇居民最低生活保障	2. 农村及其他社会救济				3. 社会福利事务支出		
						小计	其中：农村生活最低保障	农村"五保"供养支出	特困户救济费	小计	其中：残疾人事业费	
2008	112.41	180.60	1812.49	26.50	1102.61[15]	453.27[16]	×	20.00	35.80	4.80	27.40	23.50
2007	103.58	165.00	1566.90	24.80	918.84	412.06[16]	×	—	28.10	2.60	20.50	14.40
2006	66.11	115.70	1330.20	14.00	734.14	374.60	×	—	13.10	0.95	8.80	8.10
2005	55.57	88.90	1164.83	13.70	601.50	374.30	×	—	7.80	0.65	4.80	3.20
2004	49.57	74.10	1028.11	13.90	479.62	323.50	×	—	4.43	×	3.78	—
2003	42.19	59.00	894.97	13.10	449.87	286.50	×	—	—	—	—	—
2002	41.28	49.50	788.83	13.20	350.44	251.70	×	—	—	—	—	—
2001	30.26	31.20	624.72	12.90	313.52	235.80	×	—	—	—	—	—
2000	23.72[14]	24.70	478.57	11.70	272.17	211.00	×	—	—	—	—	—
1999	19.68	18.40	393.92	11.20	247.89	191.27	—	—	—	—	—	—
1998	16.24	15.20	274.36	10.90	225.05	176.75	—	—	—	—	—	—
1997	13.51	12.40	—	10.30	209.20	159.77	—	—	—	—	—	—
1996	10.67	×	—	—	187.57	135.99	—	—	—	—	—	—
1995	22.78	×	—	—	163.26	112.29	—	—	—	—	—	—
1994	20.12	×	—	—	146.97	92.02	—	—	—	—	—	—
1993	14.09	×	—	—	107.87	76.33	—	—	—	—	—	—
1992	12.40	×	—	—	96.05	58.10	—	—	—	—	—	—
1991	10.32	×	—	—	86.44	50.41	—	—	—	—	—	—
1990	9.60	×	—	—	79.47	44.34	—	—	—	—	—	—
1989	8.56	×	—	—	74.39	38.10	—	—	—	—	—	—
1988	7.59	×	—	—	66.63	29.12	—	—	—	—	—	—
1987	6.68	×	—	—	59.45	22.21	—	—	—	—	—	—
1986	5.77	×	—	—	59.55	18.78	—	—	—	—	—	—
1985	4.88	×	—	—	50.31	15.56	—	—	—	—	—	—
1984	3.64	×	—	—	44.39	12.69	—	—	—	—	—	—
1983	3.62	×	—	—	38.80	10.96	—	—	—	—	—	—
1982	3.48	×	—	—	35.02	9.08	—	—	—	—	—	—
1981	3.44	×	—	—	30.56	7.86	—	—	—	—	—	—
1980	3.41	×	—	—	28.34	6.68	—	—	—	—	—	—
1979	2.89	×	—	—	24.28	5.70	—	—	—	—	—	—
1978	2.34	×	—	—	21.77	5.08	—	—	—	—	—	—

续表 2

年度	基本生活保障											
	财政对社会保险基金的补助	国有企业下岗职工基本生活保障补助	国有单位职工保险福利费补助	社会救济福利事业费								自然灾害生活救助
				小计	其中：1. 城镇居民最低生活保障	2. 农村及其他社会救济				3. 社会福利事务支出		
						小计	其中：农村生活最低保障	农村“五保”供养支出	特困户救济费	小计	其中：残疾人事业费	
2008	7699.57[17]	×	×	414.55	491.50	354.00	673.70[20]	253.6	328.43	326.95	17752.56	
2007	6416.31	213.86	×	370.90	410.47	96.00	×	210.8	×	308.14	12850.10	
2006	4780.41	96.68	5.13	345.37	348.42	3.57[19]	×	178.8	×	574.23	10193.13	
2005	3974.83	86.62	7.11	160.91	259.59	3.57	×	143.6	350.37	228.71	8512.22	
2004	3365.94	61.63	5.99	130.12	303.20	3.57	×	104.1	290.37	278.54	7399.42	
2003	2937.34	53.26	14.04	99.24	310.99	3.57	×	87.9	×	49.08	6133.78	
2002	2644.98	49.40	11.00	11.38	294.53	3.57	×	74.7	×	415.76	5800.29	
2001	2208.13	43.53	9.00	6.81	299.83	3.57	×	69.5	×	595.26	5091.52	
2000	1764.64	36.26	7.83	6.35	271.22	3.57	×	63.5	×	200.00	3897.52	
1999	1522.61	35.92	6.62	4.12	218.51	3.57	×	51.1	×	—	3037.64	
1998	1338.06	30.88	5.19	6.48	135.43	3.57	×	39.4	×	—	2448.87	
1997	1145.03	29.22	3.36	—	92.75	—	×	36.0	×	—	1747.59	
1996	1038.37	25.47	1.33	—	—	—	×	31.90	×	—	1485.71	
1995	891.50	×	1.25	—	—	—	×	28.50	×	—	1286.67	
1994	772.78	×	1.02	—	—	—	×	24.40	×	—	1113.36	
1993	558.21	×	1.01	—	—	—	×	20.10	×	—	821.52	
1992	452.52	×	1.30	—	—	—	×	18.00	×	—	673.23	
1991	410.40	×	1.49	—	—	—	×	16.80	×	—	617.54	
1990	352.55	×	1.18	—	—	—	×	16.20	×	—	535.91	
1989	316.16	×	1.21	—	—	—	×	14.00	×	—	481.62	
1988	278.72	×	1.19	—	—	—	×	11.00	×	—	418.58	
1987	226.66	×	1.06	—	—	—	×	9.40	×	—	347.60	
1986	214.32	×	1.20	—	—	—	×	8.77	×	—	331.18	
1985	184.16	×	0.82	—	—	—	×	7.13	×	—	284.52	
1984	148.16	×	0.74	—	—	—	×	6.20	×	—	234.14	
1983	127.85	×	0.52	—	—	—	×	5.39	×	—	205.37	
1982	115.68	×	0.41	—	—	—	×	4.86	×	—	184.82	
1981	102.48	×	0.57	—	—	—	×	4.54	×	—	166.49	
1980	94.18	×	0.17	—	—	—	×	4.51	×	—	152.98	
1979	76.96	×	—	—	78.78[18]	—	×	3.57	×	—	210.63	
1978	65.60	×	—	—	39.21	—	×	2.93	×	—	152.77	

附表 3-3 财政性福利支出占国内生产总值和财政支出的比重

年度	国内生产总值	国家财政支出(亿元)	国家财政性福利支出(亿元)	福利支出占国内生产总值的比重(%)	福利支出占财政支出的比重(%)
1952	679.00	172.07	11.90	1.75	6.92
1953	824.00	219.21	19.33	2.35	8.82
1954	859.00	244.11	22.72	2.64	9.31
1955	910.00	262.73	21.93	2.41	8.35
1956	1028.00	298.52	25.05	2.44	8.39
1957	1068.00	295.95	27.72	2.60	9.37
1958	1307.00	400.36	37.63	2.88	9.40
1959	1439.00	543.17	43.08	2.99	7.93
1960	1457.00	643.68	54.30	3.73	8.44
1961	1220.00	356.09	51.45	4.22	14.45
1962	1149.30	294.88	46.79	4.07	15.87
1963	1233.30	332.05	51.04	4.14	15.37
1964	1454.00	393.79	60.82	4.18	15.44
1965	1716.10	459.97	56.04	3.27	12.18
1966	1868.00	537.65	60.40	3.23	11.23
1967	1773.90	439.84	57.60	3.25	13.10
1968	1723.10	357.84	46.23	2.68	12.92
1969	1937.90	525.86	46.19	2.38	8.78
1970	2252.70	649.41	50.85	2.26	7.83
1971	2426.40	732.17	72.10	2.97	9.85
1972	2518.10	765.86	79.96	3.18	10.44
1973	2720.90	808.78	85.31	3.14	10.55
1974	2789.90	790.25	88.41	3.17	11.19
1975	2997.30	820.88	94.41	3.15	11.50
1976	2943.70	806.20	118.79	4.04	14.73
1977	3201.90	843.53	119.49	3.73	14.17
1978	3645.20	1122.09	152.77	4.19	13.61
1979	4062.60	1281.79	210.63	5.18	16.43
1980	4545.60	1228.83	152.98	3.37	12.45
1981	4891.60	1138.41	166.49	3.40	14.62
1982	5323.40	1229.98	184.82	3.47	15.03
1983	5962.70	1409.52	205.37	3.44	14.57
1984	7208.10	1701.02	234.14	3.25	13.76
1985	9016.00	2004.25	284.52	3.16	14.20

续表

年度	国内生产总值	国家财政支出(亿元)	国家财政性福利支出(亿元)	福利支出占国内生产总值的比重(%)	福利支出占财政支出的比重(%)
1986	10275.20	2204.91	331.18	3.22	15.02
1987	12058.60	2262.18	347.60	2.88	15.37
1988	15042.80	2491.21	418.58	2.78	16.80
1989	16992.30	2823.78	481.62	2.83	17.06
1990	18667.80	3083.59	535.91	2.87	17.38
1991	21781.50	3386.62	617.54	2.84	18.23
1992	26923.50	3742.20	673.23	2.50	17.99
1993	35333.90	4642.30	821.52	2.33	17.70
1994	48197.90	5792.62	1113.36	2.31	19.22
1995	60793.70	6823.72	1286.67	2.12	18.86
1996	71176.60	7937.55	1485.71	2.09	18.72
1997	78937.00	9233.56	1747.59	2.21	18.93
1998	84402.30	10798.18	2448.87	2.90	22.68
1999	89677.10	13187.67	3037.64	3.39	23.03
2000	99214.60	15886.50	3897.52	3.93	24.53
2001	109655.20	18902.58	5091.52	4.64	26.94
2002	120332.70	22053.15	5800.29	4.82	26.30
2003	135822.80	24649.95	6133.78	4.52	24.88
2004	159878.30	28486.89	7399.42	4.63	25.97
2005	183217.40	33930.28	8512.22	4.65	25.09
2006	211923.50	40422.73	10193.13	4.81	25.22
2007	257305.60	49781.35	12850.10	4.99	25.81
2008	300670.00	62592.66	17752.56	5.90	28.36

注：标注“—”的项目目前尚未实施；标注“×”的项目暂无数据。

1：从1976年起，救灾支出中包括抗震救灾费。

2～7：“一五”至“五五”时期各年卫生事业费平均数。“一五”时期卫生事业费为14.55亿元，“二五”时期为23.34亿元，调整时期为18.84亿元，“三五”时期为44.50亿元，“四五”时期为65.62亿元，“五五”时期为111.17亿元。

8～11：“二五”至“四五”时期各年投资额平均数。“二五”时期城镇住宅建设投资额为49.56亿元，调整时期为29.09亿元，“三五”时期为39.32亿元，“四五”时期为100.74亿元。

12：1978年农村及其他社会救济费是根据1980年有关比例计算而得。

13：由“五保户”和贫困户定期定量救济金＋“五保户”和贫困户临时救济费计算而得。2000年：1.52＋2.44＝3.96(亿元)；2001年：1.34＋2.95＝4.29(亿元)；2002年：1.80＋3.23＝5.03(亿元)；2003年：4.51＋5.14＝9.65(亿元)；2004年：9.36＋4.80＝14.16(亿元)。

14：离退休费小于军队离退休、退职费是因为后者加入了退职费，二者不是完全包含关系。

15～17：根据历史数据估算而得。

18：城镇住宅建设投资。

19：截至2006年年底，累计投资额为32.15亿元，此处处理为每年平均数3.57亿元。

20：2006年，政府推行收支分类改革，新增住房改革新增科目，反映行政事业单位用财政拨款资金等安排的住房改革支出。只能获取2008年数据，其余年数据无从查证。

>>二、对附表3-1和附表3-2的说明<<

1. 城镇居民最低生活保障：1993年6月，上海率先提出建立城镇最低生活保障制度，随后部分沿海城市开始试点。1999年10月1日，国务院颁布《城市居民最低生活保障条例》，标志着城市低保制度在全国建立。截至2008年年底，全国共有1110.5万户、2334.8万城市居民得到了最低生活保障。

2. 国有企业下岗职工最低生活保障：为了应对20世纪90年代末中国城镇下岗失业高峰，国家在社会保险、社会救济制度的基础上，还建立了下岗职工基本生活保障制度和城市居民最低生活保障制度等，它们与失业保险制度构成了应对下岗失业问题的"三条保障线"。"三条保障线"中的下岗职工基本生活保障制度具有一定的时代局限性，为实现失业保障的社会化，从2001年起，下岗保障开始向失业保险并轨，到2006年，并轨基本完成，"三条保障线"转变为失业保险和城镇居民最低生活保障的"两条保障线"。

3. 农村最低生活保障：1996年，民政部下发了《关于加快农村社会保障体系建设的意见》，并在1997年开始在有条件的地区逐步展开试点，而在没有开展农村居民最低生活保障工作的地区，实施农村特困户救助制度。2007年，国务院颁布了《关于在全国建立农村最低生活保障制度的通知》，宣布在全国建立农村低保制度。截至2008年年底，已有1982.2万户、4305.5万人得到了农村最低生活保障。

4. 农村特困户救助：特困救助制度和低保制度的区别在于不实行差额补助而是实行低标准的定期定量救济，是农村低保的低级形式。它突出对"不救不得活"重点对象进行生活救助。

5."五保"供养：自1956年集体化以后，逐步在农村普及的一项基本社会保障制度。对农村的"三无"老人、残疾人和儿童等困难群体提供吃、穿、住、医、葬(教)方面的生活照顾和物质帮助。1994年，国务院发布《农村五保供养工作条例》，规定最初的五保供养方式是村集体经济组织负责经费和实物，乡人民政府负责供养工作的实施。经过几轮农村税费改革和探索后，五保供养经费形成从社区成员间的互济互助逐步过渡到从部分到完全的国家救助发展趋势。2006年3月1日，国务院颁布的新《农村五保供养工作条例》正式实施，明确五保供养资金在地方人民政府预算中安排，中央财政对财政困难地区的农村五保供养给予补助。这一规定将农村最困难的群众纳入了公共财政的保障范围，实现了五保供养从农民集体内部的互助共济体制，向国家财政供养为主的现代社会保障体制的历史性转变。

6. 财政对社会保险基金的补助：主要指财政对基本养老保险基金、基本医疗保险基金、失业保险基金、工伤保险基金、生育保险基金和其他社会保险基金的补助。1984 年中国开始对原有的退休金制度进行改革的探索，1997 年构建了社会统筹与个人账户相结合的基本养老保险制度框架。1998 年 12 月，国务院下发了《国务院关于建立城镇职工基本医疗保险制度的决定》。1988 年 12 月 26 日国务院第 11 次常务会议通过《失业保险条例》，1999 年 1 月 22 日发布并实施。

7. 社会救济福利事业费：包括农村社会救济费、城镇社会救济费、精简退职老弱残职工救济费、社会福利事业单位经费、殡葬事业费、残疾人福利事业费、其他救济福利事业费等。

8. 社会福利事务支出：包括对儿童、老年人提供社会福利服务支出、殡葬事业费、假肢事业费、社会福利事业单位经费和其他社会福利支出。

9. 残疾人事业费：包括残疾人康复、残疾人就业和扶贫、残疾人体育等方面的支出。

10. 离退休费：退休费指由民政部门归口管理的退休人员的退休金和其他各项费用，包括地方工作人员退休费和军队干部退休费两部分；离休费指由民政部门归口管理的，也包括民政部门交组织人事部门管理的离休人员费用。1996 年起，离退休费不包括已划入行政事业离退休经费支出类中的由民政部门管理的地方离退休费。1977 年以前，各年退休费包括在抚恤支出中。

11. 城乡医疗救助制度：通过政府拨款和社会捐助等多渠道筹资建立基金，对患大病的农村五保户和贫困农民家庭、城市居民最低生活保障对象中未参加城镇职工基本医疗保险人员和已参加城镇职工基本医疗保险，但个人负担仍较重人员及其他特殊困难群众给予医疗费用补助的救助制度。农村医疗救助也可以资助某些救助对象，参加当地新型农村合作医疗。2005 年 3 月，国务院办公厅下发了《关于建立城市医疗救助制度试点工作的意见》，中国正式启动城市医疗救助试点工作。2007 年城市医疗救助由试点转入全面铺开阶段，针对城市贫困人口的医疗救助日益制度化、常态化。2002 年，中共中央、国务院《关于进一步加强农村卫生工作的决定》中明确提出要建立和完善农村医疗救助制度，对农村贫困家庭实行医疗救助。2003 年民政部颁布了《关于实施农村医疗救助的意见》，对农村医疗救助制度的目标和原则、救助对象、救助办法、申请和审批程序、资金筹集管理等问题给出了指导意见，此后农村医疗救助制度全面展开。

12. 新型农村合作医疗制度，简称“新农合”，是由政府组织、引导、支持，农民自愿参加，个人、集体和政府多方筹资，以大病统筹为主的农民医疗互助共济制度。新中国成立后，我国农村实行的是由乡镇集体经济出资组织的一种合作医疗制度。20 世纪 80 年代后，伴随经济体制改革，以集体经济与人民公社为依托的合作医疗出现了滑坡和停滞局面。2003 年，国务院办公厅下发《关于建立新型农村合作医疗制度的意义》，决定从 2003 年起在全国部分县(市)进行个人缴费、集体扶持和政府资助相结合的新型农村合作医疗制度试点工作，到2010 年逐步实现基本覆盖全国农村居民的新型农村合作医疗制度。

13. 行政事业单位医疗费(公费医疗)：改革开放之前，我国实行的是职工公费医疗和劳保医疗制度，它起源于 20 世纪 50 年代初期建立的机关事业单位的公费医疗制度和国有企业单位的劳保医疗制度。公费医疗制度主要保障的对象是各级政府机关、党派、人民团体及教科文卫等事业单位的工作人员及部分伤残军人，公费医疗费用由各级政府财政预算拨款；劳保医疗制度当时主要保障的对象是全民所有制企业正式职工及其供养的直系亲属，劳保医疗经费主要来源于企业的福利基金。2000 年起公费医疗经费改称行政事业单位医疗经费。

14. 公务员医疗补助：国家公务员医疗补助是在城镇职工基本医疗保险制度基础上对国家公务员的补充医疗保障。2000 年，国务院办公厅转发劳动保障部和财政部关于实行《国家公务员医疗补助意见》的通知，规定医疗补助经费由同级财政列入当年财政预算，具体筹资标准应根据原公费医疗的实际支出、基本医疗保险的筹资水平和财政承受能力等情况合理确定。医疗补助经费要专款专用、单独建账、单独管理，与基本医疗保险基金分开核算。

15. 优抚对象医疗补助：2007 年 6 月，民政部、财政部、劳动和社会保障部、卫生部联合出台《优抚对象医疗保障办法》，2007 年 8 月 1 日起开始实施。《办法》规定优抚对象按属地政策参加城乡基本医疗保障制度，中央和地方共同负担优抚对象的特殊医疗补助，优抚对象在接受医疗服务时享受优待照顾。各地财政部门要把优抚对象医疗保障资金纳入预算安排，同时各级财政部门在安排优抚对象医疗补助资金时，应加大对下级优抚对象人数较多的困难地区的倾斜力度。

16. 积极劳动力市场政策：包括职业培训补贴、职业介绍补贴、岗位补贴、职业技能特定补贴、特定政策补助等。

17. 抚恤事业费：是对优抚对象提供的经济保障，包括牺牲病故抚恤费、烈军属复员退伍军人补助费、残废抚恤费、退伍军人安置费、优抚事业单位经费、其他抚恤事业费等。1977 年以前，各年退休费包括在抚恤支出中。

18. 廉租房制度：住房保障制度的核心内容之一，是指政府以租金补贴或实物配租的方式，向符合城镇居民最低生活保障标准且住房困难的家庭提供社会保障性质的住房。这类住房既不同于商品房，也有别于政府扶持的经济适用房，而是福利性的租金补贴配房或实物配房。廉租住房保障是专门针对城镇最低收入家庭而设计的住房制度，属于社会救助体系的范畴。1998 年国务院发布《关于进一步深化城镇住房制度改革、加快住房建设的通知》，首次针对最低收入家庭提出了廉租房政策。2003年，《国务院关于促进房地产市场持续健康发展的通知》中，提出强化政府住房保障功能，形成以财政预算资金为主，稳定规范住房保障资金来源。2004年3月1日《城镇最低收入家庭廉租住房管理办法》的实施，标志着廉租房制度的全面启动。

19. 经济适用房制度：指政府提供政策优惠，限定建设标准、供应对象和销售价格，具有保障性质的政策性商品住房。其保障性主要体现在：①销售对象严格限定为城镇中低收入者；②销售价格相对于普通商品住房有较大幅度降低。1994年，《国务院关于深化城镇住房制度改革的决定》中首次提出建立以中低收入家庭为对象，具有保障性质的经济适用房供应体系。1998年国务院发出了《关于进一步深化城镇住房制度改革，加快住房建设的通知》，这是我国住房体制改革的纲领性文件，该《通知》一方面以住房商品化、社会化为目标，决定停止住房实物分配；另一方面根据当时居民经济承受能力和心理承受能力的现实，决定建立以经济适用房为主体的多层次的住房供应体系，即高收入者购买或租赁市场价商品房，中低收入者购买经济适用房，最低收入者租用政府或单位提供的廉租住房。经济适用房建设用地实行行政划拨，政府扶持，以保本微利为原则，向中低收入家庭出售。个人购买微利价的经济适用房需要进行申请，经过批准后购买。同年，建设部、国家计委、国土资源部、中国人民银行等相关部门相继联合下发了《关于大力发展经济适用住房的若干意见》《关于进一步加快经济适用住房建设有关问题的通知》《经济适用住房开发贷款管理暂行规定》《住房公积金管理条例》等规范性文件，明确了经济适用房建设的土地政策、货币信贷政策、税收政策、价格政策和房改政策等。此后，各地陆续出台了关于经济适用住房的建设和销售管理办法，经济适用房正式成为我国住房供应体系中的一个重要组成部分。经济适用房收益中的一半归结为政府直接或间接支出，另一半则归结为企业的支付数。

20. 住房改革支出：行政事业单位用财政拨款资金等安排的住房改革支出。

21. 企业改革补助：包括财政用于国有企业关闭破产所需资金缺口的补助、用于厂办大集体改革方面的补助支出，包括政府为这些困难企业在职工安置方面提供适当的资金补助等。

22. 补充社会保障基金：反映用国有股减持收入和其他财政资金等补充全国社会保障基金。全国社会保障基金是中央政府集中的社会保障资金，是国家重要的战略储备，主要用于弥补今后人口老龄化高峰时期的社会保障需要。2000年8月，党中央、国务院决定建立“全国社会保障基金”，同时设立“全国社会保障基金理事会”，负责管理运营全国社会保障基金。根据2001年12月13日公布的《全国社会保障基金投资管理暂行办法》规定，全国社会保障基金的来源包括：

①中央财政预算拨款；②国有股减持划入资金；③经国务院批准的以其他方式筹集的资金；④投资收益；⑤股权资产。

>>三、数据来源<<

1. 历年年鉴

《中国统计年鉴》《中国财政年鉴》《劳动和社会保障年鉴》《中国教育经费统计年鉴》《中国社会统计年鉴》《中国民政统计年鉴》《中国农村统计年鉴》《中国卫生统计年鉴》等。

2. 历年政府统计报告

(1)历年《民政事业发展统计报告》：

http：//cws. mca. gov. cn/article/tjbg/

(2)历年《全国财政收支决算情况》：

http：//yss. mof. gov. cn/yusuansi/zhengwuxinxi/caizhengshuju/

(3)历年《中国卫生统计提要》：

http：//www. moh. gov. cn/publicfiles/business/htmlfiles/mohbgt/ptjgl/index. htm

3. 其他数据资源

(1)全国社会保障基金理事会网站：

http：//www. ssf. gov. cn/tzsj/200905/t20090506 _ 2247. html

(2)中华人民共和国国家统计局网站：

http：//www. stats. gov. cn/

(3)《中央决算关注国有企业改革增国企破产补助》

http：//jl. mof. gov. cn/mof/zhengwuxinxi/caijingshidian/zgxww/200805/t20080519 _ 24011. html

(4)《2009 年我国计划解决 340 万户困难家庭的住房问题》

http：//www. gov. cn/ztzl/kdnx/content _ 1201824. htm

(5)《截至 2008 年参加新农合人口 8. 15 亿参合率达 91. 5％》

http：//news. xinhuanet. com/politics/2009－04/10/content _ 11163599. htm

(6)《构建全民共享的发展型社会福利体系》，北京，中国发展出版社，2009。

中国社会福利政府创新典型案例汇编信息库

“中国社会政策十大创新”年度评选活动由北京师范大学社会发展与公共政策学院、中国社会学会社会政策研究专业委员会、北京师范大学中国社会政策研究所和民政部《社会福利》杂志社联合创办，旨在提高公众对社会政策的认知，鼓励和推动社会政策领域的创新，引导中国社会政策走向。

本次评选由中国社会科学院、国务院发展研究中心、北京大学、清华大学、北京师范大学、中国人民大学、南开大学、民政部管理干部学院等研究机构社会政策领域的数位知名专家组成专家委员会。委员会从医疗、教育、住房、就业、收入分配、社会保险、社会福利、社会救助、社会组织和社会管理十个领域中，经过大量的调查研究和从公开报道中进行筛选，并经多次讨论，遴选出最具创新性的事例，形成年度社会政策十大创新。同时，专家委员会还评出八大优秀社会政策事例，作为十大创新的补充。

我们尽力确保每一则入选事例都能体现我国社会政策正在进行的探索和今后的发展方向；同时保证上述选择完全出自专家委员会的独立判断，不受任何政治、经济或其他因素的影响。然而，由于时间和能力所限，也许仍有一些地区的创新努力未能纳入此次评选的视野，疏漏在所难免，敬请社会各界批评指正。

>>一、2009 年度中国社会政策十大创新事例及专家点评<<

(一)陕西神木首推全民免费医疗

2009 年 3 月 1 日，陕西省神木县出台《神木县全民免费医疗实施办法(试行)》，在全国率先推出“全民免费医疗”。办法规定，凡具有当地户口并参加城乡居民合作医疗和职工基本医疗保险的干部职工和城乡居民，在定点医疗机构进行诊疗的，实行门诊医疗卡和住院报销制度。每人每年可享受 100 元门诊补助。全年住院报销设定起付线，起付线以下(含起付线)的住院医疗费用由患者自付，起付线以上部分，每人每年累计报销费用不超过 30 万元的予以全额报销。神木县每年拨出 1.5 亿元的预算，并承诺即使支出超过 1.5 亿元，此项政策也将长期执行。政策实施后，当年 4 月住院人数达到高峰，同比增加 30%；4 月下旬压力明显缓解。3 月至 9 月，全县月平均报销费用为 1125.7 万元，为测算费用的 90%。

该政策目前运行平稳。

专家点评：

“神木医改模式”的社会政策意义首先在于突破了城乡分割、身份有别的现行医保体制，将城乡居民按照同一标准纳入同一个医保体系，基本实现了全民医保的制度公平。其次，当地政府将财政增收更多地用于补贴全民医保，大幅度提高医疗保险的保障水平，履行了政府对公共事业的义务和责任。在操作中，还需注意建立起科学的健康及卫生服务管理模式和有效的医疗费用控制机制。

(二)廉租住房保障三年规划惠及747万城市住房困难家庭

2009年6月，住房和城乡建设部、国家发展改革委员会、财政部正式下发《2009—2011年廉租住房保障规划》，提出从2009年起到2011年，争取用3年时间基本解决747万户现有城市低收入住房困难家庭的住房问题。中央将加大对财政困难地区廉租住房保障补助力度，市、县人民政府要按照国家有关规定多渠道筹集廉租住房保障资金，住房公积金增值净收益要全部用于廉租住房建设。2009年，中央财政用于各地廉租住房建设的总资金投入已达330亿元。同时，中央代地方增发的2000亿元国债资金作为地方的配套资金，其中将有部分补充用于廉租住房建设和保障性安居工程。

专家点评：

该项政策首次对住房保障实施了三年规划，大幅度增加了中央财政投入，这不仅是扩大内需的重要举措，也表明了国家落实住房保障政策的决心。但也应注意到，该规划在投入总量上仍显不足，并且地方政府能否积极配套仍有待观察。

(三)新型农村养老保险开展试点，企业基本养老保险实现跨省转续

2009年9月，国务院印发《关于开展新型农村社会养老保险试点指导意见》，探索建立个人缴费、集体补助、政府补贴相结合的新型农村社会养老保险制度，年底前在全国10%的县(市、区、旗)开展新型农村社会养老保险试点，以后逐步扩大范围，2020年之前基本实现对农村适龄居民的全覆盖。

2009年12月，《城镇企业职工基本养老保险关系转移接续暂行办法》正式公布，包括农民工在内的参加城镇企业职工基本养老保险的所有人员，其基本养老保险关系可在跨省就业时随同转移；在转移个人账户储存额的同时，转移部分单位缴费；参保人员在各地的缴费年限合并计算，个人账户储存额累计计算，对农民工一视同仁。

专家点评:

新型农村社会养老保险新在财政资金进入制度，筹资模式、支付结构等都有重大革新，表明了国家对农民老有所养将承担重要责任。试点过程中应注意执行规定不应增设附加条件。另外，应着力加快全国推广的速度，基础养老金制度可以先行推开。

城镇职工养老保险的可转移接续标志着全国社会保障体系建设迈出了重要的一步，明确了统筹全国城乡、地区社会保障的发展方向。

(四)上海多举措扶持社会组织发展

自2005年以来，上海浦东新区共出台五个文件扶持社会组织发展，明确了政府向民办社会组织购买公共服务的实施办法。他们扶持的上海浦东非营利组织发展中心(NPI)“公益组织孵化器”试点，2008年在上海、2009年在北京、成都、南京等多个城市推开。2009年12月15日，在上海市民政局的规划和指导下，上海首个公益服务园区——浦东公益服务园正式揭牌，数十家公益组织集体进驻园区，免费使用政府提供的全部办公及服务设施，集体探索公益产业集群发展之路。2009年，上海市民政局拨出1000万福彩公益金进行社区公益服务项目招投标试点，建立了评估、签约、履约和监督管理一整套机制，获得成功。拨款改招标的尝试首次让非营利组织公平竞争政府资源，不仅提高了效率，增加了透明度，而且扶持了一大批有能力、讲诚信的公益性社会组织，打造了众多优质、高效的公益服务专业项目。

专家点评:

上海市有关政府部门打破体制界限，实现职能转变，在扶持民办社会组织发展上采取了财政扶持、重点培育、公益孵化、招投标和集群治理等多项创新方式并获得良好成效，证明了服务型政府是社会创新的重要主体。他们的做法也为各地政府如何尽快培育更多、更优秀的民间公益组织提供了可资借鉴的经验。

(五)广东居住证制度力促流动人口享受“同城待遇”

2009年年底，广东省发布《广东省流动人口服务管理条例》，规定在广东全省实行居住登记和居住证制度。居住证持证人享有在居住地申领机动车驾驶证，办理机动车注册登记手续；在居住地办理出入港澳地区的商务签注手续；依法参加居住地社区组织和有关社会事务管理等权益和公共服务。居住证持证人在同一居住地连续居住并依法缴纳社会保险费满五年、有稳定职业、符合计划生育政策的，其子女接受学前教育、义务教育与常住户口学生同等对待。居住证持证人在同一居住地连续居住并依法缴纳社会保险费满七年、有固定住所、稳定职业、符合计划生育政策、依法纳税并无犯罪记录的，可申请常住户口。常住户口实行总量控制、按照条件受理、人才优先、依次轮候办理。

专家点评：

户籍政策是社会管理领域的重要政策。广东户籍改革释放积极信号，给予流动的普通劳动者平等的居民待遇并可申请常住户口，体现了社会公平。但申请常住户口需缴纳社会保险费满七年似时间过长，实行总量控制等附加条件能否发挥积极的政策作用也有待观察。

(六)深圳社会工作服务项目纳入政府采购

深圳市2007年出台社会工作制度"1＋7"文件，开展市、区民政部门购买社会工作岗位试点工作。2009年，深圳市将购买社会工作服务项目正式纳入政府采购体系，由市政府采购中心统一组织民政、财政、采购多部门协同，制订方案、组成评标委员会，就政府采购的多类型多项社会工作服务项目，与全市29家注册社会工作机构进行竞争性谈判，最后签约22家机构。市政府还配合财政局、人事局出台《财政支持社会工作实施细则》《编制内社工岗位设置规划》等文件，将部分社会工作岗位纳入财政预算，试点单位实现了编制内社会工作者"零"的突破。

专家点评：

深圳市政府将社会工作服务项目作为一项重要的社会公共服务实行集中采购，实现了从岗位购买向项目购买的转变，将社会工作服务项目的采购纳入规范化、制度化轨道，以保障政府采购过程公开、公正与公平，进而增强政府和民办社会工作服务机构的社会公信力，促进这些民办机构的成长，也为政府向民办社会组织购买各类社会公共服务提供了参考与借鉴，的确一举数得。这类创新的思路和做法的探索值得倡导。

(七)宁夏回族自治区首创高龄老人津贴并大力推动多项公共服务

2009年5月，宁夏回族自治区人民政府办公厅下发通知，确定建立80岁以上低收入老年人基本生活津贴制度，规定凡有自治区户口、且年龄在80周岁及以上的农村老年人和城市低收入家庭中无固定收入的老年人，均可享受政府发放的高龄津贴。高龄老人津贴实行分类分档发放。100岁以上的老年人每人每月按300元、90～99岁老年人每人每月按当地低保标准的130％、80～89岁老年人按当地低保标准享受高龄津贴。该规定现已在全区实行。

2009年，宁夏回族自治区还启动了"人人享有基本医疗卫生"医改试点，试点地区村卫生室按成本提供30种一般性疾病诊疗和74种药品，并实行"一户一证、就近看病、价廉用药、每次一元”的政策。宁夏回族自治区还从2008年起用5年时间组织实施二期农村危房改造工程。2009年暑期，政府从高校相关专业学生中招募志愿者，深入22个市、县（区）对特困群众危窑危房改造质量进行监督检查。

专家点评：

宁夏回族自治区属于我国西部经济欠发达地区，却是全国第一个建立起普惠型高龄老人津贴制度的省份；同时，基本卫生服务、危房改造工程也走在全国前列。这表明财政投入能否向公共事业倾斜首先不是经济问题而是政府承担公共责任的理念问题。

（八）广西壮族自治区防城港强化孤儿救助，率先落实孤儿最低养育标准

2009年2月，广西壮族自治区防城港市委、市政府印发了《关于加强孤儿救助工作的意见》。8月，决定社会散居孤儿最低养育标准为每人每月600元；福利机构儿童最低养育标准为每人每月1000元。该标准已于9月1日执行，资金通过建立爱心救助基金和财政分级承担筹集。为解决孤儿医疗救助问题，防城港市将城乡散居孤儿纳入城市居民基本医疗保险和新型农村合作医疗，患大病的孤儿救治费用采取医疗保险、医疗救助制度和爱心救助基金三方分担的方式解决。

专家点评：

防城港市委、市政府关于加强孤儿救助工作的意见，是全国首个由地级市党委、政府联合印发的有关孤儿福利保障的文件，他们率先制定了孤儿最低养育标准并建立自然增长机制，对各地推进孤儿福利保障工作、完善孤儿保障体系具有借鉴意义。这些举措推动了儿童福利体系机制的建设。

（九）江苏南京首创投资项目就业评估制度

2009年，江苏省南京市政府为扩大就业出台一揽子政策，包括帮企保岗，鼓励创业，加强对接等。仅2009年上半年，南京市劳动保障局就联合市发改委等部门，跟紧全市300个重点建设项目，挖掘出1万多个就业岗位。8月，南京市政府办公厅转发《市发改委、市劳动保障局〈投资项目就业评估工作意见〉的通知》，要求政府各部门进一步加强与各类投资主体的对接，对投资项目带动就业岗位做到提前测算、汇总、评估，加大紧跟投资项目开发就业岗位力度。

专家点评：

南京市政府多方位、多视角、多渠道千方百计促进就业的思路和做法值得称

道。尤其向投资项目要就业，实现经济增长与就业促进的有机联动，改变地方政府招商只重国内生产总值增长忽视拉动就业的传统思维和做法，是具有前瞻性的创新。实施中还可以进一步优化机制，增强评估全过程的公开、公正和透明度。

(十)安徽铜陵打造无择校城市，推动城乡教育均衡发展

自2005年开始，安徽省铜陵市采取学校硬件设施标准化、重点高中名额分配、名师支持弱校三大举措推动义务教育均衡发展。在此基础上，2009年，铜陵市制定了城乡教育一体化发展的五年目标，通过完善义务教育经费保障机制改革、实施关爱留守儿童工程、开展城乡学校共建活动等措施，重点解决城乡教育发展不平衡问题。安徽省政府已于2009年下发了《进一步推进义务教育均衡发展的意见》，在全省推广铜陵经验。

专家点评：

铜陵成功消灭"择校"现象，实现义务教育均衡发展，靠的是政府承担教育资源合理配置的公共责任，采取政策和制度创新方式严格履行义务教育法。这证明解决择校这类难题的钥匙在政府手中。为实现教育公平，提升教育品质，须打破原有的"利益格局"，促进以制度变革为中心的教育改革，这是铜陵经验对我们的启示。

>>二、2009年度中国社会政策八大优秀事例<<

专家委员会认为以下八大事例体现了各级、各地政府2009年度致力于社会政策创新的努力，具有一定的前瞻性。尽管实施效果有待观察，但仍能从中看出中国社会政策发展的趋势和特征。

(一)北京推出养老、助残九大新政

2009年11月，《北京市市民居家养老(助残)服务("九养")办法》发布，推出建立万名"孝星"评选表彰制度；建立居家养老(助残)券服务制度和百岁老人补助医疗制度；建立城乡社区(村)养老(助残)餐桌；建立城乡社区(村)托老(残)所；招聘居家服务养老(助残)员；配备养老(助残)无障碍服务车；开展养老(助残)精神关怀服务；实施家庭无障碍设施改造；为老年人(残疾人)配备"小帮手"电子服务器九项养老助残政策，进一步促进老年人、残疾人共享经济社会发展的成果。

(二)天津推进城乡养老、医保一体化

2009年5月，天津市颁布《天津市城乡居民基本医疗保险规定》和《天津市城

乡居民基本养老保障规定》，打破城乡居民身份界限，使得天津成为全国首个实现两项制度城乡统筹发展的省级统筹地区，对健全社会养老、医疗保障体系，促进城乡经济发展与社会和谐具有重要意义。

(三)江苏全面提高残疾人救助、福利、康复、教育保障水平

2009 年 11 月，江苏省出台《关于加快残疾人事业发展的意见》，拟全面提高残疾人基本生活保障水平。对低保对象中的重度残疾人、低保对象以外无固定收入的重度残疾人、家庭人均收入在低保标准 200%以内的一户多残、依老养残等特殊困难家庭中的残疾人等人群发放津贴；对纳入最低生活保障后生活仍然困难的重度残疾人实施特别救助；对生活不能自理的残疾人逐步实施集中托养、日间照料和居家安养，根据家庭收入状况给予护理补贴。同时明确 2010 年起实行残疾学生高中阶段免费教育，对考入大专院校的残疾人大学生给予奖励和补助。

(四)中央系列政策密集调控楼市

2009 年 12 月底至 2010 年 1 月初，中央对房地产市场展开了密集调控，五调楼市。2009 年 12 月 9 日，国务院常务会议决定，个人住房转让营业税征免时限由 2 年恢复到 5 年。2009 年12 月14 日，中央经济工作会议指出，增加普通商品住房供给，支持居民自住和改善性购房需求。2009 年 12 月 14 日，国务院常务会议就促进房地产市场健康发展提出增加供给、抑制投资投机、加强监管、推进保障房建设四大举措。2009 年 12 月 17 日，国家五部委出台开发商拿地首付至少 50%的限制。2010 年 1 月 10 日，国务院发布《关于促进房地产市场平稳健康发展的通知》(国十一条)要求进一步加强和改善房地产市场调控，稳定市场预期，促进房地产市场平稳健康发展。

(五)甘肃阿克塞县普及 15 年“义务教育”

2008 年开始，甘肃省阿克塞县政府在中小学全免费教育的基础上，对高中教育实行“全免一补”，全额承担异地就学学生的学杂费、住宿费、课本费，补助寄宿生生活费、路途费，补免费用每年每生 3500 元。2009 年起，阿克塞县每年投入 80 余万元，将具有本县户籍的 3～6 周岁学前适龄入园幼儿按甘肃省一类幼儿园简托制收费标准，对保育费、杂支费、取暖费等项目进行免费，每人每学年合计免费 560 元。至此，阿克塞义务教育向两头延伸，实现幼儿园至高中 15 年免费“义务教育”。

(六)中职农村贫困生和涉农专业学生免除学费

2009 年 12 月，财政部等四部委出台《关于中等职业学校农村家庭经济困难学

生和涉农专业学生免学费工作的意见》，决定从2009年秋季学期起，对公办中等职业学校全日制在校学生中农村家庭经济困难学生和涉农专业学生逐步免除学费。对因免除学费导致学校收入减少的部分，通过财政给予补助和学校开展校企合作及顶岗实习解决。对在政府职业教育行政管理部门依法批准的民办中等职业学校就读的一、二年级符合免学费政策条件的学生，按照当地同类型同专业公办中等职业学校免除学费标准，给予补助。

(七)新医改六大公共卫生服务项目启动

2009年7月，卫生部、财政部、国家人口和计划生育委员会等部委发布《关于促进基本公共卫生服务逐步均等化的意见》，决定自当年起新增15岁以下人群补种乙肝疫苗、农村妇女孕前和孕早期增补叶酸预防精神管缺陷、农村妇女两癌(乳腺癌、宫颈癌)检查、实施"百万贫困白内障患者复明工程"、消除燃煤型氟中毒危害、实施农村改水改厕六大重点公共卫生服务项目。这是深化医药卫生体制改革意见和实施方案的又一重要举措。

(八)同票同权、同命同价、同工同酬步入现实

2009年10月27日，《选举法修正案(草案)》和《侵权责任法(草案)》提交第十一届全国人大常委会第十一次会议审议，前者规定实行城乡按相同人口比例选举人大代表，即"同票同权"。后者规定了在因交通事故、矿山事故等侵权行为造成死亡人数较多时，可以不考虑年龄、收入状况等因素，以同一数额确定死亡赔偿金，即"同命同价"。其中《侵权责任法》已获通过，《选举法修正案(草案)》已进入二审。同时，人力资源和社会保障部正在研究制定《企业工资条例》，劳动者"同工同酬"是其中极为重要的一项内容。

>>三、2009年度中国社会政策创新总评<<

我国的社会政策自2003年以来在各个领域不断取得突破，正在成为促进我国经济社会协调发展的主要动力。随着社会保险体系的基本建立、教育和医疗卫生服务城乡整体推进，我国的社会政策在整体上的成长已经越过了改革开放前中期极度稀缺的瓶颈阶段，向着一方面弥补短板和缺口，另一方面促进公平、提升品质的方向迈进。这些深层次社会问题的提出和解决，可能表明我国的社会政策正面临一个新的转折点：从满足公民的基本需要，转向追求更公平、更平等、质量更高的社会保障和公共服务。

2009年的社会政策创新就是在这样的背景下展开的，盘点下来应该说取得了明显进展，主要表现在以下几方面。

第一，社会政策创新遍及各个社会领域，无论社会保障、公共服务，还是就

业、住房、社会管理、社会组织，都出现了具有创新意义的社会政策实践。

第二，社会政策创新以地方政府创新为主，体现了自下而上、因地制宜的社会政策探索，这对于我们这个地域广大、区情各异的国家具有重要意义。不仅尚未成形的社会政策需要地方进行创新探索，业已颁布的社会政策也必须依据区情创造性地执行，才能取得预期效果或者纠正其中的错漏之处。铜陵义务教育均衡发展，解决了择校问题，履行了《义务教育法》就是例证。总之，真正能够解决问题的社会政策创新方案多是从基层实践中产生的，是创新的思路和实践去粗取精、去伪存真、不断积累、不断发展的结果，而不是坐在办公室里冥想出来的。

第三，地方政府创新相对集中于公共服务和社会福利领域，而且全部采取了加大地方公共财政投入力度的方式，表明转变政府职能、建设服务型政府正在成为地方政府的共识。这是我国社会政策取得一定进步的重要标志之一。

第四，地方政府社会政策创新中，陕西、宁夏、甘肃、广西等西部欠发达地区的事例亮点突出，可见创新首先来自理念、意识等人的思维层面，并不嫌贫爱富，对资源雄厚的地区有特殊偏好。

第五，中央政府对重大民生问题如廉租住房保障予以特别关注，及时出台政策，体现了中央政府运用社会政策的意识正在提升。另外，在人大审议涉及公民权利的几部重要法规中，尤为注重公民的政治权利、生命价值和经济权利的平等，也表明社会政策的基本价值观正在得到社会的认同。

第六，社会政策创新是多部门、多主体、多方位合作的结晶，也是经济发展与社会发展有机联动的结果。上海、深圳在购买民办社会组织服务、推动社会组织创新方面，南京在多方式促进就业、实行投资项目就业岗位评估制度方面，都能同时调动多个政府部门协同工作。这不仅表明政府的协调能力增强了，也是政府公共治理结构调整后公共权威增强的一种表现形式。

总之，上述建设性和实质性的社会政策创新推动着我国社会政策的成长，也正因为有了这一块块奠基石，各类社会政策才有可能从此岸到达彼岸，成功“过河”。只要我们学会不断地通过自下而上与自上而下两个过程互动与协调以促进整体性变革的本领，社会政策的进一步突破和快速成长就是可期待的。

中国社会政策创新评选专家委员会

二〇一〇年一月二十日

中国社会福利研究机构与重要文献索引信息库

>>一、社会政策领域主要研究机构<<

(一)社会福利研究机构与研讨会

1. 民政部社会福利与社会进步研究所

该所成立时间为 1986 年 9 月，主要从事社会福利、社会政策等社会科学研究，代表性著作主要有时正新主编的《中国社会福利与社会进步报告》系列等。

2. 国家计委社会发展研究所

该所成立于 1988 年，其前身为国家计委人力资源开发利用研究所，1994 年更改为现名。以研究我国人力资源开发理论、战略、政策为中心，提出促进我国经济社会全面发展的战略和解决重大社会问题的对策建议，供国家计委和有关部门决策参考。

3. 民政部社会福利中心

该中心主要参与民政部社会福利工作的政策法规、发展规划、理论研讨和各类服务机构标准评定的调研、论证工作；完善社会福利工作信息建设；配合开展社会福利的培训工作；协助做好社会福利领域的对外合作项目与对内会议接待等。该中心于 2007 年开通了"中国社会福利网"作为依托网站。

4. 中国科学院社会政策研究中心

该中心前身为社会保障研究室，1998 年改为现名。中心现有研究员 2 人，副研究员 3 人，博士 3 人。主要研究领域为社会政策理论、社会政策的国际经验、政策实践的国内实践、社会保障、城市贫困与反贫困、就业与失业治理、社区管理与社区服务、非营利组织研究等。

5. 北京师范大学社会发展与公共政策学院

该学院前身为北京师范大学社会发展与公共政策研究所，1999 年成立，2008 年改为现名。该学院致力于推进公平社会的发展，提倡实证研究和应用研究；积极开展国际学术交流与合作，努力跟进学术前沿；积极加强与政府多个公共部门的合作，注重对中国国情的深层把握，广泛为民政部、卫生部、财政部以及科技部提供各种咨询服务，协助编制各种纲要和政策规划。

6. 北京师范大学壹基金公益研究院

北京师范大学壹基金公益研究院是我国第一所公益研究院，由北京师范大学与壹基金整合政府、学术和社会的优势力量与资源，于2010年6月正式创建。该院致力于开展公益理论研究、培养公益人才、传播公益理念、提供公益服务，打造国际一流的教学、研究和政策咨询机构，从而推动中国公益事业的发展。

7. 华中师范大学社会福利研究中心

该中心1997年成立，隶属于华中师范大学社会学系，主要从事社会福利领域相关重大问题研究。与国内各大高校，及日本、美国及香港地区等有关高校的社会福利研究领域建立了稳定的学术交流关系。

8. 清华大学公共管理学院非政府组织研究所与社会政策研究所

该所1998年成立，以非政府组织的发展与社会政策的进步为主要研究方向。该所致力于开展中国非政府公共部门的理论和实证研究，培养适合于各级各类非政府组织的高级公共管理人才，促进相关法规政策体系的建立健全，推动中国公民社会的形成与发展。

9. 北京大学志愿服务与社会福利研究中心

该中心2002年7月成立，挂靠在北京大学政治发展与政府管理研究所，是一个非营利性的学术研究和咨询机构。该中心深入开展对中国和国际志愿服务与社会福利的历史沿革、发展现状和未来发展趋势的研究，推动我国志愿服务与社会福利理论研究的深入发展，为各级地方政府提供决策咨询研究服务，为加强志愿服务与社会福利研究的学术交流作贡献。

10. 浙江大学劳动保障与公共政策研究中心

该中心(英文缩写LEPP)成立于2005年4月。2006年3月被批准为浙江省首批哲学社会科学重点研究基地。中心设置劳动经济与劳动关系、风险管理与社会保障、地方政府社会政策三个研究方向，以经济学和管理学为主要学科依托，发挥多学科交叉优势，以直接影响公共政策的制定与实施作为核心竞争力，目标是建设成为具有一流学术水准的劳动保障与公共政策研究基地。

11. 香港理工大学社会政策研究中心

该中心成立于1991年，旨在促进理论、实践相结合，促进西方社会工作知识和文化敏感的做法及途径发展的本土化。中心在实践中主要提供咨询和直接的经验做法，支持众多的社会服务机构开展工作。

12. 台湾大学社会政策研究中心

2006年6月成立。宗旨首要在于提供一个跨界、跨校和国际合作研究的社会政策研究环境。除了为学术界与实务界、理论与实践彼此间提供一个沟通、验证、深化的过程进而得以相互连接并持续反馈的桥梁外，同时希冀能结合校内外跨系所社会政策相关学者和国际学界，以所在地的社会政策研究为基础，全球化的社会政策研究为目标，搭起与国际社会政策研究互动的平台。

13. 全国社会福利理论与政策研讨会

2000年12月，该研讨会首次由民政部社会福利与社会事务司、联合国儿童基金会等多家单位联合举办，标志着我国福利理论与政策研究进入了社会福利时期。2001年，第二届全国社会福利理论与政策研讨会以“弱势群体与社会福利”为主题。

14. 全国社会福利论坛

2009年8月28日至29日首次在北京举行。由中国社会科学院社会政法学部主办、中国社会科学院社会政策研究中心和社会学研究所承办。会议主要议题包括中国社会福利发展基本经验和中外比较；中国建设福利社会的可能性；福利模式选择与底线公平理论等。

15. 社会福利会议

由财团法人中华文化社会福利事业基金会筹办，2004年首次在内地联合西北大学召开，随后分别在山东大学、吉林大学、南开大学等学校召开。“海峡两岸社会福利学术研讨会”已成功举办5届，在两岸社会福利及相关领域引起广泛关注，对于增进两岸民间及学术界相互了解起到了积极的作用。

16. 台湾社会福利学会

创始于1991年。本会宗旨在于促成社会政策与福利制度的学术研究及交流，健全社会安全制度和福利服务暨健康照护体系，增进和确保全民的福祉。定期与社会福利学会年会共同召开的大型国际或国内学术研讨会，每年都固定吸引二三百位会员与非会员参与盛会，加上间隙中举办的中小型主题工作坊(逾十余场)，都有效地媒合了许多学术、实务和研究机构间的新知交流。代表性刊物为始发刊于1998年专业匿名审查的《台湾社会福利学刊》。

(二)主要社会工作研究及教学机构

1. 北京大学社会工作专业

1989年北京大学社会学系建立了全国第一家社会工作专业，建立和健全了一整套社会工作专业的本科生课程。社会工作专业培养德智体全面发展的掌握社会工作和社会管理方面的基本理论、基本知识和基本技能，从事社会工作与社会管理方面的研究和实际工作的专门人才。

2. 中国人民大学社会工作专业

20世纪90年代初中国人民大学劳动人事学院以“社会工作与管理(社会保障)”的名义招收本科生，2001年正式招收“社会工作”专业本科生。2003年，中国人民大学社会学系率先在中国建立了社会工作专业的硕士学位点。该专业主要培养社会工作管理与实务人才，侧重于社会政策研究与社会工作管理，以承担民政部门以及其他社会福利部门、相关社会团体和基层社区的管理工作，以及与社会工作相关的教学与研究工作、企事业单位的社会工作实务等。

3. 南开大学社会工作与社会政策系

南开大学社会工作专业建立于 1997 年，2003 年成立社会工作与社会政策系。现任系主任为关信平教授，该系主要研究领域有“中国社会政策研究”“西方社会福利理论研究”“贫困与社会排斥研究”“社区青少年服务研究”，以及青年、儿童和家庭社会工作等方面的研究。

4. 中华女子学院社会工作系

中华女子学院社会工作系成立于 1993 年。1997 年经教育部批准开始招收普高本科学生，办学层面进入一个新的阶段。该系面向全国招生，社会工作专业主要培养国内专业社会工作者，从事社会福利、社会保障、慈善事业，社区管理、社团管理和政府部门的管理工作，在社会转型时期，为有需要的弱势群体提供服务和支持。

5. 中国青年政治学院社会工作学院

成立于 1993 年初，为当时大陆第一个系级社会工作专业教育机构，目前为中国授予学士学位本科生规模最大的社会工作专业教育机构。主要担负培养社会工作、社会管理和应用社会研究的高级专门人才及开展相关学科专业理论研究与实践探索的任务，服务于我国和谐社会建设与社会发展的需要。

6. 华东理工大学社会工作系

成立于 1995 年，是华东地区第一个社会工作系，1996 年开始招收社会工作专业本科学生，并开始培养硕士研究生，2006 年获社会学博士学位授权点，社会学硕士学位一级学科、人口学及人类学硕士学位授权点。该系学科特色鲜明，办学层次合理，师资力量较强，在国内社会工作领域处于先进行列。

7. 厦门大学社会工作系

1988 年开始尝试社会工作专门化的本科教育，1993 年经教育部批准正式建立社会工作本科专业，是全国最早开设社会工作专业的院校之一。厦门大学社会工作专业根据自身的实际情况以及多年的探索确立了“以实践为基础、以专业化为标准、以本土化为方向”的发展原则，坚持社会工作实务与理论并重、教学与研究并重，积极探索和创立自身的专业发展特色。

8. 香港大学社会工作与社会行政学系

成立于 1967 年，旨在推进社会服务的福祉，提供优质的香港社会环境，保证社会工作培训的开展。该学系建立了学者、研究机构以及社会服务机构的紧密联系，以配合社会政策、社会福利的当代发展，并力求在社会工作实践中追求卓越。

9. 香港中文大学社会工作系

自1964年起办本科生课程。该学系致力于培养年轻人投入到社会工作行列，透过本科生课，装备学生成为本地社会福利服务界的优秀社工；透过研究院课程，培育学生成为业界精英。课程为学生提供知识、技能和策略，使学生能透彻回应个人及社会的转变。此外，课程着重发展学生批判性的思考、对弱势群体的照顾，以及植根本土、放眼全球的专业视野。

10. 台湾大学社会工作系

2002年正式成立。本系原为社会学系社会工作组，隶属社会科学院；分为社会学及社会工作两组教学；1981年正式获准分组招生，使社会工作组之发展更趋完整。现任系主任为王丽容教授，林万亿等著名教授也在该系任教。

11. 台湾师范大学社会工作学研究所

2005年成立，主要关注儿童保护、婚姻暴力、移民与劳工、酒药瘾、新贫阶级、失业与长期照护等议题，应台湾社会变迁与社会福利之需求，以培育社会工作专业人才为目标，并与国际社会福利与社会工作接轨。该所成立之近程发展目标主要是应社会发展之需求，建构完整的教育训练课程，并结合多元实务工作领域，强化社会工作专业知能训练，作为培育“家庭与社会工作”专业人才的基础。

(三)主要社会保障研究机构

1. 人力资源和社会保障部中国劳动保障科学研究院

前身是“中国劳动科学研究院”，于1993年成立，1999年更为现名。归口管理劳动和社会保障部劳动科学研究所、劳动工资研究所、社会保险研究所、国际劳工与信息研究所。其主要职责和任务是，开展劳动和社会保障基础理论、决策支持和应用技术开发研究；开展劳动和社会保障理论和政策咨询服务；培养劳动和社会保障科研及科技经营管理人才；开展劳动和社会保障领域有关国际、国内学术交流与合作等。

2. 中国社会科学院劳动与社会保障研究中心

成立于2003年7月。该中心根据我国全面建设小康社会与和谐社会的需要，在马克思主义理论指导下，借鉴劳动经济学、社会保障学、人口学、社会学的理论与方法，通过组织有关劳动和社会保障等重大课题研究，开展广泛的国内和国际学术交流，加强社会保障的信息网络建设和平台建设。现任中心理事长为蔡昉教授。

3. 北京大学中国保险与社会保障研究中心

北京大学中国保险与社会保障研究中心(CCISSR)成立于2003年9月，是一个致力于保险与社会保障研究的学术组织。该研究中心的宗旨是：充分发挥北京大学经济学院在保险学教育和研究方面的优势，借助中外保险与社会保障领域的重要资源，加强学界、监管部门和业界的密切合作，促进保险与社会保障的理论研究、知识传播与实际应用。北京大学经济学院副院长兼风险管理与保险学系主任孙祁祥教授出任研究中心主任。研究中心定期举办“北大保险与社会保障论坛”，并出版《北大保险与社会保障评论》。

4. 清华大学就业与社会保障研究中心

该中心成立于 2001 年 6 月，宗旨是聚集和培养合乎时代需要的社会政策与法律的研究者和管理者，积极从事就业和社会保障的理论研究和实证分析，为公共政策和立法提供咨询服务，为政府改革和经济发展建造社会安全网。研究领域包括养老金、公民健康、就业机制、薪酬计划等。目前中心主任为杨燕绥教授。

5. 中国人民大学公共管理学院社会保障研究所

该研究所成立于 2001 年，主要研究领域包括社会保障的宏观政策、社会保障管理运行体制、社会保障基金投资与管理、农村社会保障、养老金计划与企业(职业)年金、医疗保险与医疗卫生体制、失业保险与就业促进、工伤保险与职业安全等内容，以运用经济学和公共管理学方法研究社会保障问题为主要特色。曾编辑出版了我国第一套适用于大学的《社会保障系列教材》。

6. 武汉大学社会保障研究中心

该中心成立于 1993 年 12 月，重新组建于 2000 年 2 月，同年 9 月被国家教育部正式批准为第二批普通高等学校人文社会科学重点研究基地。该中心由原武汉大学经济学院金融保险系社会保障教研室、原武汉大学社会保障研究中心、社会保障研究所和武汉大学商学院公共管理与社会保障系组建而成。现中心主任为邓大松教授。

7. 复旦大学就业与社会保障研究中心

该中心于 1999 年 3 月正式成立，是一个跨学科的综合性的人文社会科学研究中心。该中心以当代经济学、社会学和其他相关学科的理论为依托，重点借鉴国际最新的就业与社会保障理论及方法，加强与国际同行的合作，探索我国就业变动的内在规律，分析我国社会保障体系的演变。现任主任为袁志刚教授。

8. 厦门大学中国劳动经济学与社会保障研究中心

该中心 2005 年成立，由洪永淼教授领队。其成立的目的是应时代发展、整合国内外优势资源，为中国经济建设及劳动与社会保障等公共政策的出台提供一流的学术支持，为中国劳动经济学培养一流的学生，为中国劳动与社会保障建设奉献一流的研究成果。

>>二、主要研究成果与期刊<<

(一)皮书系列

1.《中国的社会保障状况和政策》白皮书

2004年由民政部发布。《中国的社会保障状况和政策》白皮书由十二个部分组成，分别为：前言、养老保险、失业保险、医疗保险、工伤保险、生育保险、社会福利、优抚安置、社会救助、住房保障、农村社会保障、结束语。其中，社会福利、优抚安置、社会救助、农村社会保障等部分涉及民政部门的业务内容。

2.《中国社会工作发展报告蓝皮书》(1988—2008年)

2009年5月19日，“中国社会工作发展报告蓝皮书”发行仪式暨“灾难救援和灾后重建中的社会工作”会议举行。《中国社会工作发展报告蓝皮书》由中国社会工作协会、中国社会工作教育协会、上海市社会工作培训中心、民政部社会工作研究中心和长沙民政职业技术学院联合编写，对1988—2008年中国二十年社会工作的发展历程进行了全面描述和分析，对社会工作领域存在的问题提出了意见和建议，是研究社会工作的专家学者、一线工作者集体努力的成果。

3.《慈善蓝皮书》

2009年9月16日，由中国社会科学院社会政策研究中心和社会科学文献出版社主办的“《慈善蓝皮书》发布暨中国慈善事业发展研讨会”在北京举行，发布了《中国慈善发展报告(2009)》。该书系我国第一本系统描述慈善事业发展的历史与现状的报告。它简要回顾了中国慈源善本的传统以及从传统慈善向现代慈善的转换，总结了改革开放以来30年间慈善事业发展和慈善组织成长的历史，并站在2008年这一中国慈善事业发展的历史新起点上，审慎地评价过去、分析现状和展望未来。

4.《社会蓝皮书》

社会蓝皮书是由中国社科院关于“中国社会形势分析与预测”的年度报告，从1993年开始发布。参与本书撰写的专家来自中国社会科学院、国家有关部委和部分高校，从人民生活、人口、就业、收入分配、社会阶层、社会保障、教育、医疗、社会舆论、社会治安和环境保护等诸多方面，深入分析中国当前的社会形势和热点问题。

(二)主要期刊

1.《社会福利》，主办单位：民政部管理干部学院，主编：杨巧赞，地址：北

京市朝阳区白家庄路甲 6 号，邮政编码：100020，联系电话：010－65939904 65920118

2.《中国民政》，主办单位：民政部，地址：北京市东城区北河沿大街 147 号，邮政编码：100721　联系电话：010－65142203

3.《社会学研究》，主办单位：中国社科院社会学研究所，地址：北京市建国门内大街 5 号，邮政编码：100732，联系电话：010－65122608

4.《社会工作》，地址：江西省南昌市广场北路 166 号《社会工作》杂志社，联系电话：0791－6252487

5.《中国社会保障》，主管单位：人力资源和社会保障部，地址：北京市东城区和平里中街 12 号和平里五区 10 号楼 5 层，邮政编码：100013，联系电话：010－84220319

6.《劳动保障世界》，地址：长春市人民大街 1551A 号省政府办公楼 6 栋，邮政编码：130051，联系电话：0431－88905532　82716268

(三)主要专著

1. 总论

关信平．社会政策概论．北京：高等教育出版社，2009.

宓小雄，阎明．中国社会政策研究十年研究报告选(1999—2008)．北京：社会科学文献出版社，2009.

岳经纶，陈泽群，韩克庆．中国社会政策．上海：格致出版社，上海人民出版社，2009.

[英]肯·布莱克默(Ken Blakemore)．社会政策导论．王宏亮，朱红梅，张敏，等译．北京：中国人民大学出版社，2009.

杨团，彭希哲．当代社会政策研究．Ⅳ，“第四届社会政策国际论坛暨系列讲座”文集．北京：中国劳动社会保障出版社，2009.

杨团，葛道顺．中国社会政策研究十年论文选．北京：社会科学文献出版社，2009.

郑德涛，欧真志．行政改革与社会政策模式的创新．广州：中山大学出版社，2009.

熊跃根．社会政策：理论与分析方法．北京：中国人民大学出版社，2009.

吴忠民，韩克庆．中国社会政策的演进及问题．济南：山东人民出版社，2009.

叶至诚．社会福利概论．台北：扬智文化事业股份有限公司，2009.

彭华民．西方社会福利理论前沿：论国家、社会、体制与政策．北京：中国社会出版社，2009.

景天魁．社会福利思想与制度丛书．北京：中国社会出版社，2009.

[美]梅志里．社会发展：社会福利视角下的发展观．苗正民，译．上海：格致出版社，上海人民出版社，2009.

陈银娥．社会福利．北京：中国人民大学出版社，2009.

高鉴国，黄智雄．社会福利研究：第一辑．北京：中国社会出版社，2009.

中国发展研究基金会组织编写．中国发展报告：构建全民共享的发展型社会福利体系．北京：中国发展出版社，2009.

[美]亚瑟·C. 布鲁克斯．谁会真正关心慈善？——保守主义令人称奇的富于同情心的真相. 北京：社会科学文献出版社，2008.

徐道稳．迈向发展型社会政策：中国社会政策转型研究．北京：中国社会科学出版社，2008.

林卡，陈梦雅．社会政策的理论和研究范式．北京：中国劳动社会保障出版社，2008.

刘晓雄．社会福利与保障．北京：中央广播电视大学出版社，2008.

周良才．中国社会福利．北京：北京大学出版社，2008.

彭华民．社会福利与需要满足．北京：社会科学文献出版社，2008.

胡务．社会福利概论．成都：西南财经大学出版社，2008.

[加拿大]R. 米什拉(Ramesh Mishra). 社会政策与福利政策——全球化的视角．郑秉文，译. 北京：中国劳动社会保障出版社，2007.

张秀兰，徐月宾，梅志里．中国发展型社会政策论纲．北京：中国劳动出版社，2007.

杨团，张秀兰．当代社会政策研究Ⅱ. 北京：中国劳动社会保障出版社，2007.

刘继同，冯喜良．劳动市场与社会福利．北京：中国劳动社会保障出版社，2007.

吴桂英．新型社会福利体系研究．北京：中国社会出版社，2007.

周沛．社会福利体系研究．北京：中国劳动社会保障出版社，2007.

周福安．公共决策的效率：论社会福利的制度基础．海口：海南出版社，2007.

莫邦豪．中国社会福利研究文集．北京：社会科学文献出版社，2007.

[美]戴安娜·M. 迪尼托．社会福利：政治与公共政策．何敬，葛其伟，译. 北京：中国人民大学出版社，2007.

钱宁．社会正义、公民权利和集体主义：论社会福利的政治与道德基础．北京：社会科学文献出版社，2007.

PeterTaylor-Gooby 等．压力下的福利国家：变革与展望．刘育廷，等译．台北：松慧有限公司，2006.

库少雄，[美]HobartA. Burch. 社会福利政策分析与选择．武汉：华中科技大学出版社，2006.

[美]安东尼・哈尔，詹姆斯・梅志里．发展型社会政策．北京：社会科学文献出版社，2006.

蔡汉贤，李明政．社会福利新论．台北：松慧有限公司，2006.

杨团，关信平．当代社会政策研究．天津：天津人民出版社，2006.

钱宁．现代社会福利思想．北京：高等教育出版社，2006.

范斌．福利社会学．北京：社会科学文献出版社，2006.

[美]迈克尔・谢若登．资产与穷人——一项新的美国福利政策．高鉴国，译．北京：商务印书馆，2005.

周弘．国外社会福利制度．北京：中国社会出版社，2005.

丁建定，魏科科．社会福利思想．武汉：华中科技大学出版社，2005.

张士昌，陶立明，朱皓．社会福利思想．合肥：合肥工业大学出版社，2005.

[日]早川和男．居住福利论：居住环境在社会福利和人类幸福中的意义．李桓，译．北京：中国建筑工业出版社，2005.

[美]尼尔・吉尔伯特(NeilGilbert)．社会福利的目标定位：全球发展趋势与展望．郑秉文，等译．北京：中国劳动社会保障出版社，2004.

唐文慧，王宏仁．社会福利理论：流派与争议．台北：巨流图书有限公司，2004.

李瑞金．蔡汉贤教授及其社会福利观．台北：松慧有限公司，2004.

[印]阿马蒂亚・森(AmartyaK. Sen)．集体选择与社会福利．胡的的，胡毓达，译．上海：上海科学技术出版社，2004.

毕天云．社会福利场域的惯习：福利文化民族性的实证研究．北京：中国社会科学出版社，2004.

江亮演．社会福利导论．台北：洪叶文化事业有限公司，2004.

王顺民．剖析社会福利现象：社会时事评析．台北：洪叶文化事业有限公司，2003.

王顺民．解读社会福利现象：社会时事评析．台北：洪叶文化事业有限公司，2004.

[德]弗兰茨-克萨韦尔・考夫曼(Franz-XaverKaufmann)．社会福利国家面临的挑战．王学东，译．北京：商务印书馆，2004.

蔡汉贤，李明政．社会福利新论．台北：松慧有限公司，2004.

陆建兰，王琳．社会福利与救济．兰州：甘肃民族出版社，2004.

陈银娥．社会福利．北京：中国人民大学出版社，2004.

高鸣放．社会福利学．武汉：湖北人民出版社，2004.

钟秉正．社会福利法制与基本人权保障．[出版地不详]：神州图书出版有限公司，2004.

卢汉龙．慈爱：关爱与和谐．上海：上海社会科学院出版社，2004.

民政部政策研究中心．中国社会福利与社会进步报告．北京：社会科学文献出版社，2003.

[加]R. 米什拉．资本主义社会的福利国家．郑秉文，译．北京：法律出版社，2003.

[丹麦]考斯塔·艾斯平-安德森．福利资本主义的三个世界．北京：法律出版社，2003.

[英]迈克尔·希尔．理解社会政策．李秉勤，译．北京：商务印书馆，2003.

李明政．文化福利权．台北：松慧有限公司，2003.

[美]尼尔·吉尔伯特(NeilGilbert)，[美]特雷尔(PaulTerrell)．社会福利政策导论．黄晨熹，等译．上海：华东理工大学出版社，2003.

[美]威廉姆 H. 怀特科(WilliamH. Whitaker)，[美]罗纳德 C. 费德里科(RonaldC. Federico)．当今世界的社会福利．解俊杰，译．北京：法律出版社，2003.

毕天云．社会福利场域的惯习：两个少数民族的福利文化研究．北京：中国社会科学院，2003.

王顺民．透视社会福利现象：社会时事评析．台北：洪叶文化事业有限公司，2003.

王顺民．社会福利现象的考察与解读．台北：洪叶文化事业公司，2002.

瞿海源，等．平等、正义与社会福利．台北：桂冠图书股份有限公司，2002.

阎青春．社会福利与弱势群体．北京：中国社会科学出版社，2002.

陈红霞．社会福利思想．北京：社会科学文献出版社，2002.

齐铱，等著；蔡文辉主编．社会福利．台北：五南图书出版公司，2002.

[日]定藤丈弘，等．社会福利计画．庄秀美，译．台北：心理出版社股份有限公司，2001.

王顺民．社会福利析论．台北：洪叶文化事业公司，2001.

詹火生，古允文．社会福利政策的新思维：厚生白皮书——社会福利篇．台北：财团法人厚生基金会，2001.

高鹏怀．历史比较中的社会福利国家模式．北京：中国人民大学，2001.

王祖祥．收入不平等与贫困评价理论．武汉：武汉大学，2001.

劳动和社会保障部社会保险研究所．贝弗里奇报告．北京：中国劳动社会保障出版社，2001.

吉登斯．第三条道路．北京：北京大学出版社，2000.

杨孝濚．透视社会福利．台北：五南图书出版公司，2000.

郭馨元．从商品化论社会福利私有化．台北：台北大学，2000.

[丹麦]Gosta Esping-Andersen. 福利资本主义的三个世界．古允文，译．台北：巨流图书公司，1999.

奥肯．平等与效率．北京：华夏出版社，1999.

王顺民，等．超越福利国家：社会福利的另类选择．台北：亚太图书出版社，1999.

王顺民．社会福利服务：困境、转折与展望．台北：亚太图书出版社，1999.

王顺民．宗教福利．台北：亚太图书出版社，1999.

田毅鹏．中国社会福利思想史．长春：吉林大学出版社，1999.

周永新．社会福利的观念和制度．香港：中华书局(香港)公司，1998.

[日]一番ケ濑康子．社会福利基础理论．沈洁，赵军，译．武汉：华中师范大学出版社，1998.

万育维．社会福利服务：理论与实践．台北：三民书局，1998.

詹火生，古允文．新世纪的社会福利政策：厚生白皮书——社会福利篇．台北：财团法人厚生基金会，1998.

张世雄．社会福利的理念与社会安全制度．台北：唐山出版社，1996.

白益华，吴忠泽．社会福利．北京：中国社会出版社，1996.

周永新．社会福利 12 讲．香港：商务印书馆(香港)公司，1993.

周永新．社会福利的观念和制度．香港：中华书局(香港)公司，1990.

杨孝荣．社会福利与社会发展．台北：五南图书出版公司，1990.

[美]约翰(John，R. M.)．社会福利观念的变迁．辛炳尧，译．厦门：厦门大学出版社，1990.

蔡宏昭．社会福利政策：福利与经济的整合．台北：桂冠图书股份有限公司，1990.

[英]蒂姆斯(R. Timms)，[英]蒂姆斯(N. Timms)．社会福利词典．岳西宽，等译．北京：科学技术文献出版社，1989.

[美]苏利文(Sullivan，M.)．社会学与社会福利．古允文，译．台北：桂冠图书公司，1989.

詹火生．社会福利理论研究．台北：巨流图书公司，1988.

[美]史佩齐(Speeht，H.)，[美]季尔伯特(Gibert，N.)．社会福利计划论．林万亿，郭振昌，译．台北：黎明文化事业公司，1982.

白秀雄．社会福利行政．台北：三民书局，1981.

白秀雄．社会福利理论与实际．台北："商务印书馆"，1977.

李鸿音．社会福利之研究．台北：正中书局，1975.

柯象峰．社会救济．上海：正中书局，1946.

2. 国外社会福利制度

[日]一番ケ瀬康子(女). 护理福利学探究专著. 北京：中国社会出版社，2009.

陈群林，靳尔刚. 国外社会福利制度精选. 北京：中国社会出版社，2005.

周弘. 国外社会福利制度. 北京：中国社会出版社，2004.

高鹏怀. 历史比较中的社会福利国家模式. 北京：中国社会出版社，2004.

周弘. 国外社会福利制度. 北京：中国社会出版社，2002.

香港理工大学社会政策研究中心. 国家之再定位：亚太区社会政策之经验与挑战. 香港：三联书店(香港)有限公司，2001.

林万仪. 福利国家——历史比较分析. 台北：巨流图书公司，2000.

[日]油谷惠子，张真. 日汉·汉日社会福利简明词典. 上海：中国纺织大学出版社，2000.

[荷兰]M. 爱纳汉德，等. 欧洲七国失业救济与社会援助制度. 陈绵水，等译. 北京：中国财政经济出版社，1999.

Arthur Gould. 资本主义福利体系：日本、英国与瑞典之比较. 吴明儒，赖两阳，译. 台北：巨流图书公司，1997.

郑丽娇. 中西社会福利政策与制度. 台北："中央研究院"欧美研究所，1995.

张小济. 西方"福利国家"社会福利政策的比较分析. 北京：北京师范大学，1988.

张平，孙敏. 瑞典：社会福利经济的典范. 武汉：武汉出版社，1994.

张蕴岭. 北欧社会福利制度及中国社会保障制度的改革. 北京：经济科学出版社，1993.

[德]提盟(Thieme，H. T.). 社会福利市场经济解读：西德经济奇迹的背后. 吴妙善，译. 台北：月旦出版社，1992.

张萍译，国际社会福利协会日本国委员会. 各国的社会福利. 北京：华夏出版社，1988.

朱正圻，晏小宝. 联邦德国的工资和社会福利制度. 北京：人民出版社，1987.

[日]一番ク瀬康子，小野寺百合子. 瑞典的社会福利. 胡鸿增，译. 台北：台湾"商务印书馆"，1975.

3. 我国社会福利实践

韩克庆. 社会福利与社会救助案例. 北京：中国劳动社会保障出版社，2009.

钟仁耀. 社会救助与社会福利. 上海：上海财经大学出版社，2009.

陈月娥. 社会福利服务. 台北：千华数位文化股份有限公司，2007.

张金来. 农村社会福利手册. 北京：中国社会出版社，2006.

易松国. 社会福利社会化的理论与实践. 北京：中国社会科学出版社，2006.

曹立前. 社会救助与社会福利. 青岛：中国海洋大学出版社，2006.

李翠萍．社会福利政策执行网络探析．台北：秀威资讯科技股份有限公司，2006.

杨允中．澳门社会福利发展：特点与趋势．澳门：澳门大学澳门研究中心，2006.

林万亿．台湾的社会福利：历史经验与制度分析．台北：五南图书出版股份有限公司，2006.

赵瑾奇．和谐的乐章：全国福利企业界优秀事迹巡礼．北京：红旗出版社，2006.

邓玉华．社会福利服务机构管理．澳门：[出版者不详]，2006.

李占乐．现代城市社会福利事业的兴起、变迁与模式转换：以武汉市为个案的制度考察．武汉：华中师范大学，2005.

王文涛．秦汉社会保障研究：以灾害救助为中心的考察．天津：南开大学，2005.

钟仁耀．社会救助与社会福利．上海：上海财经大学出版社，2005.

何华钦．台湾的贫穷趋势：界定、测量与指标应用．台北：中正大学，2004.

曾蔷霓．以家庭为中心的就地照顾政策成本：长期照护费用动态推估之研究．台北：中正大学，2003.

王齐彦主编；民政部政策研究中心．中国社会福利与社会进步报告．北京：社会科学文献出版社，2003.

黄俊杰．新庄地区家庭特征与社会福利需求之相关研究．台北县：辅仁大学出版社，2003.

桂世勋，黄黎若．上海与香港社会政策比较研究．上海：华东师范大学出版社，2003.

多吉才让．中国社会福利丛书．北京：中国社会出版社，2002.

孙炳耀，常宗虎．中国社会福利概论．北京：中国社会出版社，2002.

时正新．中国社会福利与社会进步报告．北京：社会科学文献出版社，2002.

王子今，等．中国社会福利史．北京：中国社会出版社，2002.

赖两阳．社区工作与社会福利社区化．台北：洪叶文化事业有限公司，2002.

陈政智．社会福利机构主管对新管理主义因应之研究．台中：东海大学，2002.

“中国文化大学”社会福利学系．社会福利策划与管理．台北：扬智文化事业公司，2002.

时正新．中国社会福利与社会进步报告．北京：社会科学文献出版社，2001.

杨团．社会福利社会化：上海与香港社会福利体系比较．北京：华夏出版社，2001.

王卓祺，等．特区政府社会福利政策的评估：香港市民的观点．香港：香港中文大学香港亚太研究所，2001.

王湧泉．台湾地区地方政府社会福利发展之研究：政治经济结构的分析模型．台北：中山大学，2001.

黄黎若莲．边缘化与中国的社会福利．香港：商务印书馆(香港)公司，2001.

保罗·惠廷，等．香港的社会政策．中国社会科学出版社，2001.

民政部社会福利和社会事务司．社会福利机构基本规范．北京：中国社会出版社，2001.

官有垣．非营利组织与社会福利：台湾本土的个案分析．台北：亚太图书出版社，2000.

时正新．中国社会福利与社会进步报告．北京：社会科学文献出版社，2000.

萧新煌，林国明．台湾的社会福利运动．台北：巨流图书公司，2000.

葛寿昌，等．社区保障与社会福利：上海黄浦区外滩街道研究报告．上海：上海大学出版社，2000.

鄢武诚．“我国”劳动法上劳工退休制度的研究．台北：台湾大学，2000.

李克毅，余欣然．社会福利企业经营管理实务全书．北京：国家行政学院出版社，1999.

周永新．香港社会福利发展得失．香港：天地图书公司，1998.

时正新，朱勇．中国社会福利与社会进步报告．北京：社会科学文献出版社，1998.

王思斌，等．中国社会福利．香港：中华书局(香港)公司，1998.

李翊骏．近年香港社会福利政策的发展：以彭定康的施政为案例．香港：香港中文大学香港亚太研究所，1997.

陈晓彬．贵在人和：香港的工薪阶层与社会福利．北京：中国友谊出版公司，1997.

张志鑫，等．民政部人事教育司．社会福利事业管理．北京：中国社会出版社，1996.

李健鸿．慈善与宰制：台北县社会福利事业史研究．台北县：台北县立文化中心，1996.

梁祖彬，颜可亲．权威与仁慈：中国的社会福利．香港：中文大学出版社，1996.

陈津利．社会福利企业经营战略．北京：中国社会出版社，1996.

陈津利，民政部人事教育司．社会福利事业管理．北京：中国社会出版社，1996.

朱勇，潘屹．社会福利的变奏：中国社会保障问题．北京：中共中央党校出版社，1995.

林万亿，等．台湾的社会福利：民间观点．台北：五南图书出版公司，1995.

黄黎若莲．中国社会主义的社会福利：民政福利工作研究．唐钧，等译．北京：中国社会科学出版社，1995.

孙健忠．台湾地区社会救助政策发展之研究．中山学术："中国文化大学"，1994.

康普华．经济特区和香港社会福利服务业新崛起．北京：新华出版社，1994.

周建卿．"中华"社会福利法制史．台北：黎明文化事业公司，1992.

方国辉．公益信托与现代福利社会之发展．台北："中国文化大学"，1992.

吴水丽．迈向九十年代的社会福利．香港：香港基督教服务处，1990.

王安文，常秀贞．社会福利企业管理．济南：山东人民出版社，1990.

香港社会服务联会．社会福利服务总览．香港：香港社会服务联会，1990.

闵真，等．社会福利企业管理学．沈阳：辽宁人民出版社，1989.

香港社会工作人员协会，广东省民政学会．改革开放中的中国社会福利，广东省专辑．香港：香港社会工作人员协会，1989.

周永新．香港社会福利政策纵横谈．续篇．香港：天地图书公司，1988.

民政部社会福利司．社会福利生产工作文件汇编．北京：地震出版社，1988.

周永新．香港社会福利的发展与政策．九龙：大学出版印务公司，1985.

周家新．香港社会福利政策评析．香港：天地图书公司，1984.

周永新．香港社会福利的发展与政策．九龙：大学出版印务公司，1984.

周永新．香港社会福利纵横谈．香港：天地图书公司，1983.

[日]道端良秀．中国佛教与社会福利事业．关世谦，译．高雄：佛光出版社，1981.

邱创焕．"中国"社会福利思想制度概要．台北：台湾"商务印书馆"，1977.

内务部办公厅宣传处．中国社会福利事业．北京：内务部办公厅宣传处，1959.

4. **福利经济与财政**

民政部规划财务司．民政经费长效保障机制．北京：中国社会出版社，2009.

刘晓辉．人民币汇率制度选择与转型：基于社会福利视角的分析．北京：人民出版社，2008.

谢立中．经济增长与社会发展：比较研究及其启示．北京：社会科学文献出版社，2008.

[美]尼古拉斯·巴尔，大卫·怀恩斯．福利经济学前沿问题．北京：中国税务出版社，2006.

[英]庇古．福利经济学：上下卷．北京：商务印书馆，2006.

卢岩．转轨国家公用事业部门改革的福利成本分析．北京：北京大学，2005.

汪雄剑．收入税、公共资本使用费与社会福利——以及对中国经济增长的影响．北京：北京大学，2005.

梁正德．全民健保财务负担公平性衡量之探讨．台北：中正大学，2004.

蔡宏昭．社会福利经济分析．台北：扬智文化事业股份有限公司，2004.

尼古拉斯·巴尔，福利国家经济学．郑秉文，等译．北京：中国劳动社会保障出版社，2003.

崔玉泉．社会主义市场经济中的福利优化问题研究．济南：山东大学，1998.

白景明，等．社会保障税制国际比较．北京：中国财政经济出版社，1996.

丛树海．社会保障经济影响的理论分析．上海：上海财经大学，1995.

[日]和田八束，倪成彬，译．社会福利与租税公平．台北："财政部"财税人员训练所，1984.

5. 社会保障与社会保险

岳经纶．中国的社会保障建设回顾与前瞻．上海：东方出版中心，2009.

严峻．中国农村社会保障政策研究．北京：人民出版社，2009.

刘燕生．社会保障的道德风险与负激励问题．北京：中国劳动社会保障出版社，2009.

社会部社会福利司．社会保险概述．北京：全国图书馆文献缩微中心，贵阳：贵州省图书馆，2005.

叶栩青．社保筹资方式的转变及其对社会经济的影响．上海：上海交通大学，2004.

郑功成．社会保障学——理念、制度、实践与思辨．北京：商务印书馆，2004.

陈佳贵，王延中．中国社会保障发展报告(2001—2004)．北京：社会科学文献出版社，2005.

丁开杰．社会保障体制改革．北京：社会科学文献出版社，2004.

郑功成．中国社会保障制度变迁与评估．北京：中国人民大学出版社，2002.

林义．社会保险基金管理．北京：中国劳动社会保障出版社，2002.

郑功成．中国社会保障：制度变迁与评估．北京：中国人民大学出版社，2002.

李迎生．社会保障与社会结构转型：二元社会保障体系研究．北京：中国人民大学出版社，2001.

王梦奎．中国社会保障体制改革．北京：中国发展出版社，2001.

国际劳工局．2000年世界劳动报告．北京：中国劳动保障出版社，2001.

邹根宝．社会保障制度——欧盟国家的经验与改革．上海：上海财经大学出版社，2001.

任正臣．社会保险学．北京：社会科学文献出版社，2001.

丁建宁．从济贫到社会保险．北京：中国社会科学出版社，2000.

成思危．中国社会保障体系的改革与完善．北京：民主建设出版社，2000.

孙光德，等．社会保障概论．北京：中国人民大学出版社，2000.

郑秉文，等．当代社会保障丛书．北京：法律出版社，2000.

邓大松．美国社会保障制度．武汉：武汉大学出版社，1998.

穆怀中．中国社会保障适度水平研究．沈阳：辽宁大学出版社，1998.

李珍．社会保障制度与经济发展．武汉：武汉大学出版社，1998.

张友琴．社会保险和社会福利．厦门：厦门大学出版社，1995.

朱庆芳．社会保障指标体系．北京：中国社会科学出版社，1993.

林良桐．社会保险．上海：正中书局，1946.

6. 社会工作总论

Veronica Coulshed，等．社会工作管理．刘晓春，译．台北：心理出版社股份有限公司，2009.

史柏年．社会工作实务(中级)．北京：中国社会出版社，2009.

周沛．社会工作概论．天津：天津大学出版社，2009.

林万亿．当代社会工作：理论与方法．台北：五南出版社，2008.

[美]雷克斯·A. 斯基德莫尔．社会工作行政：动态管理与人际关系(第三版)．北京：中国人民大学出版社，2005.

[美]查尔斯·H. 扎斯特罗．社会工作实务：应用与提高(第七版)．北京：中国人民大学出版社，2005.

[美]查尔斯·H. 扎斯特罗(CharlesH. Zastrow)．社会工作与社会福利导论．孙唐水，等译．北京：中国人民大学出版社，2005.

Charles Zastrow. 社会福利与社会工作．张英阵，等译．台北：洪叶文化事业公司，1998.

KathleenMcInnis-Dittrich. 整合社会福利政策与社会工作实务．胡慧嫈，等译．台北：扬智文化事业公司，1997.

周永新．社会工作学新论．香港：商务印书馆，1994.

7. 儿童福利

石丹理．双城记：沪港青少年“正面成长计划”分享录．上海：学林出版社，2009.

彭淑华．儿童福利：理论与实务．台北：华都文化，2008.

刘兆瑛，韩晓燕册．“共创成长路”青少年培育计划概念架构及课程设计手册．Ⅰ，背景、概念和设计．上海：学林出版社，2007.

李德仁，韩晓燕册．“共创成长路”青少年培育计划概念架构及课程设计手册. Ⅱ，青少年正面发展构念．上海：学林出版社，2007.

《中国儿童福利事业年鉴》编委会．中国儿童福利事业年鉴2006. 北京：中国社会出版社，2006.

王彦斌，赵锦云．儿童福利社会化重构："昆明模式". 北京：社会科文献出版社，2006.

DianeBricker，KristiePretti-Frontczak. 婴幼儿评量、评鉴及课程计画系统．第三册，3岁至6岁的AEPS测量．台北：心理出版社股份有限公司，2005.

吴鲁平，韩小雷，高鑫．家庭寄养：动机与绩效：对"北京模式"的深度分析. 北京：社会科学文献出版社，2005.

王顺民，张琼云．青少年儿童福利析论：童颜、年少、主人翁!? 台北市：洪叶文化事业有限公司，2004.

林胜义．儿童福利．台北市：五南图书出版公司印行，2003.

Paula Allen-meares. 儿童青少年社会工作．阙汉中，译．台北：洪叶文化事业有限公司，1999.

成海军．中国特殊儿童社会福利．北京：中国社会出版社，2003.

邱仕杰．儿童保护的理念与政策之执行：保障亲权与保护儿童之分析．台北：中正大学，2002.

"中国文化大学"社会福利学系．当代台湾地区青少年儿童福利展望．台北：扬智文化事业公司，2002.

郭静晃．儿童福利：儿童照顾方案规划．台北市：扬智文化事业股份有限公司，2000.

北京、香港青少年问题论文集．香港：香港青年协会，1999.

曾华源，郭静晃．少年福利．台北：亚太图书出版社，1999.

周震欧．儿童福利．台北：巨流图书公司，1991.

8. 老人福利

张恺悌．老年社会工作实务．北京：中国社会出版社，2009.

黄旐涛，等．社会福利概论：以老人福利为导向．台北：心理出版社股份有限公司，2008.

田北海．香港与内地老年社会福利模式比较(中山大学港澳研究文丛). 北京：北京大学出版社，2008.

樊明，等．退休行为与退休政策．北京：社会科学文献出版社，2008.

陈立行、柳中权．向社会福祉跨越：中国老年社会福祉研究的新视角．北京：社科文献出版社，2007.

公维才．中国农民养老保障论．北京：社会学文献出版社，2007.

罗伯特·霍尔茨曼，爱德华·帕尔默，养老金改革：名义账户制的问题与前景．郑秉文，等译．北京：中国劳动社会保障出版社，2006.

罗伯特·霍尔茨曼，理查德·欣茨，等．21世纪的老年收入保障：养老金制度改革国际比较．郑秉文，等译．北京：中国劳动社会保障出版社，2006.

穆怀中，柳清瑞．中国养老保险制度关键问题研究．北京：中国劳动社会保障出版社，2006.

张良礼．应对人口老龄化——社会化养老服务体系构建及规划．北京：社会科学文献出版社，2006.

于洪．外国养老保障制度．上海：上海财经大学出版社，2006.

李宏．养老机构质量管理体系实施指南．北京：中国标准出版社，2006.

任远，马连敏．老龄社会的市场对策：长期护理保险与社会福利体系．北京：中国社会出版社，2005.

姜向群．老年社会保障制度——历史与变革．北京：中国人民大学出版社，2005.

[美]汤普森．老而弥智——养老保险经济学．孙树菡，等译．北京：中国劳动社会保障出版社，2003.

[美]马歇尔·N. 卡特(Marshall N. Carter)，[美]威廉·G. 希普曼(William G. Shipman)．信守诺言：美国养老社会保险制度改革思路．北京：中国劳动社会保障出版社，2002.

国际劳工局．全球养老保障——改革与发展．杨燕绥，等译．北京：中国劳动社会保障出版社，2002.

穆光宗．家庭养老制度的传统与变革——基于东亚和东南亚地区的一项比较研究．北京：华龄出版社，2002.

谢颖慧．服务使用对老人健康之影响：追踪1994—2000年高雄市三民区社区老人．台北：中正大学，2002.

陈伶珠．居家服务案例汇编：老人居家服务个案的多重面貌．台中县：财团法人天主教晓明社会福利基金会，2002.

陶立群主编；裴小梅等撰稿．中国老年人社会福利．北京：中国社会出版社，2002.

曾竹宁．失能老人社区照顾服务网络建构之研究．台中：东海大学，2001.

王香苹．台湾老人健康状况与健康变化的性别经验探讨．台北：中正大学，2001.

傅家雄．高龄化与社会福利发展．台北：华立图书，2001.

世界银行．防止老龄危机．北京：中国财政经济出版社，1998.

厉以宁．中国社会福利模型：老年保障制度研究．上海：上海人民出版社，1994.

蔡宏昭．老人福利政策．台北：桂冠图书公司，1989.

9. 残疾人福利

周林刚．社会支持与激发权能——以城市残障人福利实践为视角．北京：社会科学文献出版社出版发行，2009.

[英]迈克尔·奥利弗(Michael Oliver)，鲍勃·萨佩(Bob Sapey)．残疾人社会工作．高巍，尹明，译．北京：中国人民大学出版社，2009.

坦妮娅·拜伦·阿玛蕾娜．残疾与全纳发展．中国残疾人联合会国际部，译．北京：华夏出版社，2009.

罗志坤，吕军，虞慧炯．上海市残疾人康复事业创新实践．上海：复旦大学出版社，2008.

蔡禾，周林刚．关注弱势：城市残疾人群体研究．北京：社会科学出版社，2008.

吴佩蓉．记忆减法 & 爱的加法：失智照护随身书．台北：财团法人天主教失智老人社会福利基金会，2008.

张益刚，李继刚．以案说法：残疾人保障法．中国社会出版社，2006.

马洪路．中国残疾人社会福利．北京：中国社会出版社，2002.

黄志成，王丽美．身心障碍者的福利服务：本土化的福利服务．台北：亚太图书出版社，2000.

王嘉蕙．残障福利政策．台北：民主进步党"中央"党部，1996.

旎涛．从民生主义观点论台湾地区残障福利政策之研究．台北："中国文化大学"，1993.